REBER · MÜNCHEN

BAUTECHNISCHER FÜHRER DURCH MÜNCHEN

Herausgegeben von dem
Bayerischen Architekten- und Ingenieur-Verein

redigiert von
Franz Reber

Nachdruck der Ausgabe
München
1876
mit einem Nachwort von
Klaus Kratzsch

MÄANDER KUNSTVERLAG
Mittenwald 1978

Dem Nachdruck lag das Exemplar
Mon. 334ᵉ der Stadtbibliothek
München zugrunde.

© 1978 by MÄANDER KUNSTVERLAG
Itzelsberger KG, Mittenwald
ISBN-Nr. 3-88219-002-7

BAUTECHNISCHER
FÜHRER DURCH MÜNCHEN.

FESTSCHRIFT

ZUR

ZWEITEN GENERAL - VERSAMMLUNG

DES VERBANDES

DEUTSCHER ARCHITEKTEN- UND INGENIEUR-VEREINE.

HERAUSGEGEBEN

VON DEM BAYERISCHEN ARCHITEKTEN- UND INGENIEUR-VEREIN ALS
DERZEITIGEM VORORT DES VERBANDES

REDIGIRT VON

FRANZ REBER.

MÜNCHEN.

R. + W. Walther
Sebastianshrunnsstr. 10
82327 Tutzing
Tel. (0 81 58) 92 25 56

Vorwort.

Als man sich in der Berathung über die Art der Festschrift dem Entschlusse zuneigte, als solche den Gästen ein Buch anzubieten, welches ihnen in der zur Festversammlung erwählten Stadt selbst, wie nachher zur Erinnerung an dieselbe, förderlich wäre, konnte noch nicht von vorneherein feststehen, in welcher Weise dasselbe angelegt sein solle. Namentlich musste es erwogen werden, ob eine rein geschichtlich-kritische Darstellung der Münchener Bauthätigkeit gegeben, oder mehr die Gestalt eines Führers gewählt werden sollte. Es war nicht zu übersehen, dass der erstere Weg mehr zu einem eigentlichen Buche Gelegenheit geboten hätte, welches das Gepräge der Einheitlichkeit und den Vortheil einer zusammenhängenden Lesbarkeit gehabt hätte. Allein anderseits schien der Vortheil wesentlicher, die Darstellung der vorhandenen Baudenkmäler gegenständlich zu gruppiren, so dass das Einzelne, wie das der inneren Gleichartigkeit und dem Zwecke nach Zusammengehörige leicht gefunden werden könnte. Hätte übrigens auf dem ersten Wege das Ganze in Eine Hand gelegt werden müssen, welche voraussichtlich nicht blos den beiden Hauptgebieten, dem Architektur- und Ingenieurfache, sondern auch den einzelnen Unterabtheilungen nicht gleichmässig gewachsen sein konnte, so erschien es bei Gruppirung nach Gegenständen selbstverständlich, gerade für die wichtigsten Zweige der modernen Bau- und Ingenieurthätigkeit Specialkräfte heranzuziehen, welche grösstentheils in ihrer besonderen Amtssphäre sich bethätigend der Darstellung eine Art von authentischem Charakter zu verleihen vermochten. Diese selbst aber boten ihre Arbeit als Gastgeschenk dar und verdienten sich dadurch gewiss den besonderen Dank der Versammlung. Weniger freilich den Dank der Redaction, welche durch diese Arbeiten, da ihrerseits höchstens noch ergänzend dabei vorgegangen werden konnte, um den Rest von Verdienst gebracht worden ist, zumal diese Beiträge auch die von der Redaction selbständig ausgeführten Abschnitte ganz in Schatten gestellt haben.

Es lag übrigens für den Unterzeichneten ein besonderer Reiz in dem Beschlusse der die Festschrift berathenden Versammlung, die Vortheile einer geschichtlich geordneten Darstellung mit den überwiegenden einer führerartig gereihten Aufzählung dadurch zu verbinden, dass der letzteren eine einleitende Baugeschichte, in der Gestalt einer gedrängten Uebersicht der architektonischen Entwicklung Münchens von der frühesten Zeit bis auf unsere Tage, vorangestellt werden sollte. Für die früheren Zeiten fehlte es hiezu nicht an trefflichen Vorarbeiten, doch schien es nicht blos die Gestalt der wesentlich neuen Stadt zu verbieten, der Baugeschichte der früheren Jahrhunderte eine eingehendere Behandlung zu widmen, sondern es war auch durch das aufgestellte Programm geradezu verlangt, den Schwerpunkt auf das neuere München zu legen. Dem Verfasser ist nun durch frühere Arbeiten nicht unbekannt geblieben, welche Misslichkeiten es mit sich führt, geschichtlich, d. h. auch kritisch in die neueste Zeit hereinzugreifen, und er bittet daher um Entschuldigung, wenn er gegen seinen Willen auch diesmal wieder irgend Jemand verletzt hat. So lange es keine absolute Wahrheit gibt — und wie schwer ist im Urtheil über die Zeitgenossen, deren Thätigkeit uns noch allzu nahe steht, die reine Wahrheit und vollkommene Objectivität zu erreichen — muss der Kunsthistoriker den Ersatz dafür in jener subjectiven Wahrheit suchen, die man Ueberzeugung nennt. Möge man aber diese Haltung ebenso als berechtigt erachten, wie es der Unterzeichnete für vollkommen berechtigt hält, wenn der Eine oder Andere den künstlerischen Standpunkt des Unterzeichneten als verfehlt bezeichnen zu müssen glaubt. Wir bewegen uns eben immer, so lange wir von

Gleichzeitigem sprechen, in Anschauungen, und diese werden so lange controvers bleiben, bis sie der Vergangenheit und der Geschichte angehören.

Es musste übrigens als wesentlich betrachtet werden, das in der Gestalt eines Führers projectirte Buch unbedingt zum Feste selbst erscheinen zu lassen. Damit verkürzte sich der Termin zur Ausarbeitung und verengerte sich noch mehr durch den Umstand, dass die Frage wegen Verschiebung des Münchener Architekten- und Ingenieurtages auf 1877 einige Zeit in der Schwebe war, und selbstverständlich lähmend auf den Betrieb derselben wirkte. In der That ist es auch höchlich zu bedauern, dass einige im Programme vorgesehene Abschnitte dadurch verkümmern oder ganz in Wegfall kommen mussten, weil es einigen Betheiligten aus dienstlichen Gründen unmöglich war, die knappe Frist einzuhalten. Im Uebrigen hat sich die Redaction verpflichtet gesehen, die vom Comité festgestellte Anordnung unverändert einzuhalten, ist mithin in dieser Beziehung unverantwortlich und ebenso ohne Verdienst wie ohne Schuld.

Immerhin aber darf der Hoffnung Raum gegeben werden, dass die kleine Gabe den verehrten Gästen nicht ganz unwillkommen sein und denselben wenn nicht alle gewünschten so doch viele Aufschlüsse über die Stadt, welche die Festversammlung aufzunehmen die Ehre hat, geben werde. Auch werden die Illustrationen, zum Theil sehr schwer erreichbar, wenigstens den nächstliegenden Zwecken genügen, und in einigen mangelhaften Fällen ihre Entschuldigung in dem Uebelstande finden, dass sie bei nicht immer vollkommen genügendem Materiale der knappen Zeit wegen in verschiedenen xylographischen Ateliers ausgeführt werden mussten, was mancherlei Ungleichheit, manches Missverständniss und gelegentliche Ungenauigkeit herbeiführte, wie auch der Umstand, dass die Textausführung wie die Illustration nicht immer unter einer Leitung stehen konnte und gewöhnlich die Illustrationsherstellung der Textbearbeitung vorausgehen musste, in der Bezifferung und Zeichenbehandlung einige Missstände im Gefolge hatte. Der Redaction, welche mit der Ausstattung schweren

Kampf gehabt, und sich hinsichtlich der Auswahl redlich Mühe gegeben, konnte hierin nur die Erwägung zum Troste gereichen, dass solche Mängel den meisten mit zahlreichen xylographischen Illustrationen versehenen Werken ankleben, und dass sie nur demjenigen sich unerquicklich aufdrängen werden, welcher sich sehr eingehend der Lectüre des vorliegenden Buches widmen würde. Die festliche Stimmung der Festzeit wie die ernstliche Occupation der Versammlung wird aber hiezu keinen Raum gewähren, und die Befriedigung über die anderen Resultate auch zur Nachsicht gegen dieses geneigt machen.

Möge daher sonst der deutsche Architekten- und Ingenieur-Vereinstag die Erwartungen Aller erfüllen, und ein erfreuliches Andenken an unsere allezeit gastliche Stadt zurücklassen, dann dürfte auch die kleine Gabe nicht blos der wohlwollenden Aufnahme gewiss sein, sondern auch, weil mit erfreulichen Erinnerungen verknüpft, den Empfängern späterhin eine angenehme Erinnerung an unsere Stadt bleiben.

Franz Reber.

Inhalts- und Autoren-Verzeichniss.

	Seite
Einleitende Baugeschichte der Stadt München (von *F. Reber*)	1–87
I. Cultanlagen (von *F. Reber*)	92–127
II. Staats- und königliche Gebäude öffentlichen Zweckes (von Prof. *A. Geul*)	128–172
III. Militärische Bauten (von *Oberst H. Fogt*)	173–181
IV. Eisenbahnbauten (von *Generaldirektionsrath C. Schnorr von Carolsfeld*)	182–205
V. Städtische Bauten (von *Baurath A. Zenetti*)	206–242
VI. Hof- und Privatbauten (von *Prof. Dr. P. F. Krell* und *F. Reber*)	243–274
VII. Gartenanlagen (von *F. Reber*)	274–278
Register	279–284
Illustrationen-Verzeichniss	285–286

Baugeschichte Münchens.

I.

Epoche des Mittelalters*).

Die Lage Münchens, unter 48° 8′ N. B. und 29° 13′ Ö. L. und in einer mittleren Höhe von 510 M. über der Meeresfläche, somit auf einer der höchsten Hochebenen Europa's, ist im Allgemeinen nicht von der Art, dass die Oertlichkeit von selbst die Anlage einer Stadt nahe legte. Weder durch den Boden besonders begünstigt, noch durch den unschiffbaren Isarfluss zu dem bequemeren Handelsverkehr zu Wasser geeignet und nur des nicht einmal unzweifelhaften Vortheils geniessend, dass sich das Bett des Flusses unmittelbar oberhalb München, nachdem es sich vorher ziemlich eng zwischen hohe Steilränder gezwängt, plötzlich erweitert und namentlich am linken Ufer seine natürliche Höhenabgränzung bald fast gänzlich verliert, bedurfte es nothwendig eines aussergewöhnlichen Anlasses zu seiner Gründung. Denn auch der Flussübergang, dessen Vortheilen Berlin seine Entstehung verdankt, bot wenigstens in den Zeiten der Römer noch keine leicht erkennbaren Vortheile, es zeigt sich nemlich, dass von den zwei Augsburg und Salzburg verbindenden Römerstrassen die eine bei Grünwald, mithin zwei Stunden südlich, die andere, welche überdiess jenseits des Flussüberganges eine Zweigstrasse in der Richtung gegen Braunau entsandte, bei Föhring, anderthalb Stunden nördlich von München, die Isar überschritt. Die Römer mochten in der That die Steilränder bei Grünwald trotz der damit verbundenen Schwierigkeit der Ueberbrückung weniger gescheut haben, als die Wandelbarkeit des Rinnsals in der Gegend des nachmaligen München, wo zahlreiche Verzweigungen, Werder- und Sumpfbildungen der Herstellung des Strassenkörpers und der Brückenstege, wie der Anlage des Deckungscastells mannigfache Hindernisse der Art in den

---

*) Literatur:
L. Westenrieder, Beschreibung von München. München 1783.
M. A. Bergmann, Beurkundete Geschichte Münchens. München 1783.
J. M. Söltl, München mit seinen Umgebungen, vorzüglich in geschichtlicher Beziehung. München 1854.
G. K. Nagler, Topographische Geschichte von München und seinen Vorstädten. II. Auflage, München 1863.
J. M. Mayer, Münchener Stadtbuch. München 1868.

Weg legten, wie sie gerade dem Volke, das bei allen baulichen Anlagen die Solidität in erster Linie in's Auge fasste, am bedenklichsten erschienen.

So blieb denn die Stelle, für deren Besiedlung durch die Römer die Auffindung römischer Münzen im botanischen Garten zu München noch keineswegs beweiskräftig erscheint*), noch längere Zeit öde, und auch in agilolfingischer und carolingischer Zeit noch vorwiegend Werder und Wüstenei, während jenen Verkehrsadern entsprechend oberhalb Kloster Schäftlarn urkundlich als Sceftilare schon 778 vorkömmt und stromabwärts das lebensfähige Föhring als Villa Feringas (später Vehringan) schon um 750 erwähnt wird. Der letztere Ort, 903 durch den deutschen König Ludwig das Kind dem Bischof Walto von Freising behufs Erleichterung des Wiederaufbaues des Freisinger Domes geschenkt, gewann sogar überwiegende Bedeutung, als Bischof Otto 1140 in Anbetracht der nicht wenig für den Salztransport von Reichenhall nach dem nördlichen Oberbayern und Schwaben wie nach Franken benutzten Römerstrasse ein festes Schloss daselbst errichtete und eine Münz- und Zollstätte wie Salzmagazine u. dergl. dort anlegte.

Ganz ohne Bevölkerung aber war auch das jetzige weitere Stadtgebiet, welches wohl unter die von Herzog Arnulph dem Bösen säcularisirten Güter gerechnet werden muss, die wahrscheinlich nach der Absetzung des Herzogs Eberhard 939 von König Otto I. für das Reich zum kaiserlichen Lehen in Beschlag genommen worden waren**), schon damals nicht. Seltsamer Weise sind es einige jetzige Vorstädte, welche zuerst mit ihren bis auf den heutigen Tag gebliebenen Namen auftreten. So die Dörfer Schwabing und Sendling, welche unter den Namen Suuapinga und ad Sentilingas schon 782 urkundlich vorkommen; ferner Giesing, um 800 unter dem Namen Kiesinga, und Haidhausen, 808 unter dem Namen „Haidhusir" begegnend, während von entlegeneren Nachbarorten noch Trudering, Schleissheim, Hessellohe, Pullach, Perlach, Feldmoching, Haching, Mosach, Ismaning und Zorneding unter den Namen Truhteringa i. J. 772, Sliuuesheim 775, Hesinloch 776, Pohlohe und Poaloh 778, Peraloh um 800, Veltmochinga um 804, Hachinga 806, Mosaha 807, Isamanninga 814, Zornkeltinga 821 zuerst urkundlich auftreten. Das engere Stadtgebiet war, da der später genannte Konradhof wohl kaum mehr als eine Meierei Schäftlarn's gewesen sein dürfte, nur von einigen Mönchen bewohnt, welche möglicherweise als Flüchtlinge aus Schäftlarn in der Zeit der Ungarn-Invasion sich hier zuerst niedergelassen hatten. Anderseits dürfte der Stadtname, dessen Zu-

---

*) Abgesehen davon, dass die Münzen von vereinzelt passirenden Römern verloren sein können, muss hier daran erinnert werden, dass römische Münzen in Deutschland bis zur carolingischen Zeit courant waren.
**) C. Th. Heigel und [S. O. Riezler, das Herzogthum Bayern zur Zeit Heinrichs des Löwen und Otto's I. von Wittelsbach. München 1867.

sammenhang mit mönchischem Besitz unzweifelhaft, vielmehr an Kloster Tegernsee, als auf Schäftlarn hinweisen, denn unter den jenem Kloster durch Arnulph entrissenen Gütern kömmt „Munihha", um 1035 zuerst genannt, in einer Urkunde von ca. 1157 ausdrücklich vor*). Indess beweist der Name keineswegs das Vorhandensein eines kleineren Klosters oder Hospitiums, von welchem sich gar keine Reminiscenzen erhalten haben, während es wohl denkbar erscheint, dass einzelne Mönche wohl auch einzelne Kapellen gründeten, welche die Vorläufer der ältesten Pfarreien Münchens bildeten. Da aber diese exponirten Mönche sowohl mit Schäftlarn als mit Tegernsee, an welches letztere München 1114 Zehnten entrichtet, in Zusammenhang blieben, wird es auch nicht nöthig sein, diese Mönche sich als völlig uncivilisirte Waldkinder zu denken, welche in hochascetischer Eremitenart ohne alle Laienumgebung etwa von Wurzeln und Kräutern lebten, in Höhlen wohnten oder Blockhäuser als Kapellen und Klausen hatten. Denn Tegernsee ist bekanntlich einer der hervorragendsten Ursitze mittelalterlicher Cultur und Schäftlarn war wenigstens seit 1140 schon sehr civilisirt und im Besitz einer Bibliothek, von der wir sogar einen im zwölften Jahrhundert erworbenen Schatz urkundlich kennen.

Gleichwohl war es weniger diese fromme Ansiedlung, welche des Landesherrn Heinrich des Löwen Aufmerksamkeit auf die Stelle lenkte, als vielmehr die Ortschaft Haidhusir mit ihrer an die Salzstrasse führenden Zweigstrasse und die — wenn man nicht vor elementaren Zerstörungen zurückschreckte — vorhandene Leichtigkeit, den hier durch eine Insel in zwei Hauptarme getheilten Fluss zu überbrücken, über welchen ohne Zweifel schon vorher ein den genannten Ort mit Sendling und Schwabing verbindender Steg angelegt gewesen war. Denn es gehörte zu den ersten Regierungshandlungen des ebenso einsichtigen als thatkräftigen Fürsten, welcher im Herbst 1156 mit dem Herzogthum belehnt worden war, den Zollzwang, welchen Bischof Otto in Föhring eingeführt hatte, zu brechen oder vielmehr denselben für sich in Anspruch zu nehmen. Zu Anfang 1157 überfiel der Herzog Föhring, zerstörte Schloss, Münz- und Zollstätte wie Brücken und leitete den Salztransport nach Haidhausen und über die dort vor Allem tauglich hergestellten Brücken. Dass der Kaiser Friedrich Barbarossa am 14. Juni 1158 die Gewaltthat Heinrich des Löwen sanctionirte, sicherte indess die vollzogene Veränderung nur theilweise. Weit mehr Wirkung hatte der schleunig hergestellte Befestigungsschutz der neuen Anlage, obwohl auch durch diese die Repressalien nicht verhindert werden konnten, welche die

---

*) Das lateinische „Monaci" (Mönche) lautet in altdeutscher Sprache „municha", wozu der Dativ „Munichen", den Mönchen (gehörig). Die von dem Gründer geschaffene Bezeichnung (von 1158) war Forum Munichen oder Forum ad Monachos.

Bischöfe von Freising von der hiezu erbauten Ottenburg *) aus an jenen verübten, die den Verkehrsweg nach Freising über München nahmen. Der neuen Stadt, die auch schon in der erwähnten Sanctionsurkunde des Kaisers den Namen „Munichen" trägt, verursachten jedoch diese keinen wesentlichen Abbruch. Die Bevölkerung sammelte sich rasch an, da der Isarübergang zugleich Stapelplatz für die weiter zu führende Salzfracht wurde, welche hier von neuen Speditoren übernommen ward, da die Zollstätte eine Umladung von selbst nothwendig machte. Eine Münzprägstätte war zunächst zur raschen Vermittlung der Zahlungen unentbehrlich, und um Geld aus derselben zu erlangen, die Zufuhr von Landesproducten weiterhin selbstverständlich. Dadurch entwickelte sich Schranne und Markt, Fuhrleute und Zugvieh machten Herbergen nöthig, die Frequenz erleichterte, gefördert von der sofort verliehenen Marktfreiheit, den Beginn gewerblicher Industrie. Der Befestigungsbau vor Allem erforderte Arbeiter, welche unter vortheilhaften Bedingungen leicht aus der Umgegend zu gewinnen waren. Da nemlich nach allgemeinem und auch München sofort gewährtem Städterecht kein Unfreier vom Lande, nachdem er eine gewisse Zeit ohne Reclamation seines Grundherrn in einer Stadt gelebt, zurückgefordert werden konnte, so lag es nahe, dass Jeder, dem es möglich war, die Gelegenheit ergriff, sich auf diesem Wege die Freiheit zu verschaffen, besonders wenn er in der Lage war, durch gewerbliche Thätigkeit sein Leben zu fristen; und dass der Herzog besonders die beim Bau Beschäftigten mit seiner mächtigen Hand zu decken strebte, versteht sich von selbst. Wenige Jahre darauf findet sich auch schon ein Gerichtshof und eine Dekanatspfarrei in der Stadt**), ersterer aus einem Richter und zwölf Schöffen bestehend, bei dem zusammengelaufenen Volk wohl ebenso nöthig als die an die Peterskirche sich anschliessende Pfarrei, um der Verwilderung zu steuern. Damit aber war die Bedeutung Münchens so gesichert, dass selbst der Umstand der Aechtung des Gründers 1179, die Rückgabe von Marktrecht und Münze an Freising durch den Kaiser und die Degradirung der Stadt zu einem Dorf***), seinem Aufschwunge keinen Einhalt mehr thun konnte, zumal da die nun eingesetzte Wittelsbachische Linie sich für den Isargau lebhaft interessirte.

 Die äussere Gestalt dieses ältesten München lässt sich noch mit ziemlicher Sicherheit umschreiben. Noch jetzt ist klar zu erkennen, dass sich der Gründer an die natürliche

---

 *) In der Nähe von Lohhof; die Ruinen sind um das moderne Oekonomie-Gebäude, welches noch den Namen trägt, kenntlich.
 **) Die in einer kaiserlichen Urkunde aus der Gründungszeit der Stadt (1157) in Munichen unter den Gütern des Klosters Tegernsee genannte Kirche dürfte wohl St. Peter sein. Mon. Boc. VI. 176.
 ***) Wohl nicht ohne Bedeutung heisst nemlich in jener Rückverleihungs-Urkunde München statt Forum Munichen wieder Villa Munichen.

Beschaffenheit des Ortes hielt. Das älteste München liegt nemlich auf der namhaftesten plateauartigen Erhebung des Isarthales. Sehr stark ist noch jetzt der Abfall gegen Süden, erkennbar wenigstens auch gegen Norden und Osten, nur gegen Westen ist der Höhenunterschied unbedeutend. Es ist selbstverständlich, dass die Befestigungslinie sich an das Terrain hielt, und dass der Stadtgraben am Fusse des Plateauabfalles, mithin in der noch jetzt durch Strassen eingehaltenen Linie angelegt ward. Ob eine eigentliche U m m a u e r u n g schon vorhanden war, ist zweifelhaft; wenigstens ist ausser einer nicht völlig sicher zu deutenden Stelle *) in allen urkundlichen Erwähnungen des Stadtschutzes nur von einem Graben die Rede, der seinerseits wieder einen Wall zur Folge gehabt haben wird. Der letztere mag wenigstens zum Theil mit Pallisaden weiter geschützt gewesen sein, wie diess bei den Ritterburgen der romanischen Epoche der Fall war. Der Graben war mit Wasser gefüllt, indem ein Isararm am untern Ende des Rosenthals getheilt ward, und einerseits dem Rosenthal (früher Krottenthal), dem Färbergraben und dem Augustinergässchen entlang, dann hinter der südlichen Häuserreihe der Schäfflergasse und unter dem Polizeigebäude und dem Hofgraben gegen die Pfisterei geleitet wurde, und sich da mit dem anderseitigen Arme verband, welcher vom Rosenthal aus nach dem Victualienmarkte und hinter dem Rathhause und der östlichen Häuserreihe der Burggasse der Pfisterei zugeführt war, oder schon vorher zufloss. Das Bett dieses von Heinrich dem Löwen angelegten Grabens hat sich bis heute, zum Theil noch als Canalarm, erhalten und ist selbst an einigen Strecken noch unbedeckt geblieben.

Aufgemauert waren jedoch vom Anfang an die T h o r e , deren die älteste Stadt fünf besass. Das für den ursprünglichen Zweck Münchens bedeutendste war das östliche, zunächst das „u n t e r e", vom 14. Jahrhundert an T h a l b u r g - (T h a l b r u c k-) t h o r genannt. Es ist seit der Zeit, in welcher es seinen Thorzweck verloren, mit dem Rathhause in beiderseitige Verbindung gebracht und in einem Wiederaufbau aus dem 15. Jahrhundert (ob nach dem Brande von 1418 oder 1460 ist ungewiss) erhalten, wenn auch in seinen oberen Theilen verändert, und 1863 und 1864 mit dem alten Rathhause durch den städtischen Baurath Zenetti (geschmackvoll) restaurirt. An der Nordseite besass die Stadt zwei sich sehr nahe Thore, das h i n t e r e S c h w a b i n g e r t h o r bei dem gegenwärtigen Polizeigebäude in der Weinstrasse, später zu verschiedenen Zeiten Wilprechts-, Tömlinger-, Nudel- und Schäfflerthurm genannt und 1690 abgebrochen, und ein zweites (v o r d e r e s) S c h w a b i n g e r t h o r an der von der Familie Diner oder Dinaer genannten Dienersgasse, deren Verlängerung gegen die Residenzstrasse den Namen der vorderen Schwabingerstrasse trug. Das letztere war

---

*) O r t l o f qui praeest muro, Urkunde von 1164.

nach der Stadterweiterung ebenfalls als Thurm stehen geblieben und dieser um 1400 Krümblein's, später Muggenthaler-, Larosee- und Polizeithurm genannt worden, bis er (1842) weichen musste. An der Südseite erhob sich das Sendlingerthor bei dem sog. Ruffinihause an der Mündung des Rindermarktes und der Rosengasse in die Sendlingerstrasse, später Pütrich-, Blauenten- und Ruffinithurm genannt und 1808 abgebrochen; und an der Westseite das obere oder Neuhauserthor, am Ende der Kaufingerstrasse. Schon 1300 trägt dieses den Patriziernamen Chufringer-Thor, von welcher Familie der Kaufingerstrasse die Bezeichnung bis auf diesen Tag geblieben ist; 1481 ward der Thorthurm erneuert und mit Gemälden bedeckt, sowie er noch jetzt im Modell am Hause Nr. 21 der Kaufingerstrasse zu sehen ist, 1807 aber abgebrochen.

Die innere Gestaltung der Stadt war, da die vier Hauptthore der zwei sich rechtwinklich schneidenden Hauptstrassen entsprechend paarweise sich annähernd gegenüberstanden, im Allgemeinen die, dass sich vier Häuserquadranten bildeten, durch kleine krumme Gässchen gegliedert, während innerhalb des östlichen Thores (Thalburgthores) ein Marktplatz freigelassen war. Die Häuser können nur höchst unansehnlich gewesen sein; Holzbau oder Fachwerk, mit Schindeln gedeckt, mit Freitreppen wie mit hölzernen Lauben (Altanen) an der Fronte, und an sich höchst unansehnlich, abgesehen davon, dass ein unterschiedloses Nebeneinander von Wohngebäuden und Magazinen, Scheunen und Stallungen äusserlich keinen städtischen Eindruck machen konnte. Die Anlage von Düngerstätten an der Strasse erhöhte den dorfartigen Charakter noch mehr, und die gewerbliche Basis der Bevölkerung im Gegensatz zur ländlichen eines Bauerndorfes äusserte sich wohl nur darin, dass die Gebäude enger aneinandergeschlossen und abwechselnd durch Vordach und „Fürschuss" (ein vortretendes Ladenfenster) ausgezeichnet waren.

Der Aufschwung Münchens vollzog sich aber so rasch, dass der älteste Stadtumfang, welchen wir nach Heinrich dem Löwen den der leoninischen Stadt nennen dürfen, schon nach einem halben Jahrhundert nicht mehr genügte, indem sich den vier Thoren entsprechend und selbst seitab von denselben die Vorstädte in förmlichen Strassenlinien anschlossen. Namentlich hatten sich das Thal, die Schwabingergasse, die Sendlingergasse und die Neuhausergasse als Verlängerungen der Hauptstrassen des Innern an den Landstrassen hingezogen. Zuzug und Erweiterung wurden aber doppelt lebhaft, als nach der Theilung des Landes in Ober- und Niederbayern 1255 für Ludwig den Strengen die bisherige Residenz zu Landshut verloren ging, und dieser Herzog sich entschloss, seinen Sitz in München aufzuschlagen. Die Anlage der nachmals „Alte Veste" genannten Burg an der Burggasse, jetzt in mannigfachem Umbau als „Alter Hof" noch erhalten, drängte, wenn auch der Hauptbau innerhalb der alten Umfriedung lag, doch durch eine Anzahl von ausserhalb gelegenen Nebengebäuden zur Vergrösserung und Verstärkung der Stadtbefestigung. Dasselbe Bedürfniss ward indess allenthalben empfunden, und so mochte man sich nicht mit einer theilweisen Erweiterung begnügen, nachdem einmal der Herzog die Anregung gegeben, und schritt überdiess sofort ans Werk. Schon 1287 wird das Clarissenkloster zum h. Jacob am Anger als „innerhalb der Mauern der Stadt gelegen" genannt, was sowohl die wenigstens begonnene Erweiterung des Stadtumfanges als auch die Errichtung einer unzweifelhaft gemauerten Umfriedung voraussetzt. Dabei blieben die alten Gräben im nunmehrigen Stadtinnern und die vier Thore als Thüren bestehen und zwar bis in die neuere Zeit, das Thalburgthor als sog. Raththurm sogar, wie schon erwähnt worden ist, bis auf den heutigen Tag. Die ursprünglich einfach romanischen Formen derselben verwandelten sich freilich mit dem Eindringen der Gothik in hohe Zierthürme mit Zinnen, Eckthürmchen und steilen Spitzdächern, wie auch die Holzbrücken über den Graben durch Steinbrücken ersetzt wurden.

Der neue Mauerring war 1301 noch nicht vollendet, indem in diesem Jahre das Thorgeld vom oberen und unteren Thore zu diesem Zwecke der Stadt zugeschrieben wurde. 1319 aber schritt man zum Bau eines zweiten Mauerrings, wodurch sich der zwischenliegende Zwinger bildete. Die damit verbundene Herstellung zahlreicher Wehrthürme sowohl am inneren wie am äusseren Ring noch mehr aber des neuen Grabens zog diese Arbeit sehr in die Länge. Die erweiterte Umfriedung aber ist die Befestigungslinie Münchens nicht blos im Mittelalter, sondern auch in der neueren Zeit geblieben, und war beim Regierungsantritt des Königs Ludwig I. noch fast ununterbrochen erhalten. Sie schob in einer den Flächeninhalt der Stadt versechsfachenden Weise den Abschluss der vier Thore um die Länge der genannten Strassenverlängerungen hinaus. So kam er dem alten Thalburgthor entsprechend jetzt an das Ostende des Thals, wo der Thorbau noch steht, der zunächst wie das alte Thalburgthor das „untere" nach Ludwig den Bayer das „neue", später das Thal- und Zollthor hiess und jetzt unter dem Namen Isarthor bekannt ist. Der stattliche Thurm wie die beiden Vorthürme sind durch ihre neuen Bekrönungen dem alten Charakter deutscher Gothik untreu geworden, wie überhaupt die Restauration unter F. v. Gärtner von 1833 bis 1835 dem Ganzen den Anstrich moderner Romantik gegeben hat, den das schöne Fresco „Einzug des Kaisers Ludwig des Bayers nach der Schlacht bei Ampfing" von B. Neher, und zwei Eberhard'sche Statuen nicht vermindern. — Am nördlichen Stadtende schloss das neue Schwabingerthor die convergirende Vevlängerung der beiden nördlichen Thore zumal ab. Dieses neue Thor, 1318 vollendet, stand an der Stelle vor der jetzigen Feldherrnhalle, wo die vordere und hintere Schwabingerstrasse, jetzt Residenz- und Theatinerstrasse, zusammentreffen, mit-

hin zwischen dem Festsaalbau und dem Graf-Arcohause, und hiess
im 15. Jahrhundert von der nahen kleinen Salvatorkirche „Unsers
Herrn Thor"; 1816 fiel es der Stadterweiterung zum Opfer. — Am
südlichen Ende der Sendlingergasse, mithin dem alten Sendlingerthor (Ruffinithurm) entsprechend, erhebt sich noch theilweise das
zweite (äussere) Sendlingerthor, seit 1319 erwähnt. Es hat
seinen Thorthurm 1808 verloren, die beiden erst Ende des 14. Jahrhunderts entstandenen äusseren Flankenthürme aber sind neuestens
(1860) durch Baurath A. Zenetti in entsprechender Restauration
mit der Umgebung und den noch erhaltenen Mauern in Harmonie
gebracht worden. — Auch am westlichen Stadtende erhebt sich
noch ein Theil des zweiten „oberen" oder Nuinhauser-Thores
als Abschluss der Neuhausergasse, 1315 vollendet. Nach einiger
Umgestaltung i. J. 1791, als es mit der Neuhausergasse auch seinen
Namen nach dem damals regierenden Churfürsten Carl Theodor
ändern musste, hat es erst 1857 in Folge der Rosenlehner'schen
Pulverexplosion seinen Thurm eingebüsst, so dass das Karlsthor,
wie es noch immer trotz der von K. Ludwig 1828 verfügten Ab-
schaffung dieses Namens zu Gunsten des alten heisst, seit 1861
eine wesentlich veränderte Gestalt zeigt. (Baurath A. Zenetti.)

Bei dem bedeutend vermehrten Umfange des neuen Mauer-
ringes, den man den kaiserlichen nennen kann, weil dessen Ausführung zum grössten Theil in die Zeit Ludwig des Bayers fällt,
war aber auch eine Vermehrung der Thore nothwendig geworden.
Namentlich in dem grössten Quadranten des nunmehrigen Stadtgebietes, nemlich in der Linie vom Sendlinger Thore bis zum Thal,
wo einerseits eines der frühest bevölkerten Quartiere, das Angerviertel, nun in die Stadt eingeschlossen worden war und wo überdiess eine starke Einziehung der Mauerlinie in einem stumpfen
Winkel gegen das Rosenthal hin die Stadtmauer noch mehr verlängerte. Dem Sendlingerthor zunächst war daher die Mauer, nachdem der Hai- oder Hägethurm an der oberen Angergasse durch ein
tiefliegendes Gewölbe einem Isarkanal den Eintritt verstattet, durch
das Angerthor unterbrochen, welches seit 1319 erwähnt wird,
aber ebenso wie das Sendlingerthor erst zu Ende des 14. Jahrhunderts mit halbrunden äusseren Flankenthürmen besetzt worden
ist, welche allein bis in unsere Tage den Verkehrsanforderungen
Widerstand geleistet haben, bis endlich in den letzten Jahren auch
diese weichen mussten. Darauf folgte, kurz nachdem die Mauerlinie sich in dem sog. Taschenthurme, woher der Name des benachbarten Gässchens, erhoben hatte, das Schifferthor, das indirekt
zum Krottenthal (Rosenthal) führte und bei der Einfüllung des
Grabens zum Zweck der Anlage der Schrannenhalle auch seinen
letzten Rest verloren hat. Das Rosenthal führte durch einen Thorthurm der Mauer entlang nach dem jetzigen Victualienmarkt und
an einem schönen noch wohl erhaltenen Mauerthurm vorbei nach

der jetzigen Westenriederstrasse, in welcher sich wieder und zwar dem Sterneckergässchen gegenüber und dem Isarthore bereits ziemlich nahe ein drittes Thor, das Täckenthor, im 14. Jahrhundert Färbethor genannt, befand, dessen Thurm zwar noch erhalten ist, während der Durchgang seit langem vermauert steht. Schon auf dem Volckmer'schen Stadtplane von 1613 existirt das Thor nicht mehr als solches. Nahe am Isarthor aber führte die sich der Stadtmauer entlang ziehende Strasse abermals durch einen Thorthurm, über dessen Verschwinden nichts bekannt ist.

Auf der Strecke zwischen dem Isarthor und dem ehemaligen Schwabingerthor, auf welcher die Mauerlinie sich mehrfach in beinahe rechtem Winkel nach ein- und auswärts bricht, befand sich nur ein Thor zur Verbindung der Graggenau, welche durch die neue Befestigungslinie theilweise (Platzl) zum Stadtinnern gezogen worden war. Es hiess daher auch wenigstens vom 14. Jahrhundert an das Graggenauerthor, später weil die Graggenau das hauptsächlichste Gebiet für Gemüsezucht (Wurzgärtnerei) war, das Wurzerthor, in diesem Jahrhundert Kostthor. Bis in unsere Tage als Schuldthurm benutzt, hatte es selbst bei Anlage der Maximiliansstrasse Schonung erfahren, theilte aber in den letzten Jahren, obwohl durch seine Erhaltung interessant, das Schicksal des Angerthores. — An der Nord- wie an der Ostseite der später angelegten Neuen Veste wurden für dieselbe auch besondere Thore nöthig, die ursprünglich nicht im Plane gelegen waren, das Herzogen Stadtthor und das Neuvestthor, von welchem jedoch das erstere in der Nähe der jetzigen Hofapotheke in den Hofgarten führte, der vermittelst einer einfachen Mauer und eines schmalen Grabens als ein Annex zur Stadt gezogen war.

Auf der leicht gebogenen Linie vom Schwabinger- zum Neuhauser- (Karls-) Thor geht das jetzige Max-Josephthor, die Mündung der gleichwohl alten Prandas- jetzt Prangersgasse nur bis 1805 zurück. Früher war die Prangersgasse nach Aussen durch die mit dem tiefen Graben vorbeiziehende Mauer abgeschlossen, oder vielmehr in die der Mauer parallel laufenden Gässchen abgelenkt. Dafür führte die Pfandhausstrasse, wenn auch nicht direct, so doch in der Nähe des jetzigen Eingangs zur Staatsschuldentilgungs-Commission durch das Frauenthor ins Freie, welches 1808 niedergelegt ward, als die ehemalige Kreuzstrasse in den Promenade- und Exercierplatz umgewandelt und mit Lindenbäumen besetzt wurde. Von dem bis in die neueste Zeit ziemlich wohl erhaltenen Mauer- und Grabenzug zwischen Maxburg und Karlsthor ist im vergangenen Jahre ein Stück vor Hôtel Leinfelder behufs Durchführung einer neuen noch unvollendeten Strasse geebnet worden. — Auf der ohnehin kurzen Strecke vom Karlsthor bis zum Sendlingerthore endlich befand sich trotzdem, dass zwei nicht unbedeutende Strassen, die Herzog-Spital-Strasse nnd die Joseph-Spitalgasse Durchlass heischten, der ihnen auch in unserem Jahrhundert geworden ist, kein weiterer Thorbau. —

Gleichwohl scheint auch diese beträchtliche Erweiterung nicht lange genügt zu haben; denn wohl zumeist in Folge des von Herzog Rudolph am 18. Juni 1294 der Stadt ertheilten Privilegienbriefes vermehrte sich die Bevölkerung durch Zuzug von Aussen lebhaft und die Häuser drängten sich innen wie aussen so nahe an die Stadtmauer, dass Ludwig der Bayer 1315, um die Befestigung nicht illusorisch werden zu lassen, der Stadt die Weisung zugehen lassen musste, Alles, was den Stadtmauern innen und aussen zu nahe käme, abzubrechen. Die Häuser hatten sich indess zwar an Zahl vervierfacht, aber an Ansehnlichkeit nur wenig gewonnen. Selbst die Burg des Herzogs und seines Sohnes des Kaisers Ludwig des Bayers scheint vor dem Brande 1327 keineswegs von künstlerischer Bedeutung gewesen zu sein und ebenso das älteste, urkundlich ganz unbekannte Rathhaus; die Privathäuser aber bestanden noch aus Holz und Fachwerk und verliehen daher auch gelegentlichen Bränden leicht einen vernichtenden Umfang. So dem erwähnten Brande von 1327, der im Angerkloster ausbrechend sich über den Sebastiansplatz, das Rosenthal, den Rindermarkt, Kirche und Pfarrhaus von S. Peter, das h. Geistspital, das Thal, die Lederergasse, die Graggenau (Platzl), die Burggasse, den alten Hof und das Franziskanerkloster (an der Stelle des jetzigen Hoftheaters) sich erstreckte und somit die Hälfte der Stadt in Asche legte. Als trotzdem die neuaufzubauenden Häuser wieder in Holz hergestellt wurden, musste endlich Kaiser Ludwig im Einvernehmen mit dem Magistrat geradezu die Schindeldeckung an Neubauten verbieten und die Herstellung der Wände in Ziegeln dringend empfehlen (1342). Welche Wirkung diese Anordnung des nicht lange darauf aus dem Leben scheidenden Kaisers hatte, zeigt das Rathhaus selbst, das mit seinen Holzdächern sammt dem Raththurme 1418 abermals einem grossen Brandunglück im Thal und in der Graggenau erlag und trotzdem neuerdings mit Schindeln gedeckt wurde. Doch hatten des Kaisers Anordnungen wenigstens den Erfolg, dass die Neubauten unter Einhaltung der Baulinie hergestellt und die Strassenanlagen mehr Breite erhielten, während erst die städtische Bauordnung v. J. 1370 die Herstellung einer annähernden Geradlinigkeit der Häuserreihen durch Zurücksetzung oder Vorbau einzelner Gebäude und den Abbruch vorspringender Lauben und Freitreppen wie auch die Verschliessung der für Kinder lebensgefährlich auf die Trottoirs mündenden Kellerhälse erzielte. Die Pflasterung, in Kieselsteinen hergestellt, wie sie noch jetzt theilweise besteht, muss gleichfalls um diese Zeit angeordnet worden sein, wenigstens wird der Stadt 1394 die Erhebung eines Pflasterzolles bewilligt. Stadtbeleuchtung gab es noch nicht; Strassenreinigung war nur vor den höchsten Festtagen geboten.

Durch die Stadterweiterung unter Ludwig dem Strengen war

der **Marktplatz**, welcher ursprünglich ans östliche (Thalburg) Thor gestossen, so ziemlich ins Centrum der Stadt gelangt. Lag auch die Veste etwas abseits, so verliehen doch andere hervorragende Gebäude diesem Verkehrsherzen zu der Belebtheit auch eine gewisse Würde. Am oberen Theile des Platzes erhob sich, wahrscheinlich ganz frei stehend, das **Recht- oder Dinghaus**, in oder bei welchem die öffentlichen Gerichtschrannen stattfanden, welche dem Getreidemarkt, der bis zum Ende der vierziger Jahre unseres Jahrhunderts auf dem Platze, ursprünglich aber in den beiderseitigen Lauben abgehalten wurde, den Namen Schranne, zuletzt auch dem ganzen Platze, welcher übrigens noch auf dem Merian'schen Plane „der Markt" heisst, die bis zur Mitte unseres Jahrhunderts übliche Bezeichnung gab. Vor dem Dinghaus an der Stelle der jetzigen Mariensäule stand die **herzogliche Münze**, welche jedoch 1295 bei einem Aufstande der Bürgerschaft in Folge der Münzverschlechterung, an welcher man auch den die besserhaltigen Pfennige aufkaufenden Juden einen wesentlichen Antheil zuschrieb, zerstört wurde, was zwar durch die Bürgerschaft mit Geld gesühnt werden musste, ohne dass indess das Gebäude an der ursprünglichen Stelle wieder hergestellt ward. Es baute vielmehr an deren Stelle der Ritter Ainwig der Gollir die **Allerheiligen- oder Gollirkapelle**, welche 1480 abgebrochen wurde. Am östlichen Ende des Platzes erhob sich das **Rathhaus**, wo noch das ältere Rathhaus, im Plane wohl wenig verändert, sich befindet. Von der Anlage dieses Gebäudes erfahren wir vor 1315 nichts zuverlässiges; denn erst nach dieser Zeit scheint der Hauptbau, der noch bestehende Saalbau nördlich vom Thorthurm neu und zwar in der Hauptsache schon in der gegenwärtigen Gestalt erbaut worden zu sein. Der Theil rechts vom Thurm ist aber ein Aggregat von mehreren ursprünglich schwerlich für magistratische Zwecke errichteten Gebäuden, erstlich dem sog. kleinen Rathhaus, dann dem mit diesem gegen Westen durch einen Bogen verbundenen städtischen Archiv, während sich östlich das alte Kauf- und Waghaus, bis auf die neuere Zeit Schmalzwage genannt, anschloss. Der Saalbau war für den städtischen Rechtspruch und für Festlichkeiten angelegt und enthielt ausserdem im Erdgeschoss einen Durchgang mit Brodbänken, die schon 1330 urkundlich erwähnt werden und noch bestehen. Das sog. kleine Rathhaus, 1365 „der Bürger Hofstatt" genannt, war ursprünglich wohl ebenso wie das 1443 vom Magistrate erkaufte Haus des Ritters Gollir (das städtische Archiv) Privathaus und wahrscheinlich ebenfalls dem Genannten gehörig. Das Gollir'sche Haus (Archiv), in Steinbau hergestellt, was zu Ende des 13. Jahrhunderts nur bei wenigen Privatgebäuden der Fall war, gehört zu den ältest erhaltenen Häusern Münchens; verdankt aber seine Erhaltung vorzugsweise seiner versteckten Lage hinter der südlichen Häuserreihe des Schrannen- und nunmehrigen Marienplatzes, Nr. 3 des Petersplatzes der Sakristei von S. Peter gegenüber. 1371 und 1393 waren diese magistratischen Gebäude innen und aussen reich mit Malereien verziert worden, namentlich der grosse Saal und der Thurm, welcher mit Blei und farbigen Platten in Haupthelm und Eckthürmchen gedeckt und mit einer stattlichen Uhr geschmückt war; doch verzehrten wiederholte Brände bis 1460 alle diese Herrlichkeit.

An den Langseiten des Marktes lagen Privathäuser mit Läden oder vorgebauten Buden, grösstentheils mit Lauben oder Arkaden, die Reihe zur Rechten wenn man sich gegen den Rathhausthurm wendet in der noch bestehenden Abtheilung bis zum Rindermarkt die „oberen Krämen" und von da an die „unteren Krämen" oder „unter den Watmangern" (von den Tuch- und Lodenhändlern) genannt. Das Haus mit den drei Kronen heisst schon 1449 „das Cröndl", das anstossende Haus noch jetzt „beim Christoph am Eiermarkt", obwohl das wiederholt restaurirte grosse Wandgemälde nicht diesen Heiligen, sondern den seligen Landmann Winthir von Neuhausen darstellen soll. Auch die Bezeichnung Eiermarkt geht auf die alte Bestimmung dieses Theiles des Platzes, der wegen des jetzigen Wagenverkehrs jetzt wohl zu nichts weniger als hiezu brauchbar wäre, zurück.

Auf der gegenüberliegenden Seite war an der Stelle des jetzigen Neuen Rathhauses und vorherigen Landschafts- und Regierungsgebäudes ein Privathaus, das zu Anfang des 15. Jahrhunderts vom Magistrat zum Zwecke der Anlage einer Trinkstube im Erdgeschosse erkauft wurde, in welcher der Stadt zu Ehren „ehrbar Leut Gäst und Bürger ihren Pfennig vertrinken mochten" (eine halbe Maass bayerischen Landweines, wovon bei dem wohl weniger heiklen Gaumen unserer Vorfahren i. J. 1433 600 Fuder selbst bis Regensburg verfrachtet wurden*), kostete wie ein Pfund Rindfleisch 1 Pfennig). Ein bemerkenswerthes Spiel des Zufalls hat den gegenwärtigen Rathskeller Münchens wieder beinahe an die ursprüngliche Stelle gebracht. Das stattliche 1861 schlecht im gothischen Styl restaurirte Eckhaus der Dienersgasse, dem Neuen Rathhause gegenüber wurde 1370 von dem Kaufmann Hans Impler erbaut.

Die vom Marktplatz auslaufenden Hauptstrassen, Thal-, Sendlinger-, Kaufinger- und Schwabingerstrasse gliederten sowohl die innere (leoninische) als auch die äussere Stadt in nicht völlig gleiche Viertheile, welche ihre ursprünglichen freilich nur der äusseren Stadt angehörigen Namen, Anger-, Hacken-, Kreuz- und Graggenauer-Viertel bis auf den heutigen Tag bewahrt haben. Wir haben nun diese nach ihren irgendwie hervorragenden Anlagen und Gebäuden zu

---

*) Das städtische Weinmagazin war in dem vormals als Café Schafroth wohlbekannten noch erhaltenen Gewölbe in der Dienersstrasse, wie in dem rückseits daranstossenden schönen Schlossergewölbe in der Burggasse, welches letztere sogar die gothische Façade erhalten hat.

betrachten und wenden uns zunächst zu dem Viertel, das von den in ziemlich stumpfem Winkel zu einander stehenden Strassen, Thal und Sendlingergasse gebildet wird, aber trotzdem nicht mehr Raum umschliesst, als jedes der beiden nördlich von Kaufingerstrasse und Thal befindlichen Viertel. Wir setzen es an die Spitze, weil es das älteste Hauptgebäude Münchens enthält, nämlich das schon 13 Jahre nach der Stadtgründung als Pfarrkirche erwähnte S. Peter. Dass diese Kirche vielleicht an der Stelle einer von Tegernsee gegründeten Kapelle entstanden, wurde schon erwähnt. Um 1281 war der Bau (flachgedeckte romanische Basilika) so schadhaft, dass damals zum Zweck eines Neubaues gesammelt ward, welcher jedoch nur 1292 — 1327 stand, da in dem letzten Jahre ein Brand ihn gänzlich vernichtete. Der Wiederaufbau wurde verzögert oder war sehr langwierig; erst 1365 konnte das nun gothische Gebäude geweiht werden, das jetzt bis 1607 ziemlich unverändert bestand und erst in jenem Jahre durch einen Blitzstrahl seine Doppelthürmigkeit und bei dem Wiederaufbau seinen Styl verlor.

Eine benachbarte Kapelle ist nach verschiedenen Seiten hin Gegenstand gelehrter Controversen geworden, die sog. Wieskapelle. Steht es auch fest, dass der Name nicht mit der Bezeichnung „auf der Wiese" (in prato) zusammenhängt, so scheint doch unentschieden, ob sie aus dem altdeutschen vice (Pein), Unser Herr in der Pein, oder von der Bezeichnung „auf dem Widem" d. h. in dem Bezirk oder in dem Pfarrhofbezirk von S. Peter herrühre, was allerdings durch einige von Nagler beigebrachte urkundliche Notizen viele Wahrscheinlichkeit darbietet. — Im letzteren Falle wäre die Priorität der Wieskapelle vor S. Peter nicht aufrecht zu halten, wie auch jedenfalls die jetzige Wieskapelle hinter dem Chor von S. Peter, jetzt magistratische Registratur, als auf dem niedergelegten ältesten Stadtring befindlich, nicht aus der Stadt Heinrich des Löwen stammen kann. Dieses Kirchlein ist auch im gothischen Styl erbaut und dürfte wohl erst im 14. Jahrhundert entstanden sein, wie auch sein angeblich wunderthätiges Schnitzbild als ein Werk des Münchener Bildhauers Andr. Wienhart erst zu Anfang des 15. Jahrhunderts hergestellt worden ist. Ob das anstossende rundbogige Oratorium älter, muss dahingestellt bleiben.

Vor der Peterskirche bildete sich ein nicht allzugeräumiger Platz oder vielmehr eine erweiterte Strasse, deren Linienzug sich keineswegs nach der Kirche, sondern nach der leoninischen Befestigungslinie und mit dieser nach den Niveauverhältnissen richtete und daher die fast halbkreisförmige Biegung erhalten hat, die er noch heutzutage besitzt. Die Strasse hiess ursprünglich Watmangergasse, von den dortigen Wollwaarenwerkstätten und Magazinen, vor welche wohl nur hölzerne Verkaufsbuden vorgelegt waren; der noch jetzt bestehende Name Rindermarkt, der sicher auch seine sachliche Bedeutung hatte, erscheint urkundlich nicht vor 1430.

Die alten Gebäude sind insgesammt verschwunden; denn auch das jetzt sog. Ruffinihaus an der Ecke gegen die Sendlingergasse, welches dem ältesten Sohne Ludwig des Bayers, nämlich Ludwig dem Brandenburger, gehörte und **1348** durch die Ermordung seines Vertrauten, des Herzogs Conrad von Teck, eine gewisse Berühmtheit erlangte, ist in seiner jetzigen Gestalt wenig mehr als ein Jahrhundert alt.

Vom Rindermarkt aus führen jetzt drei Passagen nach dem ihm in der Hauptsache parallel laufenden Rosenthal, früher Krottenthal, welches ebenso der leoninischen Kanallinie am Fusse des Stadthügels entsprach, wie der Rindermarkt dem Plateaurande. Die Niederung jenseits des Canals aber hiess und heisst noch der Anger. Schon der Name besagt, dass hier Felder, Wiesen und Gärten sich ausbreiteten, wie denn auch seit der ältesten Zeit hier die Stadtbleiche sich befand, die **1421** vergrössert werden musste. Doch hatte in der Zeit der Herstellung der äusseren Mauer das Gewerbe von diesem Gebiet Besitz ergriffen, uud besonders Tuch- und Lodenmacher, Leinweber und Färber siedelten sich hier an. Oeffentliche Gebäude sind daher weniger hier zu suchen, wenn auch ein magistratisches Manghaus und eine städtische Walkmühle erwähnt werden. Auch blieb noch immer so viel Wiesenraum, dass sich nicht blos der Name des Viertels in seiner realen Bedeutung erhielt, sondern dass auch hier die Messe (Dult) abgehalten wurde. Es ist dies die noch bestehende aber längst verlegte Jakobidult, so genannt von der Oertlichkeit vor dem Jakobskloster wie von der Zeit des Patrociniums desselben, in welcher sie abgehalten wurde und noch wird. Das Verbindungsgässchen zwischen Sendlingergasse und Anger hat auch daher den Namen Dultgasse erhalten. Vor diesem Wiesenplatze auf dem Blachfelde war ferner schon im 16. Jahrhundert die Schiessstätte für die Armbrustschützen, auf welcher nicht blos die Uebungen, sondern auch Festschiessen abgehalten wurden, und zwar bis zum Ende des 16. Jahrhunderts. Erst **1613** finden wir die Schiessstätte vor das Neuhauserthor an die Stelle verlegt, wo sie bis in die vierziger Jahre unseres Jahrhunderts noch bestand, nemlich an das westliche Ende der noch nach jener Anlage genannten Schützenstrasse, bis die Hereinziehung des Bahnhofes vom Marsfelde zn deren Verlegung auf die Höhe über der Theresienwiese zwang. Die stattlichen Bäume derselben erhielten sich zum Theil noch bis in die sechziger Jahre.

Das wichtigste Gebäude am Anger war aber das **Angerkloster** mit der **Jakobskirche**, **1204** von **Ludwig d. Kelheimer** für die Minoriten gegründet. Letztere ist die ältest erhaltene Kirche Münchens, da die jetzige Peterskirche fast vom Grunde auf einem späteren Wiederaufbau zu verdanken ist. Doch ist nach Beschaffenheit derselben, namentlich nach Gestalt der Fenster wie des äusseren Bogenfrieses, welche dem Uebergangsstyle angehören, immerhin zweifelhaft, ob der jetzige Bau der ursprüngliche selbst sei. Jedenfalls aber muss er noch im 13. Jahrhundert so hergestellt worden sein, wie er der Hauptsache nach noch besteht, wahrscheinlich schon vor der Abtretung des Klosters an die Clarissinen von Söflingen bei Ulm, nachdem Ludwig der Strenge den Minoriten 1286 ein neues Kloster in der Nähe der Burg erbaut hatte. Nach diesem Wechsel wurde erst eine grössere Kirche am Anger nöthig, da die Nonnen die alte Jakobskirche als Clausurkirche für sich in Anspruch nahmen. Die neue Kirche stürzte nach nur hundertjährigem Bestande ein (1404), ward aber sogleich wieder, natürlich im gothischen Styl, aufgeführt, in welcher Gestalt sie sich wenigstens im Innern bis jetzt erhalten hat, während das Aeussere 1810 eine höchst ungeschickte Umgestaltung beziehungsweise Ummantelung erfahren hat.

Den frommen Frauen von S. Jakob am Anger fehlte es auch nicht an dem hässlichen Gegenbilde eines profanen Frauenhauses daselbst. Nachdem schon im 14. Jahrhundert neben dem Schwabingerthor ein solches bestanden hatte, das aber 1436 abgebrochen worden war, sah sich der Magistrat genöthigt, ein neues in demselben Jahre bei der Schleifmühle an der Mauer der Mühlgasse zu erbauen und davon sogar eine Rente zu ziehen. Solche Nachbarschaft mochte freilich besseren hier angesiedelten Ständen weniger behagen als das Kloster. So den „Herren am Anger", einer angesehenen Patrizierfamilie, die vom 13. bis zum 17. Jahrhundert in den höchsten Aemtern vorkömmt, oder den Mönchen von Tegernsee, welche schon 1300 das Eckhaus an der Tegernseerstrasse erwarben. — Monumentale Gebäude dieses Viertels waren nur die städtischen Zeughäuser am sog. Heumarkt, sowohl das unansehnlich einstöckige lange „Stadthaus", in welchem die Büchsen bewahrt wurden und nebenan das 1431 erbaute neue Zeughaus, äusserlich noch wenig verändert, innen aber mit Verständniss und Geschmack neuerlich restaurirt. Das letztere war für die grösseren Geschütze bestimmt, die jedoch nicht mehr im ursprünglichen Bestande dort angetroffen werden, da die zum Theil recht interessanten Werke in verschiedenen Zeiten eingeschmolzen oder als altes Metall verkauft worden sind, wofür die von König Max I. geschenkten Geschütze dort bewahrt werden.

Von dem Anger abgesondert und sich an das „Thal" legend begegnet uns endlich in dem Viertel zwischen Sendlingergasse und Thal noch eine ausgedehnte und wichtige Anlage des mittelalterlichen Münchens, das h. Geistspital. Unmittelbar vor dem Thalburgthor hatte nämlich eine aus unvordenklicher Zeit stammende Kapelle bestanden, der h. Katharina geweiht und als Eremitenkapelle vielleicht sogar älter als die Stadt. Die Klause mag unbewohnt auch nach der Stadtgründung fortbestanden haben und wurde wohl hauptsächlich Veranlassung zur Gründung eines Pilgerhauses durch Ludwig den Kelheimer 1204, in welchem krankenpflegende Augustiner eingesetzt wurden. Die Kapelle blieb bis 1253, in welchem Jahre Otto der Erlauchte das Pilgerhaus in ein allgemeines Spital umwandelte und erweitert neu aufbaute, wie auch eine stattliche Kirche erstehen liess. Diese empfahl sich bald, nachdem sie als h. Geistkirche 1268 geweiht war, bei der rasch zunehmenden Bevölkerung des Thales als eine passende dritte Pfarrkirche (gleichzeitig mit der Stiftung der Frauenpfarrei 1271). Die alte Kapelle hat sich bis 1823 als im Spitalbau eingeschlossen erhalten, welcher letztere einen ausserordentlichen Umfang hatte. Denn seine Annexe, worunter Bräuhaus, Stallungen, Scheune, Findel-, Irren- und Gebärhaus, erstreckten sich bis an die jetzige Einmündung der Westenriederstrasse in den Viktualienmarkt. Auf dem heutigen Dreifaltigkeitsplatze war der Friedhof, mit einer der h. Dreifaltigkeit geweihten Kapelle, welche nach mehr als fünfhundertjährigem Bestande zunächst 1803 in ein Schulhaus umgebaut und dann niedergerissen würde. Daselbe geschah mit den Bräu- und Oekonomieraumen des grossartigen Spitals in den zwanziger Jahren dieses Jahrhunderts. Das Spitalgebäude selbst aber ist, nachdem es (1823) seinem Zweck entzogen worden war, noch grossentheils erhalten, namentlich in dem sehenswerthen gothischen Erdgeschoss von dem Wiederaufbau nach dem Brande von 1327, welches jetzt in die sog. „grosse Fleischbank" umgewandelt ist. Die Kirche selbst aber ist 1724 bis 1728 gründlich verzopft worden.

Minderes Interesse bietet das zweite, ungefähr dreieckförmige Stadtviertel dar, welches zwischen der Sendlingergasse, der Kaufinger- und Neuhausergasse und der Mauerlinie von dem Sendlingerbis zum Neuhauser-(Karls-)Thor liegt. Der Name Hackenviertel ist dem Grundstück entnommen, welches in frühester Zeit aus nicht näher erfindlichem Grunde, wenn nicht nach der Gestalt der Gasse, „im Hagka" hiess und durch welches das noch bestehende Hackengässchen, in den beiden vergangenen Jahren zur ansehnlichen Strasse erweitert, führte — Die Fürstenfeldergasse und der Färbergraben verdanken ihren Zug wie der Rindermarkt und das Krotten-(Rosen-)thal im oben beschriebenen Viertel noch der leoninischen Stadt, erstere der Befestigungslinie, letztere dem Stadtgraben. Der erstere Name stammt von einer Besitzung des Klosters Fürstenfeld aus der Zeit Ludwig des Srengen, an der Stelle des nachmaligen Gasthauses zum Fürstenfelderhofe. Ein anderes Haus derselben Gasse an der Ecke gegen die Kaufingergasse war von Ludwig dem Bayer dem Kloster Ettal verehrt worden. Es war aber üblich, dass die Klöster in Städten sich Absteigquartiere zum Theil unscheinbarer Art hielten, von welchen ausser den beiden ebengenannten das Tegernseerhaus in der Tegernseerstrasse und der zu Schäftlarn gehörige Konradshof in der Gegend des nachmaligen Jesuitencollegiums bereits erwähnt worden ist und deren wir noch mehrere finden werden. Der Färbergraben hatte seinen alten Namen wohl von dem dort betriebenen Gewerbe. Dass aber auch dort wie mehrfach an dem Umfang des leoninischen Stadtgrabens Bäder erwähnt werden, musste bei Aufdeckung des Färbergrabens anlässlich der Strassenerweiterung im vergangenen Jahre billig in Erstaunen setzen. Die vom Färbergraben aus zugängliche Sackgasse der sog. Hofstatt trägt noch eine sehr alte, jedoch nur generelle Bezeichnung, da man darunter eine ländliche Besitzung mit Stallungen, Scheunen und Schuppen verstand, welche hier ohne Aufgebung des Planes und Namens im Laufe der Zeit in Wohngebäude umgewandelt worden sind. Zwischen der Hackengasse und dem Färbergraben lag das Quartier Altheim, von dessen Häusercomplex die eine Ecke als Altheimereck (zeitweise in Althammereck verballhornt) ebenfalls einer Gasse den Namen gab. Im Volksmunde ist für diese Gasse noch der Name „am Saumarkt" gäng und gäbe, weil hier in alter Zeit der Schweinemarkt abgehalten wurde, während sich der Name Stiftsgasse von dem zum Theil im Gebiet von Althaim liegenden Damenstift nicht behaupten konnte. Der Strassenwinkel zwischen Hackengasse und Brunngasse endlich trägt den Namen der Hundskugel, von einer nicht verbürgten Sage herrührend, nach welcher in unbekannter Zeit Hunde eine Kugel bis an das Haus eines Baders daselbst gewälzt haben sollen, der daraus für seine Firma Capital schlug. Das noch an einem Hause dieser Gasse angebrachte Relief mit einer von Hunden umsprungenen Kugel weist jedenfalls nicht in frühe Zeit zurück. Das einzige bedeutendere Gebäude dieses Viertels, das sich noch aus dem Mittelalter erhalten hat, ist die Kreuzkirche, früher Allerheiligen-Kirche, in der bedeutendsten seit dem Erweiterungsdurchbruch von der Neuhausergasse her südwärts führenden Strasse, in welche auch sowohl die Althaimereckgasse wie die zur Brunngasse verlängerte Hundskugel münden, und welche einst Schmalzgasse hiess, jetzt aber im südlichen Theile Kreuzgasse, in der Mitte Damenstiftsgasse und gegen die Neuhausergasse hinaus nach einer hier sesshaften Patrizierfamilie Eisenmannsgasse heisst. Die Kirche wurde gleichzeitig mit der Frauenkirche und von demselben Baumeister 1480—1485 erbaut und hat seitdem baulich nur wenig Veränderungen erfahren. Ihr schloss sich ein Spital für Kranke und Pilger an, welche Anlagen wenigstens die wohlthätige Folge hatten, dass der enge Strassenwinkel hier einige Erweiterung erhielt, freilich zunächst zum Zweck des Spitalkirchhofs.

Die Verlängerungen des Althaimerecks und der Brunngasse über die Querlinie der Damenstiftsgasse hinaus, im Mittelalter unansehnliche Sackgassen, waren hauptsächlich Spitalzwecken gewidmet. Namentlich die Röhrenspecker-(jetzt Herzogspital-)Gasse, wo indess ausser Krankenhaus und Seelhaus sich noch Absteigquartiere der Klöster Polling und Diessen befanden. Ihre freundliche Erscheinung haben die beiden Strassen erst mit dem Durchbruch der Stadtmauer nach dem schönen Glacis (Sonnenstrasse) im Jahre 1832 gewonnen.

Wenden wir uns jetzt nach dem dritten Stadtviertel, das von

den zwei fast genau im rechten Winkel zusammenstossenden Hauptlinien der Schwabinger- und Kaufingerstrasse oder richtiger in ihrer ganzen Ausdehnung und modernen Bezeichnung Wein- und Theatinerstrasse einerseits, Kaufinger- und Neuhausergasse anderseits und vom Glacis (Karlsplatz und Maximiliansplatz) an der dritten Seite abgegrenzt wurde. Der leoninische Theil desselben kann als das Gebiet der Frauenkirche betrachtet werden; das ganze Viertel aber fasst sich unter dem Namen Kreuzviertel zusammen, welcher wie alle Viertelnamen aus der Zeit Ludwig des Bayers stammend nichts mit der eben erwähnten Kreuzkirche oder Kreuzstrasse zu thun hat, welche Benennungen erst im 15. Jahrhundert entstanden, sondern von dem Mittelpunkt des Stadttheils, der alten Kreuzstrasse, dem jetzigen Promenadeplatz, abgeleitet ist. Die Zeit der Entstehung des Frauenkirchleins ist unbekannt; doch ist aus vielen Gründen wahrscheinlich, dass sie noch in das 12. Jahrhundert fällt. Erst hundert Jahre nach der Erwähnung des ersten Pfarrers von S. Peter wurde demselben die Eigenschaft einer selbständigen Pfarrei zu Theil (1271). Es scheint jedoch wahrscheinlich, dass schon vorher dem vermehrten frommen Bedürfnisse dadurch Rechnung getragen worden sei, dass man neben die ursprüngliche Kapelle eine Kirche gebaut habe, und die Frauenkapelle jetzt in eine Michaels-, d. h. Todten- und Friedhofskapelle umgewandelt habe. In der That sind bei dem Legen der Gasleitung am Frauenfreithof im August 1849 die Reste einer Kirche (und nicht einer Kapelle) mit einem Schiffe von etwa 80 Länge und 30′ Breite und einer Apsis von circa 20′ Länge, ferner mit den Fundamenten von zwei Thürmen an der Westseite gefunden worden, und zwar so situirt, dass die Thürme etwa da standen, wo jetzt das Frauengässchen mündet, während das Schiff dem jetzigen Dom parallel sich gegen Osten erstreckte. Zwischen den Thürmen (westlich) lag der Haupteingang, ein zweites Portal war südlich am Mazarigässchen, wo davon noch die Reste gefunden wurden, ein drittes gegenüber. Dass diese Kirche gothisch war, möchte ich mit Sighart und Mayer nicht annehmen: wenn nicht romanisch, so war sie höchstens dem Uebergangsstyle angehörig: auch war sie nicht einmal basilikal wie S. Peter, sondern wahrscheinlich einschiffig weshalb sie in einem päpstlichen Breve von 1273 trotz ihrer Dimensionen simplex capella genannt werden konnte. Doch entschädigte für diese Einfachheit überreicher Altarschmuck (es werden nicht weniger als 24 Altäre nachgewiesen), Glasgemälde in den Fenstern, welche im Hinblick auf Tegernsee keineswegs für gothischen Styl sprechen, und einige Denkmäler, von welchen freilich das prachtvollste das noch erhaltene Steinmal des Kaisers Ludwig des Bayers erst 1438 hergestellt worden ist. — Daneben bestand die älteste Marienkapelle, wie erwähnt, wahrscheinlich noch fort als Michaelskapelle und zwar an der Stelle des Chors der jetzigen Frauenkirche. Diese Kapelle hatte namentlich die Auszeichnung genossen, die Leiche des im Kirchenbann gestorbenen Kaisers Ludwig des Bayers, welcher weder Kloster Fürstenfeld noch das Münchener Augustinerkloster die kirchlichen Funeralien zu widmen wagten, bis zur Bannlösung zu bergen. Dass dieses Kirchlein romanisch war, ist zweifellos: ob man es wagen darf, wegen der drei Altäre, welche es hatte, etwa an die Gestalt der Kapelle im Regensburger Domkreuzgang zu denken, muss dahingestellt bleiben.

Die älteste Marienkapelle (S. Michael) fiel mit der Grundsteinlegung des jetzigen U. L. F. Domes, die alte Pfarrkirche während des Baues und zwar allmälig. Die letztere hatte sich nemlich bei etwas grösserem Pfarrsprengel als S. Peter und bei beträchtlich geringeren Dimensionen als jene schon in ihrer ersten Anlage als zu klein erwiesen. Ueberdiess wollte München mit dem Neubau die stattlichen Hallenkirchen, welche damals in mehreren Städten Bayerns erstanden waren, seinerseits überbieten, und so wurde das mächtige Werk unter bedeutenden Opfern unternommen. Herzog Sigismund, der eben zu Gunsten seines Bruders Albert IV. auf die Regierung verzichtet, aber sich die geistliche Lehenschaft vorbehalten hatte, legte als Patron der Kirche 1468 den Grundstein; das Werk selbst wurde aber von der Stadt und von frommen Spenden, an welchen übrigens die Herzoge bedeutenden Antheil nahmen, ausgeführt. Als Baumeister war Jörg Ganghofer oder Sandhofer von (Sixt-) Haselbach bei Moosburg erwählt. Den Dachstuhl fertigte Meister Heinrich aus Straubing; 1488 war der Baumeister mit seinem Werk wie mit dem Leben zu Ende. Nur die Helme fehlten noch bis zum Anfang des 16. Jahrhunderts. Die nächste Umgebung der Frauenkirche bildete wenigstens seit 1271 der Freithof (Kirchhof), welcher selbst mit einer niedrigen Mauer umgeben war. An der Südseite zog sich derselben entlang die Kirchhofgasse vom späteren Dechanthof bis zur Sporergasse, an der Nordseite die enge Gasse (jetzt sog. Löwengrube) und die Schäfflergasse, die beiden letzteren schon der erweiterten Stadt angehörig. Von beiden Seiten her führten Eingänge auf den Freithof. Da wo der jetzige überwölbte Durchgang von der Schäfflergasse her, war einst die Brücke über den damals noch offenen Stadtbach, neben welcher das Schulhaus und (mehr gegen die Windenmachergasse hinein) das Pfarrhaus lag, das jedoch im 14. Jahrhundert an der Weinstrasse erwähnt wird, bis die Pfarrherrn das neue 1866 abgebrochene Gebäude vor dem Hauptportal der nachmaligen Domkirche bezogen (1427). An der Südseite war der hauptsächlichste Zugang von der Kaufingerstrasse her das früher breitere und minder winkliche Stiftgässchen, jetzt Thiereckgässchen. An der Ostseite führten von der jetzigen Weinstrasse die beiden Kirchgänge jetzt Filserbräugässchen und Albertgässchen beiderseits vom jetzigen Café London zu zwei Thürchen der Friedhofmauer, und ohne Zweifel war auch am Frauenbergel, da wo Augustinergässchen und Löwengrube zusammenstossen, ein

Brücklein über den leoninischen Stadtgraben und eine Thür zum Freithof.

Zwischen dem älteren Neuhauserthor (schönen Thurm) und dem späteren noch bestehenden Neuhauser- oder Karlsthor befanden sich der Neuhausergasse entlang, welche das sog. Haberfeld durchschnitt und im Gebiet des dem Kloster Schäftlarn gehörigen Grundbesitzes des Konradhofes auch noch zwei Cultanlagen aus dem 13. Jahrhundert. Zunächst eine Kirche oder Kapelle des h. Nikolaus unbekannter Entstehung, wahrscheinlich aber von den Mönchen zu Schäftlarn erbaut, und schon um 1300 urkundlich erwähnt. Sie stand an der Stelle der jetzigen Michaelskirche und wurde 1583 bei Anlage des Jesuitencollegiums abgebrochen, Ihr gegenüber gründete unmittelbar vor dem alten Thore des sog. schönen Thurmes Herzog Rudolph, Ludwig des Strengen Sohn, der Stammvater der Pfälzerlinie und somit des jetzt in Bayern regierenden Wittelsbach'schen Hauses 1290 den Augustinern ein Kloster, welches 1296 bereits bewohnt war. Der seit der Erweiterung von 1458 stattliche gothische Bau der Augustinerkirche erfuhr 1620 seine Umgestaltung im Renaissancestyl, in welcher die Kirche, äusserlich höchst nüchtern, bis auf den heutigen Tag erhalten ist, freilich seit der Säcularisation ihrer ursprünglichen Bestimmung entzogen und in eine Mauthhalle verwandelt, während die weiten Räume des Klosters, des sog. Augustinerstocks zwischen der Weiten-, Schäffler- und Augustinergasse zu verschiedenen Gerichtshöfen wie zu Privathäusern benutzt sind. Die Strasse, welche hinter dem späteren Pfarrhause zu U. L. F. der leoninischen Grabenlinie folgend zwischen dem Kanfingerthor und den Augustinern in die Neuhausergasse mündet, hiess das Freimanergässel (Augustinergässchen). Anderseits trennte die Steindlgasse (seit Wilhem V. Weite Gasse) den Augustinerstock von dem Schäftlarn'schen Grundstück und nachmaligem Jesuitencollegium.

Sonst spielt schon im mittelalterlichen München in diesem Viertel die Kreuzstrasse (Promenadeplatz) eine Rolle, welche sogar, wie schon erwähnt worden ist, dem Stadtviertel den Namen gegeben hat. Es war in ältester Zeit auch hier ein Ort für ländliche Gehöfte, wie in der That das Vingergässl, das seinen Namen Fingergasse erst im vorigen Jahre in Folge Erweiterung in „Maffeistrasse" umgeändert hat, zur „Schwaig" führte, die Hartmannsstrasse „Krautgasse" hiess und die heutige Salvatorstrasse „Kuhgasse" oder „hinter der Chu", wovon nur mehr der „Kuhbogen", an der Mündung in die Theatinerstrasse seinen Namen erhalten hat. Sowohl die Strasse vom Promenadeplatz nach dem ehemaligen Frauenthor (jetzt Pfandhausstrasse) wie die ihr parallele jetzige Prangersgasse scheinen den seiner Entstehung nach unbekannten Namen „Prandasgasse", wohl durch „vordere" und „hintere" unterschieden, geführt zu haben. „Hinter der Chu" aber wurde anlässlich des Abbruches von Unsers Herrn Kapelle bei den Befestigungswerken vor dem Schwabingerthor die Salvatorkirche 1494 von Herzog Albrecht IV. erbaut, welche Kirche später die Bedeutung erhielt, dass, nachdem der Frauenfreithof zu eng geworden war, der Gottesacker für die Frauenpfarre um diese Kirche (jetzt sog. Bamberger- oder griechischer Markt) angelegt wurde, wie diess für den zu eng gewordenen Friedhof um S. Peter bei der h. Kreuzkirche geschehen war.

Was endlich das vierte Stadtviertel, Graggenauerviertel betrifft, so bildet zunächst den hervorragendsten Theil des leoninischen Gebietes die Ludwigs-Burg oder die alte Veste, mit dem Marktplatz und dem Rathhaus durch die Burggasse verbunden, aber doch auch von der letzteren an deren Mündung durch einen besonderen Thorbau abgeschlossen. Begonnen 1253 von Ludwig dem Strengen beschränkte sie sich zunächst auf den durch den Erker ausgezeichneten südlichen Flügel am Thorbau gegen die Burggasse hin und auf die an der gegenüberliegenden Seite jenseits des Burghofes an die Stadtmauer stossende S. Lorenz-Kapelle, welche als Hofkapelle mit der Veste selbst 1255 vollendet war, als des Erbauers Schwester und Konradins Mutter Elisabeth ihre zweite Ehe mit dem Grafen Mainhard von Tyrol schloss. Die Kapelle, welche von Ludwig dem Bayer 1324 etwas umgebaut und erweitert wurde, ist leider 1815 niedergelegt worden, um dem gegenwärtigen Rentamtsgebäude Platz zu machen; doch hat sich das schöne Votivrelief des Kaisers und seiner Gemahlin Margaretha erhalten*). Kaiser Ludwig der Bayer, in jenem Bau Ludwigs des Strengen geboren, fügte dann den westlichen Flügel (jetzt Staatskasse) an, welcher in seinem ziemlich schmucklosen Aeusseren wenig verändert ist. Auch das Innere zeigt noch manches von der ursprünglichen Anlage; leider aber ist der, wahrscheinlich nach der Mitte des 15. Jahrhunderts mit Gemälden geschmückte Hauptsaal verbaut worden, so dass man jetzt davon nur mehr ein kleines Stück mit sieben an die Wand gemalten Fürstenbildern sieht, die von einem gewissen Gabriel Mächselkircher herrühren. Dieser Kaiserflügel wurde von Ludwig dem Brandenburger verlängert. Die Ostseite endlich, wo jetzt die Steuerkataster-Commission, war, wie es scheint, von untergeordneten Baulichkeiten eingenommen, oder vielleicht ursprünglich nur durch eine Mauerlinie abgeschlossen.

Die übrigen zur Burg gehörigen Anlagen befanden sich ausserhalb dieses Vierecks. So schloss sich an die Heinrichsburg, nemlich da, wo jetzt das sog. Löweneck, an der Ecke der Burggasse und des Alten-Hofgässchens, dem Sonneneck (Mozart), früher Burgeck gegenüber noch die Erinnerung bewahrt, der Löwenzwinger an, so dass Stallungen und Wärterhaus die Stelle des jetzt bestehenden neueren

---

*) Im Nationalmuseum zu München. In Aretin's Denkmalen des bayerischen Herrscherhauses findet sich dazu eine Innenansicht der Kapelle.

Hauses einnahmen. Auf den Löwenzwinger, welcher von Ludwig dem Strengen an bis Herzog Albert V. (Mitte des 16. Jahrhunderts) mit den am bayerischen Hofe beliebten Wappenthieren*) besetzt war, folgte eine Art Hofraum oder Rasenplatz innerhalb der Burgmauer bis an die jetzige Dienersgasse, während westlich von der Veste bis an die genannte Strasse und den Laroséethurm (das leoninische vordere Schwabingerthor) der Schlossgarten sich erstreckte. Anderseits von der Burggasse zwischen dem Burgthor und dem zur Lederergasse führenden Bogengang, mithin dem Löwenzwinger gegenüber, waren noch ein Haus Albert IV. und ein Falkenhaus, welche (jetzt ganz umgebaut) an das alte herzogliche Brauhaus stiessen, das jetzt als Zerwirkgewölbe bekannt, noch die stattlichen Kreuzgewölbe erhalten zeigt. Diese herzoglichen Gebäude trennte ein zur Lederergasse, früher „Irchergasse", führender Thurmweg von den nächstfolgenden der Burggasse. Der Durchgang aber, welcher zwar seinen Thurm verloren, aber sein Gewölbe behalten hat, musste 1385 von den Bürgern zur Sühne einer verübten Gewaltsamkeit zu Zwecken des Hofes erbaut werden. Westlich von der Veste, jenseits des leoninischen Stadtgrabens (hier später „Toratzbach" genannt und noch offen fliessend) befand sich die herzogliche Münze an der Stelle des in den letzten Jahren durch einen stattlichen Neubau verdrängten Bockkellers, daneben die herzogliche Mühle und Pfisterei, wo sich die Hofpfisterei noch erhalten hat. An der Nordseite vor dem leoninischen Stadtgraben lag das Marstallgebäude mit geräumigem Buhurdirhof, noch bis in die Renaissancezeit im Gebrauche. Die interessanten, in ihrer Anordnung durch die früheren gothischen bedingten Säulenarkaden um diesen Hof sind das älteste Denkmal der Münchener Renaissance und haben glücklicherweise, als 1809 die k. Münze hieher verlegt ward, durch die mehr äusserlichen Umbauten nichts eingebüsst. An das Marstallgebäude stiess der Falkenthurm, der dem noch bestehenden Gässchen den Namen gibt und lange Zeit seine reale Bedeutung hatte. In Verbindung damit aber stand die Jägerei, deren Gebäude erst bei Anlage der Maximilianstrasse niedergelegt wurden.

Von der alten Veste und dem Marstallgebäude aus nordwärts erstreckten sich bis gegen das Ende des 13. Jahrhunderts und selbst noch nach der Herstellung der erweiterten Befestigungslinie grösstentheils Gärten und ländliche Besitzungen der Bürger. Erst 1286 hatte Ludwig der Strenge vor der Mauer seiner Veste den **Minoriten** vom Anger ein **Kloster** erbaut, welches wir uns wohl mit der Einweihung der Kirche 1296 als vollendet denken dürfen. Nachdem es schon der grosse Brand von 1327 wieder bis auf den Kreuzgang vernichtet hatte, liess es Ludwig der Bayer rasch neu

---

*) Ein zahmer Löwe wohnte sogar in den Gemächern des Herzogs Albert IV. selbst.

erstehen und genoss dafür in seinen Kämpfen mit den Päpsten von Avignon des dankbaren Beistandes seiner Bewohner. 1612 wurde die gothische Kirche im Renaissancegeschmack umgestaltet; nachdem aber die Säcularisation 1803 die Mönche vertrieden, ward das Ganze niedergelegt und an der Stelle des Hauptgebäudes das jetzige Hoftheater erbaut. Westlich davon hatte sich schon zwei Jahre vor Erbauung des Minoritenklosters in einem kleinen Hause eine Gesellschaft frommer Frauen nach der Regel der büssenden Schwestern des dritten Ordens des h. Franziskus niedergelassen. Die glänzende Wiederherstellung des gegenüberliegenden Minoritenklosters regte auch zur Erweiterung dieses weiblichen Convents an. Gegen Ende des 14. Jahrhunderts hatte sich das kleine Ordenshaus durch Erwerbung der Nachbarhäuser bis zur heutigen Perusagasse ausgedehnt. und ward statt der kleinen Christoph-Kapelle eine Kirche erbaut. neben welcher die erstere nur mehr als Sakristei diente; alles vorzugsweise durch die fromme Wohlthätigkeit der diese Grundstücke besitzenden Familie Pütrich; woher auch die alten Namen Seelenhaus oder Regelhaus bei S. Christoph im Bittrich oder von Pütrich stammen. Die Säcularisation entvölkerte auch diesen Convent; die Kirche wurde abgebrochen, ein Theil des Klosters aber ist noch in dem Gross'schen Hause, bekannt durch das Mey und Widmeyer'sche Kunstgeschäft wie durch die Gross'sche Tabakhandlung, erhalten.

Nördlich von dem Klostergarten der Minoriten oder dem jetzigen Max-Josephplatze aber hatte H. Ridler ein Privathaus der Gesellscaft der Krankenpflegerinen aus dem dritten Orden des h. Franziskus eingeräumt. Auch dieses war zu Ende des 14. Jahrhunderts zum stattlichen Kloster mit einer den beiden h. Johannes geweihten Kirche erwachsen. Die Kirche war durch eine ziemlich hohe Treppe zugänglich, und daher war die gewöhnliche Bezeichnung des Ganzen „Ridler-Regelhaus auf der Stiegen". 1782 aufgehoben und bald darauf abgetragen räumte das Kloster den Platz dem Neubau des sog. Königsbaues Ludwig I.

Ueber das Minoritenkloster und das Ridel'sche Regelhaus hinaus und zum Theil noch innerhalb der zweiten Stadtmauer, welche etwa an der Nordostecke des jetzigen Festsaalbaues in ungefähr rechtem Winkel vorsprang, zum Theil ausserhalb derselben, aber frühzeitig ebenfalls ummauert und mit einem schmaleren Arm des Grabens umgeben, befand sich noch ein ziemlich ausgedehnter herzoglicher Grundbesitz, in der Zeit Ludwig des Bayers als solcher (Hofstatt) bereits erwähnt und bald nach seinem Tode unter dem Namen Burgstall auftretend. Dass dieser Grundbesitz auch ein ansehnliches, selbst zum herzoglichen Aufenthalt geeignetes Gebäude besass, geht aus urkundlichen Andeutungen hervor, und es ist in hohem Grade wahrscheinlich, dass dieser Burgstall noch in jenem nicht unbedeutenden Gebäude erhalten ist, das den jetzigen Marstallplatz von der Hofgartenstrasse trennt, ein Gebäude, welches durch seine

Gemächer sowohl des oberen Stockes wie des Erdgeschosses unzweifelhaft erscheinen lässt, dass es nicht blos ökonomischen Zwecken gedient habe. Wahrscheinlich ist es auch derselbe Burgstall, der 1304 schon unter dem Namen der „Neuen Veste" im Gegensatze gegen die Ludwigsburg oder alte Veste auftritt, und man wird kaum irren, wenn man deren Erbauung mit der Stadterweiterung in Verbindung bringt. Denn wie der Ritter, so konnte auch der Fürst die Einschliessung durch seine Unterthanen so wenig lieben, als die allzugrosse Entfernung von Gärten, Fluren und Jagdgründen, und zwar um so weniger, als damals von Villegiatur und Unterscheidung von Sommer- und Winterresidenz noch keine Rede war. — Diese neue Veste, welche manchmal wohl auch bei Familienzwistigkeiten als eine Art von Trutzwinkel gedient haben mag, wird demnach sonst vielleicht den Zweck gehabt haben, etwa in der heissen Jahreszeit einige Monate Aufenthalt zu gewähren oder als eine Art von Jagdschloss zu dienen, um dem Jagdrevier der „Hirschau", jetzt zum Theil englischer Garten, möglichst nahe zu sein. Vor dem Burgstall aber erstreckte sich südwärts der herzogliche Hof(küchen)garten bis zur Graggenau oder zu dem jetzigen Strassendamm der Maximiliansstrasse, welcher hier in der Länge des Hoftheaters in der Linie des Stadtgrabens sich hinzieht.

Herzog Albert IV. scheint nun bis zum Verzicht seines Bruders Sigismund auf die Mitregierung längere Zeit hier gewohnt zu haben, wenigstens erfahren wir, dass Sigismund erst bei seinem Verzicht 1470 ihm die alte Veste abgetreten habe. Das Unbehagen, welches nun Albert IV. an der alten Ludwigsburg fand, mochte ihn bestimmt haben, die herzogliche Residenz überhaupt in das Gebiet des ehemaligen Burgstalls zu verlegen, wozu aber der bisherige Wohnbau desselben nicht genügen konnte. Es wird demnach bald nach der Erlangung der Alleinherrschaft gewesen sein, dass der Neubau der nun im Innern des Stadtgebietes Ludwig des Bayers angelegten Neuen (Albertinischen) Veste begonnen wurde; denn 1476 war dieser bereits vollendet. Die Lage desselben ist ungefähr durch den östlichen Trakt der neuen von Klenze erbauten Residenz, von dem östlichen Vorsprung des Festsaalbaues aus bis zur Allerheiligen-Hofkirche gegeben, wenn auch die übrigens nicht geradlinige Fronte sich mehr schräg von Nordwest nach Südost zog. Die beiden Ecken dieses Hauptbaues wurden von mächtigen Thürmen flankirt, von welchen der eine, wo jetzt die k. Hofapotheke in gewaltigen Mauermassen halbkreisförmig über die Façade vortretend gänzlich verschwunden *), der kreisrunde Thurm an dem Ostende des Festsaalbaues aber im Erdgeschosse noch erhalten ist **). Von einer sym-

---

*) Vielleicht die mit einem Erker versehene Rundstube, von welcher öfter die Rede und von welcher der „Hofball" des Kupferstechers Martin Zasinger eine mit 1500 datirte Innenansicht gibt. (Bartsch No. 13.).
**) Angeblich längere Zeit Gefängniss des Herzogs Christoph.

metrischen Anlage war keine Rede, wie auch die Höhe ungleich war und die Zinnen ausser den genannten Thürmen überdiess von gothischen Thurmspitzen überragt wurden.

An diese ostwärts gerichtete Hauptfronte schlossen sich aber in spitzen Winkeln beiderseits Seitengebäude an, welche in der Hauptsache den gegenwärtigen grossen Osthof (Küchenhof) umfassten. Der nördliche Trakt (gegen den jetzigen Hofgarten) scheint die Kapelle des h. Petrus und Paulus, gewöhnlich Katharinenkapelle oder „Kirchenstübl" genannt, enthalten zu haben, welche wie die jenseits des Hofes stehende S. Georgskapelle bis zum Brande des Jahres 1750 bestanden. Ob der südliche Trakt einen Zugang, welcher wohl in der Gegend des Brunnenhofes, somit ungefähr in der Richtung der convergirend verlängerten Burggasse und vorderen Schwabingerstrasse gelegen gewesen wäre, gehabt habe, ist ungewiss; ein Thorbau bestand jedenfalls an der Ostseite. Leider zeigen die dem Verfasser bekannt gewordenen Abdrücke des Volckmerschen Stadtplanes die ganze neue Veste von der Kupferplatte weggeschliffen; ein Abdruck vor dieser Aenderung würde sehr belehrend sein.

War sonach der grösste Theil des Graggenauer-Viertels von den herzoglichen Gebäuden, der Alten und Neuen Veste mit ihren zugehörenden Anlagen und Gedäuden eingenommen, so blieb doch der südliche Theil des Viertels von der Lederergasse bis zum Thal, mithin der Theil, wo auch der Hauptbau des Rathhauses sich erhob, rein bürgerlich. Von dem hieher gehörigen Theile des Marktplatzes (jetzt Marienplatz) ist schon die Rede gewesen. Hier kömmt nur noch die dem h. Geistspital-Complex gegenüberliegende Nordseite des Thals in Betracht, der breitesten und vielleicht auch verkehrreichsten Strasse Alt-Münchens, welche wohl auch als der ältest bedeutende Anwachs an die leoninische Stadt zu betrachten ist. Doch haben sich von den älteren Gebäuden nur mehr wenige Spuren erhalten. Dass das magisratische Haus No. 1 links, in welchem sich jetzt die Läden des Consumvereins befinden, die Burg oder das Haus Heinrich des Löwen selbst gewesen sein soll, weil ein Steinrelief der Façade einen Löwen (?) zeigt, ist schon deshalb unhaltbar, weil der Herzog unmöglich sein Haus ausserhalb des Mauerschutzes gehabt haben kann. Auch stimmt der Kunstcharakter des Reliefs keineswegs mit der Zeit des Gründers, sondern vielmehr frühestens mit dem 15. Jahrhundert; doch bleibt es ungewiss, ob es vom herzoglichen Löwengarten gekommen oder (vielleicht einen Wolf vorstellend?) die wappenartige Hausdecoration eines Privatbesitzers war. Das Haus selbst stammt aus dem 14. Jahrhundert. In der Mitte der Strasse auf derselben Seite befand sich das sogenannte Bruderschaftshaus der Bäckerknechte, welches sie zur Belohnung ihrer Tapferkeit bei Mühldorf von Kaiser Ludwig dem Bayer 1323 erhalten hatten. Die Hochbrückmühle daneben reicht schon ins 13. Jahrhundert hinauf, und war nebst anderen Wasserwerken der Grund der

Hereinleitung des Canals in die Stadt, welcher bis auf die neueste
Zeit grösstentheils ungeschlossen war. Die darüber führende Brücke
hiess ursprünglich Horbruck, woraus im Laufe der Zeit missverständlich Hochbruck geworden ist.

Von dem uralten Häusercomplex auf der anderen Seite des
Burgquartiers, nemlich zwischen der Dieners- und der Weinstrasse
ist nur noch ein Gebäude in der Gruftgasse wenigstens von geschichtlicher Merkwürdigkeit. Die Gasse hatte ihren früheren Namen von
den seit den frühesten Zeiten hier wohnenden Juden, von welchen
1287 anlässlich einer Judenverfolgung mehr als Hundert daselbst
den Tod in den Flammen ihrer eigenen Häuser gefunden hatten.
Herzog Ernst verlieh ihnen das Recht, Schule und Gottesdienst in
der Judengasse abzuhalten; nachdem sie aber schon sein Sohn Albert III. wieder aus München verbannt hatte, erhielt dessen Leibarzt
H. Hartlieb das Schul- und Bethaus. Dieser aber verwandelte den
unterirdischen Schulraum in eine Kapelle, deren in Holz geschnitzte
„Pieta" als wunderthätig galt, und erbaute darüber eine Kirche
„Unser Liebfrauen Neustift". Die Kirche ist 1805 wieder
in ein Privathaus umgewandelt worden, gänzlich abgebrochen aber
ward auch dieses 1866 zum Zweck der Erweiterung des Polizeigebäudes, so dass nur noch der Name der Gasse an jene Krypta erinnert.

Damit ist die Topographie des mittelalterlichen München im
Allgemeinen wie in den nennenswerthesten Einzelheiten gegeben.
In küntlerischer Hinsicht muss zugestanden werden, dass
die Residenz der bayerischen Herzoge hinter den bischöflichen und
Reichsstädten des jetzigen Landesgebietes weit zurückstand, und dass
die entschiedene Inferiorität nicht blos in dem Mangel an Bruchsteinen ihren Grund hat. Denn es wurde nicht blos weit weniger
geleistet als in jenen Städten, welchen besseres Material und namentlich der der mittelalterlichen Architektur so entsprechende Sandstein
zu Gebote stand, wie in den älteren Städten an der Donau, am
Rhein und Main, sondern selbst entschieden weniger, als in den
Städten der norddeutschen Tiefebene, wo bei gleichem Mangel
an Haustein der Backsteinbau eine ungleich höhere und frühere
Reife erlangt hat. Es fehlte überhaupt an Formensinn, und erst in
der zweiten Hälfte des 15. Jahrhunderts enstanden auch in München
Werke, welche eine kunstgeschichtliche Stelle beanspruchen können.

In der romanischen Epoche ging München in Hinsicht auf
Kunst völlig leer aus. Die fünf leoninischen Thore, welche nur in
völligem und selbst das Gewölbe des Durchgangs erneuerndem Umbau aus dem 14. und 15. Jahrhundert auf spätere Zeiten gekommen
sind, waren auf alle Fälle gänzlich schmucklose, lediglich auf den
fortificatorischen Zweck berechnete massive Thurmbauten ohne künstlerische Gliederung, da man sonst ohne Zweifel wenigstens die
Hauptpfeiler erhalten haben würde. Die älteste noch aus dem

12. Jahrhundert stammende Kirche, S. Peter, war gleichfalls weit entfernt etwa mit S. Jacob in Regensburg oder selbst mit der Kirche in Altenstadt bei Schongau verglichen werden zu können und eine einfache Pfeilerbasilika von bescheidenen Dimensionen, an welcher sich die Gliederungen wohl auf schlichte Gesimsbildungen beschränkten. Nicht einmal solid scheint sie aufgeführt gewesen zu sein, da sie schon nach nur hundertjährigem Bestande so baufällig war, dass sie grossentheils neu aufgeführt werden musste, wie aus dem Umstande erhellt, dass 1292 eine Neueinweihung angeordnet wurde. 35 Jahre darauf durch Brand zerstört, erlaubt sie die Vermuthung, dass sie noch immer flach gedeckt war, wenn sie auch sonst schon einige Einflüsse des Uebergangsstyles erfahren haben mochte, und es wird wohl erst der 1365 geweihte Neubau im gothischen Style durchgeführt und gewölbt gewesen sein. Etwas früher scheint die innere Klosterkirche von S. Jakob auf dem Anger, die älteste in der Hauptsache erhaltene Kirche Münchens, wenigstens im Mittelschiffe im Kreuzgewölbe ausgeführt worden zu sein, wenn sie auch in dieser Gestalt nicht aus der Gründungszeit des Klosters selbst (1204) herrühren kann, da sowohl die Bildung des Bogenfrieses als auch die spitzbogige Form der Fenster der Apsis die Uebergangsperiode verrathen, die in München nicht vor der Mitte des 13. Jahrhunderts aufgetreten sein dürfte. Die mächtigen Bandgurten des Gewölbes wie die breiten Lisenen zeigen übrigens schwerfällige Ungeschicklichkeit; die jetzt einerseits als Oratorium, anderseits als Sakristei abgeschlossenen Seitenschiffe sind noch flach gedeckt. Ganz schmuklos war auch die aus der Gründungszeit der Stadt stammende Katharinenkapelle, an welche sich später das h. Geistspital anschloss, leider in neuerer Zeit durch Umgestaltung in ein Amtslokal grossentheils zerstört. Die 1253 begonnene und 1268 geweihte Spitalkirche selbst war, wie S. Peter, eine wohl das Gepräge der Uebergangszeit tragende Pfeilerbasilika mit wahrscheinlich flacher Decke, da auch sie dem Brande von 1327 keinen Widerstand zu leisten vermochte. Noch einfacher aber muss die neben der aus der frühesten Zeit Münchens stammenden Marienkapelle vor 1271 erbaute und nur einschiffige Frauenkirche gewesen sein, wenn sie auch wie S. Peter mit zwei Thürmen an der Westseite weniger geschmückt als versehen war.

Von den Profanbauten entzieht sich das in seiner jetzigen Gestalt ganz der gothischen Periode späterer Zeit entstammende Rathhaus hinsichtlich seiner ursprünglichen Ausführung der Beurtheilung. Auch die Burg Ludwig des Strengen, die alte Veste, zeigt in allen, stylistische Anhaltspunkte gebenden Theilen gothische Formen und lässt aus den sonst völlig kahlen Wänden höchstens schliessen, dass der Bau aus dem 13. Jahrhundert höchst schmuckloser Backsteinbau gewesen sei. So ohne Zweifel auch die Burgkapelle zum h. Laurentius, welche indess nur im gothischen Umbau auf unser Jahrhundert gelangt ist, die aber weder in der ursprünglichen noch in der späteren Erscheinung mit der von Ludwig dem Strengen gegründeten Klosterkirche von Fürstenfeld verglichen werden konnte. Von Privathäusern aber reicht nur das Gollirhaus, jetzt als städtisches Archiv einer von den Annexen des alten Rathhauses rechts von dem überwölbten Durchgang vom Marienplatze zum Petersplatz, in die romanische Zeit hinauf und ist ausnahmsweise in Quadern aufgeführt (welchem in München seltenen Umstande wohl auch seine Erhaltung zuzuschreiben ist), aber innen wie aussen völlig schmucklos.

Etwas besser werden die Verhältnisse mit Ludwig dem Bayer in der ersten Hälfte des 14. Jahrhunderts, obgleich auch die Gothik schüchtern und in dem ihr eigenthümlichen Schmucke selbst noch sparsamer auftritt, als es der Backsteinbau verlangte. Der grosse Brand des Jahres 1327 gab reichliche Baugelegenheit; doch scheint des Kaisers Augenmerk mehr auf höhere Solidität, auf Ordnung und Rectificirung der Strassenlinien und besonders auf die Herstellung der beträchtlich erweiterten Befestigungsbauten als auf künstlerische Verschönerung gerichtet gewesen zu sein. Dass er namentlich weniger als andere deutsche Fürsten jener Zeit auf sich selbst Bedacht genommen, zeigt die von ihm stammende Erweiterung der Alten Veste durch den westlichen Trakt, der mit ungleich geringerer Prätension hergestellt ward, als der gleichzeitige Saalbau des Rathhauses, dem wenigstens imposante Grossräumigkeit nicht abgesprochen werden kann, wenn er sich auch nicht zu monumentalem Gewölbebau erschwingen konnte. Doch gewann die Stadt während seiner Regierungszeit jenen thurmreichen Charakter, der den gothisch mittelalterlichen Städten eigen ist. Man zählte um die neue Stadtmauer hundert Thürme, an den Thorbauten nach dem Barbakansystem zu je dreien gruppirt und in quadratischem und halbrundem Plane wechselnd, wodurch sie wenigstens nicht ohne den Reiz der Mannigfaltigkeit blieben. Die äussere Erscheinung der Stadt verschönerte sich noch durch den Umstand, dass die Thürme des Inneren die Zinnen der Mauer wie der Thurmverstärkungen überragten, weniger wegen ihrer namhafteren Höhe, als durch den Umstand, dass die leoninische Stadt um durchschnittlich 15 Meter, gegen Südosten nahezu um das Doppelte, höher lag. Die Vorliebe für Thurmanlagen liess auch die Thürme der fünf leoninischen Thore nicht blos erhalten, sondern veranlasste sogar ihren solideren und wohl auch höher geführten Wiederaufbau, ausserdem aber entschädigte man sich für den Mangel an architektonischem Schmuck dadurch, dass man die Façaden der Thürme durch Malerei belebte. Am meisten geschah diess an den Thürmen der inneren Stadt, ferner an den Thoren, doch findet sich auch die Notiz, dass selbst die Thürme, welche die Mauerlinie unterbrachen und die Mauer des Zwingers mit dem bayerischen Rautenwappen, seit Ludwig dem

Bayer in schwarz und rothen Feldern, verziert waren. Mehren Thürmen blieb übrigens der Name von dem darauf gemalten Bildwerk bis in spätere Zeit und länger als sich die Malereien selbst erhielten. Auch in den Strassen war gemalter Schmuck der Häuser häufiger als architektonischer und einige Werke der Art, wie der Rosenstock an einem Hause der Rosengasse, S. Georg und der Lindwurm an der Ecke der Weinstrasse und des Marienplatzes, der Affe an der Laurentiuskapelle u. s. w. wurden zu förmlichen Wahrzeichen und der Anlass zu Strassen- oder Hausnamen und zu mancher Legende. Nicht ganz ohne künstlerische Nachwirkung wurden auch die Regulirungsverordnungen des Kaisers dadurch, dass die Beseitigung der störenden Vorbauten, Lauben und Freitreppen gelegentlich den einen oder andern Erker aus den Wänden trieb.

Die Landestheilungen, Familienzwiste und der Rückgang der Bedeutung des wittelsbachischen Hauses nach dem Tode Ludwig des Bayers hemmten für ein halbes Jahrhundert auch den Aufschwung Münchens. Die Gothik zwar überwand auch hier und trotz der Ungunst der Zeiten das Stadium der ersten Einfachheit und nüchternen Zweckmässigkeit, und der vergrösserte Neubau von S. Peter, der 1365 im gothischen Style vollendet wurde, zeigte auch schon mehr Gliederungsreichthum als der 1327 begonnene Wiederaufbau der hl. Geistkirche; aber doch konnte das Werk an hünstlerischer Bedeutung nicht mit den Leistungen anderer Städte gleichen Ranges sich messen. Auch lagen beide Bauten noch zu sehr in den Fesseln der Pläne und erhaltenen Theile der alten, als dass, wie es der Gothik unentbehrlich ist, eine wahrhaft künstlerische Conception vom ersten Steine an sich harmonisch hätte entwickeln können. In Ermangelung grösserer Aufgaben entfaltete daher die Gothik ihre schöneren Blüthen vorzugsweise im Kleinen und in tektonischen Werken des Inneren. Der enge Raum der Frauenkirche z. B. konnte die Altäre kaum mehr fassen, in deren Herstellung die Opferwilligkeit der Stifter wie die Geschicklichkeit der Steinmetze und Holzschnitzer das Vorhandene zu überbieten strebten. Für die Ausschmückung des Rathhauses, besonders im Innern war 1371 so viel geschehen, dass die städtischen Mittel dadurch völlig erschöpft waren. Diess dürfte freilich nicht allzuhoch anzuschlagen sein, denn in Folge des Umstandes, dass man sich bis in's 15. Jahrhundert hinein nicht entschliessen konnte, die Isarbrücken in Stein herzustellen, wie dem Uferschutz eine solidere Behandlung zu Theil werden zu lassen, und im Innern sowohl die Schindeldächer als die Fachwerk- und Holzbauten gründlich zu beseitigen, verschlangen fast alljährlich elementare Ereignisse so grosse Summen, dass schon ein kleiner Luxus den Rest in Anspruch nahm und für grössere Bauten, in welchen sich die Reichsstädte damals vorzugsweise auszeichneten, keine Mittel übrig blieben. Die Opferwilligkeit der Bürger konnte aber schon deswegen keine so grosse sein, wie in den Reichsstädten, weil weder Handel noch

Industrie eine ähnliche Wohlhabenheit erzeugten, wie sie dadurch in Augsburg, Nürnberg, Regensburg u. s. w. frühzeitig begründet worden war. Noch im 15. Jahrhundert waren die Rathhausgebäude sammt dem Raththurm mit Schindeln gedeckt und erst nachdem der Complex in kurzem Zwischenraume 1418 und 1429 zweimal grossentheils ein Raub der Flammen geworden, konnte sich die Stadt entschliessen, ihrem Hauptgebäude auch in der Bedachung eine monumentalere Gestalt zu geben. Nach dem letzteren Brande finden wir auch zum erstenmale städtische Maurer und Zimmermeister wie Maler in ständigem Solde Niklas der Zimmermann wird sogar 1431 nach Landshut, Augsburg und Nürnberg geschickt, um dort sich weitere Ausbildung, Anregung und Erfahrung zu holen. Man hatte also wenigstens das Gefühl, zurückgeblieben zu sein, und den Wunsch, das Versäumte nachzuholen. In der That war auch München nicht blos von den benachbarten Residenzen und Reichsstädten, sondern selbst von bayerischen Provinzialstädten überflügelt worden.

Es musste zunächst ein erheblicher Sporn sein, dass die zweite wittelsbachische Residenz Landshut in der wunderbaren S. Martinskirche ein Juwel gothischer Backsteinarchitektur erhalten hatte, welches durch grossräumige Verhältnisse, Kühnheit der Construktion und durch einen imposanten Thurmbau unter den Backsteinbauten Deutschlands seines Gleichen sucht. Zögerte man noch fast ein halbes Jahrhundert Landshut nachzustreben, so wurde ein Zurückbleiben geradezu schmählich, nachdem von Landshut flussaufwärts die zwei zwischenliegenden Städte Moosburg und Freising, die erstere in dem prachtvollen gothischen Chor, die letztere in der Pfarrkirche zum h. Georg, ferner Ingolstadt in der Marienkirche, Straubing, Neuötting und Wasserburg in ihren Pfarrkirchen Bauten erhalten hatten, oder zu erhalten im Begriffe standen, welchen die Landes-Hauptstadt nichts an die Seite zu stellen hatte. Da reifte endlich der Entschluss, nachdem schon die beiden anderen Pfarrkirchen Münchens, S. Peter und h. Geist wenigstens eine den Verhältnissen entsprechende Vergrösserung erhalten hatten, für die kleine Frauenpfarrkirche einen völlig neuen Colossalbau herzustellen, welcher der Stellung Münchens den genannten Städten gegenüber sicher entsprach, der vermehrten Bevölkerung genügenden Raum bot und auch baukünstlerisch auf der Höhe der Zeit stand. So erwuchs dieses wichtigste Gebäude des mittelalterlichen München in den letzten Jahrzehnten des Mittelalters; denn vier Jahre nach Vollendung des Baues ward Amerika entdeckt und dreissig Jahre später begann die Reformation.

Völlig frei disponirte übrigens der würdige Jörg Ganghofer keineswegs, als er den Plan für dieses Werk entwarf. Erstlich wies ihn die Uebung in den umliegenden Städten, die eigene Schule und das Backsteinmaterial auf den überall da, wo es an Bruchstein gebrach, beliebten Hallenbau, anderseits war die Zahl der Altäre der alten Frauenkirche schon eine ungewöhnlich hohe und gegebene, und diese mussten unbedingt transferirt werden. Sie erforderte einen Capellenkranz um den ganzen Bau, welchen jedoch der Architekt nicht in niedrigeren Abseiten, wie in S. Martin zu Landshut, sondern in den Räumen anordnete, welche sich durch die Verschiebung des Wandabschlusses an den äusseren Rand der Strebepfeiler ergaben. Es kann nicht behauptet werden, dass damit ein durchaus glücklicher Griff gemacht ward; namentlich ist das Aeussere durch diese Hereinziehung der Streben ins Innere jener wohlthätigen und stylgemässen Gliederung beraubt worden, welche deren energisches Vortreten immer bewirkt. Im Innern zwar erlangte das prächtige Gewölbenetz dadurch eine an eine fünfschiffige Anlage gemahnende Breite und es ist damit jene unangenehme Schmalschultrigkeit vermieden, welche besonders den hoch emporgeführten gothischen Kirchen sonst eigen ist. Dieser Vortheil wird jedoch durch den Nachtheil aufgewogen, dass nun die Kapellen selbst über den Altären abschlusslos zu unverhältnissmässiger Höhe sich strecken, und die Fenster gleichfalls in einer innen wie aussen unerquicklichen Weise sich in die Länge ziehen. Die achteckigen Pfeiler gehen ohne Capital in die Bogen des Gewölbes über. Ihre durch kein Querschiff unterbrochene Anordnung ist auch ohne eigentliche Chorbildung und im hohen Grade nüchtern, wenn auch nicht zu läugnen ist, dass die Engerstellung des letzten Pfeilerpaares die perspectivische Wirkung nicht unbedeutend beförderte. Kurz der Grundgedanke ist streng bürgerlich und der Eindruck der einer zu Kathedralendimensionen gesteigerten Pfarrkirche.

Meister Jörg, über dessen frühere Arbeiten nichts anderes bekannt ist, als dass er vor seiner Münchener Bestallung in Polling sich aufhielt, wo leider die ganz verbaute Klosterkirche keine Aufschlüsse mehr giebt, hatte jedenfalls bei mehren grösseren Bauten des 15. Jahrhunderts, vielleicht in seiner Jugend am Bau von S. Martin in dem seiner Heimat benachbarten Landshut, in Arbeit gestanden, und sich dadurch in München legitimirt. Gleichwohl versäumte er es auch während des Baues nicht, sich auswärts Rath zu erholen, wohl mehr wegen der Methoden der Herstellung als wegen der Möglichkeit derselben; denn mit der Grundsteinlegung war sicher auch schon das Gewölbe überlegt und aufgerissen, sonst wäre ja Meister Jörg kein Baukünstler, sondern ein Stümper gewesen. Wenn er aber im Auftrage der Stadt 1470 eine Reise nach Augsburg und Ulm machte, um dort „etliche Paue" zu beschauen, ferner 1473 den Meister Mattheis von Eichstädt consultirte und wenn 1474 die Stadt selbst die berühmtesten Architekten der nächsten grösseren Städte zur Berathung einlud, so ersieht man daraus, dass damals München seinen pfahlbürgerlichen Charakter abgeschüttelt hatte. Jedenfalls aber hatte es keinen Einfluss mehr auf den Plan, sondern nur auf das Verfahren der Ausführung, als damals die Baumeister Moritz

Ensinger von Ulm, der eben das dortige Münster eingewölbt hatte, Meister Conrad Roritzer, der an der Lorenzkirche zu Nürnberg gebaut hatte, bei dem Stephansdom zu Wien betheiligt gewesen und eben als Regensburger Dombaumeister thätig war, Meister Friedrich von Ingolstadt, der Erbauer der dortigen Marienkirche, und Meister Michel von Pfarrkirchen sich zum ersten Münchener Architektentage versammelten, beinahe genau 400 Jahre vor jenem, welchem diese Schrift ihre Entstehung verdankt.

Die gesteigerte Rührigkeit und der geweckte Sinn für baukünstlerische Schönheit machten sich damals ziemlich allseitig geltend. So wurde 1470—1471 der grosse Festsaal im alten Rathhause mit seinem in Holzsprengwerk hergestellten imposanten Tonnengewölbe neu ausgeführt und zwar unter baulicher Leitung des Stadt- und Frauenkirchen-Baumeisters Jörg, während Erasmus Grasser Wappenfries, Narrenstatuetten und die übrige Holzdecoration fertigte. In die gleiche Zeit 1470—1476 fällt der Bau der albertinischen (Neuen) Veste, wobei ebenfalls einige Saalanlagen, die Rundstube und die Langstube, erstere in einem Kupferstich von Martin Zasinger von 1500 ersichtlich, wie zwei Kapellen vorkamen. Unmittelbar darauf erstanden die tüchtig angelegten Kirchen zum h. Kreuz 1480—1485, ebenfalls von Meister Jörg erbaut, und die S. Salvatorkirche 1494 vollendet und schon schlankere Verhältnisse zeigend, als sie Meister Jörg eigen waren. Im Innern sind diese Kirchen einfach und einschiffig. Der Thurmhelm der Kreuzkirche soll davon ein Bild geben, wie der Baumeister auch die Bedachung der Frauenthürme geplant habe. Hätten sie aber wirklich die stumpfe Schwere des Kreuzthurmes erhalten, statt etwa das schlanke Profil der Helme des Lange'schen Restaurationsprojekts zu gewinnen, so ist es wohl weniger zu beklagen, dass ihre Vollendung sich ins 16. Jahrhundert verschleppte und statt der Helme sich Kuppelhauben auf die Thurmscheitel stülpten. Man weiss nicht, wann das letztere geschah; eine Abbildung Münchens von 1493 *) zeigt die Thürme noch ohne (sichtliche) Bedachung; wenn man aber erwägt, dass schon Albert IV. († 1508) in einer Medaille seiner letzten Zeit deutsche Renaissancearbeit zeigt, die wunderbar contrastirt mit einer wenig früheren gothischen Medaille desselben Fürsten, oder dass 1510 schon Renaissancekirchenstühle in U.-L.-F. standen und der Andreasaltar, von unten auf gothisch begonnen, 1513 im Renaissancestyl vollendet ward, so darf man annehmen, dass schon zu Anfang des 16. Jahrhunderts dieser styllose Abschluss hergestellt worden sein kann, auf welchen sich wahrscheinlich die Jahrzahl 1514 über der Uhr bezieht und den schon ein Cranach'sches († 1552) Bild zeigt. Was den letzteren, in der k. Pinakothek zu München befindlichen und nach demselben

---

*) Hartmann Schedel Buch der Chroniken und Geschichten. Nürnberg 1493.

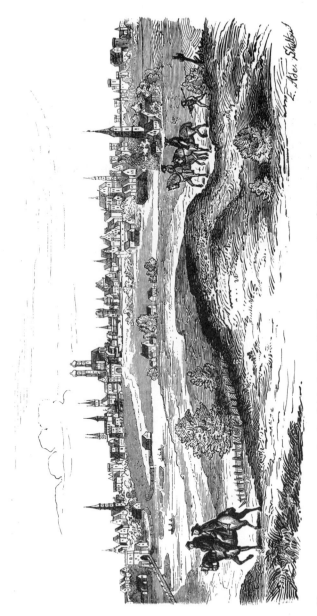

1. Ansicht der Stadt München von der Ostseite.
Nach einem Gemälde von L. Cranach in der Pinakothek zu München.

in beifolgendem Holzschnitte wiedergegebenen Prospect betrifft, so bleibt zweifelhaft, ob er um 1530 oder erst nach dem schmalkaldischen Krieg, auf welchen die über die Brücke ziehenden Spanier (?) hinzuweisen scheinen, entstanden sei. Allerdings ist zu bedauern, dass er nur nach einer an Ort und Stelle gefertigten Zeichnung anderswo in Oel gefertigt worden ist, wie die weiss getünchte (!) Frauenkirche beweist; auch kann er weder ein sorgfältiges noch künstlerisch hochbedeutendes Werk des Meisters genannt werden; dennoch aber gibt er ein durch den Urheber wie durch den Gegenstand interessantes Bild von der Gestalt des mittelalterlichen München, das durch den Vergleich mit dem Volckmer'schen Stadtplane leicht seine Erklärung im Einzelnen findet.

II.

Epoche der Renaissance.

Es ist der Renaissance eigenthümlich, dass in ihr nicht die während des Alterthums und Mittelalters tonangebende Architektur, sondern die Plastik und Malerei vorangig. In Deutschland ganz besonders schleppte die Baukunst, welche der Gothik um die Wende des 15. und 16. Jahrhunderts noch eine besonders reizende, mannigfaltige und lebendige Nachblüthe entlockte, in dem Grade hinter der Entwicklung des neuen Geistes im Gebiete des Meissels und Pinsels nach, dass die Malerei sogar ein halbes Jahrhundert ihre architektonischen Hintergründe im Renaissancestyl herstellte, ehe derselbe in wirklicher baulicher Ausführung seine consequente Verwendung fand. Die italienische Hochrenaissance-Architektur konnte nemlich vom Anfang des 16. Jahrhunderts an bei den Italien bereisenden Malern nicht ohne Eindruck bleiben, und klang demnach in ihren Gemälden wieder, während die Architekten in dem z. Th. berechtigten Gefühl, dass ihre mittelalterlichen Leistungen jenen der Plastik und besonders der Malerei entschieden überlegen waren und noch weitere Existenzberechtigung in Anspruch nehmen konnten, sich weniger bemüssigt fühlten, sie sofort gegen die transalpine Kunst zu vertauschen und dort ihre Schule von vorn zu beginnen. So mächtig in Italien die noch zahlreich vorhandenen antiken Reste, wie die nie erloschene Tradition zum Ueberbordwerfen der Gothik drängten, so schwach war hiezu die Veranlassung im Norden, wo weder Reste noch Reminiscenzen vorhanden waren, welche der Renaissancebaukunst den Weg bahnten. War übrigens Augsburg die Stadt Deutschlands, wo der unmittelbaren Handelsverbindung mit Italien wegen der Einfluss des Apenninenlandes zu Anfang des 16. Jahrhunderts am frühesten und stärksten wirkte, so befremdet es umsomehr, dass die nur eine Tagreise davon entfernte bayerische Hauptstadt noch so lange hinter der blühenden Nachbarstadt zurückblieb. Als man endlich einlenkte, so fasste man die neue Baukunst mehrere Jahrzehnte lediglich von ihrer decorativen Seite auf, und bethätigte sie ausschliessend in der Innendecoration, und zwar auch hier lange Zeit in der schüchternsten Weise, so dass sich die gothischen Elemente nur ganz allmälig zersetzten. Es ist kein

Zweifel, dass Wilhelm IV. († 1559), welcher die von seinem Vorfahrer Albert IV. im rein gothischen Style erbaute Neue Veste vollendete, von der früheren Art nicht namhaft abwich, und dass sein Architekt und Hofbildhauer Leonhard Halder nur in letzterer Eigenschaft einigermassen auf den neuen Styl einging, als Architekt aber noch ein entschiedener Gothiker war. Diess sprach sich in seinen drei, jetzt leider verschwundenen kleineren Kirchenbauten aus, der schon erwähnten S. Georg-Hofkirche in der Neuen Veste, der Sebastianskirche am Anger (an der Stelle des nachmaligen Wirthshauses zum blauen Bock) und der Passions-Kapelle vor dem Sendlingerthore, der Vorgängerin der jetzigen Stephanskirche am alten (südlichen) Friedhofe.

Erst unter dem kunstliebenden Herzog Albrecht V. († 1779) regte sich der neue Geist mächtiger, wenn auch jetzt in architektonischer Beziehung wenig mehr geschah, als dass die Innenräume der Neuen Veste im Renaissancegeschmacke verziert wurden. Nur gelegentlich brach die Renaissance auch nach dem Aeusseren durch, und verzierte die gothischen Steilgiebel oder die Erker, ohne jedoch irgendwo systematisch und von Grund auf sich geltend zu machen. Doch dürfen wir uns die Ausstattung des Innern nach den vorliegenden Correspondenzen und Rechnungen wie nach den aufgestellten Kunstobjekten, namentlich in der albertinischen Kunstsammlung, immerhin prächtig vorstellen, so dass die Schlossbrände von 1580, 1729 und 1750 wie die Demolirung eines grossen Theils i. J. 1612, welche alle diese Herrlichkeit zerstörten, immerhin zu beklagen bleiben. Neu angelegt ward an dem Schlosse von Albert V. nur der Hofgarten, welcher den ehemaligen Hofküchengarten östlich vom Schlosse an der Stelle des jetzigen Marstallplatzes und der Marstallgebäude in einen italienischen Ziergarten verwandelte. Da fehlte es schon nicht an künstlichen Terrassen und Hügeln, Bassins und symmetrischen Rasenflecken, umzogen von Marmorbalustraden mit Vasen und Statuen geschmückt. In der Mitte befand sich ein Prachtbrunnen mit der auf Felsenstücke gestellten Bronzegruppe des Neptun und der Venus, von Delphinen, Tritonen und Hippokampen umgeben. Ein Hügel enthielt eine Grotte, in welcher Bavaria mit allegorischen Attributen der Landesproducte wohl eher stand als sass, da die Identificirung derselben mit der schönen bisher Diana genannten Bronzegestalt auf dem Kuppelscheitel der Rotunde des jetzigen sog. Hofgartens, wie sie neuestens K. Th. Heigel aufgestellt, nahezu zweifellos ist. Der Gipfel des Hügels aber trug das Bronzebild des Pegasus, unter dessen Hufen ein Quell entsprang, während die neun Musen, freilich nur in Blei gegossen, am Abhange vertheilt standen. Ein Lusthaus, auf dessen Giebel ein Apollostandbild und in dessen marmorbekleidetem Innern in Nischen Statuen und Büsten aufgestellt waren, während Decke und Obertheil der Wände mit Gemälden mythologischen Inhalts (von Hans

Bocksberger) geschmückt waren, wahrscheinlich südlich, scheint als Tafel- und Banketsaal angelegt gewesen zu sein. Von alledem hat sich an Ort und Stelle nichts mehr erhalten, als das ältere Gebäude des muthmasslichen Burgstalles, von dem oben gesprochen worden ist.

Von kirchlichen Anlagen, welchen Albert V. weniger zugeneigt war, scheint die Herzogsspitalkirche zur h. Elisabeth, von dem Schlossbaumeister Heinrich Schöttl aus München 1550 erbaut, das erste Werk Münchens gewesen zu sein, welches den Renaissancestyl auch zum Theil in constructiver Hinsicht und nicht blos in untergeordneter Decoration in Anwendung zeigt. Im Jahre 1676 wesentlich umgestaltet, lässt es doch in der Einfachheit seiner Anlage nicht annnehmen, dass Schöttl hierin Höheres geleistet, als in dem leider völlig verschwundenen Lusthaus des Hofgartens.

Zur vollen Entwicklung war die Renaissance-Architektur in München unter Albert des V. Nachfolger, Wilhelm V. (regierte 1576—1597) gelangt. Der grosse Schlossbrand von 1580 veranlasste ihn zunächst, unter Vernachlässigung des Wiederaufbaues, sich eine neue Residenz, die Wilhelmische Veste neben dem ehemaligen Frauenthor zu erbauen. Sie ist unter dem Namen Herzog Max-Burg noch erhalten, wenn auch neuestens erweitert, restaurirt und Administrativ- und militärischen Schulzwecken adaptirt. Die Schüchternheit in der Anwendung des classischen Details ist noch so gross, dass man selbst die Fenstergesimse nur in Flachverputz anzudeuten versuchte, aber aller Ausladung ängstlich aus dem Wege ging. Einer eigentlich architektonischen Gliederung wenigstens im Privatbau noch nicht gewachsen erhob man sich zwar im Innern üder die etwas nüchterne Felderung des Aeussern, doch fast durchaus nur in solcher Stuccoauszierung, welche sich mehr in spielenden als constructiv gliedernden Motiven gefiel. Die hübsche Kapelle der schmerzhaften Mutter Gottes, 1597 geweiht, musste leider auch den modernen Zwecken zum Opfer fallen. — Der Architekt der Herzog Max-Burg, der Hofbaumeister Wendel Dieterlin aus Strassburg, erhielt jedoch bald eine grössere Aufgabe durch den Entschluss des Herzogs den von Albrecht V. behufs der 1560 vollzogenen Gründung des ersten Gymnasiums berufenen Jesuiten ein ihrer sich rasch steigernden Bedeutung entsprechendes Gebäude herzustellen. 1583 hiezu neuerdings nach München berufen und nun erst förmlich in den herzoglichen Dienst gelangt, entwarf er zunächst den Plan zur Kirche, bei dessen Herstellung ohne Zweifel auch kunstverständige italienische Jesuiten betheiligt waren, wenn auch angenommen werden muss, dass der Architekt vorher italienische Vorbilder der Hochrenaissance und namentlich von Jesuitenbauten gründlich studirt hatte. 1590 konnte die Kirche, nach dem h. Michael genannt, geweiht werden; aber kaum hatten die Patres davon Besitz ergriffen, so stürzte der Thurm in Folge ungenügender Fundirung ein und liess auch die Kirche, die damals in engster Verbindung mit ihm stand, da er sich ursprünglich an der Stelle des jetzigen Chors befand, nicht unbeschädigt. Doch da hiebei ein leichter Gewölberiss noch mehr von der soliden Ausführung des mächtigen Gewölbes Zeugniss gab, welches im Uebrigen unversehrt die Katastrophe überdauerte, so wurde nicht blos der Schaden leicht wieder ausgebessert, sondern schlug sogar in einen Vortheil um, indem man den übrigens unvollendet bleibenden neuen Thurmbau mehr von der Kirche absonderte, und dafür mehr Raum für den Chor gewann, der nun namhaft vertieft wurde und dadurch eine prachtvolle Perspective erlangte. Diesen Ausbau besorgte indess nicht mehr Dieterlin, der mit dem fahrlässigen Werkmeister, dem Mauerer Wolfgang Müller, bis auf die neueste Zeit fälschlich als Baumeister der Kirche verehrt, nach dem Thurmeinsturz beseitigt worden war, sondern der Maler Friedrich Sustris, welcher übrigens schon seit 1586 als herzoglicher „Obermaler und Baumeister" erscheint und sein Werk 1597 vollendete, aber in der mehr malerischen und kleinlichen Decoration des Chors der künstlerischen Bedeutung Dieterlin's nachsteht. Uebrigens lag in der Benutzung von manchem bereits Vorhandenen auch eine nicht zu unterschätzende Fessel und die Veranlassung zu Wiederholungen, wie auch die verlangten vorspringenden Oratorien Schwierigkeiten bereiteten. Die Anlage gehört sonst zu den bedeutendsten Deutschlands im Renaissancestyl des 16. Jahrhunderts. Das mächtige Tonnengewölbe von 34 Meter Spannung im Lichten zählt zu den gewaltigsten Gewölbewerken aller Zeiten, und die Grossräumigkeit des Ganzen erscheint namentlich in der Mitte des Querschiffes geradezu imposant. Dieses ragt äusserlich nicht über die sonstige Schiffbreite vor, da die in sehr beträchtlicher Breite angelegten Streben ganz nach innen gezogen sind, so dass die Absiden der hiedurch gebildeten Kapellen nach Aussen nicht über dieselben vortreten. Aeusserlich zeigt der Bau mindere Gewandtheit, da weder die Fronte über eine nüchterne Etagirung der mächtigen Fläche hinauskömmt und den reichen statuarischen Schmuck architektonisch zu beherrschen und zu umrahmen vermag, noch die eine offenliegende (östliche) Langseite für die constructiven Bedingungen eine entsprechende künstlerische Lösung findet, so dass einerseits die mächtigen Flächen in todter Felderumrahmung ihre einzige Gliederung finden, anderseits die tabernakelartig zwischen die Streben gesetzten Absiden der Seitenaltäre als hässliche Cylinderstücke sich unvermittelt geltend machen.

Gediegener entfaltete sich das Aeussere an dem angebauten Jesuiten-Collegium, das gleichfalls nach den Plänen Wendel Dieterlin's erbaut 1598 fertig stand, und an Areal das jenseits der Weiten Gasse gegenüberliegende Augustinerkloster sogar noch überbot. Unter Heranziehung von Bruchstein wurden hier wenigstens die Portale und Fensterzierden reicher hergestellt, als dies derselbe

Architekt an der Herzog Maxburg für erschwinglich gehalten hatte. An diesem Gebäude aber gelang dagegen die Innenentwicklung ungleich weniger, da wahrscheinlich in Folge unmässiger Raumforderung der Patres die Verhältnisse unschön, die Höfe kahl und die Stockwerke für dieselben zu viel wurden. Freilich ist der Tadel des Gebäudes aus dem Grunde vielleicht ungerecht, weil die Adaptirung desselben für die beiden Akademien mehre bayrische Staatssammlungen u. s. w. mehrfache Um- und Einbauten veranlassten, bei welchen ausser dem Zwecke nichts weiteres, am wenigsten künstlerische Motive in Frage kamen. So wie aber die Dinge jetzt liegen, kann nach Vollendung der neuen Akademie der Künste ein radicaler Umbau des ganzen Innern des ehemaligen Jesuitencollegiums keineswegs mehr als ein Vandalismus bezeichnet werden.

Von der gleichzeitig erbauten Sebastiankapelle im Rosenthal, welche als zum Hause des Herzogs Ferdinand, des Bruders Wilhelm V., gehörig, 1589 geweiht wurde, wissen wir nichts Näheres. Denn sie ist bis auf ein Gruftgewölbe des Erdgeschosses zu Anfang dieses Jahrhunderts verschwunden und durch Hausaufbau ersetzt worden.

Wilhelm V. ist auch der Begründer des Schlosses Schleissheim. Die Ortschaft unter dem Namen Sliuuesheim wie erwähnt schon 775 urkundlich auftretend, war damals sehr zurückgegangen und der Herzog konnte ein ansehnliches Areal 1599 um eine geringe Summe erwerben. Doch beabsichtigte er keineswegs ein Lustschloss, sondern vielmehr einen Platz für Zurückgezogenheit und religiöse Uebungen sich zu schaffen, und der zuerst entstandene Westflügel erscheint in der That hiezu einfach genug und wurde überdies durch 8 Kapellen in dessen Umgebung, die zu Anfang unseres Jahrhunderts demolirt worden sind, für diesen Zweck noch mehr geeignet. Die Räumlichkeiten haben jetzt eine wesentlich andere Bestimmung erhalten, wie die ehemalige Kapelle (des h. Wilhelm) jetzt Pferdestall des Wirthshauses und der ehemalige Speisesaal jetzt Schlosskapelle geworden sind. Die nunmehrigen von Max Emanuel stammenden Schlossbauten zu Schleissheim werden später besprochen werden.

Der Mangel an Bruchstein führte selbst im 17. Jahrhundert noch nicht über die empfindliche Kahlheit des Aeusseren hinaus, wo man einer entschiedenen architektonischen Gliederung selbst da noch aus dem Wege ging, als man sie im Innern in Stuccatur und Vertäfelung bereits zu hoher Vollendung geführt hatte. Diess zeigt hauptsächlich der Neue Residenzbau Maximilians I., welcher, nicht lange nach Vollendung der Wilhelminischen Veste (Herzog Maxburg) begonnen, die herzogliche Burg wieder auf die Stelle des Baues Albert IV. zurückverlegte. Wilhelm IV. hatte nämlich, wie erwähnt, durch den Schlossbrand 1580 sich veranlasst gesehen, die Brandstätte ganz zu verlassen; Maximilian aber, auf dem Wege der Abdication seines Vaters frühzeitig zur Regierungsnachfolge gelangt,

— 42 —

und bei seines Vaters Neigung zur Zurückgezogenheit nun umsoweniger in der Lage, gemeinschaftlich mit demselben die Maxburg zu bewohnen, fasste sogleich nach Uebernahme der Regierung (1597) den Entschluss, die weit geräumigere albertinische Veste wieder gründlich herzustellen. Dabei blieb der erhaltene Theil an der Ostseite fast unberührt, und neu wurden zunächst nur die Theile an der Westseite aufgebaut; vor allem von 1598 an der Trakt vom Portal des Kapellenhofes an der Residenzstrasse bis zum Neuen Königsbau Ludwig I., dessen Gestalt vor der Anfügung des letzteren eine Ansicht von D. Quaglio von 1826 (N. Pinakothek Nr. 419) giebt. Hier sind die Aussenwände ohne alle andere als lediglich farbige Gliederung, welche letztere natürlich der Zeit vollständig gewichen ist, während das Innere sich einer reichen Ausstattung erfreute. 1601 war die alte Hofkapelle des Erdgeschosses vollendet, bezüglich des weiteren Verlaufs des Baues finden wir ein Datum über derselben, da die im oberen Stockwerke befindliche sog. Reiche Kapelle inschriftlich das Jahr 1607 als Vollendungsjahr angiebt. Das Centrum der ersten Anlage Maximilians bildete der schöne sog. Grottenhof, der grösste und glänzendste Raum der ersten Anlage Maximilians I. aber war das sog. Antiquarium, das der Herzog und nachmalige Churfürst dem albertinischen Brunnenhofe entsprechend, schiefwinklich an das Ostende des Grottenhofes, ob an der Stelle der alten albertinischen „Langstuben" ist zweifelhaft, anschloss. Maximilian vereinigte daselbst einen grossen Theil der albertinischen Schatzkammern und fügte Neues hinzu: der Bau selbst war durch die aufzustellenden Objekte und besonders durch die antiken und gefälschten Büsten bedingt und erfreute sich einer gediegenen Ausstattung, die zum Theil noch unverändert vorhanden ist.

Kaum war dieser südliche Theil vollendet und dem Herzoge damit ein vorläufig ausreichender und seinem sich steigernden Reichseinflusse entsprechender Wohnsitz geschaffen worden, so dachte derselbe schon an Fortsetzung und Erweiterung des Neubaues gegen Norden. Während Hans Reifenstuel als der Architekt des beschriebenen Theiles betrachtet werden darf, erscheint jetzt Heinrich Schön an dessen Stelle und als Erbauer des Traktes bis zum Festsaalbau wie der ganzen Umgebung des durch Maximilian völlig neuangelegten „Kaiserhofes". Die albertinische Veste scheint diesen nur mit starken Mauern, einigen Thürmen und Bastionen umschlossen zu haben, welche zunächst (1612) niedergelegt wurden. *) Als der dreissigjährige Krieg ausbrach, war die Anlage beinahe gänzlich vollendet

---

*) Leider ist der älteste Stadtplan Münchens (von Volckmer) ein Jahr nach der Planirung dieses Theiles publicirt worden und der Verfertiger desselben sah sich dadurch veranlasst, die ganze albertinische Burg nachträglich von seiner Platte zu tilgen. —

und zwar mit einem bisher unerhörten Aufwande von mehr als ¹/₂ Million Gulden. Von dieser Summe verschlang ohne Zweifel die Ausstattung des Innern den grössten Theil: denn während die Aussenwände bis auf die ganz selbständige Portaldecoration ohne alle architektonische Gliederung blieben, welche, wie diess der nach den alten Resten neuerlich restaurirte Kaiserhof zeigt, lediglich in Farbe auf völlig flachen Wänden hergestellt wurde, erhielt das Innere reichen, prachtvollen und gediegenen Schmuck, wie wenige Werke dieser Zeit in Deutschland. Der Architekt hatte drei wahrscheinlich italienische Stuccatoren (Fistolatoren) an der Seite, die Meister Blasius, Wilhelm und Paul, welche in statuarischen Arbeiten unter Oberleitung der beiden Niederländer, des Hofmalers Peter de Witte und des Hub. Gerhard wie des Weilheimers Hans Krumper arbeiteten. Die Broncearbeiten stammen von den letzteren und zwar die Figuren auf den Portalen und die Madonna in der Nische zwischen den letzteren von H. Krumper, die Löwen an der 1731 bis auf die noch erhaltenen Ansätze abgetragenen Balustrade von H. Gerhard, der sie wenigstens modellirt hat, wenn sie auch von dem Italiener C. Pellajo gegossen worden sind. — Die farbige Ausstattung der Façade wie der Höfe beschränkte sich zumeist auf architektonische Gliederung, welche an der Façade jetzt bis auf wenige Spuren verschwunden ist; im Kaiserhof sich aber soweit erhalten hat, dass sie in den letzten Jahren veranlasst durch den vom Wintergarten Sr. Majestät des regierenden Königs bedingten Risalitbau wieder hergestellt werden konnte. Doch erfuhr der liebliche Grottenhof zwischen dem älteren Bau des Churfürsten Maximilian I. eine reichere Ausschmückung in der Säulenhalle vor dem Antiquarium Maximilians I., z. Th. durch den reichen Brunnen in Muschelincrustation, welcher den einspringenden Winkel des Antiquariums geschickt verdeckt, anderntheils durch die Fresken von Sustris und Padovanino, welche, Scenen aus Ovid's Metamorphosen darstellend, vor zehn Jahren durch den verstorbenen Conservator Eigner in Augsburg restaurirt worden sind. Sonst schmückten Prachtbrunnen die kleineren Höfe, so den Grottenhof der Brunnen mit dem bronzenen Theseus als Medusentödter von Hub. Gerhard nach einer Zeichnung von dem Maler Christoph Schwarz, und den Brunnenhof der prächtige Brunnen mit der Mittelfigur Otto's von Wittelsbach. Diese Statue (wie die vier Flussgötter und die Meerwesen) stammen noch vom Hofgarten Albert IV. und sind von unbekannter Künstlerhand; die stehenden Götter dagegen sind von H. Krumper nach Zeichnungen von Peter de Witte; die Brunnenumfassung gehört einer Wiederherstellung von 1689 an.

Mit der Anlage des Grottenhofes künstlerisch verwandt und gleichzeitig ist die Rotunde des jetzigen Hofgartens. Churfürst Maximilian hatte diesen von der Stelle des alten, wie erwähnt worden ist, östlich von der Neuen Veste gelegenen, damals aber von einem umfänglichen Zeughauscomplex verdrängten Hofgarten nach der

Nordseite der Residenz verlegt, da wo er noch jetzt, unter dem alten Namen in einen öffentlichen Lustgarten verwandelt, erhalten ist, obgleich 1776 an die Stelle der barocken Buchsbeete mit Zwiebelblumen die Linden und Rosskastanien angepflanzt wurden, von welchen die ältesten eben ihr hundertjähriges Jubiläum feiern. In die Mitte des Gartens hatte der Fürst durch den Residenzbaumeister H. Schön die noch erhaltene Rotunde erbauen lassen, welche als eine Art von Brunnenpavillon an den Pfeilern innen mit Muschelgrotten und an der Flachdecke mit Gemälden von Peter de Witte's Schülern geschmückt wurde. Den Kuppelscheitel dieses im Ganzen wohlerhaltenen Gebäudes ziert die schon erwähnte Bavaria aus dem Hofgarten Albrecht V., durch Modellirung und Patina eine Perle der monumentalen Kunst des 16. Jahrhunderts. — Zum Hofgarten führte eine geschlossene Brücke über den in der Richtung der Hofgartenstrasse sich hinziehenden Graben. Die Seite gegen den Odeonsplatz an der Stelle des jetzigen Bazars, wo ein wahrscheinlich schon von Albert IV. angelegtes, aber von Maximilian I. abgebrochenes Turnierhaus sich befand, ward durch eine Mauer, die Nordseite (gegen die jetzige Galleriestrasse) durch Arkaden abgeschlossen. Die letzteren waren in den Bogenöffnungen für kurze Zeit mit den Statuen des Hofgartens Albert V. geschmückt; an der Längswand aber mit Gemälden P. de Witte's, welche möglicherweise noch unter den späteren Uebertünchungen sich erhalten haben und als eine Art von Vorläufer der geschichtlichen Fresken der westlichen Arkaden Scenen aus dem Leben des Herzogs Otto von Wittelsbach darstellten. Sie sollen erst 1779 bei der Erbauung des Galleriegebäudes an und auf den nördlichen Arkaden, welches jetzt dem Gipsmuseum und der ethnographischen Sammlung eingeräumt ist, verschwunden sein. Ostwärts schloss sich der jetzigen Böschung gegen den Exercierplatz der Hofgartenkaserne entlang eine Reihe von sechs Gartenbeeten an; an der Stelle der letzteren aber ergossen zwei Prachtbrunnen ihr Wasser in zwei rechtwinklige, heckenumgränzte Bassins. Diese wurden unter Carl Albert zu einem ansehnlichen Teiche erweitert, in welchem sich eine mit Bleistatuen geschmückte Insel befand. Alles diess ist natürlich bei Umwandlung des Teiches in einen Exercierplatz verschwunden. Wo aber seit 1803 die Hofgarten-, oder Max-Joseph-Caserne, hatte Churfürst Maximilian I. einen flachgedeckten Saalbau mit niedrigeren Seitenflügeln errichtet, der den Hofgarten gegen Osten abschloss.

Waren bei dem Hofgarten Albrecht V. lediglich italienische Vorbilder benutzt worden, so dürften bei diesem vielmehr niederländische herangezogen worden sein. Darauf weist nicht blos der Umstand, dass Maximilian I., welcher ja auch die militärische Organisation und selbst das Commando einem Niederländer übertragen hatte, seine künstlerischen Unternehmungen insgesammt unter Leitung von Niederländern stellte, sondern diess lehrt auch der

Augenschein auf dem Merian'schen Plan von 1644, wonach die Anlage des Gartens mehr der Kleinlichkeit und peinlichen Symmetrie der niederländischen Gartenkunst dieser Zeit, als der italienischen Art entspricht. Die geschnittenen Laubengänge mit ihren zahlreichen Eingängen, die vielen kleinen Kuppelbaldachine rings um den erwähnten Mittelbau, die Teppichmuster der Beete, die wir uns als in Buchs und Tulpen ausgeführt denken dürfen, tragen kein eigentlich italienisches Gepräge. Immerhin aber war das Ganze nicht ohne Schönheit und der Blick von dem flachen Dache des Lusthauses aus mochte eine mannigfaltige und reiche Perspektive gewährt haben.

Das Maximilianische Schloss selbst blieb ziemlich unverändert bis 1679, in welchem Jahre ein Brand im Innern grosse Verheerungen anrichtete. Ein zweiter Brand vom Jahre 1729 vernichtete den grössten Theil der Ostseite, und als dieser von Churfürst Carl Albert kaum wieder aufgebaut war, ein dritter von 1750 den Neubau und mit den Gebäuden um den Küchenhof den nördlichen Flügel der Neuen Veste, welcher auch bis König Ludwig I. Ruine blieb. Der einheitliche Charakter des maximilianischen Baues aber war durch diese Katastrophen schon vollständig aufgelöst, womit sich auch die nicht ohne einige Rücksichtslosigkeit vollzogene Einzwängung desselben in die beiden neuen Flügel des Königsbaues und des Saalbaues wesentlich entschuldigt.

Verfasser weiss nicht, ob die Frage schon publicistisch erörtert worden ist, auf welche Einflüsse der Styl der Baumeister der Michaelskirche wie der Residenz zurückzuführen sei. Nachrichten über die Jugendzeit der beiden Architekten liegen nicht vor. Wendel Dieterlin aus Strassburg, dessen Identität mit dem in Augsburg und München unter dem Namen Wendel Diettrich auftretenden Meister wir voraussetzen, war 1582 in seinem 33. Lebensjahre schon ein weitberufener Künstler, da ihm ungefähr gleichzeitig die Auszierung des Lusthauses des Herzogs Ludwig von Württemberg und der Bau der Jesuitenkirche in München übertragen wurden. Er musste aber vorher in Italien in jedem Betrachte universelle Studien gemacht haben, die ihn als Maler, Bildhauer und Architekten auch nach Rom führten, wie sein 1591 und 1594 erschienenes, freilich grossentheils barock ausschweifendes Werk*) ebenso, wie die Michaelskirche zeigen. Merkwürdig ist allerdings, dass jene radirten Blätter mit dem genannten Gebäude in keinem deutlichen Zusammenhange erscheinen; als ein glücklicher Umstand aber dürfte es zu bezeichnen sein, dass der Architekt in der Praxis entschieden besser war, wie in seiner publicirten **Theorie**.

---

*) „Architektura und Austheilung der fünf Seuln" und „Architektura von Portalen und Thürgerichten mancherlei Arten".

H. Schön kann nun keineswegs als Schüler desselben betrachtet werden, da seine Auffassung und Detailbildung wesentlich anders und weniger universell ist, so dass die Portale der Residenz, der Grottenhof, die Rotunde des Hofgartens u. s. w. die Herkunft von einer Hand nicht verkennen lassen. Wo er aber seine Studien gemacht, ist nicht völlig klar, wenn es auch Verfasser dieses wahrscheinlich dünkt, dass Mantua mit seinen Bauten des Giulio Romano (besonders Palazzo del Te), in zweiter Linie Sanmichele's Thorbauten in Verona auf ihn nicht ohne Einfluss gewesen sind. Mit der Bauweise Augsburgs und Nürnbergs in dieser Zeit, wie mit dem Musterwerk des Heidelberger Schlosses erscheint wenig Zusammenhang, während die Einwirkung der Niederländer durch die ausgedehnte Kunstintendanz P. de Witte's selbstverständlich und auch durch Vergleich mit dortigen Schöpfungen jener Zeit zu belegen ist. —

Neben dem stattlichen Residenzbau liess es Maximilian auch nicht an Cultanlagen fehlen, welche wohl umfänglicher und seinem lebhaften Kunstsinne entsprechender gewesen wären, wenn die Drangsale des dreissigjährigen Krieges ihn hierin nicht beschränkt, ja sogar lange Zeit gänzlich behindert hätten. Das erste dieser Werke, das Kapuzinerkloster mit der unter dem Namen des h. Franziskus Seraphicus 1602 geweihten Kirche, welche demnach der Zeit nach dem Schlossbau sogar voraufging, wurde nach der Klosteraufhebung 1803 zugleich mit den Befestigungswerken vor der Herzog Maxburg abgebrochen. Sonst stammt die Renaissanceumgestaltung der Peterskirche wie der Augustinerkirche aus seiner Zeit, welche jedoch, wenn auch namentlich die der letzteren als gediegen anerkannt werden muss, doch vielmehr als bedauerlich zu bezeichnen ist, da die Erhaltung der gothischen Gestalt dieser Kirchen mindestens interessanter gewesen wäre. Die Gründlichkeit, mit welcher diese Umwandlungen bewerkstelligt worden sind, liess ausser einem Altar der Peterskirche, welcher in unserer Zeit wieder von der Renaissanceumhüllung befreit worden ist, kaum mehr eine Spur der alten Anlage übrig, welche durch die Veränderung der Fenster selbst äusserlich sich auf ein Minimum reducirte.

In der Frauenkirche begnügte man sich wenigstens mit dem Umbau der vor hundert Jahren gesetzten gothischen Altäre. Das Gebäude erfuhr keine andere wesentliche Unbill, als die Weisstünchung des Inneren. Denn auch der grosse Bogen, welcher 1604 zu Ehren des h. Benno in die Mitte gesetzt wurde, muss vielmehr ein Altarwerk als ein Architekturstück genannt werden, da er aus Holz und Stuck ziemlich unsolid gebildet, auf höhere Bedeutung keinen Anspruch machen durfte und daher wohl nicht mit allzu grossem Unrecht bei der Restauration wieder beseitigt worden ist, Dagegen kann man die Beseitigung des mächtigen Hochaltars mit dem grossen Altargemälde von P. de Witte, welchen der Churfürst zum Andenken an die Schlacht am weissen Berge errichtet, nur als

Sühne für das Unrecht entschuldigen, das durch die Errichtung desselben dem vorigen Hochaltar von Gabriel Angler (von 1434) geschehen ist. — Die bedeutendste Schöpfung dieser Zeit in der Frauenkirche ist indess jedenfalls das Epitaph des Kaisers Ludwig des Bayers, das herrliche nach Peter de Witte von Hans Krumper gegossene Werk, an welchem nur zu bedauern ist, dass es, statt selbständig errichtet zu werden, die prächtige Grabplatte des Meisters Hans des Steinmeissels v. J. 1347 nicht blos fast gänzlich dem Auge entzieht, sondern dieselbe auch der Seitenreliefs ganz beraubt hat.

Unbedeutender gestaltete sich der Neubau der Kirche zum h. Stephan, welche in Folge des 1638 aus strategischen Gründen gebotenen Abbruchs der von Wilhelm IV. vor Mitte des 15. Jahrhunderts erbauten Kapelle des leidenden Heilands in der Gegend derselben neu gebaut wurde und als Friedhofkirche (am südlichen Friedhofe) noch erhalten ist. Die Ausführung des Klosters und der Kirche der Karmeliten, für welche der Fürst schon 1609 einen Platz in der Gegend der jetzigen Blumenstrasse ausersehen hatte und wozu er sich durch ein Gelöbniss vor der Schlacht am weissen Berge (8. November 1620) noch weiter verpflichtet fühlte, musste sogar noch längere Zeit aufgeschoben werden; denn obwohl bereits 1629 Karmeliten von Prag eintrafen, sah sich der Churfürst doch vorläufig genöthigt, ihnen die Herzog Maxburg einzuräumen und erst 1654 konnte der Nachfolger H. Schön's, der Hofbaumeister Hans Conrad Asper von Constanz den Bau der neben der Maxburg gelegenen Kirche beginnen. Sie dient jetzt als Studienkirche in der noch nach ihr und dem anstossenden Klostergebäude genannten Karmelitenstrasse, hat aber nach der Klosteraufhebung 1803 von dem Baudirector Nicolaus v. Schedel eine neue Aussenseite im trockensten Zopfstyl erhalten. Vollständig unversehrt ist dagegen das künstlerisch erfreulichste Denkmal der Periode des dreissigjährigen Krieges, die Mariensäule auf dem seit 1854 auch Marienplatz genannten ehemaligen Markte oder Schrannenplatze in München. Wie der Hochaltar der Frauenkirche ein an den Sieg am weissen Berge erinnerndes Denkmal, so sollte die Mariensäule ein Ausdruck des Dankes sein für die Erhaltung Münchens bei der Occupation der Hauptstadt durch die Schweden 1632. Wie sehr aber der Mariencult dem Churfürsten am Herzen lag, erhellt aus dem Umstande, dass die Patrona Bavariae nicht blos an der Residenz als Hauptschmuck der Façade angebracht worden war, sondern dass auch die meisten seiner Münzen das Madonnenbild und zum Theil sogar den Churfürsten vor derselben knieend zeigen. Ob Hans Krumper das Denkmal noch entwarf, ist ungewiss; zur Zeit der Herstellung selbst 1636 – 39 war er nicht mehr am Leben. Die Gruppen an den vier Ecken des Sockels, vier Engel die Dämone der Pest, Hungersnoth, Ketzerei und des Krieges als Natter, Basilisk,

— 48 —

Drache und Löwe bekämpfend,*) sind jedenfalls von dem Glockengiesser Küstler von München 1639 gegossen und ciselirt worden. Das Denkmal hatte auch von Anfang an und mit einigen Unterbrechungen bis auf die Gegenwart Cultbedeutung.

Die bürgerliche Architektur nahm an dem Umschwunge nur geringen Antheil. Das ganze Strassennetz hatte noch in gothischer Zeit seinen Abschluss gefunden, und bedeutende Aenderungen waren durch die ziemlich eng gezogene Befestigung nicht leicht möglich. Die Mehrzahl der Häuser zeigte noch die gothischen Giebel, Fenster und Thürprofile u. s. w., und statt baulichen Umgestaltungen liebte man es vielmehr, die Façaden mit Gemälden zu beleben, ein Gebrauch, der, wie es scheint, von Oberitalien, Verona und Venedig her eingedrungen war, und von den Münchener Malern, die fast ausschliessend ihre Schule in Venedig gemacht hatten, sehr gepflegt wurde. Dieser allerdings sehr anziehende Schmuck, welchem sich sogar Meister wie J. Rottenhammer oder J. Sandrart zu widmen nicht verschmähten, hemmte freilich auch jede eigentlich architektonische Entwicklung der Häuserfaçaden, die nach dem Vorbilde der Maximilianischen Residenz selbst sich als kahle Wände darstellten, höchstens an den Portalen mit einiger plastischer Gliederung versehen. Es blieb demnach die Stadt als solche auch jetzt noch hinter den Reichsstädten Augsburg, Nürnberg, Regensburg und selbst hinter den Bischofsstädten Würzburg und Bamberg zurück, in welchen auch der Civilbau von dem der Renaissance nicht minder wie der Gothik günstigen Sandsteinmaterial befördert weit raschere künstlerische Fortschritte machte.

Wesentlich verändert aber wurde die äussere Erscheinung Münchens durch die Befestigungsbauten, welche der dreissigjährige Krieg veranlasst hatte. Sie waren 1619 begonnen und 1638 vollendet worden und bestanden in einem starken Rampart (Schanzwall) mit achtzehn mehr oder weniger vorspringenden Bastionen, welche sich im Allgemeinen an die alte Mauer- und Grabenlinie hielten und nur an der Nordseite dem von Maximilian I. neuangelegten Hofgarten entsprechend beträchtlich über den alten Umfang vortraten. Die neue Umwallung erhielt nur vier Durchlässe, von welchen jedoch der dem Isarthor entsprechende allein annähernd in der Axenlinie des alten Thores blieb, während die übrigen seitab vom Thore angelegt wurden, wodurch wiederholt ein Durchlass für zwei Thore nutzbar ward: so der Rampartdurchlass zwischen dem Sendlinger- und dem Angerthor, wie jener zwischen dem Neuhauser- und Frauenthor. Um den Wall zog sich ein mit Wasser gefüllter Graben, und Angesichts des vom J. 1644 stam-

---

*) Du wirst auf Ottern und Basilisken wandeln und Löwen und Drachen zertreten. Psalm XC. 13.

Volckmer's Stadtplan.

1. Pfarrkirche zu U. L. Frau.
2. Pfarrkirche zu St. Peter.
3. Hofkapelle Maximilians I. (in Bau begriffen und noch nicht verzeichnet.)
4. Jesuiten Collegium und Michaelskirche.
5. H. Geistkirche und Spital.
6. Augustiner Kirche und Kloster.
7. Franziskaner Kloster.
8. Kapuziner Kloster.
9. U. L. Frauen-Gottesacker bei S. Salvator.
10. S. Peters-Gottesacker bei h. Kreuz.
11. Das Püttrich'sche Frauenkloster.
12. Das Ridler'sche Frauenkloster.
13. S. Jacobskirche und Angerfrauenkloster.
14. Altenhof-Kapelle.
15. S. Sebastianskapelle im Krottenthal.
16. S. Nicolauskirche.
17. S. Rochuskapelle.
18. Neustiftkirche in der Gruftgasse.
19. S. Sebastian am Anger.
20. S. Annakirche.
21. Stelle (der im Bau begriffenen) Maximilian'schen Residenz.
22. Wilhelminische Veste (nachmals Maxburg.)
23. Die Albertinische Veste (in Abbruch begr.)
24. Alter Hof, Hofkammer-Kanzlei u. Bibliothek.
25. von Rechberg-Haus.
26. Rathhaus.
27. Landschaftshaus.
28. Neuvestthor.
29. Frauenthor.
30. Unsers Herrn-Thor (Schwabingerthor.)
31. Wurzerthor.
32. Isarthor.
33. Schifferthor.
33a. Angerthor.
33b. Sendlingerthor.
33c. Neuhauserthor.
34. Herzogliches Zeughaus.
35. Städtisches Zeughaus.
36. Marstall.
37. Der schöne Thurm.
38. Der Blauententhurm.
39. Der Nudlthurm.
40. Lueg ins Land.
41. Gasteig-Siechenhaus.

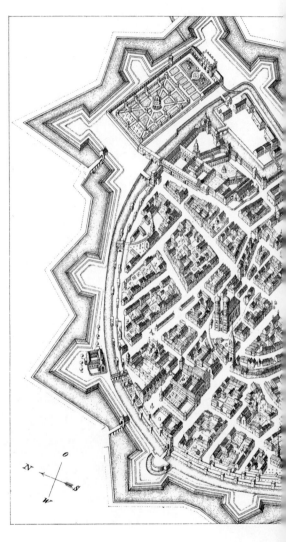

Merian's

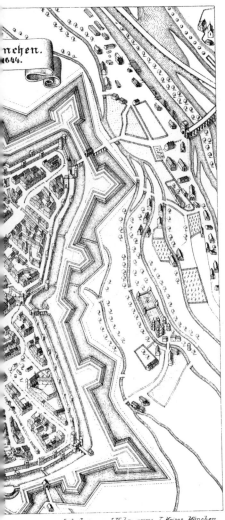

Lith. Inst. von J. Huber vorm. J. Moises, München.

menden Merian'schen Planes (vgl. den beiliegenden Stich) begreift sich leicht, wie die Anlage eine so namhafte Zeit und so viele Menschenkräfte (zeitweise 3000) in Anspruch nehmen konnte. Leider kann nicht constatirt werden, dass die schönen Werke einmal erheblichen Nutzen geleistet hätten. —

Die Kunstverhältnisse hatten sich mit dem Tode Maximilians gänzlich verändert. Der erste Churfürst hatte die Leitung seiner Anlagen Deutschen oder Niederländern übertragen und der Einfluss Italiens wirkte unter ihm nicht unmittelbarer als er überhaupt in der deutschen Renaissance bedingt ist. Maximilians Nachfolger, Ferdinand Maria, mit einer italienischen Fürstentochter, Henriette Adelheide von Savoyen, vermählt, stand dagegen ganz unter italienischem Einflusse. Zunächst wurde 1658—1662 ein **Opernhaus** durch den italienischen Architekten Francisci nach dem Vorbild des Theaters zu Vicenza erbaut, und eine italienische Sängertruppe nach München berufen. Das Theater, westlich von der Salvator- (griechischen) Kirche und dem jetzigen sog. griechischen Markte belegen, ist 1802, nachdem es noch einige Zeit als Volkstheater gedient, demolirt und der Raum zu Remisen des Hofmarstalls verbaut worden. Gleichzeitig hatte der Bologneser Agostino Barella der Maximilianischen Residenz den jetzt von dem Königsbau des Königs Ludwig I. gedeckten **Südflügel** angefügt, welcher der Churfürstin die gewohnte heimische Einrichtung gewähren sollte, weshalb der Palast von Turin hier vielfach Vorbild war. Das Lustschloss Schleissheim in der Gestalt, wie sie Wilhelm V. demselben gegeben, konnte gleichfalls den Anforderungen der italienischen Prinzessin nicht entsprechen; auf ihren Wunsch und unter dem von ihr gewählten Namen **Nymphenburg** liess daher der Churfürst durch denselben A. Barella 1663 den Grund zu dem umfänglichen Schloss in Kemnathen bei Neuhausen legen, ein Werk, dessen Vollendung jedoch ein halbes Jahrhundert erforderte. — Das bedeutendste grössere Bauwerk Ferdinand Maria's war aber die beinahe intakt erhaltene **Kirche zum h. Kajetan** mit dem anstossenden Kloster der Theatiner, in Folge Gelöbnisses des churfürstlichen Paares nach der Geburt des Thronfolgers 1662 gegründet. Derselbe Barella, unterstützt von dem Pater Spinelli, leitete auch diesen Bau, welchem nicht blos der churfürstliche Falkenhof und Hundezwinger, sondern auch das Zeughaus bei der Salvatorkirche weichen musste. Das Innere kann, wenn auch der römische Styl der Michel-Angelo- und Sangallo-Zeit nicht ohne Nachwirkung erscheint und überhaupt S. Peter theilweise Vorbild war, an Bedeutsamkeit der Wirkung sich nicht mit der Michaelskirche messen, und bei an sich kleineren Dimensionen werden überdiess die Verhältnisse auf Kosten der Grossräumigkeit empfindlich geschädigt durch die Ueberschwänglichkeit und Colossalität der an starken künstlerischen Gebrechen leidenden figürlichen Ausstattung, wie durch Ueberladung mit Ornament, wodurch sich der italienische Barockstyl schon einigermassen geltend machte. Dagegen steht die äussere Erscheinung im unbestreitbaren Vortheil gegen die äussere Unbeholfenheit der Michaelskirche und gereicht durch die mannigfaltige Schönheit der Silhouette seiner Kuppel und beiden Thürme der Stadt, welche sonst in ihren hochragenden Parthien und Thürmen einen etwas kahlen und prosaischen Charakter hat, zu nicht unbedeutendem Schmucke. Die Kirche gedieh indess in der Zeit ihres Gründers nur zu einem vorläufigen Abschluss; die Thürme wurden erst 1696 von dem Architekten Enr. Zuccali vollendet, während Gio. Ant. Visardi das anstossende Kloster (jetzt Ministerium des Innern) ausbaute; die Façade aber ward sogar erst von einem Meister des Rococostyls Fr. de Couvillier, dem Schöpfer der Amalienburg im Nymphenburger Park, i. J. 1767, jedoch in anerkennenswerthem Anschluss an den Styl des vorausgegangenen Jahrhunderts zur Vollendung gebracht.

Demjenigen, der Italien kennt, ist der Styl der Regierungsperiode Ferdinand Maria's in keiner Weise interessant, wie denn auch die Theatinerkirche keine eigentlich künstlerische Bedeutung beanspruchen kann. Für Deutschland jedoch bleibt die Kirche immerhin beachtenswerth und ein Denkmal der gänzlichen Beseitigung der deutschen Renaissance in den süddeutschen Ländern. Zeigten sich aber schon in diesen Werken von dem italienischen Barockstyle im Charakter eines C. Maderna und des Theatinermönchs Franc. Grimaldi deutliche Spuren, so tritt das Barocco in der Epoche Max Emanuels entschieden und in der Weise eines L. Bernini und Fr. Borromini in den Vordergrund. Die lange Regierungszeit dieses Churfürsten (1679—1726) lässt indess drei Phasen baulicher Entwicklung, oder vielmehr Einflüsse unterscheiden. Zunächst wirkte die Tradition, gehalten von den Architekten Ferdinand Maria's und dessen unmittelbaren Nachfolgern fort, wenn auch die innere Ausstattung die bisherige Reinheit der Architekturformen mehr und mehr vernachlässigte. Davon gibt das Lustschloss Nymphenburg, dessen Bau zum Theil in die Zeit Ferdinand Maria's fällt, in den in der ersten Hälfte der Regierung Max Emanuels bis zu dessen Verbannung entstandenen Theilen eine belehrende Probe. A. Barella's, des Erbauers der Theatinerkirche und des ersten Architekten von Nymphenburg, Nachfolger, E. Zuccali, trat so lückenlos in die Fussstapfen seines Vorgängers, dass der Unterschied seiner Arbeiten und jener Barella's unbedeutend erscheint im Vergleich zu dem entschieden neuen Weg, den die französischen Architekten der letztern Regierungszeit Max Emanuels in den Pavillons des Nymphenburger Parks einschlugen. Auch die Schleissheimer Schlossbauten, Lustheim und das jetzt die Bildergallerie bergende weitläufige Schloss östlich von dem erwähnten wahrscheinlich von den Schweden devastirten Schlossbau Wilhelm V. zeigen den Borromini'schen Styl noch keineswegs und namentlich nicht in der Planbildung. Die Verwandtschaft des Baues mit dem Nymphenburger Schlosse erklärt sich übrigens leicht daraus, dass derselbe E. Zuccali, der 1684 zum Zweck des Schleissheimer Neubaues aus Italien berufen worden war, zugleich auch den Nymphenburger Lustschlossbau, wenn auch den Anfängen Barella's entsprechend fortsetzte. Lustheim, welches zuerst in Angriff genommen worden, ist jedenfalls ganz sein Werk, und auch an dem Hauptbau zu Schleissheim dürfte der Antheil J. Effner's, der seit 1694 als Oberbaumeister erscheint, ziemlich gering sein und sich mehr auf die Ausführung beziehen. Denn selbst der gewöhnlich dem Franzosen Lespilier zugeschriebene Entwurf zu der prachtvollen Treppe des Schleissheimer Schlosses, welche erst in neuerer Zeit (1847—1848 von König Ludwig I.) zum Theil aus den fertig vorliegenden Baustücken aufgeführt worden ist, erscheint wenigstens in einer Notiz von 1742 als ein Werk Zuccali's. Leider mussten die von dem letzteren projektirten Flügelbauten, welche den Neubau mit dem wilhelminischen verbinden sollten, unausgeführt bleiben. Ein noch im Schlosse bewahrtes Modell gibt eine Ansicht des Gesammtplanes.

Wie sehr man sich damals daran gewöhnt hatte, die höhere Baukunst ganz den Italienern zu überlassen, zeigt das unter Leitung des Grafen von Wahl 1690—1694 erbaute Erziehungshaus der englischen Fräulein in der Weinstrasse zu München, das 1808 als solches aufgelöst jetzt als Polizeidirection dient. Mit unbegreiflicher Ungeschlachtheit, welche durch den alten Thorthurm der leoninischen Stadt nicht entschuldigt werden kann, weil er mit dem Baubeginn abgetragen wurde, sich schräg in den Strassenkörper drängend, gibt dieses Gebäude im Ganzen wie im Detail den deutlichsten Beleg von der Zurückgebliebenheit der einheimischen Architekten in jener Zeit, in welcher alle namhafteren Werke von Ausländern besorgt wurden. Die neuere Restauration hat übrigens die ursprüngliche Derbheit und Unschönheit noch gesteigert und höchstens das Verdienst, die äussere Erscheinung des Baues seiner jetzigen Bestimmung näher gebracht zu haben, als es dem ursprünglichen Werke Wahl's, seinem früheren Zwecke gegenüber, gelungen war. Es war demnach gewiss von Vortheil, dass man bei den nächsten öffentlichen Bauten sich wieder eines Italieners, des Hofarchitekten G. A. Visardi, bediente, obwohl der Hof damals sonst ohne Einfluss auf die Stadt war. Die Dreifaltigkeitskirche, zunächst 1704 von den Landeskollegien in der Hoffnung auf Rettung vor Kriegsgefahr gelobt, war 1711 im Anschluss an das gleichzeitig erstehende Kloster der Karmelitinen der Karmelitenkirche in der Pfandhausgasse gegenüber begonnen und 1718 geweiht worden. An ihr fand sich die erste Gelegenheit zu unbeschränkter Huldigung des voll entwickelten Barockstyls eines Borromini, da hier der Architekt nicht mehr an einen älteren Plan gebunden war. Zu einem so entschiedenen Bekenntniss konnte Visardi an dem Plane des gleichzeitig gebauten sog. Bürger(congregations)saales in der Neuhausergasse nicht gelangen, da namentlich die Façade durch die geschlossene und gerade Strassenlinie und ohne Zweifel auch durch die Veranlasser des Baues beeinflusst war. Denn die Jesuiten, welche die Bürgerschaft zur Herstellung dieses deutschen Congregationshauses als Seitenstück zu der schon seit 1578 in einem Saal ihres Collegiums eingerichteten lateinischen Congregation bewogen hatten, hielten darauf, wenigstens in der Façade einen ihrem Gebäude verwandten Ton nachklingen zu lassen. Das Innere zeigt bei wenig constructivem Interesse einen bedeutenden Aufwand von geschickter Decoration, an welcher wohl auch andere Kräfte Visardi unterstützt haben mögen. Der Vorliebe für polygonale Anlagen, wie sie dem Barockstyl eigen, entsprach auch die 1727 angelegte und 1737 vollendete Hieronymitenkirche am Lechel, welche mit dem angebauten Kloster ein Asyl für die aus ihrem Kloster zu Walchensee auf Disciplinarwege ausgewiesenen Mönche des h. Hieronymus wurde. Hier tritt freilich schon viel Stuccatur im Rococostyle auf, welche Churfürst Max Emanuel bei seiner Rückkehr in die Heimath (1714) so zu sagen in seinem französischen Gefolge hatte. Denn die Pavillons des Nymphenburgergartens, welche 1716 (Pagodenburg) und 1718 (Badenburg) entstanden, tragen bereits diesen Charakter und nicht minder die Wunderlichkeit der Eremitage mit der Magdalenenkapelle, welche der romantischen Verirrung künstlicher Ruinen huldigt, worin sonst der Zopfstyl grösseres Behagen findet als das Rococo. Doch hat das unstreitbar schönste Rococowerk nicht nur Münchens, sondern Süddeutschlands, die Amalienburg des Nymphenburger Parkes, ihre Vollendung erst unter dem Nachfolger Max Emanuels, dem Churfürsten Carl Albert und nachmaligen Kaiser Carl VII. gefunden (1734), welcher dem innen genial durchgeführten Pavillon auch nach seiner Gemahlin Amalie den Namen gab.

Der enge Anschluss der Münchener Hofarchitektur an jene wie sie sich in der letzten Lebenszeit Ludwig XIV. in Versailles entwickelt hatte, war durch die politische Stellung Max Emanuels bedingt. Wie vordem sein enger Anschluss an Wien dazu beitrug, mehr dem dort einheimischen italienischen Barockstyl zu huldigen, den die Churfürstin Adelheid zuerst direct nach München importirt hatte, so kam jetzt die künstlerische Parole von Versailles, in welchem Verhältnisse die Thronbesteigung Ludwig XV. nichts änderte. Die Architektur selbst zwar hatte sich vom Schauplatze zurückgezogen, indem jetzt der Decorateur die erste Rolle spielte, während der Baumeister lediglich die Räume und zwar in möglichster Sparsamkeit an eigentlich architektonischer Gliederung herzustellen hatte. Die Groteske, ursprünglich so genannt von den unterirdischen Kammern (Grotten) am Esquilin in Rom, den vom goldenen Haus des Nero stammenden Souterrains der Thermen des Titus, aus deren

Fresken Raphael und Giovanni da Udine die Decorations-Motive für die Loggien des Vaticans geschöpft hatten, erhielt jetzt ihren buchstäblichen Sinn, indem der damaligen pseudo-arkadischen Idylle entsprechend die wirkliche Felsengrotte mit Muschelwerk und Linganengestrüpp die Motive lieferte, z. Th. in wirklicher Uebertragung, wie in der Magdaleneneremitage des Nymphenburger Parkes, z. Th. in stylisirter Verwendung zu Stuckverzierung der Wände und Decken. Wie bewunderungswürdig schnell sich die Deutschen diese Decorationsweise des Rococo, den goût rocailleux, aneigneten, hat Sachsen gezeigt, welches die grössten Rococomeister zu seinen Landsleuten zählte. Auch München besass damals einen geschickten „Rocailleur" in der Person des Franz Hördt, dessen Wohnhaus auf der nördlichen Bastei an der Tannenstrasse,*) neben dem Maigarten, einem der höchsten Punkte der Stadt, der Bastion selbst den Namen des Rockerlberges gab, eine Bezeichnung, welche der später in Deutschland üblich gewordenen Bezeichnung des ganzen Decorationsstyles auf's engste verwandt ist. Denn dass die Bezeichnung „rocailleur" weniger dem Muschelgrottenbauer als dem Groteskstuccator eignete, natürlich in der veränderten Gestaltung, wie sie die Zeit Ludwig XV. der Groteske verliehen hat, glaube ich vermuthen zu dürfen, wie auch, dass die wohl erst in unserem Jahrhundert entstandene Spottbezeichnung Rococo aus jener französischen Uebersetzung von „Groteskenkünstler" erwachsen ist.

Carl Albert, seit 1726 Churfürst, 1742—1747 deutscher Kaiser, trat, sowohl in politischer Beziehung wie in Hinsicht auf Kunstrichtung in gleicher Abneigung gegen Oesterreich sich zu gleicher Abhängigkeit von Frankreich bequemend, in die Fussstapfen seines Vaters. Zur decorativen Prachtentfaltung gab zunächst die Wiederherstellung des 1729 ausgebrannten Residenztheiles in München umfängliche Gelegenheit. Von der unübertrefflichen Amalienburg im Nymphenburger Park, wozu noch ein grosser Theil der Gemächerausstattung in den beiden Lustschlössern Nymphenburg und Schleissheim gerechnet werden muss, wurde schon gesprochen. Jene Anlagen aber, bei welchen es mehr auf bauliche Entwicklung als auf Decorationsluxus ankam, erscheinen unerfreulich und nüchtern, wie Kloster und Kirche der Salesianerinen, die 1732—1735 nach den Plänen des Joh. B. Gunezrainer erbaut, unter Karl Theodor aber dem adelichen Damenstift und jetzt theilweise technischen Schulen überwiesen worden sind.

Endlich aber war im Schoosse der Stadt selbst eine lebhaftere Bauthätigkeit erwacht, während bisher die Bewohner Münchens hierin eine Unlust gezeigt hatten, die gegen die Patrizierhäuser der Reichsstädte übel abstach. Voran ging der

---

*) An dessen Stelle erbaute später Graf von Königsfeld das noch erhaltene aber wenig bewohnte Schlösschen.

Adel mit einer Reihe von Palästen, die theils in die Regierungszeit Carl Alberts, theils in die Periode seines Nachfolgers Max Joseph III. fallen. So das Palais Törring Guttenzell, erbaut von Couvillier und Gunezrainer, und das Preysingpalais, erbaut von Effner, beide 1740 begonnen und hübsche Beispiele des Rococostyles, beide aber leider sowohl durch innere Adaptionen zum Postgebäude und für die b. Hypotheken- und Wechselbank wie durch einseitige Anbauten der Zeit König Ludwigs I., nemlich durch die Colonnade der Post am Max-Joseph-Platze und durch die Feldherrnhalle als Abschluss der Ludwigsstrasse in ihrer Gesammtwirkung beeinträchtigt; ferner das gleichfalls von Couvillier erbaute fürstlich Porcia'sche Palais, jetzt Gebäude der Museumsgesellschaft in der Promenadestrasse, das jetzt erzbischöfliche Palais unweit davon in derselben Strasse, das Arcopalais in der Theatinerstrasse u. s. w., welche selbst dem churfürstlichen Bibliothek- und nachherigen Akademiegebäude, später Cotta- und jetzt Guggenheimerpalais in der Weinstrasse kaum nachstanden, das Prinz Clemenspalais (jetzt Cadettencorpsgebäude) sogar weit übertrafen. Den höchsten künstlerischen Werth dürfte unter allen genannten die Façade des Museumsgebäudes in Anspruch nehmen, an welcher sich Couvillier nicht blos als Decorateur, sondern auch als tüchtiger Architekt erwies und unter anderem das verschobene Viereck des Areals auch in den verschobenen Winkeln aller Gliederungen zum Ausdruck brachte. Specifisch Rococo aber erscheint das Aeussere des Bank-(Preysing)Gebäudes, indem hier unter Hintanhaltung eigentlich architektonischer Gliederung die phantastische Stuccodecoration fast ausschliessend die Wandflächen belebt. — Die Lust zu baulicher und decorativer Thätigkeit drang endlich auch zu den Bürgerständen herab. Erst jetzt verloren die Privathäuser ihre gothische Gestalt, freilich zumeist ohne reichen Ersatz, da die Kargheit der Mittel in der damals keineswegs wohlhabenden und handels- wie industriethätigen Stadt nur wenig zu thun erlaubte. Das Bedeutendste leisteten in bürgerlichen Kreisen wohl die Künstlerbrüder Asam, Egid der Stuccator und Cosmas der Maler, welche in der Dreifaltigkeitskirche, in der Damenstiftskirche, in der S. Annakirche am Lechel, in der zerstörten Kirche Maria Einsiedeln zwischen Thalkirchen und Mittersendling u. s. w. dem Zeitstyle getreu gearbeitet hatten. Auf eigene Kosten erbauten und decorirten sie nemlich die Johanneskirche in der Sendlingergasse, interessant durch den ausschweifendsten Reichthum an Stuccatur und Gemälden, welchen die lebhafte Phantasie dieser in ihrer Zeit berühmten Künstler in Mitte der banausischen Häuserreihe der Sendlingergasse stellten. Auch das nebenan befindliche Haus, jetzt Pfründneranstalt, welches sie sich selbst erbauten, ist durch seinen unter Missachtung aller architektonischen Grenzen und Gebote an der Wandfläche sich ausbreitenden figürlichen Stuccoreliefschmuck als eines der interessanten Werke jener Zeit zu bezeichnen.

Der Rococostyl erhielt sich auch noch in der Regierungszeit Max Joseph III. (1745—1777), wenn auch jetzt mit gelegentlicher Heranziehung der Ernüchterung des nordischen Zopfstyles, wie vorher der italienische Barockstyl mit seinem trunkenen Architekturreichthum sich wiederholt neben das Rococo gedrängt hatte. In Hofanlagen und Palastdecoration herrschte noch der alte profuse Luxus, wie diess das reizende Opernhaus dieses Churfürsten, jetzt Residenztheater, 1752—1760 nach den Plänen des öfter genannten Couvillier gebaut, zeigt. Leider ist das Theater nach siebzigjährigem Gebrauche bei der Anlage des Königsbaues 1831 ohne Noth sehr verstümmelt worden, so dass bei dessen Wiederherstellung 1857 vieles und zwar nicht ganz glücklich neu hinzugefügt werden musste. Immerhin aber bietet das Theater die seltene Gelegenheit, eine Vorstellung derartiger Bauten aus der Blüthezeit des Rococo zu gewinnen, und spielt daher eine kunstgeschichtlich kaum minder wichtige Rolle, wie die in ihrer Art genial ausgestattete Amalienburg.

Anders waren die Bedingungen prosaischen Zweckbaues, wie des Militärlazareths an der Müllerstrasse (1773—1777 gebaut und noch unverändert erhalten), des Klosters und der Kirche der barmherzigen Brüder an der Sendlingerlandstrasse und wie des sich daran anschliessenden Krankenhauses, das unter Karl Theodor (nach den Plänen von N. v. Schedel) zum Allgemeinen Krankenhause erweitert wurde und unter König Max durch C. Fischer seine gegenwärtige Façade im schweren Classicismus der Weinbrenner'schen Epoche erhielt. Hier und in anderen Nutzbauten trat selbstverständlich das kostspielige und dem Zweck widerstrebende Rococo zurück und machte sich die langweilige Oede des Zopfs, manchmal auch völlig styllose Leere geltend. —

Die übelste Epoche in der Baugeschichte Münchens stellt die Regierungszeit Carl Theodors dar. Ohne Interesse für München und nur widerstrebend daselbst residirend, während sein Herz der Pfalz gehörte, ja selbst wiederholt im Begriff, Bayern tauschweise an Oesterreich abzutreten, leistete er für die Hauptstadt wenig mehr, als dass er zögernd einwilligte, den unhaltbar gewordenen Festungscharakter der Stadt aufzulösen, welche Einwilligung er übrigens bald wieder zurückzog. Die Stadterweiterung beschränkte sich daher unter seiner Regierung auf die Anlage des sog. Karlsplatz-Rondells, wobei dann auch das Neuhauserthor einige unbedeutende Umänderungen und dazu den Namen Karlsthor erhielt. In baulicher Hinsicht ganz unbedeutend war auch der Galleriebau, welchen der Churfürst 1779 an und auf die früher erwähnten nördlichen Arkaden des Hofgartens setzte, indem man sich begnügte, die völlig kahlen Aussenwände mit Grisaillemalereien zu beleben (deren allmäliges Verschwinden Niemand bedauert), das Innere aber lediglich als Kunstscheune zu behandeln. Unweit davon errichtete er die Stückgiesserei, jetzt ein Theil des Kriegsministeriums in der Schönfeldstrasse. Von seinen übrigen Anlagen, wie die Veterinärschule am englischen Garten, das Armenhaus am Gasteig, das Findelhaus an der Findlingsstrasse, ist nur das Feuerhaus am Anger 1795 deshalb hervorzuheben, weil es bereits starke Symptome jenes reizlosen Classicismus trägt, der um diese Zeit den Zopfstyl verdrängte.

Von weit mehr Bedeutung und wahrhaft segensreich war aber die Umwandlung des Werdergrundes der Hirschau vor der nordöstlichen Bastion in einen Park, zu welcher der Generalmajor Thompson und nachmaliger Graf Rumford, der auch die ganze Anlage mit vollendeter Einsicht leitete, den Churfürsten zu bestimmen wusste. Das umfängliche Werk kam jedoch erst unter der folgenden Regierung unter Leitung des verdienten F. v. Sckell (1803) zum Abschluss.

Die durchgreifendsten Veränderungen und einen nicht unerfreulichen künstlerischen Aufschwung brachte die Regierungszeit des Churfürsten Max Joseph IV, als König Max Joseph I. 1801 wurde die Auflösung des Festungscharakters der Stadt neuerdings und definitiv ausgesprochen und schon 1802 mit der Beseitigung von Wall und Graben zwischen dem Karlsthor und Schwabingerthor, d. h. in der ganzen Länge des jetzigen Maximiliansplatzes begonnen. Die politischen Wirren vermochten das Unternehmen nur in zeitweiliges Stocken zu bringen und verhinderten namentlich nicht die höchst planmässige Absteckung der neuen Stadttheile. Um Ueberreilungen und Widersprüchen in der Benützung des zur Erweiterung der Stadt vorliegenden Grundes vorzubeugen, ernannte der König eine besondere Baucommission, welche den Erweiterungsplan vorerst gegen Westen (1808) und von 1810 an überhaupt rings um die Stadt, wie sie Churfürst Maximilian I. umgränzt hatte, entwarf. Ein grosser Theil des Strassennetzes von Neumünchen war bereits in dem 1812 genehmigten Erweiterungsplan gegeben, auch hatten zunächst die nordwestlichen und die südwestlichen Vorstädte die Namen Max- und Ludwigs-Vorstadt (nach dem König und Kronprinzen) erhalten. Freilich gelangte unter Maximilian nur die Erweiterung nach Nordwesten zur durchgreifenden Ausführung.

Schon 1803—1805 war auf den eingeebneten Wällen am Maximiliansplatze jene Häuserreihe entstanden, welche durch ihre Gleichartigkeit allerdings nicht vortheilhaft wirkt, aber auch dadurch nicht unerheblich eingebüsst hat, dass die Arkaden des Erdgeschosses in neuerer Zeit geschlossen, d. h. in Läden umgewandelt worden sind. Damit verlor die Prannerstrasse ihren vorigen Charakter als Sackgasse, zugleich aber feierte der Zopfstyl in dem 1805 vollendeten Max-Joseph-Thor, das nur auf Octroizwecke berechnet, nun die geöffnete Prannerstrasse leicht abschloss, mit dem nebenangebauten Thorwachgebäude einen seiner letzten Triumphe (Architekt N. v. Schedel). Länger dauerte die Ueberwölbung und Auffüllung des Grabens selbst, welche vor dem ehemaligen Frauenthor (Mündung der Pfandhausstrasse) erst 1823 bewerkstelligt, in der ganzen Ausdehnung des Maximiliansplatzes aber sogar erst 1841 vollendet wurde, weiter südwestlich — zwischen der Pfandhausstrasse und dem Karlsthor und weiterhin sogar jetzt noch nur stellenweise hergestellt ist. Dagegen stammt das ungefüge Himbselhaus, nach dem Namen des Erbauers bis auf den heutigen Tag genannt, in mächtigem Würfel sich schräg in das ehemalige Glacis hineinpflanzend, aus der crüdesten Frühzeit der Classicität, während der ebenfalls schon 1812 angelegte botanische Garten, an der Stelle eines Wiesengrundes des Herzogs Clemens, dessen Gewächshaus 1854 durch den modernen Glaspalast verdrängt worden ist, in seinem hübschen dorischen Portalbau ein ungleich besseres Spezimen jener Bauepoche darbietet. Ihm gegenüber verliess man die Baulinie unmittelbar ausserhalb der Stadtmauer Ludwig des Bayers und hielt sich an den Wall des Churfürsten Maximilian I., wodurch der Graben, welcher am Maximiliansplatze vor der Häuserreihe sich hinzieht, von hier ab hinter derselben zu liegen kam.

Vom Karlsthor südwestlich sprang weit über die jetzige protestantische Kirche hinaus noch eine Bastion vor, nach deren Beseitigung erst vom Karlsrondell aus die linkseitige Häuserreihe der Sonnenstrasse sich anschliessen konnte, in welche endlich auch von den beiden bisher gleichfalls geschlossenen Spitalgassen, welche vom Herzogs- und Josephspital die Namen tragen, Ausmündungen gebrochen wurden (1832). Zögernd folgte die Fortsetzung der Sonnenstrasse bis an den Sendlingerthorplatz, welchem gegenüber, unter vollständiger Erhaltung von Stadtmauer, Zwinger und Graben, diesen entlang aber mit der Fronte nach dem Stadtinnern zugewandt, die Blumenstrasse angelegt wurde, welcher wieder die schon vor Maximilians Thronbesteigung (1796) angelegte Strasse vor den Wällen, die Müllerstrasse, parallel lief. Die Häuser erhoben sich jedoch in den beiden genannten Strassen unter Maximilian I. erst vereinzelt, ebenso in der Frauenstrasse, da wo die Befestigungslinie im rechten Winkel östlich abbog und dadurch auch die rechtwinklige Verbindung von Blumen- und Frauenstrasse veranlasste. Die Linie der Frauenstrasse blieb indess bis in die letzten Jahrzehnte fast gänzlich unbebaut, während ihre Fortsetzung jenseits des Isarthores schon früher als Herren- und Wurzergasse den Wall verdrängte, bis die Befestigung an der erwähnten Bastion des sog. Rockerlbergers abermals im rechten Winkel abbog. Von hier ab ist der Maximilianische Wall der Tannenstrasse und Galleriestrasse entlang noch ziemlich erhalten bis in die Nähe der Ludwigsstrasse, wo schon Carl Theodor's Galleriegebäude die Strassenlinie bedingt hatte, worauf die noch länger erhaltene Fortificationslinie wieder im rechten Winkel gebogen sich gegen das Schwabingerthor unfern der Mündung der jetzigen Briennerstrasse sich hinzog.

Weiter ab vom Gebiet der Ramparts und Bastionen des Churfürsten Maximilian I. erstreckte sich die Stadterweiterung unter König Maximilian Joseph nur an der Nordwestseite. Selbstverständlich waren hiebei die hauptsächlichsten Landstrassen massgebend, zunächst die Schwabingerlandstrasse, welche aber damals schräg vom Schwabingerthore aus der jetzigen Fürstenstrasse entlang und dann rechts von der Amalienstrasse nodöstlich weiter führte und von welcher nur die Fürstenstrasse geblieben ist; und die Strasse nach Nymphenburg, welche ungefähr in der Richtung der jetzigen Briennerstrasse lief. Die letztere 1808—1812 geregelt und mit einzelnen Gebäuden besetzt erhielt jetzt vorerst statt der Bezeichnung des Fürstenwegs den Namen Königinstrasse; 1826 aber zur Erinnerung an die Schlacht von Brienne den gegenwärtigen Namen. Der 1805 gewonnenen Mündung der Prannerstrasse in den Maximiliansplatz ungefähr gegenüber wurde dann eine stattliche Strasse nach der Briennerstrasse zu angelegt (1807), die unter dem Namen Max-Joseph-Strasse einen vornehmen Charakter erhielt, wie auch der Stern des jetzt sog. Carolinenplatzes, einer kreisförmigen Erweiterung der Briennerstrasse, auf welcher besonders der Neubau des kronprinzlichen, jetzt Törringpalais, hervorragte, und welche dadurch ausser der Kreuzung der Briennerstrasse und der Barerstrasse noch eine fünfte Einmündung erhielt. Auch die Ottostrasse, dem Maximiliansplatze parallel ausserhalb des Walles angelegt, gehört zu der älteren und sogleich grossentheils besetzten Erweiterung Maximilian Joseph I. Das übrige nördliche Strassennetz war in der Zeit des ersten Königs mehr auf dem Papier vorhanden, wenn auch schon fest bestimmt. Von den nordöstlich laufenden Parallelstrassen war die Elisenstrase schon durch das ältere Clemenspalais und den botanischen Garten bedingt und wurde 1808 angelegt; bald folgte (1810) die bogenförmige Sophienstrasse als die anderseitige Gränze des botanischen Gartens. Die Karlstrasse erscheint 1808 erst theilweise und zwar in ihrem äusseren Theile zwischen der Dachauer- und Luisenstrasse; 1812 wurde die Kron- und Bergstrasse jenseits der Dachauerstrasse hinzu gezogen und erst 1824 der Theil zwischen Luisen- und Arcisstrasse und 1827 jener von der Arcisstrasse bis an die Ottostrasse geöffnet. Von der Nymphenburger-(Brienner)strasse wurde bereits gesprochen. Jenseits derselben läuft ihr parallel die Gabelsbergerstrasse, 1808—1812 stückweise Ritter-, Theresien- und Apollostrasse, von da ab vorübergehend Ludwigs-, von 1826—1854 Casernstrasse genannt. Auch die Theresienstrasse erhielt in dem Plan von 1808 drei Namen: Musen-, Winde- und Pfeilstrasse; ward aber schon 1812 mit dem gegenwärtigen umgetauft. Die Schellingstrasse hiess 1808—1812 Jagdstrasse, dann bis 1850 Löwenstrasse. Die Adalbertstrasse ist beträchtlich jünger.

Von den nordöstlich gerichteten Strassen entspricht, wie schon erwähnt worden ist, die mit den übrigen nicht parallel laufende Fürstenstrasse der alten Schwabinger-, oder vielmehr Nürnberger-Landstrasse, so wie sie sich seit Churfürst Maximilian I. abweichend von der Axe des Schwabingerthores gestaltet hatte. Denn dieser Fürst hatte seines über den Stadtumfang Ludwig des Bayers hinausgelegten Hofgartens wegen die Umwallung nordöstlich beträchtlich über den vorigen Stadtumfang hinausgeschoben, und namentlich die nordwestliche Eckbastion sprang bis an die Stelle des gegenwärtigen Luitpoldpalais in den nunmehrigen Odeonsplatz hinein vor, wodurch das äussere (Wall-)Thor etwa an dem östlichen Portal des Odeons in westlicher Richtung angebracht werden musste. Unweit von der Mündung der Fürstenstrasse in die Theresienstrasse, wurde aber statt einer Fortsetzung der ersteren die Amalienstrasse angelegt. Mit dieser parallel lief die Türkenstrasse, so genannt von der Richtung des unter Max Emanuel begonnenen, durch die gefangenen Türken gearbeiteten und nach ihnen bezeichneten Grabens, welcher jedoch leider nicht so weit gedieh, um wirklich Würmbadwasser in die Stadt leiten zu können. Ein Theil der Türkenstrasse trug 1808—1812 den Namen Florastrasse. — Mehr bauliche Besetzung fand sofort die westlich nächstfolgende Parallelstrasse, die Barerstrasse, welche in ihrem inneren Theile bis an den Carolinenplatz, Carolinenstrasse, von da ab Wilhelminenstrasse genannt wurde, bis 1826 König Ludwig beide Namen durch den gegenwärtigen von der Schlacht bei Bar sur Aube entnommenen ersetzte. Die nächste Strasse, Luisenstrasse, war im Bauplan 1808 nur bis zur Briennerstrasse nöthig erschienen, wurde aber schon 1812 durch Heranziehung der Wittelsbacherstrasse bis zur Gabelsbergerstrasse verlängert.

Die Hauptstrasse in nördlicher Richtung war die letzte, nemlich die Ludwigsstrasse. Die Bastionen vor dem Schwabingerthor waren zunächst noch gar nicht zur Ebnung herangezogen worden, wie denn selbst heutigen Tages der Garten des vormaligen Prinz Carl Palais und die Tannenstrasse bis an die Ecke zum Rockerl dieselben noch in ziemlicher Erhaltung zeigen, als den bedeutendsten Ueberrest, der von der Umwallung des Churfürsten Maximilian I. noch besteht. Erst 1816 fiel das Schwabingerthor mit dem Flügel des Maximilianischen Baues, welcher es mit der äusserlich noch ziemlich unverändert existirenden Alten Residenz verband. Damals auch dachte man daran, die Schwabingerstrasse wieder in die gerade Linie zurück zu legen und es wurde behufs Heranziehung derselben zur Stadt mit der Demolirung der Bastion begonnen. Schon ein Jahr darauf erstand das erste Gebäude der neuen Anlage, das Leuchtenberg-Palais (jetzt Palais Prinz Luitpold), von L. v. Klenze gebaut, bei dessen Grundsteinlegung jedoch der Plan der Ludwigsstrasse noch keineswegs feststand, weshalb es auch nicht in die nachmalige Strassenlinie gesetzt ward, ein Umstand, der dann zur Bildung eines Platzes, nachmals Odeonsplatz genannt, die nothgedrungene aber sehr dankenswerthe Veranlassung gab. Erst fünf Jahre später (1822) wurde der Bazar von Baurath Himbsel begonnen, und in diesem Jahre war man auch über die Situation der ganzen

Strasse einig geworden, die von vorneherein den jetzigen Namen erhalten hatte, da nicht blos schon damals der Kronprinz Ludwig die Seele aller baulichen Unternehmungen seines Vaters war, sondern in glühender Baulust sich frühzeitig den glänzenden Ausbau für seine Regierungszeit zur Aufgabe gestellt hatte.

Mit diesen Strassenanlagen war jedoch zunächst Privatbauten Raum und Gelegenheit gegeben. König Max I. benutzte das vorstädtische Areal mit Ausnahme des kronprinzlichen, jetzt Törring'schen Palais am Karolinenplatz, wenig. Zu monumentaler Prachtentfaltung schienen ihm auch die Zeitläufte der napoleonischen Kriege und die materiell nicht viel günstiger gelagerten des nachfolgenden Friedens ebensowenig angethan, als er sich persönlich in seiner bürgerlich schlichten Weise dazu hingezogen fühlte. Das Schlösschen Biederstein, das er gleichsam als Abschluss an dem seit Karl Theodor mit Villen besetzten Parksaum der jetzigen Königin- und Wiesenstrasse, an das Ende des englischen Gartens setzte, entsprach mehr seinen einfachen Sitten als fürstlichem Luxus. In der That entfaltete der Minister Abbé Salabert in seinem 1811 von K. v. Fischer erbauten Palais am Eingang des englischen Gartens, dem nachmaligen Palais des Prinzen Carl und nach dessen Tode an das bayerische Finanzministerium zurückgelangt, mehr monumentalen Aufwand, als sein Gebieter. Auch die Verschönerung des englischen Gartens selbst, in welchem er u. A. den malerischen See anlegte, und der nächst Rumford dem Hofgärtner F. v. Sckell zu bleibendem Ruhme gereicht, kam mehr dem grossen Publikum als dem Gründer zu Nutzen.

Weniger seinem eigenen als dem allgemeinen Bedürfnisse entsprang auch der Plan, an der Stelle des nach der Säcularisation 1803 abgebrochenen Franziskanerklosters ein grösseres Theater zu erbauen, dessen 1811 unter Leitung K. v. Fischer's begonnener Bau den durch Abbruch der weitläufigen Gebäude der Minoriten wie des Riedler'schen Frauenstiftes entstandenen schönen Max-Josephplatz an der Ostseite würdig abschliesst. Das Gebäude wurde bald nach seiner Vollendung, 1823, wieder ein Raub der Flammen, blieb aber im Wiederaufbau durch L. v. Klenze in der Hauptsache unverändert, wenn es auch gelegentlich der Anlage der Maximiliansstrasse am östlichen Ende beträchtlich erweitert wurde. Fast gleichzeitig (1812) liess der König durch den Portugiesen E. d'Herigoyen ein Volkstheater vor dem Isarthore erstehen, welches jedoch nach nicht zu langer Benützung wieder einging und seitdem zu einem Leihhaus umgewandelt ist. — Sonst beschränkte sich des ersten Königs Bauthätigkeit fast ausschliessend auf Zweckbauten, worunter drei Kasernen hervorragten. Zunächst die von dem mehrerwähnten N. v. Schedel 1801—1803 erbaute Hofgarten-Infanterie-Kaserne. Der nüchterne Kasernenstyl derselben zeigt noch schwache Spuren des Zopfs, welche besonders Schedel noch in unser Jahrhundert hereinschleppte. Sie war an der Stelle des von Churfürst Max I. angelegten Lusthauses am Hofgartenteich angelegt, welcher ausgetrocknet und in einen öden Exercierplatz umgeschaffen wurde. Dann folgte 1812 die Cuirassierkaserne an der Zweibrückenstrasse, und endlich 1824 die Infanteriekaserne, welche wegen der Lage ihrer Hauptfaçade an der Türkenstrasse bis jetzt den Namen Türkenkaserne führt. Die beiden letztgenannten zeigen den derb classischen Styl der Weinbrenner'schen Schule, und sind in demselben nachträglich noch namhaft erweitert worden. Zu militärischen Paraden wurde auch der seitdem den entsprechenden Namen tragende Platz an der alten Kreuzstrasse geschaffen, wo schon 1780 die Salzstädel und nun auch die Mauthgebäude beseitigt worden waren, ein Platz, der jedoch jetzt lediglich mehr der Statuenparade gewidmet zu sein scheint.

Sonst machte sich König Maximilian I. noch durch die Neuanlage des Kirchhofs, d. h. durch die bauliche Erweiterung desselben (1818) verdient, wie sie durch die gänzliche Aufhebung des Frauen- und Petersfriedhofes sowohl um die genannten Kirchen wie um deren Filialen, die Salvator- und hl. Kreuzkirche, nothwendig geworden war. Dem Plan wurde die Gestalt eines Sarges zu Grunde gelegt, die Arkaden an dem abgerundeten Kopfende aber zeigen den dorischen Classicismus, durch welchen sich der Erbauer, Baurath Vorherr, als von der davidisch-französischen Architektur wie von der Weinbrenner'schen in Carlsruhe beeinflusst erwies. Die Vollendung zweier anderer Gebäude, des Anatomiegebäudes (von Klenze), zu dem gleichfalls unter Max I. erweiterten Krankenhause gehörig (in der jetzigen Schillerstrasse), und der Frohnfeste am Anger (von Oberbaurath Pertsch) erlebte der König nicht mehr. Die letztere gehört zu den glücklichen Schöpfungen, in welchen der schwere Styl jener Zeit zur Bestimmung des Gebäudes vollkommen passt; auch ist daran die Kenntniss Piranesi's wie der Fortificationsbauten Sanmicheli's unverkennbar. In das letzte Regierungsjahr des Königs, welcher den Israeliten durch einen Akt königlicher Humanität endlich die Erlaubniss zur Anlage eines Kirchhofs (bei Thalkirchen) wie zur Erbauung eines Gotteshauses gewährte, entstand auch die für die Entstehungszeit hübsche Synagoge in der gleichwohl unansehnlichen Westenriederstrasse, nach den Plänen des verdienstvollen J. Metivier erbaut, welcher die Ergebnisse seiner Pariser Studien mit Erfolg in München verwerthete, dessen meiste Beschäftigung aber in die Zeit des Königs Ludwig I. fiel.

Die bauliche Thätigkeit des Königs Max Joseph verräth sonach drei Phasen baukünstlerischer Entwicklung. Die erste zeigt die letzten Ausläufer des Zopfstyls, für welche der alte Nic. Schedel von Greifenstein, geb. 1752 zu Waidhaus in der Oberpfalz, † 1810 zu München, der Hauptrepräsentant ist, welcher aber selbst in seinem die Prannersstrasse abschliessenden Maxthor mit Wachgebäude, in den Façaden des Erziehungsinstitutes und der Studienkirche (vormals Karmelitenklosters) und der Max-Joseph-Kaserne noch entschiedener dem Zopfe huldigte, als mit seinem Feuerhause am Anger oder dem allgemeinen Krankenhause. Die zweite Phase entsprach dem derben Dorismus der französischen Republik, der, von der Davidischen Schule ausgehend, in Deutschland am reinsten durch Weinbrenner in Carlsruhe und durch Langhans in Berlin ausgesprochen worden war, und der missverständlichen Verwechselung mit altrömischer Bauweise entsprungen ist. Dieser gehörten an die Bauten |des Franz von Thurn, geb. 1763 zu Giesing, † 1844 zu München, welcher in seiner Stellung als Militärarchitekt und Oberbaumeister durch Kasernenbauten wie die Cuirassierkaserne an der Zweibrückenstrasse und die unter dem Namen Türkenkaserne bekannte Infanteriekaserne bezeichnende Proben gab, denen auch Civilbauten wie die Façade des Münzgebäudes oder das alte chemische Laboratorium in der Arcisstrasse gleichartig waren. Ferner J. M. Vorherr, geb. 1773 zu Freudenbach im Ansbachischen, † 1847 zu München, im guten wie im üblen Sinne auch als Schriftsteller an Vitruv gemahnend, und in Berlin und Paris gebildet, dessen Porticus des alten Friedhofes auch einen beachtenswerthen Markstein jener Bauperiode bildet. Endlich der Portugiese E. d'Herigoyen, der Erbauer des Volkstheaters am Isarthor und des für jene Zeit höchst gelungenen dorischen Portals des k. botanischen Gartens, welches bereits eine bessere Zeit ankündigt. Als die Hauptvertreter der letzten Phase endlich, welche eine umfassendere Wiederaufnahme der Antike auszeichnet, sind C. von Fischer, geb. zu Mannheim 1782, † zu München 1820, und Jean Metivier aus Rennes in der Bretagne zu nennen. Der erstere in Wien, dann auf Reisen in Italien gebildet, hat sich besonders durch zwei gleichzeitige Bauten in München einen Namen gemacht, das k. Hoftheater, welches in der Hauptsache noch die ursprüngliche Anlage zeigt, und das Palais des Ministers Abbé Salabert (nachmals Prinz Carl-Palais) am englischen Garten. Selbst das Törring-Palais am Carolinenplatz, für den Kronprinzen Ludwig gebaut, dürfte durch seine Verhältnisse einige Aufmerksamkeit verdienen, wie mehrere der älteren Adelshäuser an der Max-Joseph-Strasse von seiner Hand. Weniger Geschmack verrieth sein Schüler J. N. Himbsel, übrigens glücklicher im Bazar und in den Schulhäusern, wie in dem noch seinen Namen tragenden grossen Zinshause zwischen Maximilians- und Karlsplatz, nicht blos einem Stein sondern einem Colossalwürfel künstlerischen Anstosses. Feiner angelegt war Metivier, vorzugsweise Decorateur, aber auch als Architekt höchst beachtenswerth, wie vorzugsweise die Synagoge und das Bayersdorfpalais zeigen. Doch begann Metivier seine Thätigkeit erst am Schluss der Regierungszeit des ersten Königs, ebenso wie J. N. Pertsch (Gefängniss am Anger), in einer Zeit, in welcher Klenze seine Thätigkeit bereits angetreten hatte.

III.

Die Neuzeit.

So durchgreifend auch die Aenderungen erschienen, deren sich München unter König Max Joseph zu erfreuen hatte, so war damit in der Hauptsache doch nur der Boden geebnet für die umfassende Thätigkeit seines Nachfolgers Ludwig I. (reg. 1825—1848), welche die baulichen Leistungen aller seiner Vorgänger zusammengenommen übertraf. Das von ihm als Kronprinz gesprochene Wort: „Ich will aus München eine Stadt machen, die Deutschland so zur Ehre gereichen soll, dass keiner Deutschland kennt, wenn er nicht München gesehen hat", ist von ihm in unleugbarer Weise eingelöst worden, und wenn Augustus sich gerühmt, dass er das aus Ziegeln gebaute Rom als ein steingebautes zurücklasse, so konnte Ludwig mit nicht minderem Rechte von sich sagen, dass er das vorher unscheinbare München in eine Stadt von Prachtgebäuden und in gewissem Sinne in eine Weltstadt umgewandelt habe. Angesichts seiner seltenen Regierungsthätigkeit darf man zwar nicht behaupten, dass er ganz in seinen monumentalen Schöpfungen aufging; aber gewiss ist, dass er denselben seine ganze Liebe, alle seine Erübrigungen bei persönlicher Anspruchslosigkeit und dem knappsten Hofhalte, und alle seine Musse widmete, und dass sie ihm förmlich Herzensangelegenheit waren.

Den Anfang damit machte er jedoch nicht als König, sondern frühzeitig als Prinz, indem er, 1786 geboren, schon in seinem 18. Jahre Antiken zu sammeln begann, und im 21. Jahre (1807) mit Johannes von Müller von seiner Absicht sprach, ein Pantheon deutscher Berühmtheiten zu gründen, für welches der gefeierte Historiker den Namen Walhalla rieth. Schon 1810 stand ihm sogar schon der Platz für die Glyptothek fest, und 1816 war deren Bau bereits begonnen.

Es ist oben erwähnt worden, dass der Kronprinz, seit er Italien gesehen, die Seele und Triebfeder der baulichen Unternehmungen seines Vaters war, wie er auch schon 1819 zum Hof- und Nationaltheater den Grundstein legen zu dürfen sich erbat. Doch scheinen ihn die Leistungen Fischer's nicht, und die Thurn's, Himbsel's, Pertsch's u. s. w. noch weniger befriedigt zu haben. Mit scharfem

Auge den Unterschied der ächten Classicität und der Afterclassicität
der Republik wie des Empire erkennend, fand er sich 1815 zu Paris
mehr von den Entwürfen eines jungen und hochstrebenden Architekten, welcher ebenfalls dahin gelangt war, des Leo v. Klenze, geb.
1787 bei Hildesheim, als von den Bauten der Architekten Napoleons
angezogen und beschloss ihn zum Organ seiner monumentalen Ideen
zu machen. Dass Klenze's Entwürfe der Glyptothek seinen Sieg ver-
vollständigten, ist nicht zu verwundern; denn es ist keine Frage,
dass diesem Bau in der Zeit seines Beginnes ausser einigen Werken
Schinkel's in Europa keiner an die Seite gestellt werden darf.
Seine entschiedene Ueberlegenheit zeigte er auch sogleich im Privatbau, wie in dem Palais Leuchtenberg, jetzt Luitpold, 1817 begonnen, von welchem der Bauherr ausdrücklich verlangte, sich dabei so zu
halten, dass bei der Unsicherheit der Verhältnisse das Gebäude jeden
Augenblick in ein Hôtel umgewandelt werden könne, welches aber
trotzdem durch stylvolle Noblesse sich höchst vortheilhaft von dem
wenig später gegenüber entstandenen Bazar (Himbsel) abhob. —
Auch der König übertrug ihm auf des Kronprinzen Betrieb einige
Arbeiten, namentlich das Arkadenthor, die Reitschule (1818
—1822), das Kriegsministerium (1824 - 30), und die Anatomie
(1825 - 27), sowie ihm auch der Wiederaufbau des nach nur kurzem Bestande abgebrannten Hoftheaters, nunmehr Hof- und Nationaltheaters
unter der Verpflichtung zur Beibehaltung des Fischer'schen Planes und
zur Erhaltung des vom Brande Geretteten übertragen ward. Klenze
hatte mit der Glyptothek sein vorläufiges Programm gegeben. Noch
nicht so exclusiv wie später, wo er den etwas einseitigen Grundsatz
aussprach: „es gibt nur eine wahre Kunst und diese ist die
griechische", hatte er römische Raumdisposition und Construction
mit griechischer Formgebung zu verbinden gesucht, die Vortheile,
welche römische Gewölbformen für den Saalbau darboten, nicht verschmäht, aber decorativ vorwiegend nach griechischen Vorbildern
gearbeitet. Das Aeussere namentlich erhielt möglichst griechisches
Gepräge, doch ohne Aengstlichkeit, wie die Statuennischen zeigen,
welche das Ganze umziehen, und welche trotz des Hellenismus der
Aedikülenumrahmung doch ihren römischen Ursprung nicht verleugnen.
Ist auch die Beherrschung der classischen Bau- und Zierformen
noch nicht vollkommen, wie z. B. die wohl nicht ohne Einfluss vom
Saturntempel in Rom uncannellirt gebliebenen Säulenschäfte keine
Schwellung haben, oder das Rankenwerk häufig an das der römischen
Kaiserzeit korinthischer Ordnung z. B. an die Maison carée zu
Nîmes (Erdmannsdorf's Jdeal) erinnert, so erscheint doch der Ab-
stand zwischen dieser Leistung und den gleichzeitigen oder wenig
jüngeren der Münchener Kunstgenossen wahrhaftig riesig, und es
dürfte höchstens Metivier und auch dieser nur hinsichtlich der
Decoration mit Klenze verglichen werden können. Die Raumanord-
nung aber ist von nahezu tadelloser Schönheit; mannigfaltig und

doch harmonisch gruppiren sich die Säle um den quadratischen Hof, von welchem sie mit Ausnahme der Ecksäle, in welche die Beleuchtung bei mässiger Höhe höchst wirksam durch den Kuppelscheitel einfällt, ihr Licht empfangen. — Dem so viel wie möglich in geschichtliche Reihe gebrachten Inhalt entsprechend bilden die Säle gleichsam einen Cyclus, welcher sich trotz des symmetrischen Gesammtschemas doch leicht dem Gegenstande fügt. So ist z. B. für die nicht zu trennende römische Bildnissgallerie durch Verbindung von drei Räumen ein nicht blos passender, sondern sogar imposanter Saal oblonger Gestalt geschaffen worden, der die seiner Länge verhältnissmässige Höhe durch Tieferlegung des Paviments gewann, was wieder den Reiz einer sehr vortheilhaften Stufenbildung an beiden Enden mit sich führt. Die Einfügung der drei Freskenräume, welche dem rückseitigen Eingange ebenso wie das Vestibül dem Haupteingange entsprechen sollten, wirkt dann selbst aus dem Grunde nicht zerreissend, weil sie einen geschichtlichen Abschnitt bilden und als eine Illustration der mythischen Quelle aller classischen Plastik das trennende Moment sehr zurücktreten lassen. Sonst ist die Polychromie der Räume freilich nicht über allen Tadel erhaben und die Farbe oft zu grell und zu kalt; doch dürfte der Forscher bei Forderung grauer schmutziger Grundfarben für derartige Räume doch auch nicht vergessen, dass ein Prachtgebäude an und für sich doch auch mit anderen als rein zwecklichen Bedingungen zu rechnen habe. Aeusserlich hat sich allerdings die Vernachlässigung der landschaftlichen Rücksicht schwer bestraft, indem durch die Unterlassung einer leichten Erhöhung des Platzes selbst gegen das Gebäude hin das Ganze etwas eingesunken erscheint, was dem hochentwickelten landschaftlichen Sinne eines Schinkel gewiss nicht begegnet wäre. Immerhin aber bleibt die Glyptothek ein Erfolg, welcher die monumentale Schaffenslust des Kronprinzen nur nähren konnte und die gleichzeitigen Werke anderer Architekten, wie Hoftheater und Synagoge, entschieden hinter sich zurückliess.

Klenze selbst lieferte bis zur Thronbesteigung Ludwig I. nichts, was der Glyptothek ebenbürtig gewesen wäre, woran die Art der Aufgaben jedenfalls nicht allein die Schuld trägt. Kriegsministerium, Reitschule und Anatomie wie das Arkadenthor waren immerhin dankbare Probleme. Der Anlage des Odeons, welche im ersten Regierungsjahr Ludwigs erfolgte, war der Umstand eben nicht förderlich, dass der König ein (allzu genaues) Pendant des Leuchtenberg Palais verlangte, wodurch der imposante Concertsaal gänzlich versteckt hinter den ihn umgebenden Gemächern äusserlich gar nicht zur Erscheinung kommen konnte, und selbst das Heraustreten seines Oberbaues, welches nicht blos wirksam, sondern wegen Anbringung von Fenstern unter der Decke auch nützlich gewesen wäre, unmöglich wurde. Dagegen gestalteten sich die drei anderen grossartigen

Werke, welche in einem Jahre (1826) begonnen wurden, in mehrfachem Betrachte glücklicher, nemlich die Alte Pinakothek, der Königsbau und die Allerheiligenkirche.

Die Alte Pinakothek (1826 1836) in die Mitte eines weiten freien Raumes zwischen die Gabelsberger- und Theresien-, Barer- und Arcisstrasse gelegt, litt zunächst unter der Aufgabe einer doppelten Zugangsbildung. Aesthetisch nemlich war das Portal in der Mitte der prunkvoll behandelten südlichen Langseite, somit von der Gabelsbergerstrasse aus nothwendig; praktisch dagegen empfahl sich die der Stadt nächstliegende Schmalseite an der Barerstrasse, umsomehr als die Gemäldesäle in einer ununterbrochenen Flucht zu geschichtlicher Anordnung eingerichtet werden sollten. Freilich hätte der letztere Umstand deshalb weit weniger als bei der Anlage der Glyptothek betont werden sollen, weil fast jede deutsche Gemäldegallerie entschieden dualistischen Charakters ist und die zwei parallelen Entwicklungen der italienischen und der deutschen einschliesslich der niederländischen Kunst zur Darstellung zu bringen hat, wodurch eine Theilung des Gebäudes durch Vestibul und Treppenhaus in der Mitte der Gesammtlänge sich sogar sehr erspriesslich hätte gestalten können. Dazu verlor bei der schon damals vorauszusehenden Vergrösserung Münchens die Rücksicht auf die Nähe des Zuganges an Werth, während durch den Seiteneingang die Zugänglichkeit der Nebenräume wie die Treppenbildung litt und das Hauptportal an der Langseite illusorisch gemacht wurde. Hätte der Architekt überhaupt den gehörigen Werth auf die Entwicklung des Treppenhauses, den er zumeist unterschätzte, gelegt, so wäre ihm diese Anordnung wohl schwerlich möglich geworden. Doch abgesehen davon fehlt es auch sonst in der Planbildung an der trefflichen Oekonomie der Glyptothek, in welcher alle Räume nur ihres Zweckes wegen da sind, während die Pinakothek einerseits an Raumverschwendung, anderseits an Beengung leidet. Dagegen ist die künstlerische Conception des Aeusseren namentlich an der (südlichen) Hauptseite meisterhaft, und die Pinakothek als eine der frühesten und edelsten Wiederaufnahmen-römischen Palaststyles der Hochrenaissance geradezu epochemachend.

Litt die Pinakothek gewissermassen unter der übergrossen zur Disposition stehenden Räumlichkeit, so hatte der Königsbau, der südliche Flügel der Residenz, welcher 1826—1835 vor die maximilianische Anlage und als Fronte gegen den neugeschaffenen Max-Joseph-Platz gelegt wurde, mit den zu erhaltenden älteren Schlossbestandtheilen förmlich um den Boden zu streiten. Die herzustellende Verbindung damit brachte weitere Schwierigkeiten mit sich, die weder einfach noch mit Pietät gegen das Alte gelöst worden sind. Am schwächsten sind auch hier wieder die Zugänge entwickelt, die mit den grossartigen Portalen in keinem Verhältnisse stehen. In der Herstellung der Räume für die verschiedenen Wohnzwecke entfaltete jedoch der Künstler grosses Geschick, ebenso in dem mächtigen

Aeussern, welches zwar als auf Palazzo Pitti in Florenz zurückgehend nicht viel Originalität aber seltenen Sinn für Verhältnisse und Formen verräth.

In einer ganz besonderen Lage befand sich der Architekt der Aufgabe der **Allerheiligen-Hofkirche** gegenüber, in welcher der König eine frühgefasste Idee zu verwirklichen strebte. Schon 1817 hatte nemlich der Bauherr als Kronprinz in der Capella palatina zu Neapel, gefesselt von der magischen Wirkung einer nächtlichen Kirchenfeierlichkeit, den Beschluss gefasst, ein ähnliches Werk in München zu errichten. Klenze war entsetzt über die ihm unzugängliche romantische Schwärmerei und konnte sich mit der barbarischen Mischung basilikaler, byzantinischer, maurischer und normanischer Motive, wie sie in jener Palastkapelle vorliegt, nicht versöhnen. Leichter fand er sich noch in den Byzantinismus allein, der hinsichtlich der Composition wie der Ausführung noch mehr künstlerische Anhaltspuncte gewährte, und in S. Marco zu Venedig auch ihn entzückt hatte. Es gelang ihm, den König zu bestimmen, ihm den Anschluss an den Wunderbau Venedig's zu gestatten, welcher mit seinem tieffärbigen Marmorschmuck wie den musivischen Malereien auf Goldgrund in seiner coloristischen Wirkung dem Capellenideal des Königs völlig verwandt schien, und er erfüllte die Hoffnungen des Königs in der erfreulichsten Weise. Wer je einem Auferstehungsfeste oder einer Christmette in der Hofkirche beigewohnt, wird sich der zauberhaften Wirkung des künstlich beleuchteten Raumes bewusst geworden sein, welche den König zu dessen Anlage bestimmt hatte. Vollendeter aber ist eine ähnliche Aufgabe in der neueren Zeit kaum gelöst worden als hier, wobei indess ein nicht geringer Theil des Verdienstes dem Künstler zuzuschreiben ist, dem die coloristische Ausstattung zufiel, nemlich Heinrich Hess. Dieser selbst hat den jenem Gebäude zukommenden Styl in Form und Farbe selbst in keiner seiner späteren Arbeiten wieder so gefunden und die archaistische Tendenz mit solchem Verständniss und ohne Vergewaltigung seiner künstlerischen Begabung ausgesprochen, als gerade hier, so dass Ornament und Bildwerk mit der Architektur bewundernswerth im Einklang stehen. Wäre der natürliche und künstliche Marmor nicht manchmal durch schwach colorirte Verputzgesimse benachtheiligt, und sonst hin und wieder Unsicherheit und Eklekticismus bemerklich, so würde man das ganze Innere tadellos nennen können. Diess kann freilich von dem Aeusseren nicht gesagt werden, das nur zum Theil aus Motiven Venedigs bestritten, in der Façade etwas entschieden Anderes erwarten lässt, als sich im Inneren darbietet.

Musterhaft gestaltete sich auch das 1826—1830 erbaute Palais der Familie des Herzogs des Herzogs in Bayern, unter dem Namen **Herzog-Max-Palais**, eine der Hauptzierden der Ludwigsstrasse bildend. In feiner Hochrenaissance eine edle Mitte zwischen Kargheit und Reichthum einhaltend, in den Ausladungen mässig und doch nicht kraftlos, von schönen Verhältnissen im Einzelnen wie im Ganzen, bildete dessen Façade ein häufig verwendetes Vorlegeblatt, welches nur die in neuester Zeit überwiegende Neigung zum Barock kalt und dürftig erscheinen lässt. Auch die Anordnung des Innern ist gediegen und zweckmässig. Leider lässt sich dasselbe nicht auch von den Privatgebäuden der oberen Ludwigsstrasse sagen, welche zumeist nach Skizzen Klenze's und unter seiner (wohl nicht allzugründlichen) Aufsicht ausgeführt worden sind. Das gleichwohl berechtigte, ja sogar nothwendige Streben nach Abwechslung führte hier zu mancher künstlerischen Missgestalt, welche vermieden worden wäre, wenn der Meister die Musse gehabt hätte, allen seinen Aufgaben die nöthige Durchbildung angedeihen lassen zu können. Es war daher doppelt nothwendig, dass der König, welcher keineswegs seine Unternehmungen abzuschliessen Willens war, sondern vielmehr die bisherigen nur als Anfang betrachtete, neue Kräfte heranzog, um seinen Hofarchitekten einigermassen zu entlasten, wobei er trotz seiner persönlichen Vorliebe für die classische Kunst mit anerkennenswerther Universalität darauf Rücksicht nahm, dass auch andere Stylrichtungen ihre Vertretung fanden. Wenn dabei etwas zu beklagen, so ist es der Umstand, dass der königliche Bauherr, überwältigt von dem in Italien Geschauten die Wiedergabe hervorragender Werke Hesperiens der originalen Erfindung seiner Architekten vorzog und so in eine replicirende Strömung gerieth, welche den Vergleich seiner Thätigkeit mit jener Hadrians in der berühmten Villa Tiburtina berechtigte. Doch war die reine Nachahmung glücklicherweise nur selten möglich; überall aber wirkte sie auf Conception und Detailbehandlung, manchmal förderlich, manchmal aber auch lähmend ein.

Für den Kirchenbau bot die classische Architektur ausser der Basilika kein Vorbild dar, und schon für die Allerheiligen-Hofkapelle hatte der König ein romantisches Motiv ergriffen, das sich ihm freilich unter der Hand in ein byzantinisches verwandelt hatte. Es lag nahe, bei den nächsten Kirchenbauten die übrigen Formen der christlichen Baustyle zu verwenden, und zwar unter Ausschluss des Renaissancestyls. Drei Kirchen, die innerhalb des Lustrums von 1830—1835 begonnen wurden, boten hiezu passende Gelegenheit und wurden drei verschiedenen Architekten übertragen, welche die für den bezüglichen Styl erforderliche Vorbildung besassen oder für den besonderen Zweck zu erwerben hatten, nemlich Fried. v. Gärtner, geb. zu Coblenz 1792 und schon seit einigen Jahren als Professor an der Münchener Akademie wirkend († 1847), Jos. Ohlmüller, geb. zu Bamberg 1791, † 1839 zu München und Gg. Fried. Ziebland, geb. 1800 zu Regensburg, † 1873 zu München.

Gärtner hatte der romantischen Strömung der zwanziger Jahre huldigend und als Rheinländer besonders auf den romanischen Styl gewiesen sich in diesem zwar nicht ausführend, aber in Entwürfen mit einigem Erfolg bethätigt. Cornelius war auf ihn aufmerksam geworden, und als ihm des Königs Absicht bekannt wurde, in der Ludwigskirche einen mittelalterlichen Bau herzustellen, welcher ausgedehnte Wandmalerei ermöglichte, den jungen Künstler für diesen Bau dem Könige empfohlen. Des Cornelius Conflicte mit Klenze bezüglich der Ausstattung der alten Pinakothek wie des Königsbaues hatten hiezu den folgenreichen Anlass gegeben, indem im Laufe dieser Arbeit (1830—1840) Gärtner des Königs Gunst in aussergewöhnlicher Weise gewann, während sie Cornelius zum Theil durch seinen Schützling verlor. Dass beides in Bau und Ausmalung der Ludwigskirche seine berechtigte Begründung hatte, kann nicht behauptet werden; denn wenn auch zuzugestehen ist, dass Cornelius Fresken daselbst die Bedeutung seiner Glyptothekmalereien nicht erreichten, so entsprechen sie billigen Anforderungen doch entschieden mehr als der Kirchenbau, welcher die Spuren des Anfängers keineswegs verleugnen kann. Gleichwohl muss bei der Beurtheilung mit in Rechnung gezogen werden, dass die im Programm liegende Forderung, den Chor nach Art der Sistina oder der Cisterzienserbauten mit einer einfachen Wand abzuschliessen der architektonischen Entwicklung und Wirkung ebenso nachtheilig war, wie die nachträgliche Reduction des Freskenschmuckes im Querschiff, welche grosse Wandflächen zu todtem Tapetenmuster verurtheilte. Auch erschwerte der Wunsch des Königs mehr italienischen Vorbildern als deutschen nachzugehen, dem Künstler die Conception, wenn auch dieser Umstand die schwunglose Gespreiztheit der Anlage und die Armseligkeit der Decoration noch keineswegs entschuldigt.

Glücklicher war Ohlmüller mit der ihm zugefallenen Aufgabe der Herstellung der **Pfarrkirche** in der **Au**, 1831—1839. Langjähriger Classicismus, mit dem dieser als Bauinspector an der Glyptothek sich hatte vertraut machen müssen, hatte in ihm die romantische Anregung und Vorliebe, welche er von seinem Vetter F. C. Rupprecht, dem Restaurator des Bamberger Domes in seiner Heimatstadt empfangen hatte, nicht zurückgedrängt, und mit einem damals noch seltenen Constructions- und Formverständniss löste er seine Aufgabe in diesem Meisterwerk der dreissiger Jahre gothischen Styles. In der Hauptsache an Backsteinbau gewiesen wollte sich Ohlmüller doch nicht entschliessen, durch allzu exclusive Beschränkung auf dieses Material sich zu jener nüchternen und schlichtbürgerlichen Bauweise zu bequemen, wie sie sonst Südbayern und besonders München zu Ende des 15. Jahrhunderts in seinen Backsteinhallenkirchen zeigt, und die reichere Gliederung des Inneren wie der schöne an das Freiburger Münster gemahnende Thurm liessen den grösseren Aufwand leicht verschmerzen, welchen die reichlichere, gleichwohl aber noch immer ökonomische Heranziehung von Sandstein verursachte. Hier wirkte auch die Malerei nicht störend auf die architektonische Conception, da sie auf die prachtvollen Langfenster beschränkt blieb, welche in der Geschichte der neueren Glasmalerei eine hervorragende Rolle spielen, indem sie zur Wiederbelebung dieser Kunst nicht weniger beitrugen als die Glyptothek und Ludwigskirche zur Begründung des neueren Fresko.

Nicht minder glücklich gelang der dritte Kirchenbau in der Bonifazius-Basilika, (1835—1850) durch Ziebland's sorgfältige und hingebende Hand. An Genialität wie Productivität den architektonischen Künstlergenossen Münchens kaum gleichstehend ersetzte Ziebland diese Mängel durch eine Gewissenhaftigkeit des Studiums, wie sie wenigstens einem Gärtner fehlte und wie sie selbst Klenze bei geringeren Aufgaben nicht selten ausser Acht liess. Er war für diese Aufgabe von seinem Bauherrn förmlich vorgebildet d. h. auf Studienreisen ausgesandt worden, von welchen der fleissige Architekt mit reicher Ausbeute ausgerüstet zurückkehrte. Doch verhielt er sich hiebei keineswegs ausschliessend reproductiv. Auch war es gewiss ein glücklicher Gedanke von seiner Seite, an den constructiv schwachen Stellen der altchristlichen Bauweise wie namentlich in den Säulen lieber vorzugreifen, und die für ihre Funktion unzureichende, weil zu schwache Säulenbildung korinthischer Ordnung durch eine an den romanischen Styl gemahnende Bildung zu ersetzen, während Klenze 'umgekehrt seinen Purismus in dem Entwurf für die Basilika zu Athen bis zu griechischen Formen trieb. Dass die malerische Ausstattung mit dem Architekturstyl durchweg in das richtige Verhältniss gesetzt wäre, lässt sich nun freilich nicht behaupten; doch ist diess wenigstens in der Apsis in erfreulicher Weise gelungen.

In die dreissiger Jahre fielen auch mehre Profanbauten. Vorab die Herstellung des nördlichen Flügels der Residenz, des sog. Festsaalbaues (1832—1842). Klenze hatte auch hiebei wieder mit der Benützung des bereits Vorhandenen des Churfürst-Maximiliansbaues zu kämpfen, und der Trakt vom Odeonsplatze bis zum Mittelrisalit ist sogar grossentheils nur als Façadenverkleidung zu betrachten. Auch am östlichen Ende musste der alte runde Eckthurm der albertinischen Neuen Veste in seinen unteren Theilen erhalten und eingebaut werden, wie man beim Eingang in das k. Hofsekretariat noch sieht. Die Façadenansicht aber gewinnt durch den Risalitbau mit der Loggia im Obergeschoss und den reichen Attikenschmuck nicht unerheblich, und wenn uns jetzt das Ganze etwas kalt und nüchtern erscheint, so ist das zum grossen Theil dem durch die Zeitrichtung unvermeidlich beeinflussten Geschmacke zuzuschreiben; denn das Werk ist von solider und ruhiger Schönheit. Im Innern macht sich zunächst wieder die Abneigung des Baukünstlers gegen entsprechende Vestibül- und Treppenhausbildung bemerklich, und zwar doppelt durch den Vergleich mit der schönen maximilianeischen Treppe, welche zu den Hauptzierden der älteren Anlage gehört. Die stattliche Saalreihe des Obergeschosses aber sucht ihres Gleichen und zeigt den Meister in mannigfacher Erfindungsgabe auf voller

Höhe. Dass die parallele Corridorbildung dabei verkümmerte, ist auf Rechnung des vom alten Bau stammenden engen Arkadenganges zu setzen. In der prachtvollen Ausstattung sind manchmal bedenkliche Surrogate nicht verschmäht; doch gehören die enkaustischen Fresken der Speisezimmer zu den berühmtesten Werken unseres Jahrhunderts, und die Feuervergoldung der Bronzestatuen des Thronsaals galt sogar damals als Wunder der Technik.

Gleichzeitig (1832—1843) schuf Gärtner die grossartige Hof- und Staatsbibliothek im romantischen Style, wobei mittelalterliche Feudalbauten Italiens hauptsächlich vorbildlich waren. Dass die Façade so ganz ohne Risalite, kann nun freilich unmöglich gebilligt werden, da weder allzustarke Prominenz in einer die Strassenlinie alterirenden Weise nothwendig gewesen wäre, noch die immerhin schöne Freitreppe deshalb hätte geopfert werden müssen, welche bei Beschränkung der Risalite auf die Ecken sogar vortheilhafter anzubringen gewesen wäre. Aber das Streben nach Mächtigkeit des Eindrucks überwog bei ihm das Bedürfniss nach Gliederung und dieses Streben war hier unstreitig von entschiedenem Erfolge. Ebenso in der Anlage der Treppe, die in ihrer ungebrochenen Flucht zwar von perspektivischer Wirkung, aber mit den gliederungslosen Treppenwangen etwas derb und massig ist, und wenn gebrochen und mit mehr Raumökonomie angelegt zu einer praktischeren Situirung des Lesesaals Gelegenheit geboten hätte. Auch steht die Decoration der Gewölbedecke nicht im richtigen Verhältnisse zu den Dimensionen der Architektur und erscheint kleinlich, abgesehen von der stylistischen Entwicklung in Form und Farbe, welche viel zu wünschen übrig lässt. Doch ist die Klarheit der Composition und die schlichte Majestät des Baues immerhin anerkennenswerth und das Ganze auch dem Zwecke entsprechend und allseitig benutzbar.

Weniger genügt die Universität, gleichfalls nach italienischen Motiven von Gärtner 1835—40 gebaut, den künstlerischen und Zweckansprüchen. Die Fensterbildung des Hauptgeschosses zwar ist von nicht unschöner Wirkung und der Entwicklung des Hauptcorridors sehr förderlich; der letztere aber verliert seinen Werth einigermassen durch den Umstand, dass er ungleichschenkelig angelegt ward, indem die Säle an den beiden Schenkeln des Gebäudes an der Südseite angebracht wurden. Das Treppenhaus aber erscheint, statt grossartig zu sein, vielmehr zu gross durch unentschuldbare architektonische Leere und Kahlheit. Dasselbe gilt von dem Festsaal (Aula), welcher überdiess als gänzlich unakustisch neuerlich einigermassen umgestaltet werden musste, um überhaupt brauchbar zu sein.

Dagegen entsprechen die gegenüberliegenden Gebäude des forumartigen Universitätsplatzes, das sog. Georgianum (clericale Convictgebäude) und das Max-Josephstift-Gebäude (Erziehungs-Institut für Mädchen höherer Stände) beide zwischen 1834 und 1839 von demselben Architekten gebaut, auch in ihrer äusseren Erscheinung ihrer halbklösterlichen Bestimmung. Ohne allen Aufwand ist hier durch geschickte Fenstergruppirung und sonst lediglich durch hübsche Portale eine recht erfreuliche Wirkung erzielt, die noch gewinnen wird, wenn die landschaftliche Umgestaltung des Platzes selbst weitere Fortschritte gemacht haben wird. — Von nicht minder tüchtigen Verhältnissen, aber etwas mehr modern in der Haltung ist das schon vor dem Universitätsbau hergestellte Blinden-Institut, 1833— 1835; völlig kahl dagegen ist das Damenstiftsgebäude, welches schon in die Kategorie reiner Nutzbauten im Kasernenstyl gerechnet werden kann, wie es damit auch auf die Vermiethungsrente abgesehen war. Von bleibendem Werthe dagegen erscheint der erste Münchener Versuch in Terracottaverkleidnng an der Berg- und Salinenadministration, an welchen die Feinheit der Details ausnahmsweise die Schönheit der Gesammtverhältnisse erreicht.

So hatte sich bis zum Anfang der vierziger Jahre die mächtige Ludwigstrasse mit Gebäuden gefüllt, und zwar die innere Hälfte grösstentheils mit Werken von Klenze, die äussere mit Bauten Gärtner's und demnach die innere im classischen und Renaissancestyl, die äussere im romantischen und zwar vorwiegend italoromanischen Styl. Es fehlte nur noch der beiderseitige Abschluss am Nord- und Südende, und hier wünschte der König italienische Reminiscenzen zur Geltung zu bringen. Am Südende lehnte sich an das Preysingpalais (Hypotheken- und Wechselbank) ein Wirthshaus, da wo sich Residenzstraste und Theatinerstrasse unmittelbar vor dem ehemaligen Schwabingerthor vereinigten. An der Stelle desselben, welches nothwendig fallen musste, wünschte der König, da die Lage ungefähr jener der Loggia dei Lanzi vor Palazzo vecchio und den Uffizien in Florenz entsprach, einen ähnlichen Repräsentationsbau und beförderte es sogar, dass Gärtner, welcher 1841—1844 die Feldherrnhalle erbaute, sich beinahe peinlich genau an jenes Vorbild hielt. Nur wurde leider das Ganze durch einen mächtigen Unterbau etwas höher gestellt, und blieb im Innern zwecklos und kalt; denn die beiden Feldherrnstatuen Tilly's und Wrede's konnten einen so aufwandvollen Baldachin keineswegs beanspruchen. Es war dabei blos an einen monumentalen Abschluss und an jenes Motiv gedacht, und in ersterer Beziehung der Zweck wohl grossartig erreicht, freilich auch zum Nachtheil des maximilianeischen Traktes der Residenz mit den schönen Portalen und nicht ohne die Pein einer grellen Dissonanz zwischen dem Neubau und dem anstossenden Preysingpalais (Hypotheken- und Wechselbank). Drastischer aber konnte das Ende der Altstadt und der Anfang der Neustadt des Königs Ludwig nicht markirt werden, als es hiedurch geschah, so dass es nicht nothwendig war, hier die Inschriften nachzuahmen, welche Hadrian auf die beiden Seiten seines Thores in Athen schrieb: „Hier ist Theseus Stadt" und „Hier ist Hadrians Stadt". Das Nordende der Strasse aber erhielt als offenes Thor die Nachbildung eines römischen Triumphbogens, und zwar des schönen Denkmals Constantins in Rom. Die Wahl war gut, wenn auch nicht neu, da nicht blos der Constantinsbogen selbst die überdiess grösstentheils aus den Originalstücken zusammengesetzte Replik eines älteren Traiandenkmals war, sondern da auch der Triumphbogen des Carousselplatzes in Paris auf dieses Vorbild zurückging. Wenn man von der Thorbedeutung absieht, welche einem Triumphbogen nicht zukömmt, die übrigens auch durch die Stadterweiterung in den Hintergrund tritt, so ist das Denkmal von gediegener Wirkung und ein würdiger Abschluss der imposanten Strasse. Auch die Bezeichnung, welche in der Erbauungszeit nicht ganz ohne Grund bemängelt worden ist, obwohl sie aus der Erinnerung an das glorreiche Ende der Kriege mit Napoleon I. geschöpft wurde, ist jetzt nicht mehr unstatthaft, seit 1871 das siegreiche bayerische Heer durch dasselbe eingezogen ist. Leider ist die schöne Löwenquadriga nach M. Wagner's Entwurf etwas zu niedrig gestellt, vielleicht auch nicht mit genügender Rücksicht auf ihren Aufstellungsort componirt und — nach aussen gewandt, womit über dem an sich schönen Gedanken, dass die Bavaria victrix den Siegern entgegenziehen solle, die Wirkung nach innen etwas gelitten hat.

Ehe die Strasse zum Abschluss kam, waren an verschiedenen Punkten der Stadt ausser den bereits genannten Denkmälern noch verschiedene Bauwerke erstanden. Einfacherer Nutzgebäude, wie der Steuerkatastercommission im Alten Hofe (von Ziebland 1831 erbaut), des Klosters der barmherzigen Schwestern am Allgemeinen Krankenhause vor dem Sendlingerthore (nach Gärtner's Plänen 1837—1839 gebaut), mehrerer Brunnenhäuser, des Glasmalereigebäudes (1844 von Voit) nicht näher zu gedenken, war gleichzeitig mit der Allerheiligenkirche die protestantische Kirche entstanden (1827 — 1833), in welcher Pertsch allerdings mit den Architekten, welche die vier katholischen Kirchen Neumünchens erbauten, sich nicht messen konnte. Stand König Ludwig diesem Bau überhaupt ferner, so war dafür der 1833 vollendete Bronze-Obelisk am Carolinenplatz eine Lieblingsidee des Monarchen, wenn auch dessen ursprünglicher Gedanke, das Monument monolith bei Neubeuren am Inn brechen zu lassen, an der Nothwendigkeit der Herstellung besonderer Brücken zu dessen Transport gescheitert war. — Frühzeitig hatte der König auch die Langseite des ehemaligen Törring-Palais (jetzt Postgebäude), um dem Residenzbau ein entsprechenderes Gegenüber zu geben, umzubauen beschlossen, was freilich nicht ohne zweckliche Schädigung geschehen ist, indem jetzt eine unbenützbare Säulenloggia die Räumlichkeit beengte und die für die Bestimmung des Gebäudes so wichtige Fensterbildung des Erdgeschosses unmöglich machte. — Eine italienische Reminiscenz hatte dann der Anlage des Neuen südlichen Friedhofes die schöne Arkadenform gegeben (1845), welche nur durch ihren Inhalt die kunstgeschichtliche Bedeutung nicht erhalten zu wollen scheint, wie die Campo santo's Italiens. — Dem deutschen Mittelalter dagegen war der Styl eines Palastbaues entnommen, welcher an der Stelle des nunmehrigen Törringpalais als Kronprinzen-Palais dienen, und mit welchem der romantischen Neigung des nachmaligen Königs Max II. Rechnung getragen werden sollte, nemlich das gothische **Wittelsbacher-Palais** 1843—1848 von F. v. Gärtner erbaut und nach dessen Tode von K. Klumpp vollendet. Auch hier konnte die Beiziehung italienischer Motive nicht umgangen werden, und der Arkadenhof mit Loggien nach Art der Cà d'oro in Venedig ist sogar als das Beste des Ganzen zu bezeichnen. Dem Aeusseren schadet die für einen gothischen Bau immer ungünstige Einreihung in ein modernes Strassennetz und der Mangel einer mehr malerischen als streng symmetrischen Anordnung, wohl auch die Ausführung in Verputz. Im Inneren finden sich in der Treppe u. s. w. manche schöne Motive; leider sind die Corridore um den Hof zu eng, um stattlich wirken zu können. Der künstlerische Erfolg damit bestimmte aber den König, nunmehr für München dem romantischen Styl, der überdiess mit Gärtner's Tod seinen Hauptvertreter verloren hatte, den Rücken zu kehren. Ohne Zweifel würde auch die **Neue Pinakothek**, 1846—1853 von A. v. Voit gebaut, wenn nicht schon im Werke, einige Jahre später in anderer Bauweise aufgeführt worden sein, da sich das gestellte Programm in Renaissanceformen unbedingt leichter hätte lösen lassen, als es mit romanischen Motiven möglich war. — Ein Lieblingswerk des Königs während seiner letzten Regierungszeit war ihm aber die **bayerische Ruhmeshalle** mit der colossalen Bavaria an der Theresienwiese bei München, womit er dem engeren Vaterlande eine ähnliche Verherrlichung bereiten wollte, wie er sie dem weiteren durch die Walhalla bei Regensburg und die gleichzeitig im Bau begriffene Befreiungshalle bei Kelheim geschaffen hatte. Die dorische Halle, 1843—1853 gebaut, gehört zu den besten Werken Klenze's; die Bavaria aber geniesst und verdient den Ruhm einer Art von Weltwunder wenigstens in technischer Beziehung. Ohne wiederholte Anfeuerung von Seite des k. Bestellers wäre auch das Werk, an dessen Gelingen die Giesser fast verzweifelten, vielleicht unausgeführt geblieben. — Die letztgenannten Arbeiten überdauerten die Märzkatastrophe 1848 und die Abdication des Königs. Doch war damit dessen monumentale Thätigkeit, wie sie ihm Herzensbedürfniss war, noch keineswegs abgeschlossen.

Während der Bau der Ruhmeshalle seiner Vollendung entgegenging, war vielmehr ein neues Monumentalwerk classischen Styles geplant worden, bei welchem indess Klenze der Vorliebe des Königs für möglichst unveränderte Wiedergabe seines Vorbildes gegenüber doch viele, wenn auch nicht durchweg glückliche Originalität behauptete, die sog. **Propyläen**. Es sollte damit das Wort des Königs noch um einen Grad mehr zur Wahrheit werden, welches er schon früher ausgesprochen hatte: „Ich werde nicht eher ruhen, bis München aussieht wie Athen"; denn die Propyläen der athenischen Akropolis waren das ihm vorschwebende Motiv. Klenze hatte schweren Stand, namentlich mit den Pylonen, welche er für nöthig hielt, um damit das Hochragende des athenischen Bauwerkes am Rand des Burgfelsens einigermassen zu ersetzen. So schön aber deren Verhältnisse für sich, so ist doch nicht zu leugnen, dass sie nicht blos dem Thore, sondern noch mehr der Glyptothek Eintrag thun, welche jetzt noch mehr eingesunken erscheint als früher. Vielleicht würde der Uebelstand ausgeglichen werden können, wenn es dahin käme, dass der ganze Platz in einen Museumshof umgewandelt würde, indem man das Thor und die beiden Gebäude des Königsplatzes durch einen niedrigen Verbindungsbau zusammenschlösse, wobei auch auf einen geeigneten Abschluss des Platzes nach der Stadtseite Rücksicht genommen werden könnte. Der Gedanke an ein solches Werk wird nicht von der Hand gewiesen werden können, wenn er auch vertagt werden muss, da die Localfrage hinsichtlich der verschiedenen Antikensammlungen immer verwickelter wird und eine Vereinigung derselben, nemlich des Antiquariums, der Vasensammlung, des Gypsmuseums, der Münzsammlung etc. etc. vom unbestreitbaren Vortheil in administrativer wie wissenschaftlicher Beziehung sein würde.

Eine besondere Erwähnung verdienen endlich noch die zahlreichen Bronzedenkmäler, mit welchen der König nicht blos während seiner Regierungszeit, sondern bis an seinen Tod die Plätze Münchens zu beleben bestrebt war. Schon als Kronprinz hatte er Maximilian I. zu bestimmen gewusst, dass dieser 1819 den Modailleur J. B. Stiglmayr zu dem Erzgiesser Righetti nach Neapel sandte, wodurch jener Gelegenheit fand, beim Guss der Statue Karl VII. Beobachtungen und Erfahrungen zu sammeln. Nachdem Stiglmayr dann noch in Paris und beim Guss der Blücherstatue in Berlin seine technischen Kenntnisse vervollständigt hatte, hatte schon 1824 Klenze den Auftrag erhalten, das kleine Giesshaus zu erbauen, dem 1826 das grosse nachfolgte. Die erste daraus hervorgehende Leistung Stiglmayr's, der den Neapolitaner Gius. Marino als Gehilfen herangezogen hatte, war das Grabrelief der von Martius aus Brasilien mitgebrachten Kinder. Glänzend bewährte sich die junge Anstalt 1832 durch den Guss der colossalen Max-Josephstatue nach Rauch's Modell, mit welcher Ludwig den Reigen plastischer Monumente Münchens in so gediegener Weise eröffnete, dass jenes bahnbrechende Werk in der Folge kaum mehr zu erreichen, geschweige denn zu überbieten war. Ich nehme keinen Anstand sogar zu behaupten, dass mit diesem 1835 enthüllten Bronzewerke sogar das von der Familie Leuchtenberg bestellte Denkmal des Herzogs Eugen von Leuchtenberg, das Thorwaldsen's Meisterhand für die Michaelskirche in Marmor schuf (1824), übertroffen war, indem sich damit zugleich die classicistische Richtung in der Plastik durch die specifisch moderne überwunden zeigte. Freilich wusste Thorwaldsen in seinem 1835 im Modell vollendeten Churfürst Max, einem Reiterbilde von höchster Gediegenheit, dem nur leider der ursprünglich projectirte Sockelschmuck in Bronzereliefs fehlt, der Statue des ersten Königs einen ebenbürtigen Rivalen an die Seite zu stellen, und es ist nicht zu verwundern, dass ein so trefflicher Anfang den König zu gesteigerter Vorliebe für statuarischen Schmuck drängte. Auswärtige Kräfte aber konnten hiefür, als nur gelegentlich zu gewinnen, nicht ausreichen, auch war in L. Schwanthaler eine so bedeutende einheimische herangewachsen, dass es derselben nicht mehr bedurfte, da sich bald begabte Schüler demselben anschlossen. Schwanthaler selbst war zwar, da er zunächst der plastischen Ausschmückung der Bauten des Königs seine unglaublich productive Hand zu widmen hatte und hierin bald die anfänglich thätigen Bildhauer zweiten Ranges verdrängte, von seinem Könige gehalten worden, zunächst sich damit zu beschäftigen, und der König selbst drängte seine Neigung zu Einzelstatuen vorderhand zurück, wenn auch die vergoldeten Erzbilder im Thronsaal allein schon einer weniger productiven Kraft Arbeit für eine Lebensdauer verliehen hätten. Dann aber nahm den Künstler, nachdem er drei öffentliche Statuen, Tilly und Wrede in der Feldherrnhalle und Kreittmayr am Promenadeplatz für München geschaffen hatte, die Bavaria für den Rest seines Lebens erschöpfend in Anspruch. Die übrigen von König Ludwig in München errichteten Standbilder, Gluck und Orlando di Lasso, Westenrieder, Schiller, Churfürst Max Emanuel, Klenze und Gärtner wurden von Schwanthaler's Schülern Brugger und Widnmann hergestellt, wie auch die Reiterstatue des Königs Ludwig selbst von dem letzteren geschaffen worden ist.

Es war nicht ohne persönliche Rücksicht auf den Kronprinzen geschehen, dass König Ludwig I. das Wittelsbacher Palais, welches das kronprinzliche sein sollte, im gothischen Styl erbaut hatte. Denn der Kronprinz, nachmals König Maximilian II., hatte die Vorliebe für die classische Kunst, wie sie seinen Vater beseelte, entweder nicht geerbt, oder in Folge eines nach anderer Richtung geleiteten Studienganges verloren. Der romantischen Strömung seiner Jugendjahre entsprechend schwärmte er für das Mittelalter und dessen Kunst, und gefiel sich in dem Gedanken, der letzteren auf irgend eine Weise erneute Lebensfähigkeit abgewinnen zu können. Als Kronprinz hatte er dieser Neigung durch seinen Sommersitz Hohenschwangau Rechnung getragen, und in der That aus der churfürstlichen Ruine „Hohenschwanstein", welche 1820 um 225 fl. auf Abbruch verkauft wurde, aber durch Eintreten des Fürsten L. v. Oettingen-Wallerstein in den Kauf vor der Zerstörung bewahrt geblieben war*), ein zierliches Schloss geschaffen, welches den

---

*) Aus dem Wallerstein'schen Besitz kam die Ruine 1824 in den des Topo-

restaurirten Rheinburgen ebenbürtig erscheint. Nachdem Dom. Quaglio die Restauration begonnen, bewährte Baurath Ohlmüller, der Architekt der Auerkirche, in der Wiederherstellung Hohenschwangau's 1833—1835 seinen Ruf auch in Hinsicht auf romantischen Profanbau, und nicht minder entwickelten sich die späteren Erweiterungen wie der Cavalierbau, der Gartenbau u. s. w. von Oberbaurath Ziebland in einer Weise, dass Hohenschwangau auch nach Maximilians Regierungsantritt ein Lieblingsaufenthalt des Hofes blieb.

Nach Ludwig I. Abdication waren indessen König Maximilian II. so viele öffentliche Gebäude zur Vollendung zugefallen, dass zunächst alle Mittel dadurch absorbirt wurden, während anderseits auch das Bedürfniss durch die Baulust des kunstliebenden Vorgängers gedeckt schien. Es vergingen daher die ersten Jahre der Regierung Maximilians II. ohne nennenswerthe Bauunternehmungen. Auch die Villa in Berchtesgaden war ursprünglich nur als ein Absteigequartier im Gebirgsstyl gedacht und ist erst durch nachträgliche Anbauten zu dem Umfange einer k. Villa erwachsen (1850—1853 Architekt Professor L. Lange). Bei der Anlage des k. Wintergartens zwischen der Residenz und dem Hoftheater war aber der Styl der beiden genannten Gebäude so entschieden maassgebend, dass dabei an eine Vermittlung von Renaissance und Classicität gedacht werden musste, und von freier Wahl des Styles nicht die Rede sein konnte (1851—1854 Architekt Fr. Kreuter und Oberbaurath v. Voit). Noch weniger konnte der Neigung des Königs bei Wiederherstellung des Residenztheaters, auf dessen Ruine des Königs Aufmerksamkeit durch den Wintergartenanbau gelenkt worden zu sein scheint, in Betracht kommen, bei welchem überdiess Bauherr und Architekt (Prof. L. Foltz) in dem Falle waren, ihre romantische Richtung, so gut es ging sogar in den Bann des Rococo bequemen zu müssen (vgl. S. 55).

Freie Hand bekam der König erst nach zweckmässiger Vereinbarung mit dem königlichen Vater hinsichtlich der noch aus der vorigen Regierungszeit im Bau begriffenen Werke und mit dem Entschlusse der Hauptader der Bauten Ludwigs I., der Ludwigstrasse, eine ähnliche Neuanlage, nemlich die Maximiliansstrasse an die Seite zu stellen*). Die Wahl war eine ungemein glückliche und der Gedanke durch die obscuren Gärten der ehemaligen Graggenau und der Lehelvorstadt eine Prachtstrasse nach der Isar und der jenseits liegenden Anhöhe des Gasteig zu öffnen, so fruchtbar,

---

graphen Ad. Sommer und erst aus dessen Händen im Herbst 1832 in den Besitz des Kronprinzen.

*) Die Daten für die Bauthätigkeit des höchstseligen Königs verdankt der Verfasser der gütigen Mittheilung des Herrn Hofrathes J. v. Hofmann.

dass ihr längst vor der gänzlichen Ausnutzung der Anlage durch Gebäude der Verkehr vor der unbelebten Ludwigstrasse den Vorzug gab. Oberbaurath Bürklein und Baurath Zenetti hatten den Auftrag erhalten, den Plan herzustellen, welcher Ende 1852 die königliche Genehmigung erhielt, worauf unverzüglich mit dem Strassenkörper begonnen wurde, der trotz enormer Niveau- und Canalisirungsschwierigkeiten 1859 vollendet stand.

Mehre Jahre vor der Inangriffnahme der Strasse hatte sich jedoch der königliche Bauherr mit dem Gedanken getragen, welchen gemeinsamen Stylcharakter die Gebäude derselben haben sollten. Dass dabei nicht auf die Antike zurückgegangen werden sollte, stand fest, doch auch die reine Reproduction mittelalterlicher Formen erwies sich zunächst aus Zweckgründen unvortheilhaft, da es sich ja hier nicht um Burgen oder Kirchen handeln konnte. In Bezug auf die letzteren war das Bedürfniss durch die zahlreichen Cultbauten Ludwig I. gedeckt worden. Da Vorhandenes nicht befriedigte, lag es nahe, auf Neues zu sinnen, und so vertiefte sich der König in die Idee eines neuen zeitgemässen Styles auf der Basis der mittelalterlichen. Schon im Frühjahre 1851 war eine öffentliche Ausschreibung ergangen, welche darauf abzielte, eine praktische Verwirklichung dieser Idee an einem besonderen Bauwerke zu veranlassen. Es wurden nemlich namhafte Preise ausgesetzt für entsprechende Entwürfe zu einer höheren Bildungs- und Unterrichtsanstalt in München. Dabei waren ausser den Zweckbedingungen folgende zum Theil dehnbare Normen gegeben. Es sollte zwar keine Stylgattung und kein zweckmässig und schön zu verwendendes Detail ausgeschlossen sein, doch sei die Berücksichtigung der Gothik in ihrer verticalen Tendenz wo möglich in organischer Verschmelzung mit den ruhigen Linien und breiteren Massenverhältnissen der griechischen Architravarchitektur vorzugsweise erwünscht, wie auch für die ornamentale Gestaltung die Benutzung einheimischer Thier- und Pflanzenformen sich empfehle. Das Gebäude und dessen Bauart dürfe keinem der bekannten Gebäude ausschliessend angehören Construction und Formgebung solle vielmehr den wissenschaftlichen und technischen Errungenschaften und der Bildung unserer Zeit entsprechen und somit die Cultur der Gegenwart repräsentiren; es dürfe das Gebäude demnach nicht frostigen, schwerfälligen, düstern und strengen Charakters sein, sondern solle vielmehr im leichten und heiteren Schwunge der Formen und Verhältnisse der herrschenden Geschmacksrichtung entsprechen. Endlich sollten nur solche Formen gewählt werden, die mit Hilfe des gewählten oder gegebenen Materials und mit Berücksichtigung der anderweitigen klimatischen und örtlichen Bedingungen sich naturgemäss und organisch dafür verwenden lassen*).

---

*) Vgl. Allgemeine Zeitung 1852 Beil. No. 107 und 108.

Es begreift sich leicht, dass die Preisausschreibung viel Staub aufwirbelte, und dass es nicht an solchen fehlte, welche die Durchführung des Programmes als etwas praktisch wie ästhetisch fast unthunliches bezeichneten. Doch war die Betheiligung an der Concurrenz eine ziemlich lebhafte und das Ergebniss weder ohne augenblickliche Bedeutung noch ohne lang andauernde Folgen. Den Sieg in der Concurrenz erlangte 1854 Oberbaurath Stier in Berlin, dessen freilich profuse und nur mit maasslosen Mitteln auszuführende Entwürfe mit dem ersten Preise zu 4000 fl. gekrönt wurden; die für einen zweiten und dritten Preis ausgesetzten 3500 fl. aber wurden zum Ankaufe der Pläne des Jean Jalasse in Hamburg, des Oberbauraths von Voit, des Oberbauraths Ziebland und der Architekten Stadler in Zürich und Metzger in München verwendet.

Mittlerweile war der Strassenkörper soweit vorgerückt, dass, nachdem das Strassenmodell*) die allerhöchste Genehmigung erhalten hatte, die Bauplätze vergeben werden konnten. Es war ein unzweifelhaft glücklicher Gedanke, die Strasse, statt sie in zwei ungebrochenen Parallelen herzustellen, durch Ausweitungen zu beleben, welche wieder in Gestalt eines oblongen Forums und eines Rondells unter sich Abwechselung darboten. Nur schien es anfangs bei verhältnissmässig geringem Bedürfniss zu öffentlichen Gebäuden schwer, für umfänglichere Prachtbauten, wie sie vorzugsweise das Forum verlangte, geeignete Objecte zu finden, da auch zu einer Kirche keine dringende Veranlassung gegeben war. Der höhere Adel aber war in München seit langer Zeit nicht zu Palastbauten im eigentlichen Sinne geneigt oder in der Lage, und scheute vielleicht auch vor dem Zwange zurück, der allerdings in dem Wunsche des Königs lag, der ganzen Strasse das einheitliche Gepräge seines modern-mittelalterlichen Baustyles zu geben. Anderseits aber war es auch des Gründers Wille, den Raum möglichst Privatunternehmern zu überweisen, um dadurch, im Gegensatze zur unbelebten Hauptstrasse seines Vorgängers, jenes Leben in die neue Anlage zu bringen, welches dichtbesetzte Miethhäuser mit Lädenreihen im Erdgeschosse hervorzubringen nicht verfehlen. Es erstanden sonach zuerst die Häuser des Fabrikanten Riemerschmied No. 33—37 von 1853—1863, die Lorenz'schen Häuser No. 31 und 32 (1854) besonders aber das Haus No. 4 des Tuchfabrikanten Röckenschuss, welches noch vor Vollendung durch Professor Gottgetreu in das Schimon'sche Hôtel zu den vier Jahreszeiten umgewandelt wurde (1856—1858). Als erstes Gebäude öffentlichen Zweckes erstand an der Südseite des Forums, von dessen Mitte aus eine Verbindungsstrasse nach der Hildegardstrasse projectirt war, das Taubstummeninstitut,

---

*) Im k. Maximilianeum aufbewahrt.

begonnen im Sommer 1855 nach den Plänen des Oberbaurathes Bürklein, welcher schon 1847—1849 durch das Münchener Bahnhofgebäude wie durch die hübsche neuromanische Schiessstätte an der Theresienwiese (1852 und 1853) sich als besonders geeignet erwiesen hatte, auf die Intentionen des Königs einzugehen. Die Façade in Terracotta, reich und vielleicht geschmackvoller als die folgenden Werke, ging eben ihrer Vollendung entgegen, als das gegenübergesetzte langgestreckte Regierungsgebäude, von demselben Architekten 1856—1859 erbaut, aus dem Boden stieg, und den König auf einen ganz andern Plan brachte.

Noch ehe nemlich der Bau beziehungsweise die mehrfach modificirte Terracottaverkleidung des Regierungsgebäudes so weit vorgeschritten war, dass sich ein allgemeineres Urtheil darüber — und dass diess nur abfällig sein konnte, ist Jedermann klar — bilden konnte, fasste der König den Entschluss, dem Gebäude ein in den Dimensionen entsprechendes Gegenüber zu schaffen. Seit mehreren Jahren hatte er nemlich einen Lieblingsgedanken, welchen, wie verlautet, auf von Hefner-Alteneck's Anregung, der thätige Baron Aretin in überraschender Weise verwirklichte, mit besonderer Liebe an's Herz geschlossen, nemlich die Gründung eines Nationalmuseums, das, im Gegensatz zu den meist fremden Kunstschätzen, die König Ludwig gesammelt, der deutschen und besonders bayrischen Kunst und Kunstindustrie des Mittelalters und der Renaissance gewidmet sein sollte. Die bezüglichen Schätze der k. Schlösser, seit langer Zeit als veralteter Hausrath missachtet und grossentheils in Speicher zurückgestellt, wie die Erzeugnisse der kunst- und gewerbereichen Bayern incorporirten Reichs- und Bischofsstädte und Klöster boten dazu so überreiches Material, dass der Gedanke ohne wesentliche Kosten auszuführen und eben besonders opportun deshalb war, weil bei der in auswärtigen Kreisen wieder erwachten Liebhaberei dafür ein längeres Zuwarten leicht zur Verschleuderung geführt haben könnte. Es zeigte sich auch bald, dass es zur Aufstellung nicht blos würdiger, sondern auch weitläufiger Räume bedürfte, welche man erst im Schlosse zu Schleissheim suchte, von dessen Benutzung zu diesem Zwecke indess glücklicherweise die Vorstellung ablenkte, dass dadurch die aufzustellenden Kunst- und Gewerbeobjecte dem Studium der Gewerbetreibenden nahezu gänzlich entzogen wären. Es wurde daher ein Provisorium in der Herzog-Max-Burg geschaffen und Hofbaurath Riedel erhielt den Auftrag, einen grossartigen Museumsbau für das Forum der Maximiliansstrasse auszuarbeiten. Leider musste demselben das Taubstummeninstitut auf Kosten der Kabinetskasse zum Opfer fallen, welcher Umstand dem Architekten des Nationalmuseums die Mittel wesentlich verringerte; und da der König eine Reduction des Reichthums der äusseren Erscheinung am wenigsten wünschte, zum Nachtheil der Solidität. Immerhin ist das Nationalmuseum ein ansehnlicher Bau von schönen Verhältnissen und auch für seinen Zweck wohl disponirt und beleuchtet. Die Versailler Gallerie hatte überdiess den König bestimmt, eine vaterländische Geschichtsgallerie im Hauptgeschosse herzustellen, wobei er den doppelten Zweck im Auge hatte, den Patriotismus des Volkes zu steigern und durch Heranziehung jüngerer Kräfte aus der Münchener Schule der Monumentalmalerei auch in dem neuen Style dieser Schule Gelegenheit zur Bethätigung und somit zur Entwicklung darzubieten. Nach dem zum grossen Theile unbefriedigenden Erfolge dieses cyklischen Unternehmens ist mehrseitig, aber sehr mit Unrecht, die wohlwollende Absicht des hohen Spenders verkannt worden, welcher dieses grosse Opfer in der edelmüthigsten Weise gebracht hat. Seit indess die so mit Gemälden geschmückten Räume wie die übrigen für die Aufstellung gewisser Gruppen des Museums benutzt werden, entsprechen auch die selbständig zu unbedeutenden unter den Gemälden dem lediglich decorativen Zwecke vollkommen.

Von vorneherein war bei der Anlage der Strasse als Abschluss derselben auf der Höhe des Gasteig jenseits der Isar ein Prachtbau in Aussicht genommen, welcher sogar der obenerwähnten Stylconcurrenz zu Grunde gelegt war, nemlich die den Namen des Stifters tragende höhere Unterrichtsanstalt, das Maximilianeum. Da keiner von den eingelaufenen Concurrenzentwürfen der Localität wie den Wünschen des königlichen Bauherrn vollkommen entsprach, so war Oberbaurath Bürklein mit der Herstellung neuer Pläne beauftragt worden, welche 1857 die königliche Genehmigung erhielten. Gleichzeitig war auch die schöne breite Brücke sammt einer kleineren über den linksseitigen Isararm von dem damaligen Ingenieur und nun Baurath Zenetti entworfen und bald nach der Grundsteinlegung des Maximilianeums in Angriff genommen worden 1858. Das Maximilianeum, auch Athenäum genannt, sollte das Nützliche eines höheren Convicts zunächst für Adspiranten höheren Staatsdienstes, dann überhaupt für besonders begabte Studirende der Universität, mit dem Schönen vereinen, indem ein umfänglicher Façadenbau in seinen durch offene Arkaden gebildeten Flügeln eine prächtige Aussicht flussauf- und abwärts vermitteln, in der Mitte dagegen eine ausgewählte Sammlung von historischen Gemälden der hervorragendsten Meister der Gegenwart aufnehmen sollte. Zwei mächtige Säle umfassen diese stattliche Gallerie, welche der Weltgeschichte im weitesten Umfange gewidmet eine zwanglose Reihe von Darstellungen z. Th. höchsten Werthes gibt. Die Herstellung des Gebäudes selbst erlitt durch die Fundirungsschwierigkeiten bedeutende Verzögerungen, ja es geschah sogar, dass nach des Gründers Tode in Folge eines Gutachtens Semper's die ganz im Spitzbogenstyl angelegte Façade im Hochrenaissancestyl ausgebaut wurde, was jedoch die Mängel des Ganzen, wie diess seit der Vollendung (1874) Jedermann klar ist, keineswegs zu beseitigen vermochte.

Noch vor Beginn der Brücke und des Maximilianeums war ein Schlossbau des Königs zur Vollendung gediehen, welcher in entschieden gothischer Haltung durch Professor Ludw. Foltz 1854—1857 aufgeführt, den König mit Recht entzückte: nemlich die Sommerresidenz am Ostende der Stadt Regensburg. — Ein anderes umfängliches Werk dieser Zeit dagegen gelangte in München unter höchst ungünstigen Auspicien zur ersten Benutzung, der sog. Glaspalast, für die Industrieausstellung des Jahres 1854 erbaut. Ein Wunder von Geschwindigkeit in seiner Entstehung — denn in wenigen Sommermonaten des Jahres 1853 fertigte Oberbaurath v. Voit den Plan, und in 8 Monaten wurde das Ganze durch Kramer-Klett in Nürnberg fertig gestellt — war es längere Zeit wenn nicht als unschuldige Mitursache so doch als Zeuge der Choleraepidemie des Jahres 1854 und eines damit verbundenen bedeutenden Deficits der Ausstellungsunternehmung ein Gegenstand des Aergernisses, bis es endlich zu verschiedenen Zwecken brauchbar mit seinem Dasein versöhnt und den unheilvollen Anfang vergessen gemacht hat. Die Anlage ist von grosser Zweckmässigkeit, und selbst, soweit diess bei einem Glashause möglich, nicht ohne Schönheit. Namentlich ist nicht zu verkennen, dass die schwächliche Romantik jener Zeit in Eisenausführung weit mehr als in Stein-, Terracotta- und Ziegelbau Berechtigung hat oder Entschuldigung finden kann.

Gegen Ende der fünfziger Jahre schlossen sich bereits die Häuserreihen der Maximiliansstrasse wenigstens in dem zwischen dem Max-Josephplatze und dem Forum gelegenen Theile. In diesem ist ausser dem Strassenkörper entsprechend umgebildeten und an der Ostseite erweiterten Langseite des Hof- und National-Theaters nur ein Staatsgebäude gelegen, die Erweiterung des Münzgebäudes an der Mündung der Strasse in den Max-Josephplatz, welche von Oberbaurath Bürklein 1857—1859 hergestellt wurde, aber zum grossen Theile nur aus einem Arkadengang besteht. Am Ostende des Forums blieben die beiden Häusergruppen neben Regierungsgebäude und National-Museum No. 15, 16, 17 von den Baumeistern Thomas und Berger 1858—1860 und No. 21, 22 des Baumeisters Hirschberg (1859) bis auf die letzten Jahre vereinzelt. Künstlerisches Motiv bei allen jenen Gebäuden, die noch in die Regierungszeit Maximilian II. fallen, ist die Theilung des gothischen Langfensters vermittelst einer eingesetzten Füllung in zwei Stockwerke und Vermischung romanischen und gothischen Zierwerks.

Der maximilianische Styl machte sich indess auch ausserhalb der Maximiliansstrasse in öffentlichen wie Privatgebäuden geltend. Von den ersteren ist besonders die umfängliche Maximilianscaserne zwischen der Nymphenburger- und Dachauerstrasse hervorzuheben, über deren Gestaltung im Einzelnen später gesprochen werden wird, und welche äusserlich die obenberührten Motive am breitesten und consequentesten durchgeführt zeigt. Ferner das

1853—1856 nach Plänen von Baurath C. Muffat und den Oberbauräthen Beyschlag und Bürklein von Baurath Zenetti hergestellte Gebärhaus in der Sonnenstrasse, für dessen Zweck allerdings die ostensible Pracht dieses Gebäudes ebenso wenig wohlberechnet genannt werden kann, wie die Basen für statuarischen Portalschmuck, welcher aus dem Heiligenkalender wohl schwerlich sinnentsprechend entnommen werden dürfte. Weniger participirt das Herbarium des botanischen Gartens (vollendet 1863) an jenen Einflüssen, obwohl sie auch hier so wenig fehlen, wie selbst an der sonst rein gothischen neuen Haidhauser Pfarrkirche, welche aus frommen Beiträgen durch den Architekten Mathias Berger, den Restaurator der Frauenkirche bis 1863 erbaut, aber bis jetzt noch nicht der Benutzung übergeben worden ist. Ebenso verrathen nur mittelbare Beeinflussung die Restaurationsarbeiten des Baurathes A. Zenetti am alten Rathhause, 1862 und 1863, das neue Armenversorgungshaus am Gasteig von den Baurathen C. Muffat und A. Zenetti (1861—1862) wie die von Oberbaurath v. Voit mehr im Geiste der Gärtner'schen Schule geplanten Gebäude des dem Abbruche geweihten Liebig'schen Laboratoriums in der Arcisstrasse, des physiologischen Instituts in der Findlingsstrasse (1853—1854) und der Kreisirrenanstalt „auf den Lüften" (1858—1859, Kreisbaubeamter K. Reuter).

Was den Privatbau betrifft, so leistete er ausserhalb der von Sr. Majestät subventionirten Maximiliansstrasse wenig Nennenswerthes. Wohl hatte sich hin und wieder ein Haus erhoben, das weniger der Rentabilität als der künstlerischen Erscheinung und innern Durchbildung huldigte, aber derartige Versuche, wie das gothische Haus des Prof. Sepp in der Schönfeldstrasse, und einige Häuser der Gabelsbergerstrasse, Fürstenstrasse u. s. w. blieben vereinzelt. Wo aber der neue Styl in wohlfeiler Verputzarchitektur zur Anwendung kam, ist er in der neuesten Zeit der Restauration wieder gewichen.

Die letzte Schöpfung des edelgesinnten Königs war die Beamten-Relikten-Anstalt in Neuberghausen. Gleichzeitig mit der Herstellung seiner Strasse hatte er begonnen das öde östliche Steilufer der Isar in einen Park umwandeln zu lassen, wodurch sich der links vom Flusse gelegene englische Garten auch auf dem rechten Ufer fortsetzte. Die damit verbundene Verschönerung des Stadtgebietes und die der Bevölkerung erwiesene Wohlthat erfreute sich sofort der allgemeinsten Beliebtheit und wirkte überdiess förderlich auf die Belebtheit der Maximiliansstrasse, welche durch schöne Alleen und Gartenanlagen selbst zur reizenden Promenade sich gestaltete. An den Schluss des Uferparkes setzte nun der König jene Anstalt, mit welcher er ebenso über den Schluss der Laufbahn seiner Staatsdiener hinaus sorgen wollte, wie er das Maximilianeum dem Anfange derselben gewidmet hatte. Das mit stattlichem Garten versehene und reizend über dem Badeort Brunnthal gelegene Gebäude wurde

1863—1865 von Hofbaurath Riedel gebaut, aber der Benutzung nach den Intentionen des mittlerweile verewigten Königs dadurch für längere Zeit entzogen, dass es 1866—67 und 1870—71 als Militärspital für Verwundete in Anspruch genommen werden musste. Als Reliktenanstalt wurde es im Oktober 1871 eröffnet. Der König hatte die Absicht gehegt, im dortigen Garten sich ein Mausoleum zu errichten, doch hatte ihn der Tod zu plötzlich abberufen, als dass diese Idee noch zur Verwirklichung hätte gelangen können. Die letzwillige Verfügung hatte in Bezug auf die Bestattung nur bestimmt, dass der König an der Seite seiner Gemahlin ruhen wolle, was wieder ähnliche rituelle Verlegenheiten zu bereiten drohte, wie bei der Bestattung der Königin Therese, da die Vornahme der Funeralien durch protestantische Geistliche in katholischen Kirchen den geistlichen Behörden nicht statthaft schien. Es war daher ein, freilich durch die nachträgliche Convertirung J. Majestät gegenstandslos gewordener Ausweg dadurch geschaffen worden, dass der Theatinerkirche an der Stelle, wo der Sarkophag des Königs aufgestellt ward, ein von aussen zugänglicher Anbau als Grabraum der Königin zugewiesen wurde, bei welchem aber weder des höchstseligen Königs Lieblingsstyl noch leider der spätere Renaissancestyl der Kirche berücksichtigt worden ist, wodurch einige Dissonanz zwischen der letzteren und der classisch behandelten Grabkapelle entstanden ist.

Mehre der genannten Bauten des Königs Maximilian II. fanden ihren Abschluss erst in der Regierungszeit seines Nachfolgers, des regierenden Königs Ludwig II. Majestät, wofür der verewigte König durch entsprechende Baudotationen gesorgt hatte. Ja es schien sogar, dass die Erweiterung der Stadt gegen Osten noch fortgesetzt werden solle, da sich Se. Majestät mit dem Plane trug, behufs grösserer Bühnen- und namentlich Operndarstellungen ein allen Anforderungen entsprechendes Opernhaus unweit des Maximilianeums auf dem Gasteig zu erbauen, was zur Anlage einer der Maximiliansstrasse in der Richtung der Hofgartenstrasse parallel laufenden Strasse geführt hätte. Es zerschlugen sich indess die bereits ziemlich weit geführten Unterhandlungen, welche München um einen Prachtbau von Semper's Meisterhand bereichert hätten. Sonst erhielt die Residenz durch Adaptirung des nördlichen Pavillons an der Ludwigsstrasse zum Wohnraum Sr. Majestät eine sumtuose Ausstattung im Style Louis XIV., wie auch den umfänglichen Aufbau des zweiten Wintergartens über dem nordwestlichen Tract des Festsaalbaues in Form einer in Eisen und Glas hergestellten Tonnenbedachung, wobei die Anlage einer transeptförmigen Erweiterung nach der Hofseite zur Herstellung eines Risalits im Kaiserhofe führte, der seinerseits wieder die Veranlassung zur Wiederherstellung der aus der Zeit des Churfürsten Maximilian I. stammenden en grisaille ausgeführten architektonischen Decoration des ganzen Hofes gab.

Sonst beschäftigte Se. Majestät die zum Theil sehr bedeutenden künstlerischen Kräfte, welche ihm zur Verfügung standen, in den neugebauten Sommerschlössern Hohenschwangau und Linderhof, von welchen das erstere in einer zweiten Burg im romanischen Styl unweit der alten gothischen (noch unvollendet) besteht, während sich an der Stelle des ehemaligen Linderhofs ein zauberhafter Pavillon im Styl Louis XIV. und XV. in der Abgeschiedenheit der Wälder erhob. Andere Schlösser wurden restaurirt, wie besonders die ehrwürdige und malerische Trausnitz bei Landshut u. s. w. Von den öffentlichen aus Staatsmitteln entstandenen Gebäuden Münchens ziert die erste Regierungszeit des Königs Ludwig II. vor Allem das Polytechnikum, 1865—1868 von Oberbaurath G. Neureuther erbaut, welches eine neue Aera der Münchener Architektur begründete. Bis dahin war der Einfluss der Maximiliansstrasse wenigstens in so ferne herrschend geblieben, als man sich nicht leicht über die Magerkeit und Schwächlichkeit der Façadengliederung, welche jener Neugothik anhaftet, erhob, selbst wenn man einen entschiedenern romanischen, gothischen oder selbst renaissanceartigen Ton anschlug. Die Renaissance war kurz vorher wieder zu neuem Leben erweckt worden, nachdem man sich überzeugt hatte, dass mit allem Modernisiren der romantischen Baustyle weder eine den modernen Zwecken entsprechende, noch eine künstlerisch befriedigende Bauweise sich entwickeln lasse. Selbst Architekten, die in der Romantik aufgewachsen waren, wie L. Lange, hatten ihre Vorliebe der Renaissance zugewandt, und in ihr nicht blos Schönes ausgeführt, sondern noch mehr geboten, was leider nicht zur Ausführung gekommen ist. Dass im neuen Rathhausbaue (nach Hauberrisser's Plänen 1875 vollendet) und in der zweiten protestantischen Kirche in der Gabelsbergerstrasse (nach Professor R. Gottgetreu's Entwürfen begonnen, jedoch in der Vollendung wesentlich modificirt) noch einmal die Gothik in den Concurrenzen siegte, vermochte an der entschiedenen Wiederaufnahme der Renaissance nichts mehr zu ändern, da ihre Erscheinung, so vortrefflich diese Werke auch durchgeführt sind, doch nur für die gegebenen Fälle sich eignete, und zu einem weitergehenden Einflusse nicht angethan war.

Doch bestand und besteht Gefahr, dass der Modegeschmack statt bei dem Neureuther'schen Musterbau im Sinne der San Gallo- und Baldassare Peruzzi'schen Hochrenaissance anzuknüpfen, vielmehr in der deutschen Renaissance und zwar insbesondere der Barockepoche sich verfange, welche bei aller Schönheit im Einzelnen und bei allem Vortheil einer nationalen Entwicklung doch als Grundlage einer systematischen Weiterentwicklung selbst zu wenig ursprünglich, vielmehr zu sehr manierirt erscheint. Halb verstohlen machte sich diese Richtung zuerst bei der inneren Ausstattung von Café- und Restaurationslokalen geltend, und wagte sich dann bei Schaufenstern der Kaufläden in's Freie, indem sie die starren Eisenstützen und

Träger mit üppigem Schnitzwerk umkleidete. Das ehemalige Café-
lokal im rheinischen Hof, das Café Fritsch in der Kaufingerstrasse,
die Meringer Bierhalle am Victualienmarkt und mehre Läden der
Kaufingerstrasse, im Rosenthal u. s. w. geben von dieser Decorationsweise Proben, unter welchen die besten von den Architekten Schulze
und Kafka herrühren. Die erste Façade im deutschen Renaissancestyl war die des Hauses und der Gemäldegallerie des Freiherrn v.
Schack in der Briennerstrasse No. 19 und 22 vor den Propyläen,
1872—1874 von dem Bildhauer Gedon erbaut. Es galt hier zwei
bestehende Häuser zu vereinigen, zwischen welchen der Zugang zum
Piloty'schen Hause sich befindet. Unbedingt hat das Werk die ab-
fällige Kritik welche es erfahren, nicht verdient, wenn man sich
auch, um das Ganze würdigen zu können, über das Detail, welches
sowohl der Form als dem Massstab nach vielfach verfehlt ist und
den Mangel an eigentlicher architektonischer Schule verräth, hin-
wegsetzen muss. Bei aller Anerkennung des malerischen Prinzips
aber kann nicht verhehlt werden, dass die mit dessen Verfolgung
verbundene Gefahr analog jeder Abirrung von den Principien einer
Kunst zu den einer anderen gross ist und dass jenes Prinzip zumal
nur zu leicht dem grössten Feinde jeder gesunden Architektur, nemlich der Willkür Thür und Thor öffnet. Besser gelang dem kühnen
Bildhauer die Façade des Eymannsberger Hauses am Rindermarkt,
wo er die Ueberschwänglichkeiten und Fehler des Schack'schen
Hauses zu vermeiden suchte. In welch' entschiedenem Vortheil aber
der geschulte Fachmann selbst dem genialsten Universalkünstler
gegenüber sich befindet, hat E. Lange in dem anmuthigen und
gediegenen Bau des vormals Schwarzmann'schen Hauses in der
Canalstrasse unweit der Maximilianstrasse gezeigt.

Weniger in dieser Richtung als vielmehr in moderner Appli-
cation italienischer z. Th. auch französischer Renaissance bewegen
sich die zahlreichen Privatbauten des Architekten Alb. Schmidt.
Unter seinen Werken sind zuerst die Häuser No. 5 und 6 in der
Weinstrasse zu nennen, sodann das Hôtel Stachus vor dem Carlsthor, das Hirschbräuhaus mit dem unterirdischen Bierlokal am
Färbergraben, das Haus von Kalb Briennerstrasse 24, sowie das
von Brey No. 40a, beide in der Nähe der Schack'schen Gallerie und
der Propyläen. Ferner die Façade des Ibel'schen Hauses am Marienplatz mit freivortretenden Säulen im 2. Stock, die Häuser von
Pfister und Schmederer an der Maffeistrasse u. a. Unter dem Einflusse A. Schmidt's aber entstanden das Haus No. 7 mit dem Café
Bavaria in der Weinstrasse, das Café Metropole vor der Frauenkirche u. s. w. Es scheint, dass Schmidt manchen Extravaganzen
seiner früheren Werke den Rücken wendet, und mehr und mehr
bestrebt ist, eine gediegene Haltung seinen Kunden zu empfehlen
und nöthigenfalls aufzudrängen, was natürlich nur mit Freuden
begrüsst werden kann.

Von öffentlichen Neubauten sind noch zwei Kirchen zu nennen: die etwas derbe Klosterkirche der Niederbronner Schwestern zum Herzen Jesu und die gothische Kirche zu Giesing (von Hofbaudirektor v. Dollmann, noch unvollendet). Das Hauptzollamtsgebäude in der Bayerstrasse im oberitalienischen Rundbogenstyl scheint einer wirklich künstlerischen Durchführung unter den zwecklichen Bedingungen keinen Raum gelassen zu haben. Unvollendet ist noch der Umbau des ehemaligen Glasmalereigebäudes in der Louisenstrasse für die Zwecke der Kunstgewerbeschule mit schönem Renaissancehof und das Gebäude der Industrieschule nebenan, beide von dem Director der Kunstgewerbeschule, Architekten E. Lange, die Vereinsbank in der Maffeistrasse von Architekt Osswald und das Gymnasium in der Maximiliansstrasse nächst dem Maximiliansmonument.

Die Krone der Münchener Neubauten aber verspricht das Akademiegebäude zu werden, mit welchem der Architekt des Polytechnikums, Oberbaurath Neureuther, die früheren Arbeiten noch überbietend seiner Zeit und seiner Schule einen Musterbau von Hochrenaissance herzustellen im Begriffe ist, der hoffentlich den modernen Ausartungen einen ebenso kräftigen Damm entgegensetzen, als den auf der edlen Bahn des italienischen Cinquecento Wandelnden zum Vorbild und zur Ermunterung dienen wird. Eben jetzt erheben sich die Grundmauern aus dem Boden, die Pläne aber entzückten bereits jeden Betrachter von Geschmack und nährten die Hoffnung, dass die Münchener Bauthätigkeit, wenn sie von Werken der Art Akt nehmen wird, einer gedeihlichen Zukunft entgegengehen kann. —

Die Bauten Münchens.

I.

Cultanlagen.

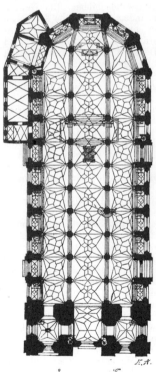

Fig. 2. Grundriss der Frauenkirche.

Die Dom- und Pfarrkirche zu Unser Lieben Frau. (Ueber die Geschichte des Baues siehe die einleitende Baugeschichte Münchens S. 20—21, 32—35.) Eine der mächtigsten und grossräumigsten gothischen Hallenkirchen Deutschlands verdankt die Frauenkirche ohne Zweifel die Erhaltung ihrer ursprünglichen baulichen Gestalt ihren Verhältnissen, welche der Umgestaltung im Renaissance- oder Barockgeschmacke allzu grosse Schwierigkeiten bereitete, während man sie an der Peterskirche, hl. Geistkirche, Augustinerkirche u. s. w. leichter zu überwinden vermochte. So steht die Frauenkirche mitten unter den verballhornten übrigen Schöpfungen ihrer Zeit als ungetrübtes Beispiel des süddeutschen Backsteinhallenbaues da, zugleich als das bedeutendste Bauwerk, das München überhaupt aufzuweisen hat. Die Maasse sind ungewöhnlich, 101 Meter lang und 38,5 Meter breit hat die Kirche bis zum First eine Höhe von 58 Meter Höhe. Als Hallenkirche erheischt sie Pfeiler die bis zum Gewölbeansatz des Mittelschiffes emporreichen; zweiundzwanzig an der Zahl sind sie in schlichter Einfachheit bei einem Durchmesser von 2,10 Meter lediglich nach achteckigem Grundplane gebildet und besitzen zwar einen schlichten, nur mit einer Schmiege sich an den Pfeilerschaft anschliessenden Sockel aber keine Capitälbildung, indem vielmehr die Gewölberippen in einer Höhe von 34,5 M. meist ganz unvermittelt und nur zum geringeren Theile von Consolenbildungen gestützt, dem polygonen Schafte entspringen. In der Längsrichtung ist der Gurtbogen deutlich markirt, in der Querrichtung dagegen ist der Gurt nicht stärker betont als die übrigen Rippen des Netzgewölbes, wodurch das Gewölbe nicht unwesentlich an einheitlicher Wirkung gewinnt. Die Gewölbe der Seitenschiffe werden den Pfeilern entsprechend anderseits von starken Strebepfeilern aufgenommen, welche nach innen gezogen zugleich die Scheidewände der Kapellen und zumeist auch die Altarwände bilden. Der Gewinn nach innen ist hiebei ausserordentlich, indem dadurch die Kirche an Weiträumigkeit wesentlich zunimmt und zugleich den Seitenaltären, Beichtstühlen, Denkmälern u. s. w. passender und vermehrter Raum geschaffen wird. Doch ist diese Anordnung auch nicht ohne Nachtheil und dieser ist an der Kahlheit des Aeussern, zu dessen Belebung und Brechung nichts abfiel, fühlbar genug. Während sonst die Bildung bei der gegenseitig rechtwinkligen Stellung der Pfeiler und Streben einfach, musste die Lösung des Wölbungsproblems im fünftheiligen Chorabschluss einige Schwierigkeiten bereiten. Denn der aus den Seitenschiffen erwachsende Umgang um den Chor ist als solcher nicht auch im Gewölbe durchgeführt, indem vielmehr das Mittelschiffgewölbe sich bis an die beiden mittleren Streben des Chorabschlusses fortsetzt, und zwar, weil, das letzte Pfeilerpaar etwas enger gestellt ist, in zwei Trapezen sich verjüngend. Der beiderseits übrigbleibende Gewölberaum aber stellt sich in je einem irregulären Viereck und in einem Dreieck dar, welchen besondere und gleichfalls unregelmässige Netzformen geschaffen werden mussten.

An die linke Chorseite sind ausgedehnte Sakristeiräume angelehnt, von vorneherein in diesem Umfange nöthig, weil schon 1495, mithin ein Jahr nach der Einweihung der Kirche als Pfarrkirche, der Herzog Albrecht IV. von Bayern im Einvernehmen mit der Curie die Collegiatstifte Schliersee und Ilmmünster an die Frauenkirche versetzte. Vor die Westseite aber wurden, wie es an der alten während des Neubaues niedergelegten Frauenkirche, und nicht minder bei S. Peter der Fall gewesen, zwei Thürme vorgelegt, so dass ihr gewölbtes Erdgeschoss noch besondere Kapellenräume bildete, während der Zwischenraum zwischen den Thürmen für Eingangshalle und Orgelchor in Anspruch genommen ward. Die Dimensionen der Kirche erforderten natürlich auch riesige Verhältnisse der Thürme (Höhe 99, untere Mauerdicke 3,30, Führung 9,60 Meter), anderseits aber auch schlichte und massige Behandlung mit geringer Betonung der Streben und ruhigen Wandflächen. Sie erhoben sich in sechs durch Bogenfriese sich abgränzenden und leicht verjüngten Stockwerken rechtwinklig und nur mit sehr spärlicher Fensterdurchbrechung, bis in der Firsthöhe des Mittelschiffes an die Stelle des quadratischen Planes ein achteckiger tritt, der jedoch erst nachdem die zwei Stockwerke der Uhr und des Glockenraumes mit den mächtigen Schalllöchern in wie von unten auf so auch jetzt stetig zunehmender Etagenhöhe hergestellt sind, in dem kräftigen Arkadenfries zum regelmässigen Octogon wird. Den ursprünglich beabsichtigten Helmabschluss haben aber die Thürme leider nicht erlangt. Die Vorliebe, welche die Renaissance für die Kuppeln entfaltete, machte sich hier schon in den ersten Jahren des 16. Jahrhunderts geltend und gab den Thürmen jene weltbekannten Kugelhauben, welche eine Art Wahrzeichen von München bilden, und so unlöslich mit der Physiognomie der Stadt verbunden scheinen, dass die Restauration dieselben nicht zu berühren wagte. L. Lange hat zwar wenigstens eine perspectivische Aussenansicht mit Spitzhelmen geschaffen*), doch ist zu bezweifeln, ob in der durchbrochenen Art, wie sie. später W. Berger an der Haidhauser-Kirche zur Anwendung brachte, das Problem richtig gelöst sei. Einen kostbaren Inhalt bergen die Thürme in den stattlichen Glocken, wovon die grösste, die sog. Salve-Glocke**), 1490 von Herzog Albrecht IV. gestiftet, bei einem unteren Durchmesser von 2,15 M. 125 Zentner wiegt.

Portale besitzt die Frauenkirche fünf, ein grosses zwischen den Thürmen, das jedoch selten im Gebrauche, und je zwei an jeder Langseite. Von den letzteren ist das östlich der Mündung des Mazarigässchens entsprechende in der üblichen Weise mit Figuren und Baldachinen in den Hohlkehlen der Umfassung reich geschmückt, die übrigen sind höchst einfach, alle aber noch durch die zopfigen Thüren entstellt. Die beiden Portale der Südseite sind abweichend von den Fensterwänden nach innen gelegt, wodurch sich über ihnen eine Art von Empore entwickelt.

Das Innere bietet ausser dem baukünstlerischen Interesse, welchem bereits oben Rechnung getragen worden, noch manches andere durch die alte wie neue Ausstattung. In erster Linie stehen hier die Fenster. Mit wenigen Ausnahmen enthalten nun alle, und es sind deren nicht weniger als siebzehn, die in der ganzen Höhe der Seitenschiffe bis zum Gewölbe sich erstrecken, wovon wieder die im Chor befindlichen auch von ungewöhnlicher Breite sind, alte Glasgemälde, freilich zumeist nur in ihrem unteren Dritttheile, während das Uebrige erst bei der Restauration in Teppichmustern

---

*) E. Förster's Denkmale deutscher Baukunst, Bildnerei und Malerei. Leipzig T. O. Weigel 1850—1860.
**) Sie hat den Namen von dem Wunsche des Stifters, wonach sie beim Salve Regina geläutet werden sollte. Nach der Inschrift die der Regensburger Glockengiesser Hans Ernst auf ihr anbrachte, heisst sie Susanna.

Fig 3. Innenansicht der Frauenkirche.

verglast worden ist. Den Kenner interessiren wohl am meisten die über die Mehrzahl der Fenster verstreuten Reste der Glasmalereien der alten Frauenkirche, welche grossentheils vor 1450 entstanden sein mögen. Leider sind sie zumeist rücksichtslos zersplittert und selbst bei der Restauration ohne weitere Bedachtnahme auf Composition und Darstellung an einander gestückt. Mehr künstlerische als archäologische Bedeutung hat dann das sog. Herzogenfenster in der Capelle des Herz-Jesu-Altars im Chor rechts vom Hochaltare. wohl aus dem Jahre 1486 stammend. dessen Hauptbild Madonna von vielen Heiligen und den Donatoren, den Herzogen Ernst, Wilhelm, Albrecht III. und Albrecht IV. von ihren Kindern umgeben, darstellt. Es füllt jetzt nur die obere Hälfte eines Chorfensters und hat dadurch nicht gewonnen, dass unterhalb die Donatoren des benachbarten jüngeren Scharfzandt'schen Fensters angestückt sind und der Rest mit einem ziemlich rohen modernen Glasgemälde, in dessen Mitte S. Urbanus sich aufdrängt, ausgefüllt ist. Ansprechender, namentlich durch die mächtige Totalwirkung, ist das linksbenachbarte in der Tabernakelkapelle befindliche Scharfzandt'sche Glasgemälde mit drei Hauptdarstellungen (Verkündigung, Geburt und Anbetung Christi und Mariä Reinigung). Die reiche gothische Umrahmung dieses das ganze Chorfenster ausfüllenden Glasmalereiwerkes gehörte zu den wichtigsten Vorbildern für die moderne Münchener Glasmalerei und Ainmüller'sche Schule.

Weiterhin fällt das Hauptdenkmal des Domes in's Auge, das Epitaph des Kaisers Ludwig des Bayers. Dieses besteht aus zwei sehr verschiedenen Bestandtheilen, der 1438, mithin fast ein Jahrhundert nach des gebannten Kaisers Tod hergestellten Grabplatte aus rothem Untersberger Marmor und dem darüber gesetzten Mausoleum in Marmor und Bronze. Die Grabplatte von der Hand des „Meisters Hans des Steinmeissels" geschaffen, stellt Ludwig den Bayer im Kaiserornate von teppichhaltenden Engeln umschwebt und unterhalb die Herzoge Ernst und Albrecht III., Vater und Sohn sich versöhnlich die Hand reichend dar, wie es nach langer Fehde wegen Agnes Bernauer, der von Vater Ernst wegen Berückung seines Sohnes gemordeten Gemahlin Albrechts 1437 geschehen war. Leider ist die Reliefplatte lediglich durch die Ausschnitte des späteren Mausoleums und nur unvollständig*) zu sehen, noch mehr aber ist zu beklagen, dass die Ummantelung des älteren Denkmales die Zerstörung der Reliefs veranlasst hat, welche sich als Fries um das sarkophagartige Grabmal gezogen und in der zweiten Hälfte des 16. Jahrhunderts selbst Italiener entzückt hatten. Das Mausoleum darüber besteht aus einem in schwarzem Marmor ausgeführten, durchbrochenen Schrein, welchen vier auf ein Knie gesunkene ritterliche Bannerträger zu bewachen scheinen. Diese wie die beiderseits stehenden Herzoge Albrecht V. und Wilhelm V. sind in Bronze gegossen und wurden nach dem Denkmal-Entwurf des Kunstintendanten des Churfürsten Maximilian I., des Niederländers Peter Candid (de Witte) von dem Weilheimer Hans Krumpper nebst allen übrigen Bronzezierden des Denkmals ausgeführt.

Zu den besseren Resten der Ausstattung aus der Entstehungszeit gehören dann noch die Chorstühle, d. h. deren reich ornamentirte Rückwände. Sonst ist das alte Geräthe der Frauenkirche ins-

---

*) Der Gypsabguss der Platte, bei der Versetzung des Monuments während der Restauration abgenommen, ist indess allgemein verbreitet.

gesammt verschwunden, und was an alten Altären noch vorhanden
ist, stammt von anderer Seite und wurde erst bei der Restauration
dahin verbracht. Von den neuen Altarwerken ist der Hochaltar
mit der schönen J. Knabl'schen Schnitzgruppe (Mariä Himmelfahrt)
und den Flügelgemälden von Schwind immerhin beachtenswerth.
Nicht minder der noch unvollendete gräflich Arco'sche Steinaltar
im rechten Seitenschiff, der Altar der Bäckerzunft auf derselben
Seite und der Bennoaltar auf der gegenüberliegenden, in dessen
Kapelle auch noch die liturgischen Gewänder dieses Kirchenpatrons
aufbewahrt werden. Sonst ist die Kanzel, von König Maximilian II.
gestiftet, ein zierliches und zugleich stattliches Werk der Sickinger'-
schen Werkstatt (1861), und ebenso der schöne Baldachin über dem
erzbischöflichen Stuhl, links neben dem Hochaltar (nach Berger's
Zeichnung) von Werth, wie auch der Foltz'sche Credenztisch. Von
neueren Bildwerken heben wir nur das grosse im Gewölbe hangende
Crucifixbild Halbig's, wie die zwölf Apostelstatuen mit Baldachinen
in rothem Marmor von Foltz hervor, die, ein Geschenk des Königs
Ludwig II., an den Pfeilern angebracht sind. Objecte der Malerei
und Bildnerei finden sich übrigens in dem ganzen Dome verstreut,
und es ist in dieser Beziehung anzuerkennen, dass die Restauration
in der Beseitigung des Nichtstylgemässen nicht allzu rigoros vor-
ging. So hat z. B. das frühere Hochaltargemälde Peter Candid's,
„die Himmelfahrt Mariä", ein immerhin tüchtiges Werk, wenigstens
eine Stelle über der Sakristeithüre gefunden. —

Die St. Peterspfarrkirche ist, wie in der Baugeschichte
Münchens (S. 15) erörtert worden ist, die älteste Pfarrkirche
Münchens. Ursprünglich dreischiffige, flachgedeckte, romanische
Basilika von beträchtlich kürzerer Erstreckung scheint sie bis zum
Ende des 13. Jahrhunderts etwa nur den Raum der ersten fünf
Gewölbejoche von der Thürmseite angefangen eingenommen zu
haben, so wie diess der beifolgende Plan (Fig. 4a) anschaulich
macht*). Ob schon der Neubau von 1281—92 oder erst der Wiederaufbau von 1327 der Kirche die ganz veränderte Gestalt gab,
welche die zweite Phase der baulichen Entwicklung derselben (Fig. 4b)
bezeichnet, muss dahin gestellt bleiben. Es war dabei das dreischiffige Langhaus bis auf sieben Traveen verlängert worden, die
Pfeilerarkaden blieben und das Mittelschiff behielt, da man damals
wenigstens in diesem Theile Deutschlands den Hallenbau noch nicht
anwandte, die Ueberhöhung behufs selbständiger Beleuchtung, wie sie
die Basilika eingeführt hatte. Vielleicht war 1281 noch von der
Wölbung Abstand genommen worden, welche wohl erst nach dem
Brande von 1327 hinzukam, wenigstens scheinen die Pfeiler noch

---

*) Die drei Pläne sind der Güte des Herrn Bauraths Kollmann zu verdan-
ken, welcher diese Frucht eingehender Studien der Festschrift zur Verfügung
gestellt hat.

— 97 —

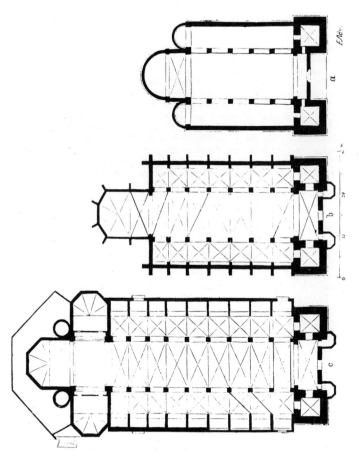

Fig. 4. Die Pfarrkirche von St. Peter in den verschiedenen Phasen ihrer baulichen Entwicklung.

nicht hiezu ausgebildet. 1607 wurden die beiden Thürme die Beute eines Brandes in Folge eines zündenden Blitzstrahles, welcher wohl auch sonst nicht ohne Spuren geblieben ist. Indem man sich aber nun auf die Herstellung eines Mittelthurmes zwischen den Resten der beiden alten beschränkte, sah man sich veranlasst, die Kirche um 1630 abermals zu vergrössern und zwar zunächst dadurch, dass man die Streben nach innen zog, d. h. die Fensterwände zwischen denselben weiter auswärts legte, (so dass sich nun eine Reihe von Kapellen entwickelte, in welchen die Streben nach Art der Frauenkirche die Rückwand der Altäre bildeten), dann durch eine Verlängerung des Langschiffs um zwei weitere Gewölbjoche, endlich durch Einfügung eines Querschiffes zwischen Langschiff und Chor (Fig. 4c). Es ist nicht zu leugnen, dass der Erbauer sich an den gothischen Typus anzulehnen verstand, allein die Querschifferweiterung ist nichtsdestoweniger ganz werthlos geblieben, da der Chor zu kurz war, um die Querflügel dem Volke öffnen zu können, wodurch es zu einer Verbauung der Flügel wenigstens im Erdgeschosse kommen musste, die dann auch die darüber entstehende Empore den Andächtigen so ziemlich unzugänglich machte. Der Chor überhaupt steht nicht im richtigen Verhältnisse zum Langschiffe, es scheinen aber in dem zu Gebot stehenden Areal Hindernisse gelegen zu haben, welche zu dessen Gedrängtheit zwangen. Natürlich blieb es aber 1630 nicht bei dieser Erweiterung allein, indem die Zeit eine stylistische Umgestaltung mindestens ebenso gebieterisch erheischte. Daran hat das 18. Jahrhundert leider fortgearbeitet. Hatte man nemlich bei der Umgestaltung unter Churfürst Maximilian I. den stattlichen gothischen Hochaltar aus der zweiten Hälfte des 15. Jahrhunderts noch geschont, so musste er 1745 weichen, um einem ebenso sumtuosen als hässlichen (übrigens ganz aus Marmor hergestellten) Barockwerke von N. Stuber mit einer thronenden Petrusstatue von J. Greif Platz zu machen. Doch sind die Flügeltafeln mit Darstellungen aus dem Leben des h. Petrus erhalten und im Chor und Querschiff untergebracht.

Jetzt haben sich aus der gothischen Periode nur mehr die zwei Thurmpförtchen unter dem Orgelchor, einige schöne Grabsteine daselbst, ausser dem Barth'schen (1362) sämmtlich aus der Spätzeit von 1482—1505, und besonders ein Altar von 1372 erhalten, welcher in einer Kapelle des linken Seitenschiffes befindlich hinter einem Barockaltar gefunden und wieder blosgelegt worden ist. Es ist ein Steinwerk mit Giebelbekrönung und einem Hochrelief, die Fürbitte der Apostel beim jüngsten Gericht darstellend. Aus guter Zeit ist das Bronzeepitaph der Lassus'schen Familie mit einem schönen die Beweinung des Leichnams Christi darstellenden Relief in der mittleren Kapelle des rechten Seitenschiffs. Von Gemälden sind nur einige von Sandrart (Joachim und Joseph wie Johannes der Täufer), von Carl Loth (St. Erasmus) und Ulr. Loth (Abendmahl) nennenswerth.

Die h. Geist-Pfarrkirche im Thal wurde in ihrer Geschichte schon in der einleitenden Baugeschichte besprochen. Der gegenwärtige Bau stammt wohl nur mehr in der allgemeinsten Anlage von der Erweiterung zwischen 1253—1268, in der Hauptsache jedoch von dem Wiederaufbau nach dem Brande von 1327. Man kann sich von dem Charakter der vormals gothischen Hallenkirche noch ein deutliches Bild machen. Durch 16 Pfeiler, wovon die zwei letzten etwas enge gestellt die Herumführung der Nebenschiffe um den Chor in gleicher Weise wie an der Frauenkirche ermöglichen, in drei Schiffe getheilt, zeigt sie auch die einwärts gezogenen Streben wie die Metropolitankirche, wenn sie auch nicht die Stärke jener bedurfte. Das Netzwerk der Gewölbgurten ist indess wie alle und jede gothische Form an Pfeilern, Fenstern, Wänden u. s. w. von der Mitte des 17. Jahrhunderts an, aus welcher der Hochaltar stammt, bis zur Mitte des 18. Jahrhunderts zu Gunsten reicher Stuccatur- und Gemäldezier so gründlich verschwunden, dass selbst in der restaurationseifrigsten Zeit Niemand daran dachte, die Kirche des barocken Gewandes wieder zu entkleiden. Doch fehlen auch hier die farbigen Fenster nicht, durch welche modernen Eifer die meisten Münchener Kirchen, deren Charakter durch barocke Stuccatur bedingt ist, entstellt hat. Am jüngsten vom ganzen Bau ist der nüchterne Thurm, welcher um 1730 an den Chor angefügt wurde, während vorher nur ein Dachreiter über dem Orgelchor die nöthigen Glocken trug. — Das Bemerkenswertheste der inneren Ausstattung ist das von Hans Krumper herrührende Bronzedenkmal des Herzogs Ferdinand von Bayern, des Gründers der gräflich Wartenberg'schen Linie durch seine Ehe mit der Rentamtmannstochter Maria Pettenbeck, aus dem Bildniss des Herzogs in ganzer Figur (Hochrelief) und zwei reich umrahmten auf den Herzog und dessen Gemahlin bezügliche Inschrifttafeln bestehend. Sie befanden sich ursprünglich in der Sebastianskirche, der jetzt verschwundenen Haus- und Begräbnisskapelle des gräflich Wartenberg'schen Hauses zwischen Rindermarkt und Rosenthal, nach deren Säcularisation sie hier an die Schlusswand unter dem Orgelchor versetzt wurden. Die beiden mittelalterlichen Madonnen im Chorumgang zur Rechten wie zur Linken des Hochaltars haben durch Zuthaten und Fassung wenn nicht ihren Werth so doch ihren Charakter fast gänzlich eingebüsst. Von dem einst sehr weitläufigen Spitalgebäude (vergl. die einleitende Baugeschichte S. 18) ist ausser der sehenswerthen gothischen Halle der nunmehrigen „grossen Fleischbank" nichts mehr erhalten.

Die St. Anna-Pfarrkirche der St. Anna- (Lehel) Vorstadt mit Franziskaner-Kloster, 1727—1730 für die Hieronymiter erbaut (vgl. Baugeschichte S. 52). Der Haupttheil der Kirche besteht aus einem Flachkuppelbau von ovalem Grundplan, von acht

Pfeilern mit barocker Pilastrirung getragen zwischen welchen sich Altar-Nischen von verschiedener Breite und Tiefe befinden. Die Stuccaturen und Malereien sind von den Gebrüdern Asam, Egidius dem Stuccator, und Cosmas Damian dem Maler. Die Hieronymiten mussten bei der Säcularisation 1805 das Kloster räumen, und nachdem dasselbe bis 1827 Kasernzwecken überwiesen war, erhielten es die Franziskaner aus Ingolstadt, deren Orden König Ludwig I. in Anerkennung seiner patriotischen Haltung in den Tagen Kaiser Ludwig IV. für den Verlust des alten Münchener Ordenshauses am Max-Joseph-Platz, wo sich die Conventualen dem Avignon'schen Papstthum einmüthig widersetzt hatten, entschädigt wissen wollte (vgl. Baugeschichte S. 25). Für eine Pfarrkirche von zu ärmlicher äusserer Erscheinung, denn nur ein ganz schlichtes Thürmchen schmückte das Aeussere, erlangte die Kirche endlich gleichzeitig mit der Inangriffnahme der benachbarten Maximilianstrasse eine neue zweithürmige Fronte im modern romanischen Styl 1850—1855 nach den Entwürfen von Oberbaurath v. Voit.

Die St. Ludwigs-Pfarrkirche in der Ludwigstrasse wurde von König Ludwig I. ausdrücklich in der Absicht zu bauen beschlossen, für monumentale Malerei religiösen Inhalts nach Art Ober- und Mittelitaliens Gelegenheit zu schaffen. Deshalb waren italienischmittelalterliche Kirchenbauten hier die Vorbilder und diese dem hiezu gewählten Architekten Fr. v. Gärtner empfohlen. 1830 begonnen, wurde die Kirche 1844 vollendet. Die Aussenseite ist durch den wenigstens an der Façade verwendeten Stein in dem sonst zu Backstein und Verputz verurtheilten München erfreulich. Auch fehlt es der Fronte nicht an einzelnen Schönheiten, obgleich sie noch deutlich zeigt, dass Gärtner damals die gesammelten Motive noch nicht stylvoll zu verwerthen wusste. Steht man der Fronte nicht sehr schräg gegenüber, so erscheint die Weitstellung der nach italienischem Vorbild vom Mittelschiff abgelösten, aber gegen den transalpinen Gebrauch verdoppelten Thürme etwas gespreizt. Der schöne Arkadengang welcher die beiderseits ziemlich kahlen Gebäude (links Pfarrhof, rechts Privatgebäude) mit der Kirche verbindet, und durch welchen man in den hübschen Kreuzweggarten, leider ohne Kreuzgang, kömmt, kann diesen Uebelstand nicht ganz beseitigen.

Das Innere ist dreischiffig, mit Kreuzgewölben im Mittelschiff, Kuppeln in den kapellenartig getheilten Seitenschiffen unter Festhaltung des Rundbogens in allen Gurten. Die Gliederungen sind nicht ohne Feinheit, doch ist der flachen farbigen Musterung zu viel Spielraum gelassen, und diese zu kleinlich. Dies ist besonders in dem mächtigen Querschiff empfindlich, in welchem nur ein Theil der beiden Schlusswände von Gemälden in Anspruch genommen wird. Die übrigen Seiten, welche allerdings auch für Aufnahme von Fresken gedacht waren, erscheinen gliederungslos und leer, und

Fig. 5. Die St. Ludwigs-Pfarrkirche. Fronteansicht.

in ihrer einförmigen Patronirung unerquicklich. Auch der Chor, mit rechtwinkligem Chorabschluss, wie er der Ausmalung wegen im Programm verlangt war, erscheint ziemlich öde. Die Gemälde, bekanntlich zu den berühmtesten Werken von Cornelius gehörend, verleihen dafür dem Chorabschluss (Jüngstes Gericht) und besonders den Gewölben des Chors und Querschiffes ein ganz selbstständiges Interesse. Wäre es gelungen, die Ungeduld des Königs zu bezwingen und den ursprünglich beabsichtigten, auch das Querschiff in Anspruch nehmenden Cyclus, die neue divina comedia, wie Cornelius meinte, durchzuführen, so würde das Innere der Ludwigskirche eine ganz imposante Wirkung machen, selbst wenn einzelne Gemälde noch weniger gelungen wären, als diess bei der Geburt Christi und dem Kreuzigungsbild über den beiden Querschiffaltären der Fall ist.

Die Basilika zum hl. Bonifaz in der Karlstrasse, Pfarrkirche der Ludwigsvorstadt und Klosterkirche der Benediktinerabtei wurde von König Ludwig I. anlässlich seines 25jährigen Vermählungsjubiläums 1835 gegründet und nach den Plänen wie unter Leitung des Baurathes F. Ziebland bis 1850 erbaut. Das Aeussere ist ziemlich schmucklos in Backstein ohne Verputz hergestellt, die bescheidene Decoration aber dem romanischen Styl entlehnt. Das Motiv zur (achtsäuligen) Vorhalle, durch welche sich die Dachung der Seitenschiffe auch um die Fronte herum fortsetzt, ist von ähnlichen Basiliken Roms, wie S. Lorenzo fuori le mura, S. Maria in Cosmedin oder S. Maria in Trastevere geschöpft. Ebenso liegen der Gestaltung des Innern die grösseren römischen Basiliken, in erster Linie S. Paolo fuori le mura als Vorbilder zu Grunde. Der mächtige Raum ist durch 4 Säulenreihen in 5 Schiffe getheilt, an deren mittleres ohne dazwischengesetztes Querschiff unmittelbar die halbkreisfömige Apsis anschliesst. Die 64 Säulen, mit monolithen Granitschäften und in reicher Abwechslung sculpirten romanisirenden Marmorkapitälen erwecken in ihren durch romanische Gedrungenheit von den korinthischen Säulen der römischen Basiliken abweichenden Verhältnissen in dem Beschauer das beruhigende Gefühl, dass sie ihrer wenigstens im Mittelschiff bedeutenden Function mehr gewachsen seien, als die überschlanken korinthischen Formen der römischen Basilikal-Vorbilder, wie sie auch ihres stärkeren Durchmessers halber ohne Zwischenstellung eines Kämpferaufsatzes das Archivoltenauflager in entsprechender Mauerstärke erlauben. Ist aber demnach des Architekten Vorgreifen zu einem späteren Styl in den Säulen nur zu billigen, so erscheint dagegen das Festhalten an der künstlerischen Armuth der altchristlichen Epoche an anderer Stelle geradezu unbegreiflich, so in den architektonisch gliederungslosen Wänden des Mittelschiffes, in der mangelnden Decke unter der Bedachung der Seitenschiffe u. s. w., wenn es auch gelungen ist, die Barbarei des offenen Dachstuhls im Mittelschiff durch zierliche Behandlung der Balken weniger empfindlich erscheinen zu lassen. Der Apsidenraum ist mit dem angränzenden Theil des Mittelschiffes durch eine als Begräbnissraum für die Ordensmitglieder bestimmte ziemlich umfängliche Krypta überhöht, was der Altarstelle eine ausdruckvolle Würde verleiht, es ist jedoch zu bedauern, dass man es versäumt hat, dem Presbyterium beiderseits die basilikalen Ambonen anzusetzen, wodurch man der kindischen auf Schienen verschiebbaren Kanzel im linken Seitenschiffe überhoben gewesen wäre. — Ein wesentlicher Theil der Wirkung beruht aber auf der farbigen Ausschmückung, von welcher die einfache Stuckmarmormusterung der Wände der Seitenschiffe sehr zu rühmen ist. Die Gemäldeausstattung war H. Hess und seinen Schülern übertragen, ohne dass es jedoch diesen hier mit Ausnahme der Apsis gelang, jenen Ton anzuschlagen, der dem Styl des Gebäudes entsprach, wie es denselben Künstlern bei der Ausmalung der Allerheiligen-Kirche geglückt war. Die Formgebung in den Gemälden aus der Geschichte des Kirchenpatrons ist zu wenig streng und die Farbe zu kraftlos und süss, als dass die sonst an sich schönen Gemälde sich harmonisch in das altchristliche Gebäude fügten. Von Einzelnheiten bemerkenswerth ist ausser den Altargemälden der Seitenaltäre von H. Hess (Madonna mit Heiligen) und J. Müller (Steinigung Stephani) die Grabstätte des Erbauers, des Königs Ludwig in der Kapelle neben dem Seiteneingang rechts, die der jenseits des Orgelchores links gegenüber liegenden Taufkapelle entspricht. Ein schlichter Marmorsarkophag enthält die Ueberreste des Königs, in der unterhalb befindlichen Gruft ist die Leiche seiner Gemahlin, der Königin Therese, beigesetzt. Hinter der mit einem Arkadenfries geschmückten Apsis erhebt sich ein schlichter Glockenstuhl, worauf sich die Abtei anschliesst, welche im Refectorium ein schönes Abendmahl von H. v. Hess enthält. Aeusserlich musste sich das Kloster die Einschiebung in die verlängerten Seitenmauern des Kunstausstellungs-Gebäudes gefallen lassen, damit dieses wenigstens äusserlich eine der Glyptothek gleichartige Tiefe erlangte.

Fig. 6. Grundriss der älteren protestantischen Kirche.

Die ältere protestantische Pfarrkirche auf dem Karlsplatz wurde 1827—1833 von Oberbaurath Pertsch gebaut, nachdem bis dahin ein Betsaal im Küchenhof der Residenz (der protestantischen Königin wegen daselbst) dem Bedürfnisse genügt hatte, da überhaupt die protestantische Gemeinde Münchens sehr jung ist und im Jahre 1801 nur einen Bürger als

— 104 —

Fig. 7. Die ältere protestantische Pfarrkirche. Fronteansicht.

Mitglied zählte. Die Kirche hat lediglich das Verdienst der Grossräumigkeit. Der Architekt legte nemlich ein Oblongum in die Mitte zweier Halbkreise, wodurch das ganze eine annähernd elliptische Gestalt erhielt. Doch ist das eingeschobene Rechteck auch in der Flachdecke ausgesprochen, indem hier ein entsprechend geformtes Deckenbild, die Himmelfahrt Christi, von Carl Hermann, angebracht ist, wohl die herbste Frucht der Schule des Cornelius. Die übrige Decke ist cassettirt. Die Gallerien schneiden durch die rundbogigen Fenster und zeigen selbst keine organische Verbindung mit dem Bau, so wenig wie die budenartigen Logen des Erdgeschosses. Das Aeussere ist kahl und unerfreulich, die vorgesetzte gegiebelte Vorhalle mit schweren Pfeilerarkaden trägt noch die Spur Weinbrenner'schen Einflusses, während der auf der entgegengesetzten Seite angebrachte Thurm manches Motiv italienischen Campanile's abborgte, an der gewählten Stelle aber höchst unerfreulich wirkt.

Die zweite protestantische Pfarrkirche, in der Gabelsbergerstrasse, deren Bau 1874—76 von Prof. R. Gottgetreu, 1876

— 105 —

Fig. 8. Die neue protestantische Pfarr-Kirche. Fronteansicht.

von dem Architekten Eberlein geleitet wurde, ist noch unvollendet. Es ist ein dreischiffiger gothischer Hallenbau aus Backstein mit Sandsteinzierglieder, mit einem Thurm in der Mitte der Façade, gegenwärtig bis nahe zum Helm emporgeführt. Das Innere ist seit Prof. Gottgetreu's Rücktritt von der Bauleitung statt der vorher beabsichtigten Eisensäulen mit Steinpfeilern versehen worden.

Die St. Michaels-Hofkirche, ehemals Kirche des Jesuitencollegiums, des nunmehrigen Akademiegebäudes. Ueber die Entstehung dieses herrlichen Baues wie des anstossenden Ordenshauses ist in der Baugeschichte (S. 39) die Rede gewesen. 1590 geweiht, doch erst 1597 vollendet, muss die Kirche nächst der Frauenkirche als das bedeutendste Bauwerk des älteren München bezeichnet werden, wie sie auch zuerst den Renaissancestyl ohne traditionelle gothische Beimischung in München in Anwendung zeigt, und nicht minder von der späteren Entartung noch frei ist. Das Aeussere ist ohne selbstständige Bedeutung; doch ist die Façade mit ihrer der inneren Eintheilung entsprechenden Stockwerkgliederung immerhin, wie namentlich durch den schönen St. Michael von Hub. Gerhard, nicht ohne Werth. Minder vortheilhaft gestaltete sich die Langseite nach der weiten Gasse, wo die Construction des Innern in dürftiger Nacktheit zum Vorschein kömmt und zu keinem eigentlich künstlerischen Ausdruck gelangt. Das mächtige einschiffige

Fig. 9. Die St. Michaels-Hofkirche. Fronteansicht.

— 107 —

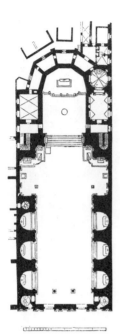

Fig. 10. Die St. Michaels-Hofkirche. Grundriss.

Innere mit dem gewaltigen Tonnengewölbe entschädigt jedoch für das Aeussere. Die nicht zu grossen Detailverhältnisse lassen nemlich das Ganze bei der übrigens ziemlich bedeutenden Länge von 87 Metern sogar noch riesiger erscheinen. Die nach innen gezogenen mächtigen Streben nehmen absidale Kapellen zwischen sich, je drei an jeder Seite, welche wieder einer stattlichen Empore oberhalb Raum geben. Das Querschiff, ausserordentlich grossräumig und von einer Wirkung, wie in wenigen Kirchen ähnlicher Dimensionen, lässt dem Chor noch genügende Tiefenentwicklung, um selbst dem Publikum überlassen werden zu können. Die Decoration des Chores aber ist in der ganzen Gliederung wieder auf eine vergrössernde Wirkung berechnet. Darauf zielt auch der dreigeschossige Hochaltar ab, welcher keineswegs Stückwerk und unvortheilhaft, wie man lesen kann, sondern den allgemeinen Verhältnissen des Gebäudes so entsprechend wie möglich, und in der That ein harmonischer Abschluss des Ganzen ist.

Von der Ausstattung der Kirche ist zunächst das Bronze-Kruzifix mit der hl. Magdalena an der rechtsseitigen Schlusswand des Querschiffes sammt der in demselben Flügel aufgestellten bronzenen Engelsfigur am Taufbecken von Hub. Gerhard hervorzuheben. Gegenüber, an der linksseitigen Schlusswand, befindet sich das bekannte Grabmal des Herzogs Eugen v. Leuchtenberg, von Thorwaldsen, im J. 1824 vollendet. Unter den Gemälden sind die Wappenglasgemälde der Façadenfenster über dem Orgelchor von H. und G. Hebenstreit von speziellem Interesse. Das Altargemälde des Hochaltars, S. Michael darstellend, wie die beiden Gemälde der grösseren Querschiffaltäre sind von Chr. Schwarz, andere wie S. Sebastian und S. Magdalena von H. v. Aachen, S. Ignatius von P. Candid.

Fig. 11. Die St. Michaels-Hofkirche. Innenansicht.

Die Theatiner-Hofkirche zum hl. Cajetan. (Geschichte vergl. S. 49.) Dreischiffige Anlage mit Querschiff, einer Kuppel über der Vierung und zwei Thürmen an der Fronte, welche selbstständig neben den Seitenschiffen angebracht sind. Die erst **1767** vollendete Façade ist mit den (übertünchten) Marmorstatuen des h. Ferdinand, Maximilian, Cajetan und der h. Adelheid von Roman

— 109 —

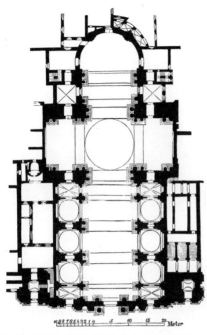

Fig. 12. Die Theatiner-Hofkirche zum hl. Cajetan. Grundriss.

Boos geschmückt. Das Mittelschiff ist tonnenförmig, die Seitenschiffe sind den einzelnen Kapellen entsprechend in Kuppeln überwölbt. Die Stuccaturen sind zumeist überladen und unschön, für ihre Zeit rühmenswerth erscheinen dagegen die Holzsculpturen von Andreas und Dominicus Feichtenberger und von Balthasar Ableitner an den Altären wie in der Sakristei. Von den Altargemälden ist das grosse Hauptaltarbild mit den Donatoren unter der Verklärung des Kirchenpatrons S. Cajetan und der hl. Adelheid, ein mässiges Werk von A. Zanchi. Bedeutender ist das grosse Gemälde im linken Flügel des Querschiffes, die Fürbitte des hl. Cajetan während der Pest von Neapel darstellend, von J Sandrart. Sonst ist etwa noch der Tod des hl. Avellinus von C. Loth in der letzten Kapelle des linken Seitenschiffes und nebenan die fälschlich dem Tintoretto zugeschriebene Kreuzabnahme hervorzuheben.

Die Nachahmung der Grotten des hl. Grabes links vom linken Flügel des Querschiffes ist ohne künstlerische Bedeutsamkeit; ebenso die gleichfalls vom linken Seitenschiffe aus zugängliche Fürstengruft, in welcher die bayerischen Fürsten und Prinzen seit Ferdinand Maria († 1679) bis Prinz Adalbert († 1876) mit wenigen Ausnahmen ruhen. Dagegen ist das zierliche Grabmal der Prinzessin Maximiliana Josepha Karolina († 1821) im rechten Flügel des Querschiffes ein bemerkenswerthes Denkmal des Wiederauflebens der deutschen Kunst und ein noch classicistisches Werk des Meisters Conr. Eberhard. Statt des ersten Altars im rechten Seiten-

Fig. 13. Die Theatiner-Hofkirche zum hl. Cajetan. Fronteansicht.

schiff steht der einfache Colossalsarkophag des Königs Maximilian II., die sich neben demselben öffnende, durch ihren classischen Styl unangenehm contrastirende Kapelle (vgl. S. 82) ist zur Aufnahme der sterblichen Ueberreste J. Majestät der Königin Mutter bestimmt.

Fig. 14. Die Allerheiligen-Hofkirche. Fronteansicht.

Die Allerheiligen-Hofkirche am Marstallplatz wurde 1826—1837 nach den Plänen und unter Leitung L. v. Klenze's erbaut. Wie in der Baugeschichte erwähnt worden ist, hatte König Ludwig die Absicht gehegt, die Capella palatina zu Palermo als Vorbild zu benutzen, doch wusste ihn der Architekt zu bestimmen, von dieser Idee zu Gunsten des Planes abzugehen, welchen er unter Zugrundelegung der Markuskirche in Venedig entworfen hatte. Dafür legte Klenze dem Aeusseren ein italienisch-romanisches Gewand (Uebergangszeit) an, zum Theil mit Motiven von S. Marco, nicht ohne mit den scheinbaren Seitenschiffen, wie sie sich als mit niedrigen Pultdächern versehen von Aussen darstellen, einer Täuschung sich schuldig zu machen, da sich unter denselben vielmehr Nebengemächer verbergen, die mit der Kirche selbst nichts zu thun

Fig. 15. Die Allerheiligen-Hofkirche. Längsdurchschnitt.

haben. Das rundbogige mit gothisirendem Wimperg versehene Portal zeigt ein Relief, Christus zwischen Maria und Johannes, (im Tympanon), wie die Statuen der Apostel Petrus und Paulus von Conr. Eberhard. Die Ecklisenen sind mit Fialen der italienischen Uebergangszeit bekrönt, auch das Radfenster ist romanisch, während das Rankenwerk über dem Bogenfries der Krabbenbildung der italienischen Gothik entlehnt ist.

Das Innere zeigt im Hauptschiff zwei flache Kuppelgewölbe, welchen eine halbkreisförmige Apsis und gegenüber an der Eingangseite ein Tonnengewölbe angesetzt ist. Mächtige Pfeiler stützen sowohl diese wie die Tonnengewölbe der Nebenräume, deren Axe im rechten Winkel gegen die Längsaxe der Kirche gerichtet ist. Die Nebenräume sind doppelgeschossig, indem zwischen die Pfeiler je zwei Säulen aus dunkelrothem Marmor mit vergoldeten korinthischen Capitälen gestellt sind, welche durch Archivolten verbunden, die für den Hof bestimmten Emporen tragen. Durch die wirkliche Ausführung dieser Emporen unterscheidet sich die Allerheiligenkirche von ihrem Vorbilde S. Marco, wo dieselben bekanntlich unausgeführt blieben. — Sind die Verhältnisse der Kirche überhaupt musterhaft, so kann diess auch von der Ausstattung gesagt werden, in welcher die Wirkung des romanisirenden Byzantinismus in Form, Farbe und Stuckmarmormaterial, wie sie das untere Geschoss zeigt, nicht minder erreicht wird, als von der stylvollen Gediegenheit der Ausmalung der Apsis und der Gemälde der oberen Wandflächen. Meister Heinrich Hess, von seinen Schülern Schraudolph, Koch und Müller unterstützt, hat in diesen Gemälden*) eine Harmonie mit der architektonischen Gestaltung des Gebäudes erreicht, wie sie ausser ihm vielleicht nur einem Flandrin gelungen ist, ohne in archaistische Manierirtheit zu verfallen.

Die Hofkapelle (siehe k. Residenz).

Die St. Jakobskirche auf dem Anger mit Klosterkirche der armen Schulschwestern ist eine der ältesten Stiftungen Münchens. Wie schon in der Baugeschichte (S. 16) erwähnt, wurde Kirche und Kloster bereits 1204 von Ludwig dem Kelheimer für die Minoriten gegründet. Die erste Kirche, zugleich die in ihrer wenn nicht ursprünglichen, so doch nicht lange darauf und nur wenig veränderten Gestalt ältest erhaltene Münchens, bildet jetzt den Chor der gegenwärtigen Kirche, ist aber durch eine etwas roh eingesetzte Wand abgetrennt, und unzugänglich. Die jetzt auch der Laien-Andacht geöffnete Kirche wurde wahrscheinlich nach

---

*) Von J. G. Schreiner lithographisch publicirt. 43 Blätter.

Uebergabe des Klosters an die Clarissinen (1286) angelegt, zeigt jedoch keine deutlichen Reste aus dieser Zeit, wenigstens stammt die ganze Wölbung von dem Wiederaufbau nach dem Einsturz 1404. Am meisten hat sich das Aeussere verändert, indem hier C. v. Fischer 1810 den unglücklichen Versuch machte, einen italienischen Gesammteindruck zu erzielen, und das Ganze höchst kahl und nüchtern, überdiess z. Th. mit classicistischen Zierden vom Anfang dieses Jahrhunderts verkleidete. Das fünf Traveen lange dreischiffige Innere mit doppelgeschossigen Abseiten zeigt die von schlichten rechtwinkligen Pfeilern getragenen Gewölbe grösstentheils verzopft, nur in dem Obergeschosse der Seitenschiffe sieht man noch das gothische Netzwerk. Gegenwärtig ist der Abschluss der Kirche durch eine schmucklose Wand, an welche sich der Hauptaltar lehnt, sehr unschön, wie sie auch hinsichtlich der Ausstattung, grossentheils von den Gebrüdern Asam hergestellt, nichts bemerkenswerthes darbietet.

Das rechts anstossende Angerkloster hat mit Bezug desselben durch die armen Schulschwestern 1841 seine Gestalt ganz verändert und erscheint neuromanisch und kahl. Einst erfreute es sich grosser Theilnahme, wie auch unter vielen vornehmen Mitgliedern der bis 1803 daselbst wohnenden Clarissinen selbst drei Prinzessinen aus dem bayerischen Fürstenhause dort lebten und starben: Agnes, die Tochter des Kaisers Ludwig des Bayers († 1352), Barbara, Herzog Albrecht V. Tochter († 1444) und Emanuela Theresia, Tochter des Churfürsten Max Emanuel († 1750).

Die Damenstifts- oder St. Annakirche mit dem Stiftsgebäude in der Damenstiftsgasse wurde 1732—1735 von Karl Albert den von seiner Mutter, der Churfürstin Adelheid, berufenen Salesianerinen an der Stelle einer älteren Kapelle durch J. B. Gunezrainer erbaut. Sie besteht aus zwei Kuppelräumen mit Flachkuppeln auf je vier Pfeilern, welche letztere selbst schwachvertiefte gradlinig abgeschlossene Nischen zwischen sich nehmen. Der eine der Kuppelräume enthält den Hauptaltar; gegenüber an der Eingangsseite ist ein Tonnengewölbe vorgelegt. Die Decoration ist sorgfältig, doch nicht von hervorstechender Bedeutung; auch die Decken- und Altarbilder von C. D. Asam, B. Albrecht, G. Demare's und Ruffini sind ohne Werth. — An die Stelle der Salesianerinen traten schon vor der Säcularisation die adelichen Damen, welchen Carl Theodor in dem Kloster ein Stift gründete, das jedoch unter Ludwig I. verlegt worden ist, seit welcher Zeit das Gebäude Schulzwecken, jetzt Gewerbe- und Handelsschule, dient.

Die Karmelitenkirche in der Karmelitengasse mit anstossendem Kloster, jetzt Ludwigsgymnasium und k. Erziehungsinstitut für Studirende, wurde in Folge Gelöbnisses des Churfürsten

Maximilian I. von dessen Sohn Ferdinand Maria durch H. C. Asper erbaut und 1660 geweiht (vgl. S. 47). Es ist ein einfacher Renaissancebau mit Querschiff und rechtwinkligem Chorabschlusse. Die mit jonischen Pilastern verzierten Pfeiler theilen die Nebenschiffe in Kapellenräume, die jedoch vermittelst schmaler Durchgänge unter sich in Verbindung stehen. Bemerkenswerthes besitzt die Kirche, die jetzt von den zur Abtei S. Bonifaz gehörigen Benediktinern des Erziehungsinstitutes besorgt wird, nichts. Auch das Aeussere hat durch den zopfigen Classicismus toscanischer Ordnung in welchen es N. v. Schedel 1802—11 an Fronte und Langseite kleidete, nicht gewonnen. Die Façade des Erziehungsinstitutes bietet ein Spezimen des Zopfstyles dar.

Die Josephspitalkirche, nur vom Innern des Josephs-Spitals selbst zugänglich, da die Altarwand an die Strasse gleichen Namens stösst, befindet sich auf der Stelle der Privatanstalt des Baders Melch. Pruggsperger, welche schon von Churfürst Maximilian I. 1626 beträchtlich dotirt und baulich erweitert worden ist. In seiner gegenwärtigen Gestalt stammt jedoch der ausgedehnte Complex mit Kirche erst aus dem Jahre 1682. Die Kirche ist ein schlichter Betsaal mit gedrücktem Gewölbe und ohne weitere als Pilastergliederung. Den Namen hat das seit 1842 von barmherzigen Schwestern bediente Gebäude von dem Kirchenpatron, welchem auch das neue, den Tod des hl. Joseph darstellende Hochaltarrelief gewidmet ist. Sonst enthält die Kirche keinerlei Merkwürdigkeit.

Die St. Elisabeth-Herzogspitalkirche in der Herzogspitalgasse wurde neben dem kurz vorher gegründeten Hospital für kranke Hofbediente von Herzog Albrecht V. 1550 durch den Hofarchitekten H. Schöttl erbaut. Doch ist in baulicher wie in Ausstattungshinsicht bis auf das rundbogige Gewölbe, welches in der Netzconstruction noch die Nachwirkung der Gothik verräth, zu verschiedenen Zeiten verändert worden, hauptsächlich i. J. 1676. Damals wurde namentlich die im Rufe der Wunderkraft stehende Madonna unter dem Kreuze, 1650 von Tobias Bader gefertigt, nach dem linken Seitenaltar versetzt, der jetzt die Hauptrolle der ganzen Kirche spielt. Dem Spital gegenüber war 1715 durch die Churfürstin Therese Kunigunde, Gemahlin Max Emanuels ein Kloster angebaut, welches den Servitinen eingeräumt wurde. Das Spital wurde 1800 aufgehoben, das Gebäude durch Verkauf in Privatbesitz gebracht, der Fonds aber mit jenem des benachbarten Josephspitals vereinigt. Die Kirche erfreut sich der „Maria in sieben Schmerzen" wegen einer grossen Beliebtheit und wird reich mit Geschenken bedacht, worunter eine leider zu kleine Madonna in Bronze von Prof. Zumbusch, welche an der kahlen Facade angebracht ist und von einem Gelübde während der Choleraepidemie 1854 stammt.

Die Kreuzkirche, vormals Allerheiligenkirche in der Kreuzgasse. (Geschichte S. 19.) Aeusserlich wenig veränderter und für die kleinen Verhältnisse gut wirkender Bau in der Backsteingothik des Baumeisters der Frauenkirche, einschiffig mit Strebepfeilern und einem mächtigen Thurm über der Chorvierung, über welche der Chorschluss als halbkreisförmige Apsis heraustritt. Das Innere ist im dürftigen Renaissancestyl umgestaltet, die Ausstattung aber sehr ärmlich, da die Kirche 1796—1814 profanen Zwecken (Heumagazin) dienen musste, wobei der frühere Inhalt verschleppt ward. Das einzig Bemerkenswerthe ist das Grabdenkmal des Rathsherrn Göz von 1629, mit einem die Auferweckung des Lazarus darstellenden schönen Bronzerelief von unbekannter Hand.

Die hl. Dreifaltigkeits-Kirche in der Pfandhausstrasse wurde 1704—1718 nach den Plänen der italienischen Architekten v. G. A. Visardi erbaut (vergl. Baugeschichte S. 71.) Es ist der erste Bau Münchens in welchem das borrominische Barock entschieden auftritt, namentlich in der stumpfwinklig vorspringenden Façade. Das Innere besteht aus einem Kuppelbau auf vier reich pilastrirten Pfeilern, zwischen welche sich kurze Kreuzschenkel mit Tonnengewölben spannen. Der Kreuzschenkel dem Eingang gegenüber erweitert sich zum apsidalen Altarraum. Speziell Bemerkenswerthes besitzt die Kirche, welche den Karmelitinen überwiesen war, nichts. Auch das rechts anstossende Klostergebäude, jetzt zu städtischen Administrativzwecken (Leihhaus etc.) verwendet, ist höchstens durch den hier rein auftretenden Zopf der Portale für denjenigen bemerkenswerth, welcher sich den Unterschied zwischen Barock, Rococo und Zopf klar machen will.

Der Bürgersaal oder Betsaal der deutschen Congregation wurde 1710 von der Münchener Bürgerschaft nach dem Plan des Visardi zu bauen begonnen und hatte den Zweck, der schon länger bestehenden lateinischen Congregation eine ähnliche und gleichfalls von den Jesuiten geleitete deutsche und bürgerliche an die Seite zu stellen. Die schlichte, pilastergeschmückte Façade bietet ausser der Madonna von F. Ableitner kein weiteres Interesse. Ihren zwei Etagen entspricht auch die innere Einrichtung, welche ebenfalls doppelgeschossig ist, doch ist das Erdgeschoss wegen mangelnder Beleuchtung lediglich ein untergeordneter Gewölberaum. Das saalartige Obergeschoss ist in seiner Flachdecke durch ein grosses Gemälde von Mart. Knoller, 1775 gemalt, geschmückt. Aus der Entstehungszeit des Baues aber stammen die Landschaften von J. Beich, die bayerischen Wallfahrtsorte darstellend, wie der in Relief hergestellte englische Gruss des Hauptaltars von Greif und A. Faistenberger. Das rechtseitig anstossende nunmehrige Privathaus war das nach Vollendung des Betsaales von der Gemahlin des Churfürsten und Kaisers Carl (VII.) Albert hergestellte Exercitienhaus.

Die Krankenhaus-(Vinzenz-)Kirche ist in das Kloster der barmherzigen Schwestern eingebaut, welches mit der Kirche 1837—1839 nach Plänen von F. Gärtner hergestellt wurde. Das Innere ist schlicht in Tonnenform gewölbt, doch ist der geräumige fünfseitige Chorabschluss nicht ohne Wirkung. An den zwei Langseiten vertreten geschlossene Oratorien die fehlenden Nebenschiffe; das romanische Ornament isi lediglich aufgemalt.

Die Herz-Jesukirche mit Kloster der Niederbronnerschwestern in der Buttermelcherstrasse ist erst im Jahre 1876 vollendet worden. Sie zeigt bei unansehnlichem und nur durch einen Façadenthurm im Rundbogenstyl geschmückten Aeusseren ein nicht unbemerkenswerthes Innere. Der schwere Pfeilerbau des Schiffs mit doppelgeschossigem Nebenschiff ist nemlich, freilich spärlich, in Frührenaissancemotiven ausgestattet, welche besonders an den Blendarkaden des halbkreisförmig abschliessenden Chors nicht unvortheilhaft sind. Die Decke von Haupt- und Nebenschiffen ist in Tonnenform mit Stichkappen ausgeführt, welche letztere auch dem halbkuppelförmigen Schluss der Apsis eine eigenthümliche Gestalt geben. Von zierlicher Schönheit sind die drei neuen Altäre in feiner Renaissancearbeit.

Die Marienkapelle mit Armen- und Kinderhaus der Niederbronnerschwestern (Vincentinum) in der Bogenhauserstrasse No. 10 bei dem sogen. Paradiesgarten ist ein einfacher Betsaal mit Flachdecke bei verglastem Hyäthrum und mit apsidalem Abschluss. Das Marienbild auf Goldgrund an der Apsiswand ist von A. Hess.

Die St. Stephans- oder Gottesackerkirche am südlichen (alten) Friedhofe wurde 1638 von Churfürst Maximilian I. als Ersatz für die der Befestigungserweiterung wegen abgetragene Gottesackerkapelle von Albrecht V. erbaut. Sie ist einschiffig, in Tonnenform gewölbt, nur mit einem Dachreiter versehen und innen wie aussen ohne andere Bedeutsamkeit, als die der hübschen Stuccaturen, welche den Einfluss der Stuckarbeit in der maximilianischen Residenz zeigen, wenn sie nicht sogar von denselben Fistulatoren herrühren.

Die schmerzhafte Kapelle südlich vom neuen südlichen Kirchhofe (Staubstrasse 14), wurde 1703—1705 an der Stelle einer seit der Zeit des dreissigjährigen Krieges bestehenden Feldkapelle als einfache Rotunde auf acht Pfeilern erbaut. Als aber 1846 derselben ein Kapuzinerhospiz, welches 1853 zum Convent erweitert wurde, angefügt ward, musste die Rotunde nicht blos einige Umgestaltungen in den drei Altarapsiden erfahren, sondern erhielt auch einen schlichten, im romanischen Styl ausgeführten, einschiffigen Vorbau, welcher die armselige Romanisirung alles Uebrigen zur Folge hatte. Bemerkenswerth ist vielleicht nur ein die hl. Familie darstellendes Gemälde in einer links au den Rundbau angesetzten Kapelle, das von einem geschickten Nachahmer Andrea del Sarto's und aus einer Gruftkapelle des 1803 demolirten Kapuzinerklosters vor der Herzog-Max-Burg herrührt.

Die Elisabethen-Kirche mit Spital, in der Mathildenstrasse, wurde von der Kaiserin Amalia, der Wittwe Karl Alberts, als Kaiser Carl VII, 1754 gestiftet und 1777 geweiht. Sie besteht aus drei Flachkuppelräumen, von welchen die mittlere als eigentliches Kirchenschiff grösser, die beiden anderen, von dem Hauptaltar und dem Orgelchor eingenommen, etwas kleiner sind. Bemerkenswerthes enthält die Kirche ausser dem später hieher versetzten Katzmair'schen Grabmal von 1520 mit interessanten Marmorsculpturen im Renaissancegeschmack (an der Wand links unter der Orgelempore) nichts.

Die St. Johannes von Nepomuk-Kirche in der Sendlingergasse, 1733—1746 von den mehrgenannten Künstlerbrüdern E. und C. D. Asam neben ihrem Wohnhause gestiftet und ausgeführt, ist ein sehr bemerkenswerthes Probestück des Cultbaues in der Rococoperiode. Die capriciöse Façade sowohl als das einschiffige etwas zu schmale Innere zeigen manche geschickte Lösung; doch findet sich unter dem ostensiösen Prunk der Ausstattung kein Object von eigentlich künstlerischem Werthe. Das anstossende Asamhaus zur Linken mit reichem figürlichen Stuccoschmuck gehört zu den bemerkenswerthesten Privatgebäuden Münchens jener Zeit.

Die S. Salvators- oder griechische Kirche auf dem ehemaligen U. L. Frauen Gottesacker, jetzt sog. griechischen Markt, war 1494 von Herzog Albrecht IV. als Ersatz für die damals wegen eines Befestigungswerkes am Schwabingerthore abgebrochenen S. Salvatorskapelle von 1413 erbaut worden, und erbte auch den Namen, der auf die dort gelungene Wiedergewinnung einer Hostie zurückgeführt wird, welche ein Weib an die Juden auszuliefern im Begriffe stand. Bei dem Bau 1494 musste eine kleine Marienkirche weichen, welche den Mittelpunkt des U. L. Frauen-Gottesackers gebildet zu haben scheint, der bis 1789 hier bestand, und dessen hervorragendste Denkmäler, die Denksäule Herzog Albrecht IV. von 1480 und die Lichtsäule (mit „ewigem Licht für die armen Seelen") Herzog Wilhelms V. von 1516 auf den südlichen (alten) Kirchhof versetzt wurden und sich noch daselbt befinden (IV. Section, 4. Gräberreihe No. 42 und VI. Section, 4. Reihe No. 19). Längere Zeit scheint noch die Ritterkapelle auf dem Friedhof gestanden zu haben, wo die Adeligen zu Rittern des hl. Georg geschlagen wurden, und wo mehrere derselben auch begraben lagen Ausserdem eine Armenseelen-Kapelle (Beinhaus), in welcher sogar noch Gemälde von 1519 erwähnt werden. Die Kirche selbst ist ein schlichter, einschiffiger Bau mit schönem gothischem Gewölbe und nach aussen gelegten Strebepfeilern. Der einfache schlanke, in der unteren Hälfte viereckig, in der oberen dagegen achteckig aufgeführte Thurm ist an die linke Seite des Chors gelegt, und in den letzten Jahren statt des kuppelförmigen Abschlusses des Helmes mit der ihm zukommenden Spitze versehen worden. Die Fenster besitzen noch ihren ursprünglichen farbigen Schmuck, der nicht hinter den Glasmalereien der Frauenkirche zurücksteht. 1803 musste die Kirche geräumt werden, um als Aufbewahrungsort aller aus den aufgehobenen Prälaturen einkommenden Gegenstände benutzt zu werden; von 1807—1829 diente sie als Salpeterdepot, bis sie König Ludwig I. restauriren und den Griechen übergeben liess. Altäre aus der Erbauungszeit scheinen bei der Säcularisation nicht mehr vorhanden gewesen zu sein, die wenig bedeutenden aus dem 17. Jahrhundert aber hatten damals z. Th. in die Frauenkirche, z. Th. in die Kreuzkirche versetzt werden müssen. Der gegenwärtige Altar ist durch einen Tabernakel aus Jaspis ausgezeichnet, welchen Kaiser Nicolaus von Russland der Gemeinde geschenkt, die modernen Gemälde (von einem griechischen Kirchenmaler) sind ohne besonderen Werth.

Die Mariahilf-Pfarrkirche in der Vorstadt Au. Auf dem Platze stand seit Jahrhunderten eine Kapelle zum hl. Kreuz, neben welcher 1629 eine Marienkirche entstand, deren Bau der Kriegsnoth wegen erst 1639 durch Beihilfe des Churfürsten Maximilian I. vollendet wurde. Das Madonnenbild, an welchem Kopf und Hände der Madonna wie das ganze Christkind von Elfenbein, von dem Hofseidensticker Rathon aus Lothringen der Kirche geschenkt, gelangte in den Ruf der Wunderkraft, so dass die kleine Marienkirche des Zudranges wegen vergrössert werden musste (1727—1729), aber auch jetzt noch Filiale der Paulaner blieb, welche seit 1626 jenes Gebäude inne hatten, das 1807 als Strafarbeitshaus eingerichtet worden ist. Nachdem der Paulanerconvent aufgehoben worden war, wurde die Marienkirche Pfarrkirche der Au (seit 1799), verlor aber dafür in den Jahren der Aufklärung den Charakter eines Gnadenortes. Im Jahre 1831 beschloss indess die Gemeinde, statt der unansehnlichen alten Kirche eine neue zu erbauen, und es entstand 1831—1839 unter Leitung des Baurathes Jos. Dan. Ohlmüller eines der besten Werke gothischen Styles jener Epoche. Als Hallenkirche in Backstein mit Ziergliedern aus Sandstein gebaut, zeichnet sie sich äusserlich durch den schönen 81 Meter hohen Thurm aus, welcher in maassvollem Reichthum und in ge-

Fig. 16. Die Mariahilf-Kirche in der Au. Fronteansicht.

lungenen Verhältnissen in seinem Uebergang vom Viereck zum Achteck wie in dem durchbrochenen Helm an das Vorbild des Freiburger Münsters gemahnt. Wäre sonst die Brechung der Langseiten durch ein vortretendes Querschiff bei der Grossräumigkeit des Platzes allerdings zu wünschen, so gliedern doch die nach aussen gelegten Streben wohlthätig, wozu auch die polychrome Musterung des Daches, einigermassen für die fehlenden Wimperge entschädigend, beiträgt. Der Chor ist fünfseitig angelegt, erscheint aber, wenn ganz, d. h. von unten gesehen, wegen mangelnder Kapellen- oder Sakristeivorsprünge etwas nüchtern. — Das Innere, 70,5 Meter lang, 24 Meter breit und 28,5 hoch wird durch 16 Hallenpfeiler in drei Schiffe getheilt. Die Pfeiler sind mit 8 Diensten geschmückt, welche jedoch dadurch weniger energisch wirken, dass die Zwischenräume zwischen denselben nicht ausgekehlt sind. Der Chorumgang, welcher nach dem Vorbilde der Frauenkirche durch Engerstellung des letzten Pfeilerpaares vermittelt ist, wird im Erdgeschosse durch die hereingezogenen niedrigen Sakristeiräume aufgehoben, über welchen eine Empore herumführt. Die Ueberhöhung des Chores ist übrigens weder stylgemäss, da sie in der gothischen Periode sich verliert, noch vortheilhaft, weil dadurch die Sakristeiräume niedrig werden mussten. Den Hauptschmuck bilden die neunzehn 15,5 Meter hohen und 3, im Chor 4 Meter breiten Fenster, ein Hauptwerk der ehemals k. Glasmalereianstalt und Geschenk des Königs Ludwig I. Die auf die Geschichte Mariens bezüglichen Darstellungen sind zum grössten Theil von dem begabten J. A. Fischer componirt, einzelne von W. Röckel, Chr. Ruben und J. Schraudolph, sämmtlich unter Oberleitung von H. Hess, während der technische Leiter der k. Glasmalereianstalt, der verdienstvolle Ainmüller, das Ornament dazu schuf, welches zum grossen Theil vom Volckamer-Fenster der Lorenzkirche zu Nürnberg, als unter Scharfzandt-Fenster der Frauenkirche beeinflusst erscheint. — Altäre, Beichtstühle, Stationen u. s. w. von Fid. Schönlaub enthalten manches Schöne, wenn auch noch manche Unsicherheit, ebenso die nach Ohlmüller's Zeichnung von J. M. Entres gefertigte Kanzel. Für den Architekten ist noch der mit einem Kreuze bezeichnete Stein in der Mitte der Halle unter dem Orgelchor von Interesse, da unter demselben der kurz vor der Einweihung gestorbene Baukünstler der Kirche, Ohlmüller, begraben liegt, wie die schöne Bronzetafel am linkseitigen Pfeiler des Orgelchors besagt. Eine andere ähnliche Bronzetafel rechts erinnert daran, dass König Ludwig ausser den Fenstern noch die Summe von 100,000 fl. zum Bau beigesteuert habe.

Die alte Pfarrkirche zum hl. Johannes dem Täufer in Haidhausen stammt aus sehr früher Zeit und verräth in dem halbkreisförmigen Chorschluss wie in dem Rundbogenfries des Thurmes noch Spuren der Uebergangsperiode, in den spitzbogigen Fenstern

Fig. 17. Die neue Pfarrkirche in Haidhausen.

desselben die frühgothische Zeit. Auch der rechtseitige Eingang zeigt noch gothische Behandlung. Im Uebrigen ist das Innere im Renaissancestyl umgestaltet und ohne spezielles Interesse; die Kirche wird auch nach Einweihung der neuen Pfarrkirche ihre bisherige Parochialbedeutung verlieren.

Die neue Pfarrkirche zu Haidhausen wurde z. Th. aus Sammlungserträgnissen des Pfarrers Wallser, z. Th. aus städtischen Mitteln durch den Architekten Math. Berger, den Restaurator der Frauenkirche, erbaut und 1863 in der Hauptsache vollendet. Es ist ein stattlicher gothischer Bau mit einem Thurm in der Façadenmitte und mit Ausschluss des figürlichen Schmuckes und der Kreuzblumen ganz aus Backstein und Terracotta hergestellt. In der durch drei Portale ausgezeichneten Fronte machen sich die Einwirkungen des Maximilianstyles geltend, im Uebrigen ist die Anordnung gefällig und ohne kleinliche Spielerei, wie z. B. die schlichte Arkatur unter dem Dachansatz von trefflicher Wirkung ist. Die mit Fialen gekrönten nach aussen gezogenen Strebepfeiler und besonders die zwei Treppenthürme am Choransatz, welche dem Thurm der Façade ein wirksames Gegengewicht bieten, beleben das Aeussere vortheilhaft, wie auch die rings um den Chor gezogenen Sakristeiräume für den Kapellenkranz um den Chor entschädigen. Der Chorschluss ist dreiseitig, und diese Anordnung wird durch die zwei kapellenartigen Ausweitungen zur Rechten und Linken der Fronte wiederholt. Das Innere, einschiffig, macht durch das schöne Netzwerk des Sterngewölbes wie durch die Verhältnisse einen sehr wohlthuenden Eindruck; nicht minder befriedigen die drei marmornen Altäre gothischen Styles von Waitz aus Haidhausen. Die Kirche ist wegen Besitzstreit zwischen Magistrat und geistlicher Behörde bis zur Stunde uneingeweiht und folglich unbenutzt, nach Erledigung des Conflicts wird sie Johann den Täufer als Namenspatron erhalten.

Die Nicolauskapelle am Gasteig ist der Rest des uralten St. Nicolaus-Spitals für Leprosen oder Unheilbare, welches 1861 abgetragen wurde, als König Maximilian II. die Gasteiganlagen schuf. Die Unheilbaren sind jetzt in dem ehemaligen Irrenhaus zu Giesing untergebracht. Die Kirche zeigt äusserlich in seinem dreiseitigen Chorschluss wie in den schlichten Strebepfeilern den gothischen Ursprung, während die Sternrippen des Gewölbes im einschiffigen Inneren, der Behandlung der Kirche des Herzogspitals verwandt, die deutsche Renaissance der Mitte des 16. Jahrhunderts verrathen. Sonst bietet die kleine Kirche, welche seit einigen Jahren der altkatholischen Gemeinde überwiesen worden ist, kein künstlerisches Interesse.

Unmittelbar nebenan befindet sich die noch kleinere Altötting er-Kapelle des Gasteig, so genannt von der die Altöttinger Madonna nachahmenden Maria auf dem Hauptaltar, vor zehn Jahren im romanischen Style hergestellt. Die Chornische, aussen dreiseitig, wurde innen zur halbkreisförmigen Apsis umgestaltet. Die Flachdecke enthält ein hübsches den hl. Nicolaus darstellendes Gemälde von Jul. Frank.

Die Klosterkirche zum Guten Hirten in Haidhausen mit Erziehungsanstalt für verwahrloste und arme Kinder, ehemals Schloss der Familie Leiblfinger ist seit 1834 im Besitz der Frauen vom Guten Hirten, welche allmälig das Ganze für ihren Zweck wesentlich umgestaltet haben. Die Klosterkirche, einschiffig aber geräumig, ist nicht ohne Interesse, denn das Tonnengewölbe ist durch spitzbogige Stichkappen und gothische Netzrippen, die von leichten an die Wand gesetzten Diensten ausspringen, belebt, und ebenso sind die romanisch-rundbogigen Fenster mit gothischem Maasswerk verziert. Das Ganze gemahnt an toscanische Bauten der gothischen Periode, wenn auch der Hauptaltar rein romanisch ist.

Die alte Pfarrkirche (hl. Kreuzkirche) in der Vorstadt Giesing, klein, einschiffig und unansehnlich, stammt gleichwohl aus einer bedeutend früheren Zeit, als ihn die etwas schweren Stuccaturen aus dem 17. Jahrhundert vermuthen lassen. Der massive Sattelthurm wenigstens, gross genug, um den Chor in seinem Inneren aufzunehmen, ist in seinen ganz ungegliederten unteren Theilen muthmasslich sogar älter als die gothischen Schalllöcher oben. Die Kirche selbst zeigt keine älteren oder sonstwie bedeutenden Bestandtheile.

Die neue Pfarrkirche von Giesing, unmittelbar neben der alten, ist noch unvollendet, ja es wurde der Bau sogar nach der bekannten Affaire mit der Giesinger Kirchenbau-Lotterie vorläufig ganz eingestellt. Zur Zeit erheben sich nur die Strebemauern des grössten Theils. Gothischen Styles und aus Backstein mit Sandsteinziergliedern erbaut, wird sie durch eine doppelte fünfseitige Chorbildung wie durch ein in gleicher Weise chorartig abschliessendes Querschiff immerhin von stattlicher Planbildung und eine Zierde der Isarhöhen sein, wie auch das Innere trotz Einschiffigkeit geräumig zu werden verspricht. Die Entwürfe stammen von Hofbaudirector v. Dollmann.

Die Synagoge in der Westenriederstrasse, von Baurath Metivier 1824—1826 erbaut, verräth durch ihr palastartiges Aeussere im Hochrenaissancestyl ihren Cultzweck nicht. Sie grenzt mit einer Langseite an die Strasse und schliesst sich mit beiden Schmalseiten an die beiderseits benachbarten Häuser an. Das Innere bietet einen Saal dar, welcher ein Tonnengewölbe aus Lattenwerk trägt, sehr unvortheilhaft dadurch wirkend, dass der Scheitel des letzteren den Scheitel der flachen Apsis, in welchem das Allerheiligste, fast berührt. Der Saal ist ringsum, mit Ausschluss der Apsis, von einer für die Frauen bestimmten Empore umzogen, die von hübschen Säulen aus rothem Tegernseermarmor mit weissen Palmenkapitälen getragen wird. — Der Plan eines dem gegenwärtigen Gemeindestand entsprechenderen Neubaues, längst gefasst, ist noch immer von der Verwirklichung ziemlich fern, da sogar noch nicht festgestellt ist, wo der Bau zu stehen kommen soll. Vorläufig sind die an die alte Synagoge gegen Süden anstossenden Häuser von der Gemeinde angekauft worden.

Friedhöfe.

In München bestehen ausser einem besonderen, ferner von der Stadt (bei Thalkirchen) gelegenen und 1816 angelegten Begräbnissplatz für die israelitische Bevölkerung vier zum simultanen Gebrauch bestimmte, mit je einem Leichenhause versehene Friedhöfe, der südliche und nördliche Friedhof, dann die Friedhöfe in den Vorstädten Au und Haidhausen.

Der älteste dieser Friedhöfe ist der südliche, welcher im Jahre 1786, als nach landesherrlicher Verordnung die Leichenäcker innerhalb der Stadt zunächst der Kirchen aufgehoben wurden, unter Benützung eines seit 1577 bestehenden Armen- und Epidemien-Kirchhofs, vor dem Sendlingerthor auf einem 7 Tagwerk umfassenden Terrain angelegt wurde.

Bei der im Jahre 1854 erfolgten Vereinigung der rechts der Isar gelegenen Vorstädte Au, Haidhausen und Giesing mit München kamen auch deren Friedhöfe zur Stadt, von welchen jedoch jener in Giesing in jüngster Zeit seiner ungeeigneten Lage wegen für die Benützung gesperrt wurde. Nachdem diese Friedhöfe nicht hinreichten, fand im Jahre 1868 die Eröffnung des „nördlichen Friedhofes" statt.

Der südliche Friedhof erhielt im Jahre 1819 einen halbkreisförmigen Arkadenabschluss, sowie ein Leichenhaus, wozu die Pläne von Baurath Vorherr im Weinbrenner'schen dorischen Style gefertigt waren. Im Jahre 1844 wurde er wiederholt erweitert, indem sich unmittelbar an die Leichenhäuser ein neuer Friedhof rings mit Arkaden umgeben anschloss, welcher mit Bezug auf die Campo Santo's in Bologna und Pisa nach den Entwürfen des Direktors von Gärtner ausgeführt wurde, und in dieser Anlage gegenwärtig noch besteht. Das Flächenausmaass des ganzen Areals beträgt 94,480 ☐ Meter. Unter den Arkaden des alten und neuen Theils befinden sich Grüfte, welche für die Gräber im offenen Friedhof nicht gestattet sind. Für die hier zu errichtenden Monumente sind bestimmte Dimensionen der Fundamentmauern vorgeschrieben. Jede Leiche muss innerhalb 12 Stunden nach dem Tode in das Leichenhaus gebracht werden, und bleibt hier bis zur Beerdigung beigesetzt. Zu diesem Zwecke enthält das Gebäude die nöthigen Leichensäle, sodann Secirsaal, Wohnung des Friedhofaufsehers und die Räume für die Kanzlei.

Von den Monumenten können hier nur die erwähnt werden, welche in künstlerischer Beziehung hervorragen, die natürlich nicht immer mit der persönlichen Bedeutung des Bestatteten gleichen Schritt hält. Aeltere Werke fehlen mit Ausnahme der beiden nachträglich dahin versetzten Denk-. und Lichtsäulen (vergl. Salvatorkirche S. 119) und der Stürzer'schen Grabstätte (mit zwei rothen Sandsteinreliefs vom 17. Jahrhundert an der rechtseitigen Umfassungsmauer) gänzlich, da bis zum Ende des vorigen Jahrhunderts die eisernen Kreuze allein üblich waren. Von neueren Werken enthält der Arkadenhalbkreis in der Reihe von links nach rechts als erwähnenswerth das Grabmal der Prinzessin Czetwertynska (Maria Narischkin) mit einer Marmorgruppe der Wohlthätigkeit, von Halbig; die Bronzestatue des Baron C. L. Ch. v. Kesling, von Halbig; das liegende Bronzebild der Caroline von Mannlich, von Stiglmair, und das Marmorrelief der Trauer, am Grabmal der Friederike v. Wurmb, von P. Marchesi. Nahebei im Freien befindet sich das liegende Bronzebild des Generallieutenants S. Bar. v. Leistner, von Halbig; im rechten Seitengang das Hanfstängl'sche Bronzegrabmal, von Pettrich; im Mittelgang das Pet. Hess'sche Grabmal mit Bildnissmedaillon, von A. Hess. Der neue Theil des südlichen Friedhofes regt durch die stattliche Arkadenumfassung zu höherer Denkmälerlust an, doch ist jetzt die umfängliche Halle noch nicht zur Hälfte gefüllt. Die grossen Wandflächen leiten auf Malerei, es ist indess noch nichts Bedeutendes geschaffen worden. Von den colossalen Bildnissstatuen mögen die von Professor von Breslau, Staatsrath von Herrmann, Glasmalereidirektor M. Ainmüller und Prof. v. Walther, sämmtlich von Halbig, hervorgehoben werden. Von den übrigen Monumenten steht das Ang. Knorr's, von A. Hess, obenan. Sonst die Brey-, und Schmauss'schen Grabmäler mit Idealstatuen von Halbig und das Steinbacher'sche mit der Portraitbüste von M. Spiess, das Frz. Kester'sche und Sid. v. Pausinger'sche von Hautmann, ferner die aus dem Sickinger'schem Atelier stammenden Grabmäler der Baronin Pfeffel, des Apothekers Zaubzer, des A. Sickinger und von Klenze's. In der Mitte des Kirchhofs erhebt sich das colossale Bronze-Crucifix von Halbig.

Der nördliche Friedhof umfasst einen Flächenraum von 47,000 ☐ M. wovon 3068 ☐ M. überbaut sind, hat 7304 Gräber und ein Leichenhaus mit 4 Leichensälen, den dazwischen liegenden 2

Räumlichkeiten für die Leichenwärter, 2 Wartzimmer für die Leidtragenden, einen Betsaal zur Aussegnung der Leichen, einen Sectionssaal mit Nebenräumen und die Wohnung des Leichenhausaufsehers.

Die ganze Friedhofanlage wurde nach den Entwürfen des Stadtbaurathes Zenetti zur Ausführung gebracht. Die plastische Ausstattung der Umfassung und besonders des Hauptportals besorgten Oehlmann, Weitze und Sickinger. In der Mitte erhebt sich ein Marmor-Crucifix von Halbig mit Sockelreliefs von Oehlmann. Das bedeutendste Monument des jetzt erst zum geringeren Theile besetzten Friedhofs ist das Zinkguss-Denkmal für die 118 deutschen Krieger, die 1871 in den Münchener Lazarethen erlagen.

Die **vorstädtischen Friedhöfe** von Au und Haidhausen enthalten keine hervorragenden Denkmäler.

II.

Staats- und königliche Gebäude öffentlichen Zweckes. Denkmäler.

I. Gebäude für öffentliche Behörden.

1. *Minifterien*.

a. Das **Ministerium des Innern** befindet sich in dem ehemaligen Theatinerkloster (Theatinerstrasse No. 21), das unmittelbar an die Theatinerkirche angebaut ist. Das Gebäude bietet nichts Bemerkenswerthes.

b. Das **Ministerium des Innern für Kirchen- und Schulangelegenheiten** ist gleichfalls in dem ehem. Theatinerkloster untergebracht.

c. Das **Justizministerium** hat seine Lokalitäten in dem vormaligen Augustinerkloster (Augustinerstrasse No. 2) in der Nähe der Frauenkirche. Das Gebäude ist ohne weiteres Interesse.

d. Das **Ministerium des Aeussern und des k. Hauses** befindet sich am Promenadeplatz No. 22. Die äussere Erscheinung des Gebäudes ist durch ein in den letzten Jahren aufgesetztes Stockwerk etwas beeinträchtigt worden.

e. Das **Finanzministerium** ist in einem ursprünglich als Privathaus errichteten Gebäude — Ludwigsstrasse No. 31 untergebracht.

f. Das **Kriegsministerium** hat seine Bureaux in einem die Ecke der Ludwigs- und Schönfeldstrasse einnehmenden Gebäudecomplex. Der Hauptbau ist von Klenze; bemerkenswerth an demselben ist namentlich die in Hausteinen ausgeführte Bogenstellung gegen die Ludwigsstrasse mit sorgfältig gearbeiteten Trophäen in den Bogenwinkeln. Vergl. Fig. 18. Durch einen Verbindungsbau damit im Zusammenhang steht ein gegen die Schönfeldstrasse gewendeter Complex, z. Th. in stylistisch dem Frontgebäude an der Ludwigsstrasse verwandter Behandlung, z. Th. ohne wesentliche äussere Veränderung aus der Stückgiesserei Karl Theodors gewonnen. Dazu kömmt ein neuer Erweiterungsbau, der jedoch als Rückgebäude ohne baukünstlerische Bedeutung auftritt.

2. Haus der Abgeordneten und der Reichsräthe.

Die Räumlichkeiten für beide Kammern befinden sich in zwei unmittelbar an einander angrenzenden Gebäuden in der Prannersstrasse (No. 14). Das Abgeordnetenhaus war einst Palais des Grafen von Seeau und wurde nachher als kgl. Redouten- und Concertsaal benützt. Seit 1818 tagen darin die Abgeordneten. Beide Gebäude sind für die heutigen Anforderungen durchaus ungenügend und die Regierung ist auch im Begriffe, für einen Neubau die Vorbereitungen zu treffen.

3. Regierungsgebäude.

Dieses Gebäude, das die Bureaux der k. Regierung von Oberbayern enthält, befindet sich in der Maximiliansstrasse (No. 14). Der Bau, vollendet im Jahre 1864, ist von Bürklein entworfen und ist dadurch von Interesse, dass an demselben die Ideen des sogen. Maximiliansstyles am konsequentesten zur Entwicklung gelangt sind (vgl. die einleitende Baugeschichte). Die ganze Fronte gegen die Maximiliansstrasse hat eine Terrakottaverkleidung erhalten, zu deren Herstellung ein eigenes Etablissement gegründet worden war. Die Ausstattung und Ausbildung des Innern entspricht dem Aeussern nicht; trotz grossartiger räumlicher Anlage des Hauptstiegenhauses ist wegen nicht genügender architektonischer Ausbildung und allzugrosser Magerkeit der Einzelnheiten keine bedeutende Wirkung erzielt (vgl. Plan und Façade Fig. 19 und 20).

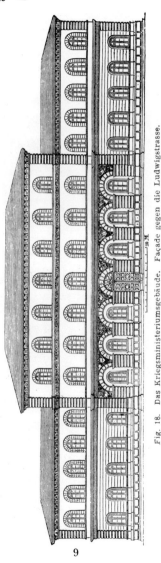

Fig. 18. Das Kriegsministeriumsgebäude. Façade gegen die Ludwigstrasse.

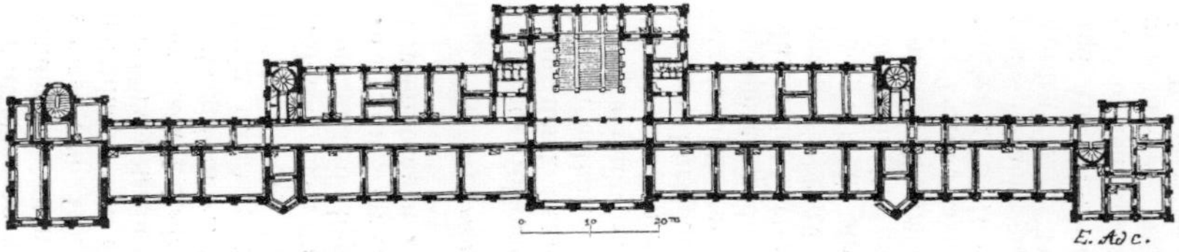

— 130 —

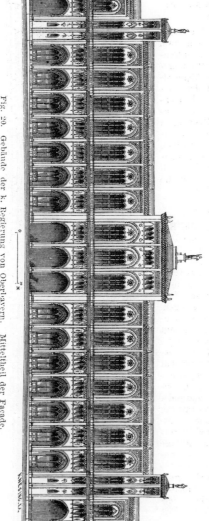

Fig. 19. Gebäude der k. Regierung von Oberbayern. Grundriss des ersten Stockwerkes.

Fig. 20. Gebäude der k. Regierung von Oberbayern. Mitteltheil der Façade.

4. *Generalbergwerks- und Salinen-Adminiſtration.*

Dieser in den Jahren 1840—43 von Gärtner ausgeführte Bau (Ludwigsstrasse No. 16) zeichnet sich aus durch die mit ausserordentlicher Sorgfalt hergestellten Terrakotten, mit denen die Façaden verkleidet sind und ist in dieser Beziehung wohl eines der bemerkenswerthesten Bauwerke der neueren Zeit. Die Ausführung ist, wie diess auch bei den Bürklein'schen Backsteinbauten der Fall ist, so erfolgt, dass die Verkleidung erst nachträglich hergestellt wurde, um möglichst genau schliessende Fugen zu erhalten.

5. *Generaldirektion der Verkehrsanſtalten (Postabtheilung).*

Diese Behörde befindet sich in einem Gebäudecomplex an der Residenzstrasse und dem Residenzplatz. Ursprünglich war der Bau ein herrschaftliches Wohnhaus der gräflich Törring'schen Familie, erbaut um 1740 (vgl. Baugeschichte S. 54). Die Façade an der Residenzstrasse, das stattliche Vestibül und die interessante Treppe sind noch ziemlich unverändert. Dagegen wurde die Fronte gegen den Residenzplatz, dem Königsbau gegenüber, durch Klenze einem Umbau unterzogen (1836). Die weite Bogenstellung des Erdgeschosses mit polychromisch behandeltem Hintergrunde gibt dem Residenzplatz auf der Südseite einen dem Charakter der übrigen Hauptgebäude entsprechenden Abschluss, der jedoch weder dem Rococobau des Palais selbst, noch der Benutzung vortheilhaft ist, da er Raumverschwendung mit Beleuchtungsschwierigkeiten verbindet. Die Rossebändiger auf der Rückwand sind von Hiltensperger.

6. *Das Direktorialgebäude der Telegraphenverwaltung*

befindet sich am Bahnhofsplatz, dem Centralbahnhof gegenüber. Dasselbe wurde von Hofbaudirektor v. Dollmann in den Jahren 1860 bis 1865 erbaut und enthält in einem Souterrain und 4 Geschossen alle für die bayerische Telegraphen-Verwaltung nothwendigen Lokalitäten und Bureaux (vgl. Fig. 21).

7. *Die Polizeidirektion*

befindet sich Weinstrasse No. 13 und bietet das betreffende, für das Institut der englischen Fräulein bestimmte Gebäude ausser dem baugeschichtlichen Interesse, vgl. S. 51, nichts Bemerkenswerthes.

8. *Das Hauptmünzamt*

besteht aus einem älteren und neueren Gebäudecomplex; der ältere Theil, aus der Zeit um 1465 (Hofgraben No. 4) hat einen interessanten Arkadenhof mit offenen in 3 Stockwerken sich wiederholenden Bogenstellungen. Derselbe stammt von dem herzoglichen Marstallgebäude und wurde als eines der ältesten Renaissancewerke Münchens um die Mitte des 16. Jahrhunderts an die Stelle der

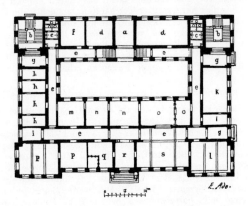

Fig. 21. Das Directorialgebäude der Telegraphenverwaltung.
a. Einfahrt. b. Treppe. c. Aborte. d. Werkstätten. e. Corridor. f. Laboratorium.
g. Vorplätze. h. Hausmeisterwohnung. i. Wartzimmer. k., l. Werkstätten.
m. Botenzimmer. n. Expedition. o. Annahme und Casse. p. Portier.
r. Vestibul. s. Correspondentensaal.

gothischen Lauben gesetzt. In diesem Hof wurden seiner Zeit die Turnierübungen der herzoglichen Familie gehalten. Die gegenwärtige Façade erhielt das alte Gebäude erst im Jahre 1809 nach dem Plane des im derben weinbrenner'schen Style thätigen Hofbauintendanten Andr. Gärtner. Der neuere Theil (1860 erbaut) ist das erste Gebäude der Maximiliansstrasse vis à vis dem Hoftheater und bildet in seiner Strassenfronte mit dem Café Maximilian eine symmetrische Baugruppe, welche durch einen spitzbogigen Arkadengang verbunden wird. Der Entwurf ist von Bürklein; die Statuen auf den Arkaden beziehen sich auf Zweige der Wissenschaft und Technik, die mit dem Münzwesen in nahem Zusammenhange stehen.

9. *Das Hauptzollamt*

Bayerstrasse 40a, ist von Bürklein entworfen und wurde in den letzten Jahren unter spezieller Leitung des k. Betriebs-Ingenieurs Hartmann ausgeführt. In Folge der eigenthümlichen Lage gegenüber den Bahnhofsgeleisen, mit denen der Bau in direkte Verbindung zu setzen war, hat das Gebäude, wie die Grundrissskizze

(Fig. 22) zeigt, einen etwas sonderbaren Plan erhalten, der in der Ausführung ziemlich viele constructive Schwierigkeiten veranlasste.

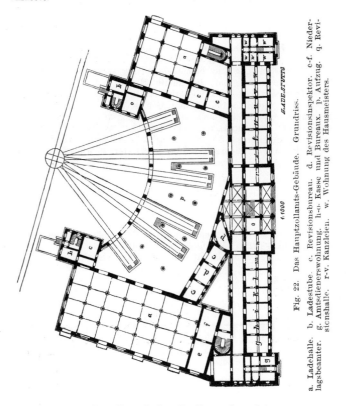

Fig. 22. Das Hauptzollamts-Gebäude. Grundriss.
a. Ladehalle. b. Ladestube. c. Revisionsbureau. d. Revisionsinspektor. e-f. Niederlagsbeamter. g. Amtsdienerswohnung. h-o. Kasse und Bureaux. p. Aufzug. q. Revisionshalle. r-v. Kanzleien. w. Wohnung des Hausmeisters.

10. *Das Gebäude für die Katasterkommission*

1831 nach den Plänen Zieblands gebaut, befindet sich an der Ostseite des alten Hofes, unweit des Residenzplatzes und bietet selbst keine bauliche Merkwürdigkeit. Die Kellerräume desselben stammen z. Th. aus älterer Zeit in welcher sie dem herzoglichen Bräuhause dienten. Jetzt werden daselbst die lithographischen Steine zum Katasterplane des Königreichs aufbewahrt.

11. *Die Gebäude für Rechtspflege und Strafvollzug.*

Die Gerichtsgebäude sind bis zur Stunde nicht ihrer Würde entsprechend untergebracht. Abgesehen von der Stadt rechts der Isar, wo man sich mit den nothdürftigsten Adaptionen begnügte, sind auch Stadt- und Bezirksgericht München l. d. Isar in höchst unerfreulicher Weise im ehemaligen Augustinerkloster zusammengepfercht. In ähnlicher Art ist der Oberapellationsgerichtshof in einen Trakt des ehemaligen Jesuitenklosters eingeschoben.

Ein selbständiger und bemerkenswerther Bau ist dagegen die für die Uutersuchungshaft bestimmte Frohnveste am unteren Anger, 1820—1826 von Oberbaurath Pertsch erbaut. Die mächtigen Bossagen der Façade verleihen dem Ganzen einen dem Zwecke entsprechenden Charakter, auch ist der halbkreisförmige Cellenbau rückwärts der Beaufsichtigung sehr dienlich. Minder geeignet sind die übrigen Gefängnisse Münchens, unter welchen das Strafarbeitshaus in der Au, im ehemaligen Paulanerkloster, dem Umfange nach hervorragt.

II. Gebäude für höheren Unterricht und die Wissenschaft.

1. *Das Universitätsgebäude*

von Friedr. v. Gärtner erbaut und im Jahre 1840 vollendet, bildet den linksseitigen Abschluss der Ludwigsstrasse unweit des Siegesthores. Das Gebäude hat eine hufeisenförmige Anlage, so dass

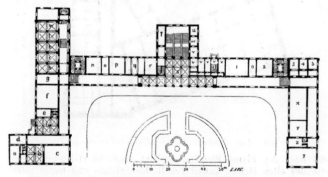

Fig. 23. Das Universitätsgebäude. Grundriss des Erdgeschosses.

a, b, c, d. Chemische Abtheilung. f-g. Pharmaceutische Abtheilung. h-m. Kleine Hörsäle und Oekonomieräume. n. Professorenzimmer. o. Durchfahrten. p, q, r, t. Mineralogische Abtheilung. s. Atrium. u, v, w. Hausmeisterwohnung. x-z, 1-4, 7. Hörsäle. 5. Aborte.

der mittleren Theil von der Strasse beträchtlich zurücktritt. In der Mitte dieses rückliegenden Theiles liegen die Hauptzugänge, die durch ein auf romanischen Säulen ruhendes Atrium direkt auf das grossräumige, aber etwas kahle Haupt-Stiegenhaus führen. Im Uebrigen ist die in einem Erdgeschoss und zwei Etagen sich wiederholende räumliche Disposition der Art, dass die Corridore nach der Strassenseite, die Hörsäle oder im Obergeschosse die Bibliotheksäle dagegen nach rückwärts verlegt sind. Ausser dem Hauptstiegenhaus und der akustisch wie künstlerisch verunglückten Aula bietet das Innere des Baues nichts von besonderem Interesse.

2. *Das Polytechnikum.*

Dieser Bau wurde im Jahre 1865 nach den Entwürfen und unter der speziellen Bauleitung des Herrn Oberbaurath von Neureuther begonnen und war im Jahre 1868 so weit vollendet, dass die technische Hochschule eröffnet werden konnte. Das Gebäude liegt mit seiner Hauptfronte gegen Osten an der Arcisstrasse und mit seinem vorspringenden Mittelrisalite circa 27 M. von der Flucht dieser Strasse zurückgerückt gegenüber der Westfronte der alten Pinakothek. Mit der Nordseite gränzt dasselbe an die Theresienstrasse und mit der Südfronte an die Gabelsbergerstrasse. Die Westseite ist gegen freie Plätze und Gärten gerichtet. Der ausgedehnte Platz konnte damals noch zu 48 kr. per bayer. ☐ Fuss (circa 9 fl. per ☐ M.) erworben werden, während jetzt der Preis der Bauplätze in dieser Stadtgegend auf mehr als das Doppelte gestiegen ist.

Das Gesammtgebäude besteht aus einem zweistöckigen Hauptbau und zwei einstöckigen Flügelbauten, die jedoch mit dem Hauptbau in unmittelbarer Verbindung stehen. Diese Flügelbauten sind weiter von der Arcisstrasse zurückgerückt, namentlich wegen des im südlichen Flügel untergebrachten chemischen Laboratoriums, das möglichst entfernt von der alten Pinakothek mit ihren unschätzbaren Kunstwerken situirt werden musste.

Die Hauptzugänge liegen in dem Mittelrisalite des Hauptbaues, während Seiteneingänge in den Ecken beim Zusammentreffen des Hauptbaues mit den Flügelbauten angeordnet sind. Bei der speziellen inneren Eintheilung wurde dahin getrachtet, sämmtliche Hörsäle, Sammlungen, Arbeits- und Professorenzimmer, welche zu einer und derselben Disciplin gehören, in unmittelbaren Zusammenhang zu bringen, die Räume für die verwandten Disciplinen möglichst nahe aneinander zu legen und alle den sämmtlichen Abtheilungen gemeinschaftlichen Attribute und Räume im mittleren Theile des Baues unterzubringen. Auf diese Weise entstand eine Raumvertheilung, wie sie aus dem Grundrisse (Fig. 24) ersichtlich ist. — Ausser der Hausmeisterwohnung mussten zwei Familienwohnungen

— 136 —

für die Professoren der Chemie und der Physik hereingezogen werden, die in Rücksicht auf die dadurch naheliegenderen chemischen und technischen Laboratorien ihren Platz im I. Stock des südlichen Seitenbaues erhielten.

Die Höhe des Erdgeschosses beträgt im Lichten 4,65 M., die des ersten Stockwerkes ca. 5,0 M. und die des II. Stockwerkes

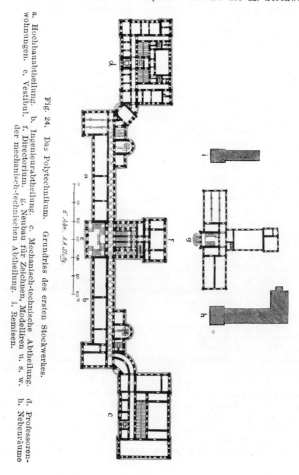

Fig. 24. Das Polytechnikum. Grundriss des ersten Stockwerkes. a. Hochbauabtheilung. b. Ingenieurabtheilung. c. Mechanisch-technische Abtheilung. d. Professorenwohnungen. e. Vestibul. f. Directorium. g. Neubau für Zeichnen, Modelliren u. s. w. der mechanisch-technischen Abtheilung. i. Remisen. h. Nebenräume

— 137 —

Fig. 25. Das Polytechnikum. Mitteltheil der Façade.

4,70 M. — Die Heizung wird durch erwärmte Luft mittelst 12 im Souterrain angebrachter Caloriferen nach dem System von Heckmann und Comp. in Mainz bewerkstelligt.

Längs der Strassenfronte ist das Erdgeschoss ganz mit Granitquadern verkleidet; im I. und II. Stock sind alle Gesimse, Brüstungen, Lisenen und Fenstereinfassungen von Sandhausteinen hergestellt, das Backsteinmauerwerk dazwischen aber ist mit Portlandcement verputzt. Ein Theil der Ornamente an den Strassenseiten, namentlich der polychrome Fries des Hauptgesimses, wurde aus Terracotta, theils aus der Nymphenburger Porzellanmanufactur, theils aus Mettlach hergestellt. Die Hinterseite erhielt lediglich einen Cementverputz, der theilweise, wie an den Flügelbauten auch auf der Hauptfronte, durch Sgrafittomalereien belebt ist. — In dem Friese unter dem Hauptgesimse, sowohl am Mittelbau, als auch an den Seitengebäuden sind Medaillons mit den Portraitköpfen der bedeutendsten Männer aller Zeiten auf dem Gebiete der exakten Wissenschaften, der Literatur und der bildenden Künste angebracht.

Im Inneren haben namentlich das Hauptvestibül, das Hauptstiegenhaus und die Aula eine reiche architektonische Ausbildung und Ausstattung erhalten. Leider hat die künstlerische Behandlung des Gebäudes bis jetzt noch nicht vollendet werden können, da die dazu noch nothwendigen Mittel erst bewilligt werden sollen. So fehlen noch an dem Mittelrisalite des Hauptbaues die dahin bestimmten plastischen Aufsätze von allegorischer Bedeutung, wie sie die beifolgende Ansicht (Fig. 25) gibt, der Aula mangelt noch die farbige Dekoration und auch ein Theil der Hauptkorridore hat vorläufig nur eine provisorische Ausstattung erhalten.

Theils die unerwartet grosse Frequenz der Anstalt, die in den letzten drei Jahren 1300—1400 Studirende betragen hat, theils die Erweiterung der Fachabtheilungen machten einige Annexe des Hauptgebäudes erforderlich.

So wurde in dem rückwärts sich anschliessenden Hofraum ein Nebengebäude errichtet, das die Räumlichkeiten für ein mechanischtechnisches Laboratorium enthält. — Weiter rückwärts, an die Louisenstrasse angrenzend, ist in einigen älteren Gebäuden die landwirthschaftliche Abtheilung provisorisch untergebracht. — Ausserdem ist ein im Herbst 1876 zu beziehender Bau in der Ausführung begriffen, der eine Anzahl von Zeichnungssälen etc. aufnehmen soll, um für die besonders stark besuchte Ingenieurabtheilung im Hauptbau mehr Räumlichkeiten zu gewinnen.

3. *Akademie.*

Gegenwärtig sind die Räume für die Akademie der bildenden Künste, für die Akademie der Wissenschaften und für naturhistorische u. a. Sammlungen in dem ehemaligen Jesuitencollegium, Neuhauserstrasse No. 51, untergebracht, das als solches nicht viel Bemerkens-

— 139 —

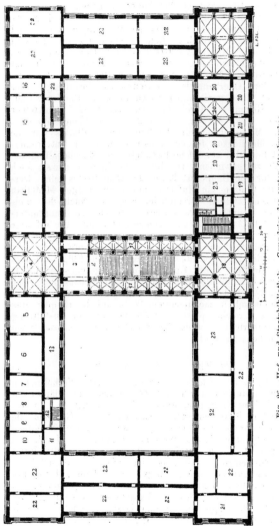

Fig. 26. Hof- und Staatsbibliothek. Grundriss des ersten Stockwerkes.

1, 2. Haupttreppe. 3. Ausleihezimmer. 4. Lesesaal. 5. Novitätensaal. 6. Journalsaal. 7. Zimmer des Direktors. 8, 9, 10. Zimmer der Bibliothekare. 11. Abtritte. 12. Diensttreppe. 13. Corridor. 14. Catalogsaal. 18. Festsaal. 20. Aelteste Druckwerke. 21. Schatzkammer. 15, 16 u. 22. Büchersäle.

werthes bietet. — Die Akademie der bildenden Künste, welche für München eine so hervorragende Bedeutung hat, wird sich glücklicherweise nicht lange mehr mit den jetzigen ungenügenden und meist unzweckmässigen Räumlichkeiten behelfen müssen. Es sind bereits beträchtliche Mittel (2,000,000 fl.) für Herstellung eines Neubaues genehmigt und es ist dieser Neubau auch schon in der Ausführung begriffen. Mit dem Entwurf der Pläne und der Ausführung ist Herr Oberbaurath von Neureuther beauftragt. Der Bau kommt auf einen geräumigen freien Platz am Ende der Ludwigsstrasse zu stehen, der durch eine neu anzulegende, unmittelbar beim Siegesthor links abzweigende Strasse — Akademiestrasse — erreicht wird. Maassgebend für die Wahl dieses Platzes war die dort gegebene Möglichkeit für den grössten Theil der Unterrichtsräume und Ateliers das absolut nothwendige, von störenden Reflexen freie Nordlicht zu gewinnen. Die Rücksicht hierauf musste auch maassgebend für die Hauptgestaltung des Grundrisses sein. Derselbe bildet im Ganzen ein Hufeisen mit einem langen Mittelbau und zwei kurzen, südlich vortretenden Flügeln. Nach der Südfronte sind die Hauptkorridore verlegt, während die Hauptunterrichtsräume und die Ateliers nach Norden gerichtet sind. Die auf diese Weise nach der Hauptfronte liegenden Corridore sind loggienartig gebildet und geben so das Hauptmotiv für die äussere Gestaltung. Der Mittelbau des Hauptgebäudes und die beiden Flügel erhalten ausser einem ziemlich hohen Unterbau ein Erdgeschoss und zwei Stockwerke, während im Uebrigen auf dem Erdgeschoss nur noch eine Etage aufgesetzt ist.

Das Gebäude soll in monumentaler Weise auf den Hauptfronten in Hausteinen, mit reicher plastischer Ausstattung zur Ausführung kommen, und verspricht eines der bedeutendsten und imposantesten Bauwerke Münchens zu werden.

4. *Die Hof- und Staatsbibliothek*

(Ludwigsstrasse No. 23). Dieser in den grossartigsten Verhältnissen angelegte Bau wurde in den Jahren 1832—42 nach den Plänen von Gärtner im italienisch-mittelalterlichen Style ausgeführt. In seinen ausgedehnten Räumlichkeiten umschliesst das Gebäude die bekanntlich ausserordentlich reiche, gegenwärtig 1,300,000 Bände zählende Staatsbibliothek, sowie auch das Staatsarchiv. Im Innern ist der bedeutendste Raum das imposante, den ganzen Mitteltrakt einnehmende Stiegenhaus. Dasselbe ist mit den Standbildern Albrechts V., des Gründers, und Ludwigs I. des Erbauers der Bibliothek, beide von Schwanthaler, geziert. Die Façaden sind theils in Haustein, theils in Cement, theils in Backsteinen ausgeführt. Auf der Brüstung der Freitreppe an der Ludwigsstrasse sind die Standbilder des Aristoteles, Hippokrates, Homer und Thucydides (von

Sanguinetti und Mayer) aufgestellt. Das Aeussere ist zweifellos von
sehr grossartiger, aber für die Umgebung erdrückender Wirkung.

5. *Das Maximilianeum.*

Dieses in der Mittellinie der Maximiliansstrasse und zwar
in seiner Längenausdehnung senkrecht zur Strassenaxe auf dem
Isarhochufer (dem sogen. Gasteig) angelegte Bauwerk gibt jener
Strasse einen wirksamen Abschluss. Die Situirung ist eine äusserst
glückliche; der Bau ist schon vom Residenzplatz aus sichtbar und
man behält denselben in der ganzen Maximiliansstrasse vor Augen.
Die Hauptfronte ist ziemlich nach Westen gerichtet, so dass dieselbe noch von der Abendsonne beleuchtet wird, wenn die vorlie-
gende Strasse schon ganz ohne Licht ist; daraus ergeben sich bei
Sonnenuntergang oft die prächtigsten Beleuchtungseffekte. Die
Entwürfe für das Gebäude, ausgeführt 1857—61, rühren von Bürk-

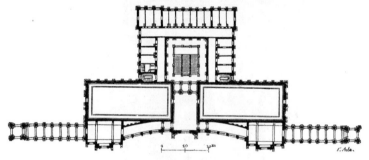

Fig. 27. Das Maximilianeum. Grundriss.

lein her, welchen entsprechend der Bau ursprünglich im sogen.
Maximiliansstyl, mit vorwiegender Anwendung des Spitzbogens hergestellt ward. Nach dem Tode des königlichen Gründers aber
wurden die Spitzbogen in Rundbogen verwandelt und auch die
übrigen Architekturformen nach Renaissancemotiven umgestaltet,
was dann im Verein mit den vielfachen Vertikaltheilungen und den
überschlanken Verhältnissen eine ziemlich sonderbare Gesammter-
scheinung zur Folge hatte. — Der die westliche Fronte bildende
Hauptbau enthält im Innern zwei mächtige Säle, die mit grossen,
30 hervorragende Begebenheiten der Weltgeschichte darstellenden
Gemälden ausgestattet sind. Aus den auf beiden Hügeln angeord-
neten offenen Hallen geniesst man eine prachtvolle Aussicht einerseits auf die Stadt und andererseits auf das Hochgebirg. Der rück-
wärtige Anbau umfasst die Räumlichkeiten für ein von König Maximilian II. gegründetes Institut, in welchem junge Leute, welche

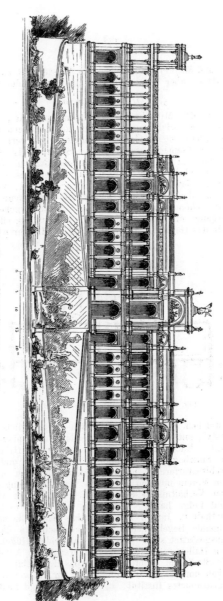

Fig. 28. Das Maximilianeum. Façade.

in ihrer Gymnasialzeit besondere Befähigung an den Tag gelegt haben, kostenfreie Aufnahme und Verpflegung für die Zeit ihrer Universitätsstudien finden. — Der der Maximiliansstrasse zugekehrte Hauptbau ist ganz mit Terrakotten verkleidet.

6. *Die Anatomie*

(Schillerstrasse No. 24) liegt unweit des allgemeinen Krankenhauses; das Gebäude ist wenig 'bemerkenswerth und auch die innere Einrichtung dürfte kaum den neueren Anforderungen mehr entsprechen. Der ursprüngliche Bau wurde 1825—1827 nach Plänen Klenze's hergestellt und 1855 unter Leitung des gegenwärtigen Conservators Prof. Dr. v. Bischoff, umgebaut.

7. *Das physiologische Institut*

liegt ganz in der Nähe der Anatomie (Findlingstrasse 3 c) und wurde von Voit (1853 und 54) erbaut. Das Aeussere ist in Backsteinrohbau ausgeführt. Der Inhalt wird von einer bemerkenswerthen physiologischen Sammlung gebildet, welcher die nöthigen Untersuchungs- und Unterrichtsräume angefügt sind.

8. *Das gegenwärtige chemische Laboratorium*

(Arcisstrasse 2) wurde bei der Uebersiedelung Liebig's nach München nach dessen Angaben von Voit erbaut. In demselben konnte aber nur eine geringe Anzahl Studirender beschäftigt werden. In Folge der Berufung des Professors Dr. Bæyer nach dem Ableben Liebig's wurde daher beschlossen, ein neues Laboratorium, entsprechend den gegenwärtigen Bedürfnissen, zu errichten und zwar soll der Bau auf der Stelle der gegenwärtigen Anlage hergestellt werden. Die Pläne sind nach einem von Dr. Bæyer aufgestellten Programm von Professor Geul bereits ausgearbeitet und soll im Laufe dieses Jahres mit dem Bau begonnen werden.

9. *Der botanische Garten*

(1812 angelegt) nimmt eine zwischen der Sophien-, Elisen-, Louisen- und Karlsstrasse liegende Fläche ein. Das Gebäude für Sammlungen etc., so wie das grosse Gewächshaus grenzt an die Karlsstrasse an. Diese Baulichkeiten sind nach Entwürfen von Oberbaurath Voit hergestellt und ist namentlich das grosse theilweise in Eisen und Glas hergestellte Palmenhaus sehenswerth.

10. *Das Georgianum*

oder Priesterseminar, mit der Universität von Landshut nach München versetzt, hat der Universität gegenüber eine passende Stelle und durch Gärtner einen klosterartigen und dem Inhalte entsprechenden Bau im italo-romantischen Style erhalten. (Ludwigstrasse No. 19). Gründer der Anstalt ist Georg der Reiche von Landshut, der sie **1494** in Ingolstadt stiftete; **1806** nach Landshut versetzt, erfuhr sie schon **1826** ihre abermalige Verlegung nach München. Das neue Gebäude ist **1840** vollendet worden. Das Aeussere ist bis auf die Portale schlicht, das Innere völlig schmucklos.

11. *Die Gymnaſien*

boten bis auf die neueste Zeit keine bauliche Merkwürdigkeit, denn die drei älteren, Wilhelms-, Ludwigs- und Maxgymnasium, das erstere, **1559** von Herzog Albert V. als Jesuitenschule gegründet, in der Herzogspitalgasse, das zweite im ehemaligen Karmelitenkloster und das dritte jetzt im Damenstiftsgebäude in der Ludwigstrasse entsprechen höchstens zweckdienlichen Anforderungen. Dafür ersteht eben in der Maximiliansstrasse ein Prachtbau im Frührenaissancestyl (von Oberbaurath Leimbach). Das erst seit einigen Jahren bestehende Realgymnasium ist neben dem Maximiliansgymnasium gleichfalls im Damenstiftsgebäude der Ludwigstrasse untergebracht.

12. *Die Induſtrieſchule*

bisher interimistisch locirt, ist eben im Begriffe einen stattlichen, von Direktor E. Lange geplanten Neubau an der Ecke der Gabelsberger- und Arcisstrasse zu erhalten.

13. *Die Kunſtgewerbſchule*

unweit von dem letzteren Bau erhielt ihr Local durch einen durchgreifenden Umbau der ehemaligen kgl. Glasmalerei-Anstalt, und ist seit einem Jahre bezogen, ohne dass das Gebäude völlig fertig gestellt wäre. Der schöne Hof ist im Renaissancestyl ausgeführt worden.

14. *Das kgl. Erziehungsinſtitut für Studirende*

aus der Holland'schen Privatanstalt erwachsen und seit der Klosteraufhebung im Karmelitenkloster befindlich, steht mit dem Ludwigs-Gymnasium in Zusammenhang und wird von Ordensgeistlichen von S. Bonifaz geleitet.

15. *Das Max-Joſeph-Stift,*

der rechtseitige Abschluss der Ludwigsstrasse (No. 18) und in baulicher Hinsicht Pendant des Georgianums, wurde **1813** von König Max Joseph als Erziehungsinstitut für Töchter höherer Stände gestiftet. Das jetzige Gebäude stammt jedoch erst von **1836—1839** und wurde nach Plänen von Gärtner errichtet.

III. Gebäude für Kunstsammlungen und Ausstellungen.

1. *Die Glyptothek.*

Dieses Gebäude, zur Aufnahme der von König Ludwig I. schon als Kronprinz erworbenen plastischen Bildwerke bestimmt, nimmt die Nordseite des Königsplatzes ein. Mit demselben wurde die lange Reihe der grossartigen Schöpfungen begonnen, welche München zu einer der schönsten Städte Deutschlands gemacht haben. Im Jahre 1815 war das Programm für das Gebäude öffentlich ausgeschrieben worden, welches den Bauplatz und die vordere Länge des Baues bestimmt und zur Bedingung machte, am Aeusseren keine Fensteröffnungen anzubringen. Die Ausführung wurde nach dem Entwurfe Klenze's beschlossen und schon im Jahre 1816 damit begonnen. Die Vollendung erfolgte im Jahre 1830. Klenze's erster Entwurf hatte eine Portikus von nur 6 Säulen. Bei der Ausführung musste jedoch eine achtsäulige Portikus angewendet werden und zwar ohne Verlängerung der Vorderfronte, an welcher sich der Stufenbau, der Portikus entsprechend, in der ganzen Ausdehnung und selbst noch an einem Stück der beiden Seiten hinzog (vgl. Fig. 29. A B C D). Auch die Aufstellungsart der Bildwerke erfolgte nach Klenze's Vorschlag und zwar in chronologischer Weise von der egyptischen Plastik angefangen bis zur neueren Kunst. — Das Programm verlangte auch einige Säle, die zu Versammlungen dienen und ohne Bildwerke bleiben sollten. Diese zugleich für monumentale Wandgemälde bestimmten Räume glaubte der Architekt in der Mitte des Ganzen anordnen zu müssen, so dass dieselben einen Ruhepunkt zwischen der griechischen und römischen Abtheilung bilden.

Für das Aeussere (Fig. 30) erschien dem Architekten der jonische, in seiner Reinheit wieder hergestellte Styl als der passendste. Für das Innere war die Anwendung von Gewölben zur Bedingung gemacht und es war daher am Platz auch am Aeussern die Bogenform nicht ganz auszuschliessen. — Durch die Gruppe freistehender Bildwerke im Giebelfelde, nach dem Entwurfe von M. Wagner wurde eine wirkungsvolle Anordnung des Alterthums der erstenmal wieder zur Ausführung gebracht. In Mitte der Repräsentation der technischen Künste steht Athene als Beschützerin derselben. In den Nischen der Façaden sind Statuen von Bildnern des Alterthums und der neuern Zeit aufgestellt. Die sechs Nischen der Hauptfronte enthalten die Standbilder des Hephästos (Schöpf), Prometheus (Lazzarini), Dädalus und Phidias (C. Schaller), Perikles und Hadrian (Leeb). Die ganze Hauptfaçade ist aus einem Kalkhausteine von sehr schöner marmorgelblicher Farbe hergestellt. An den übrigen Fronten sind nur die Architekturformen in Haustein ausgeführt.

Im Innern glaubte der Architekt der zweckmässigen Aufstellung und Beleuchtung jedes Opfer schuldig zu sein und zu Gunsten derselben auf reiche architektonische Effekte verzichten zu müssen. Die Wände sind fast durchgängig glatt und mit Stuckmarmor in tiefen Farben bekleidet, welche geeignet sind, die Bildwerke rein und frisch sich abheben zu lassen. Die Decken sind sämmtlich und zwar meist im Halbkreis gewölbt; dieselben sind reich mit Cassettirungen und erhabenen Stuckarbeiten auf theils farbigem,

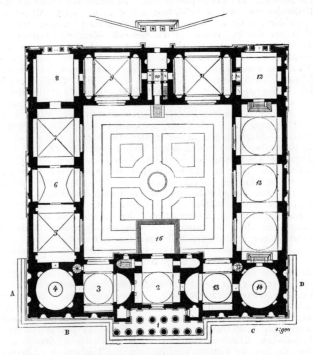

Fig. 29. Die Glyptothek. Grundriss.

theils vergoldetem Grund verziert. Die Fussböden sind in immer wechselnden Zeichnungen mit den verschiedensten Marmorarten belegt. Diese sorgfältige und prächtige Ausstattung des Innern steht im Gegensatz zu der dekorativen Nacktheit und oft schmutzigen Färbung mancher anderen, namentlich italienischen Antikensammlungen und ist wohl geeignet, in dem Beschauer einen Begriff von der hohen Achtung zu erwecken, welche die Erbauer dieses Gebäudes den Meisterwerken des Alterthums gezollt haben.

In Bezug auf die einzelnen Innenräume mögen noch einige kurze Angaben beigefügt werden. Dem Vestibul (Fig. 29. 2) gegenüber ist durch einen Anbau in den Hof nachträglich ein Raum für assyrische Alterthümer hergestellt worden (nach Entwürfen von Klenze von Hofbaudirektor Dollmann, Plan 16). Aegyptischer Saal (3). Die Wände sind mit Stuckmarmor von gesättigt gelbem Tone bekleidet, während die cassettirte Decke nach altgriechischem Typus der ältesten Vasengemälde verziert erscheint. Das Relief über der Eingangsthüre ist von Schwanthaler, die Modelle zu den Ornamenten sind von Hautmann. Incunablen-Saal (4). Die Bedingung des Bauprogrammes, am Aeusseren der Hauptfronten keine Fenster anzubringen, zwang hier zu dem im Allgemeinen für die Beleuchtung von Bildwerken nachtheiligen Oberlicht. Durch die Art der Anordnung wurden diese Nachtheile möglichst zu vermindern getrachtet. — Die Wände des Saales sind mit Stuckmarmor bekleidet, der den Ton des Rosso antico nachahmt. Aegineten-Saal (5). Der Stuckmarmor der Wände ahmt den Verde antico nach. Die Ornamentirung der Decke ist von Schwanthaler (Figuren), Mayer (Greife) und Hautmann (Ornamente). Apollo-Saal (6). Die Wände sind mit lakonischem Marmor in Stucco lustro nachgeahmt, bekleidet. An der Decke die Wappen von Athen, Corinth, Sikyon und Argos von Krampf modellirt. Bacchus-Saal (7). Die Wände sind wie im Apollo-Saal; die bacchischen Embleme an der Decke — Panther, Vasen, Pateren, Wein und Epheu sind von Leins modellirt. Niobiden-Saal (8). Die Wände zeigen eine Imitation von hochgelbem Veroneser Marmor in stucco lustro. Die Ornamente der Decke sind von Schwanthaler. Nun folgen die Festsäle und die Zwischenhalle (9, 10, 11), von der Rückseite des Baues zugänglich und ursprünglich dazu bestimmt, fürstliche Besucher zu empfangen. Die Anordnung des gesammten malerischen Theiles der Dekoration ist von Cornelius, dessen Glyptothek-Schöpfungen stets zu den höchsten Leistungen in der monumentalen Malerei werden gezählt werden. Daran reiht sich der sog. Heroen-Saal (12) dessen Fussboden von fränkischem Marmor ist, während die Wände mit bläulich grauem Stuckmarmor belegt sind und das Gewölbe mit Rosetten auf weissem oder blauem Grund dekorirt ist. — Hierauf folgt der Römer-Saal; bei einer Länge von 39 M. und einer Breite von 12 M. der grösste und am reichsten ausgestattete Raum des ganzen Baues; die Wände sind mit violettem Stuckmarmor überzogen, die Stirnmauern der 3 Kuppelgewölbe aber mit Genien verziert, welche die Medaillons römischer Feldherrn, Consuln und Imperatoren bekränzen; während sich in den Scheiteln der Kuppeln figürliche Reliefs von Schwanthaler und Stiglmayer, römische Adler und andere Embleme im Styl der Hadrian'schen

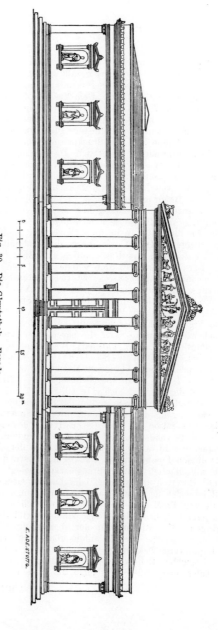

Fig. 30. Die Glyptothek. Façade.

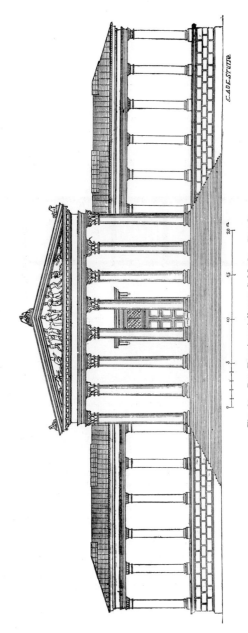

Fig. 31. Das Kunstausstellungs-Gebäude. Façade.

Kunstepoche von Krampf, Leins und Kern befinden. — Der Saal der farbigen Bildwerke zeigt den Fussboden, in dessen Mitte ein antikes Mosaik eingesetzt ist, aus fränkischen Marmorarten gebildet und an den Wänden, als entsprechenden Grund für die aus dunklem Material gearbeiteten Bildwerke eine Stuccoimitation von Giallo antico. Die Ornamente der Decke rühren von Krampf her.
— Der Saal der Neueren enthält im Fussboden Marmorarten aus Füssen und an den Wänden hellgrünen Stuckmarmor — Verde palliolo. Die Ornamentik der Decke ist im Styl des Cinquecento; die 4 Medaillons stammen von Krauter.

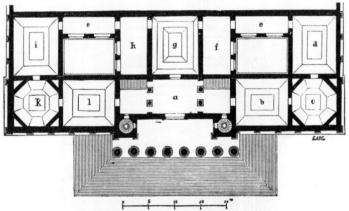

Fig. 32. Das Kunstausstellungs-Gebäude. Grundriss.

2. *Das Kunstausstellungsgebäude.*

Dieser monumentale nach den Plänen von Ziebland 1838— 1848 errichtete Bau nimmt die Südseite des Königsplatzes, vis-à-vis der Glyptothek ein. Derselbe enthält eine Anzahl zumeist mit Oberlicht versehener Räume, wie sie zu Kunstaustellungszwecken geeignet sind. Das Erdgeschoss erhebt sich über einem hohen Unterbau; zu der korinthischen Säulenhalle vor dem Haupteingange führt eine grossartige Freitreppe hinauf. Alle Architekturformen von Aussen sind in Hausteinen (Kalksteinen) und zwar in der sorgfältigsten Weise ausgeführt. Im Inneren hat nur das Vestibül (Fig. 32a) eine reichere Ausbildung und Ausstattung erhalten, während die Ausstellungsräume (b—h) ihrem Zweck entsprechend einfach dekorirt sind. Die Skulpturen des Giebelfeldes — Bavaria den Vertretern der verschiedenen Künste Kränze darreichend — sind von Schwanthaler. Rückwärts ist das zur Basilika gehörige

Benediktiner-Kloster angebaut; da auf den Seitenfronten die Architektur des Kunstausstellungs-Gebäudes fortgesetzt ist, so erscheint dieses dadurch grösser, als es wirklich ist. —

3. *Die Alte Pinakothek.*

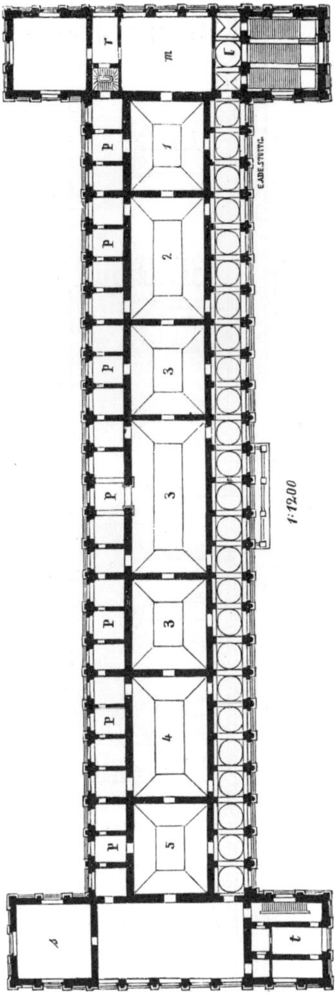

Dieser Bau, nach den Plänen Klenze's in den Jahren 1826—1833 erbaut, steht auf einem grossen freien Platze, der von der Barer-, Arcis-, Gabelsberger- und Theresien-Strasse begrenzt und theilweise mit Baumpflanzungen bedeckt ist. Die Hauptform ist ein von Ost nach West gerichtetes längliches Rechteck, an dessen beiden Enden sich südlich u. nördlich vortretende kurze Flügelbauten anschliessen. Der Aufbau besteht aus Erdgeschoss und Hauptgeschoss; letzteres ist zur Aufnahme der Gemäldesammlung bestimmt, während im Erdgeschoss einige Nebensammlungen — Vasensammlung und Kupferstichkabinet — und Restaurationsräume untergebracht sind.

Das Aeussere ist monumental aus grünlichen Sandsteinen von der Donau für alle Architekturformen und in Backsteinrohbau für die glatten Wandflächen ausgeführt. Die 24 Standbilder berühmter Maler auf der Attika der Südfronte sind nach Modellen von Schwanthaler von Meyer, Leeb u. A. in weissem Marmor hergestellt.

Fig. 33. Die Alte Pinakothek. Grundriss.

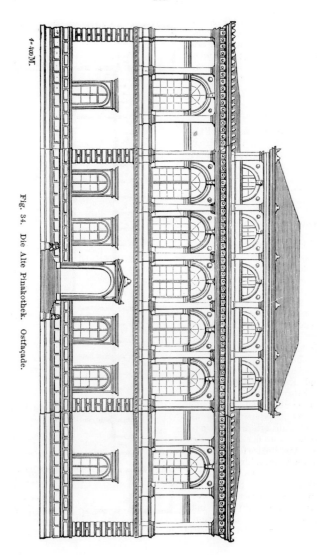

Fig. 34. Die Alte Pinakothek. Ostfaçade.

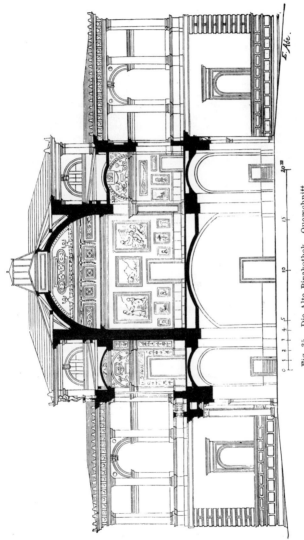

Fig. 35. Die Alte Pinakothek. Querschnitt.

Im Hauptgeschoss betritt man zunächst einen Vorsaal (m) mit den Bildern der Stifter der Sammlung. Der Fries unter dem Plafond enthält Medaillons, Momente aus der Geschichte Bayerns darstellend, von Schwanthaler. Den ganzen Mittelraum (1—5) nehmen sodann die grossen 12—24 M. langen, 12 M. breiten und 15 M. hohen Säle ein, welche die Gemälde in z. Th. historischer Folge enthalten. Die Fussböden sind in venetianischem Terrazzo hergestellt die Thürgewände aus grauem Muschelmarmor, während die Wände mit purpurrothem und grünem Damast bezogen sind. Die Kuppelgewölbe sind als Zopfgewölbe konstruirt und mit Stuckornamenten in Gold und Weiss dekorirt. Alle Säle, bis auf die beiden westlichen haben Oberlicht. Auf der Nordseite schliesst sich an die Hauptsäle eine durchlaufende Reihe von mit Seitenlicht versehenen Cabineten zur Aufnahme kleinerer Bilder (p). Diese Cabinete sind 5,7 M. tief, 4,8 breit und 4,8 hoch. — Die ganze Südfront zwischen den vorspringenden Flügeln ist von einer in grossen Bogenfenstern sich öffnenden Loggie eingenommen. Die Wandflächen und Deckenkuppeln sind reich mit ornamentaler und figürlicher Malerei ausgestattet. Die Gemälde, nach Entwürfen von Cornelius, ausgeführt von Cl. Zimmermann, W. Gassen u. A., beziehen sich auf die Geschichte der Malerei in Italien und Deutschland. — Ausserdem enthält der I. Stock noch einige Räume für das Direktorium und die Verwaltung (r t).

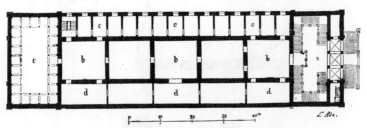

Fig. 36. Die Neue Pinakothek. Grundriss.

4. *Die Neue Pinakothek.*

Zur entsprechenden Unterbringung von Werken neuerer Meister ergab sich die Nothwendigkeit einer zweiten Gemäldegallerie. Dieselbe wurde nach den Plänen des k. Oberbaurathes v. Voit in den Jahren 1846—1853 erbaut und zwar auf dem Platz zwischen der Theresien-, Hess-, Arcis- und Barerstrasse in unmittelbarer Nähe der alten Pinakotkek. Das Gebäude bildet ein längliches Rechteck mit dem Hauptzugang auf der Ostseite; es besteht aus einem Erdgeschoss und ersten Stock; der letztere umfasst die meist mit Oberlicht versehenen Bildersäle (b d e). Nur die nach Norden

— 155 —

liegenden Cabinete haben Seitenlicht (c). In Bezug auf Beleuchtung ist der sog. Rottmannsaal (e) bemerkenswerth, in welchem die Anordnung der Art ist, dass der Beschauer unter einem besonderen Dache steht, während das volle Licht blos die Gemälde trifft. — Im Erdgeschoss befindet sich die Sammlung von Porzellangemälden, wie das k. Antiquarium, abgesehen von einigen für die Büstensammlung moderner Meister und für Photographieen benützten Räumen.

Am Aeusseren des Gebäudes wurde der Versuch gemacht, zur Dekorirung der Façaden in weitgehendster Weise Wandmalerei zur Anordnung zu bringen. Man glaubte durch die sogenannte Stereochromie die Mittel zu besitzen, die Freskogemälde vor den Einflüssen der Witterung zu schützen. Wie der Zustand der betreffenden Bilder zeigt, ist dieses jedoch nicht gelungen. Bei manchen, besonders auf den Wetterseiten, erkennt man kaum mehr was sie vorstellen sollen. Ueber diese Wandbilder, wozu die Entwürfe bekanntlich von Kaulbach herrühren und in denen die Geschichte der neueren Kunst und namentlich die Entstehung der Kunstschöpfungen König Ludwig I. theilweise in stark sarkastischer Weise dargestellt ist, wurde in ihrer Entstehungszeit viel gestritten. Mag nun auch die künstlerische Bedeutung sein, welche sie will, so ist hier jedenfalls der Malerei zur Dekoration des Aeusseren eines Monumentalbaues ein viel zu weitgehender, die Architektur ganz verdrängender Spielraum eingeräumt worden. Die Gemälde haben nicht einmal mehr eine architektonische Umrahmung erhalten, so dass den Façaden — mit Ausnahme der Ostfronte — jede Schattenwirkung und daher auch jeder eigentlich architektonische Effekt fehlt. — In den letzten Jahren ist der ringsum frei gebliebene Platz in eine Anlage verwandelt worden.

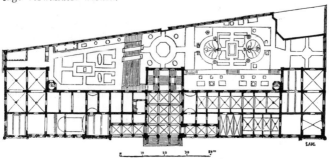

Fig. 37. Das Nationalmuseum. Grundriss.

5. *Das Nationalmuseum*

unter König Maximilian II. nach den Entwürfen des kgl. Hofbauinspektors Riedel erbaut, hat seinen Platz vis-à-vis dem

— 156 —

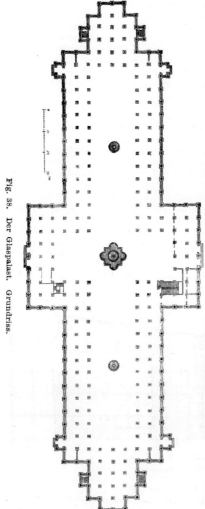

Fig. 38. Der Glaspalast. Grundriss.

Regierungsgebäude in der Maximiliansstrasse erhalten. (Vgl. die einleitende Baugeschichte S. 80.) Das Aeussere des Gebäudes charakterisirt sich auch als ein Versuch, durch Benützung von verschiedenen Stylen entnommenen Motiven eine neue Formenweise zu schaffen. Die Ausführung des Baues lässt erkennen, dass unter König Max der Baukunst nicht mehr die Mittel zu einer ächt monumentalen Durchführung zur Verfügung gestellt werden konnten. Das Aeussere ist ganz in Cement ausgeführt und im Inneren sind, abgesehen von den mit Fresken ausgestatteten Lokalitäten, die Räume die bemerkenswerthesten, welche mit alten Wand- und Deckenverkleidungen ausgestattet wurden. Von dem höchsten Werth sind aber die Sammlungen, welche die Räume des Nationalmuseums umschliessen. Es wird kaum irgendwo eine Sammlung existiren, die eine solche Fülle von Werken, namentlich aus dem Gebiete der Kunstgewerbe und von so hervorragender künstlerischer Bedeutung enthält.

6. *Der Glaspalast*

(Industrieausstellungsgebäude). Dieses Bauwerk wurde an der Stelle des früheren Gewächshauses des botanischen Gartens nach den Plänen des k. Oberbaurathes v. Voit von dem Etablissement Cramer-Klett in Nürnberg ausgeführt. Der Bau wurde im Oktober 1853 begonnen und war Anfangs Juni 1854 bereits vollendet. Das 240 M. lange Gebäude ist wenigstens im Transept von bedeutender Wirkung, die durch die grossartige im neu-romanischen Styl hergestellte Fontaine noch erhöht wird. Am schwächsten gestaltet es sich an den beiden Enden, welche sich zerklüftend in kleine Gemächer verlieren. Die nächste Bestimmung des Baues war die im Jahre 1854 in München abgehaltene Kunstausstellung. Nach Beendigung dieser Ausstellung, deren Erfolg bekanntlich durch den Ausbruch der Cholera im Sommer 1854 stark beeinträchtigt wurde, sollte der Bau wieder abgebrochen werden. Es stellte sich jedoch heraus, dass die Kosten des Abbrechens fast mehr betragen würden, als der Werth des dabei zu gewinnenden Materiales. Man fasste daher den Entschluss, den Bau stehen zu lassen, was um so leichter möglich war, als die Ausführung in der Hauptsache eine solide war. Nur die Holzkonstruktionen der Glasdächer wurden später durch Eisenkonstruktion ersetzt. So wurde München eine Lokalität erhalten, die seitdem schon zu den verschiedenartigsten Zwecken benützt werden konnte, und die Ursache war, dass so manche Festlichkeiten, Ausstellungen etc. sich ohne zu grossen Kostenaufwand ermöglichen liessen. Auch die gegenwärtige Kunstausstellung bei Gelegenheit des 25jährigen Jubiläums des Kunstgewerbevereins würde ohne die zur Verfügung stehende Räumlichkeit des Glaspalastes die Bedeutung nicht erlangt haben, welche sie jetzt wirklich hat. Die Kosten für die Unterhaltung des Gebäudes sind daher jedenfalls gut angewendet und man kann sich nur darüber freuen, dass seiner Zeit der Abbruch sich als ein unrentables Geschäft erwies.

IV. Gebäude für Produktionen und Versammlungen.

1. *Das Odeon.*

Dieses von Klenze erbaute Gebäude (1826—1828) befindet sich am Anfang der Ludwigsstrasse, da wo dieselbe sich zum Odeonsplatz erweitert. Aeusserlich bildet dasselbe den Pendant zu dem gegenüberliegenden Palast des Prinzen Luitpold (vormals Leuchtenbergischer Palast). Der wesentliche Bestandtheil des Innern ist ein grosser Saal, zunächst für musikalische Produktionen, ausserdem aber auch für andere Festlichkeiten bestimmt. Der Saal hat eine rechteckige Grundform, wobei sich an die innere Schmalseite eine halbkreisförmige Tribüne anschliesst. Die Dimensionen des Saals sind sehr beträchtlich; die Länge beträgt — mit Tribüne — circa 34 M., die Breite 22,75 M. und die Höhe 16,75 M. Unten ist der Raum auf 3 Seiten von einer Säulenstellung umgeben, während oben eine Gallerie auf alle Seiten sich herumzieht. Der Saal ist vorzüglich akustisch, wozu jedenfalls

— 158 —

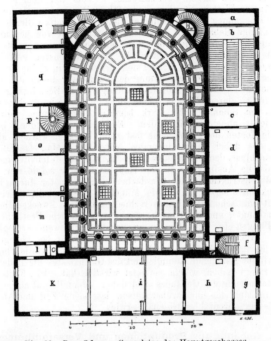

Fig. 39. Das Odeon. Grundriss des Hauptgeschosses.
a b. Haupttreppe. c d. Foyer. e. Garderobe. f p. Diensttreppen. g h. Kleinere Musikräume. m o. Buffet. q und r. Räume für die Musiker und Sänger.

die ziemlich eng gestellten, den Schall zerstreuenden Säulen wesentlich beitragen. Die unteren Säulenschäfte sind gemauert und mit Stuck überzogen, während die oberen aus Gipsstücken bestehen, in deren Hohlraum als tragender Theil ein Holzpfosten sich befindet. Die Deckengemälde stellen Apoll unter den Musen (von Kaulbach), Apoll unter den Hirten (von Eberle) und das Urtheil des Midas (von Anschütz) dar. — Der Hauptsaal ist rings von Nebensälen umgeben, so dass derselbe bei Tage durch Oberlicht erhellt werden muss. In den Räumlichkeiten der II. Etage befindet sich die kgl. Musikschule. Das Erdgeschoss ist zu verschiedenen Zwecken benützt; namentlich ist ein Raum zu den Gottesdiensten der in München wohnenden Engländer eingerichtet.

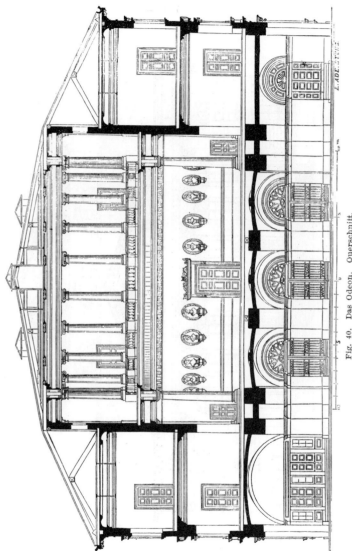

Fig. 40. Das Odeon. Querschnitt.

— 160 —

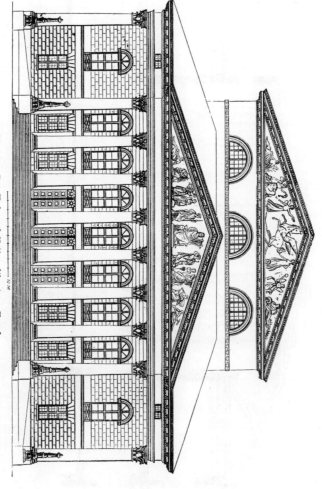

Fig. 41. Das Hof- und Nationaltheater. Façade.

2. Das k. Hoftheater

nimmt die Ostseite des Max-Joseph-Platzes ein. Der Bau wurde 1811—1818 von Carl v. Fischer hergestellt, brannte aber 1823 ab. Der Umbau entstand unter Leitung Klenze's, wobei im Wesentlichen der alte Plan beibehalten wurde. Die Wiedereröffnung fand im Jahre 1825 statt. Die Hauptfaçade gegen den Residenzplatz mit den Haupteingängen ist durch eine achtsäulige korinthische Portikus von grossartigen Verhältnissen charakterisirt. Die beiden Giebel sind mit Fresken nach Schwanthaler'schen Zeichnungen, (oben Pegasus und die Horen, unten Apollo und die Musen) geschmückt. Die Südfronte, jetzt an der Maximiliansstrasse liegend, war früher vor der Anlage dieser Strasse kaum sichtbar und ist daher sehr einfach gehalten. Die Ostfronte rückwärts war ursprünglich auch wenig zugänglich und erhielt erst später die jetzige Gestalt. — Das Theater ist eines der grössten, die existiren, indem es 2600 Zuschauer fasst. Die Bühne ist circa 30 M. breit und circa 56 M. tief. Von Interesse ist die technische innere Einrichtung, wobei namentlich den Löschvorrichtungen eine besondere Aufmerksamkeit geschenkt ist. Erst in dem letzten Jahre wurde auch eine neue Vorrichtung angebracht, die es ermöglicht, die Bühne durch einen künstlichen Platzregen augenblicklich unter Wasser zu setzen. Das Innere und theilweise auch das Aeussere wurde im Jahre 1859 einer durchgreifenden Restauration unterzogen.

3. Das Residenztheater

zwischen dem Hoftheater und der Residenz gelegen, ist ein Bau von viel kleineren Verhältnissen, der jedoch in Beziehung auf seine Innenanlage und Ausstattung als ein sehr charakteristisches Denkmal der Rococozeit ein besonderes Interesse beansprucht. Das Theater wurde von Churfürst Maximilian III. erbaut und 1760 eröffnet. Die Pläne sind von J. Couvillier. Im Jahre 1857 erfuhr dasselbe durch Professor Foltz eine durchgreifende jedoch dem Styl sich anschliessende Restauration. Die Räume dieses Theaters eignen sich vorzüglich zur Aufführung kleinerer Dramen und feinerer Lustspiele. —

4. Das Theater am Gärtnerplatz

war ursprünglich ein Aktienunternehmen; da es als solches jedoch nicht reussirte, so wurde es von Sr. Majestät dem regierenden König gekauft und steht nun auch unter der gemeinsamen Hoftheaterintendanz. In diesem Theater von mittelgrossen Verhältnissen werden vorzugsweise sog. Volksstücke — Schau- und Singspiele, Operetten, Possen und Zauberstücke etc. — gegeben. Die Entwürfe für das Gebäude sind von Reifenstuel und bieten nur in so fern ein Interesse, als der zu Gebote stehende Platz ein spitzwinklicher war.

V. Gebäude für Gesundheitspflege und Wohlthätigkeit.

Die interessanteren Gebäude auf diesen Gebieten sind städtische Anlagen, während als Staats- und königliche Anstalten nur folgende zu erwähnen sind:

1. *Das Blindeninstitut*

(Ludwigsstrasse Nro. 15) ist von Gärtner erbaut (1835) und ist als Bauwerk ohne weiteres Interesse. Die Statuen der Heiligen Rupert, Benno, Ottilie und Lucie auf den beiden Portalen sind von Eberhard. —

2. *Die Taubstummenanstalt*

ist in einem früheren Privatgebäude (Karlsstrasse Nro. 17) untergebracht. —

3. *Die Kreisirrenanstalt,*

eine ausgedehnte Anlage, unweit des Haidhauser Bahnhofes (Auerfeldstrasse Nr. 6) gelegen. Der ursprüngliche Bau wurde vom Oberbaurath Reuter entworfen und ausgeführt. Die nothwendige Geschlechtertrennung liess das Gebäude in symmetrischen Flügeln mit vier Höfen (A und B) entstehen, zwischen welchen die gemeinsamen Verwaltungs- und Verpflegungsbauten (a b c d e) eingesetzt sind. Gegenwärtig wird die Anstalt unter specieller Leitung des k. Baubeamten Bernatz und nach den Angaben des Vorstandes Dr. Gudden einem weitgreifenden Umbau unter beträchtlicher Erweiterung unterzogen. Hiebei wird namentlich auf eine rationelle und allen Ansprüchen genügende Heizungs- und Ventilationseinrichtung Rücksicht genommen und ist die Ausführung dieser Anlagen der in dieser Beziehung renomirten Firma der Gebr. Sulger in Winterthur übertragen.

Die Gebäude der Hauptaxe vertheilen sich so, dass der Mittelrisalit (a) die Administrationsräume, b den Küchenbau mit Gesellschaftssaal, c die Kirche mit darunter gelegten Werkstätten, d die Turnhalle mit Centralbad und Strohflechtsälen und e das Kesselhaus enthält. Rechts von der Linie dieser Gebäude befindet sich die Abtheilung der männlichen, links die der weiblichen Irren. Die beiden geschlossenen Höfe sind von den Räumen für die mehr oder weniger unruhigen und für die schwachsinnigen Kranken umschlossen, die Höfe B von den beiden rechtwinklig aneinanderstossenden Trakten f und g (für die ruhigen Irren) abgegränzt. Die in den Höfen BB nach innen, in den Complexen A nach aussen vorspringenden Anbauten sind Bäder, Abtritte und Spülküchen.

— 163 —

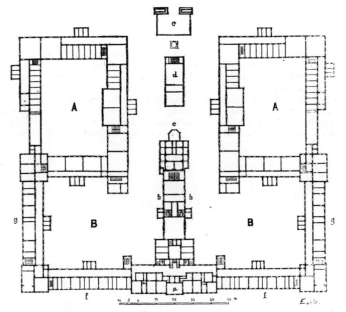

Fig. 42. Die Kreisirrenanstalt. Grundriss.

4. *Die Polyklinik oder das Reisingerianum*

von dem 1854 verstorbenen Dr. Reisinger dotirt, 1863 vollendet, dient vorab wissenschaftlichen Zwecken und ist hiezu mit Hörsaal, Laboratorium, Bibliothek und Sammlungen ausgestattet. Doch fehlt es auch nicht an Räumen zu längerer oder kürzerer Untersuchung von Kranken und zu entsprechender Consultation.

5. *Das Maximilians-Waifenftift*

zur Aufnahme und Verpflegung armer Beamtentöchter von König Maximilian II. gestiftet, wurde, wie in der Baugeschichte (S. 83) erörtert worden ist, 1863—1865 von Hofbaurath Riedel gebaut, aber nach zeitweiliger Benützung zu Lazarethzwecken erst 1871 bezogen. Es ist ein stattlicher und durch seine Lage auf der Bogenhauserhöhe über Brunnthal noch vortheilhafter wirkender Bau, welcher die stiftung des Königs in jeder Beziehung segensreich erscheinen lässt.

VI. Thore.

1. *Das Isarthor*

ist von den älteren aus dem Mittelalter stammenden Thoren das interessanteste. Dasselbe stammt aus dem Jahre 1314 und bildet in seiner Gesammtanlage eine Gruppe von sehr malerischer Wirkung. Im Jahre 1835 wurde dasselbe auf Anordnung König Ludwig I. einer Restauration unterzogen. Die Aussenseite ziert ein von Neher ausgeführtes Frescobild, den Einzug Kaiser Ludwigs des Bayern nach der Schlacht von Ampfing darstellend. Leider geht dieses Freskobild auch einem raschen Untergang entgegen. Dasselbe wird jedoch

Fig. 43. Das Siegesthor. Aussenansicht.

erfreulicher Weise durch einen eben in der Vorbereitung begriffenen Stich der Nachwelt erhalten bleiben. Diese Nachbildung ist um so mehr am Platze, als das Isarthor früher oder später wohl auch den Zweckmässigkeitsfanatikern zum Opfer fallen wird, die schon sehr lebhafte Angriffe auf dasselbe gemacht haben. — Die zu beiden Seiten des Hauptthores stehenden Standbilder des hl. Michael und hl. Georg sind von Conrad Eberhard.

2. *Das Siegesthor*

bildet den nördlichen Abschluss der Ludwigsstrasse und ist von König Ludwig I. dem bayerischen Heere gewidmet. Die Entwürfe sind von Gärtner; nach dessen Tode wurde der Bau von Metzger (1850) vollendet. Das Bauwerk ist seiner Hauptsache nach von Kelheimer Kalksteinen ausgeführt, der leider die üble Eigenschaft hat, dass einzelne Steine Stiche und Lager haben, die unter dem Einfluss der Witterung eine Zerklüftung und Zerstörung veranlassen. Es haben desshalb schon mehrfache Auswechselungen schadhaft gewordener Hausteine stattfinden müssen und es ist zu wünschen, dass diese Schäden nicht grössere Dimensionen annehmen. In den Wandflächen sind Basreliefs aus weissem Marmor, die oberen Thaten des Friedens, die unteren Thaten des Krieges darstellend und von Wagner ausgeführt, eingesetzt. Das Ganze wird gekrönt durch eine Bavaria auf einem mit 4 Löwen bespannten Wagen, gleichfalls von Wagner. Im Erdgeschoss der neuen Pinakothek in der Nähe des Haupteinganges befindet sich das Gipsmodell dieser Quadriga. Die Viktorien sind von Ludwig Schaller.

3. *Die Propyläen*

sind in der Axe der Briennerstrasse erbaut und schliessen den Königsplatz auf der Westseite ab. Dieses imposante Thor wurde in den Jahren 1846—1860 nach den Entwürfen von Klenze erbaut. Die Stadtvertheidigung gab dem Architekten das Dispositionsmotiv für die Hauptanlage; im Anschluss an das Thor Dipylon zu Athen, an das noch stehende Thor von Messene, sowie an mehrere antike Malereien, erhielt der Bau zu beiden Seiten des eigentlichen Thores 2 flankirende Thürme. Da auf dem Königsplatze in der Glyptothek die jonische und im Ausstellungsgebäude die korinthische Ordnung bereits vertreten war, so wurde für das Thor die dorische Ordnung gewählt. Die Dimensionen wurden so gewählt, dass 3 als durchfahrbar benutzbare Oeffnungen sich ergaben. Gegenwärtig wird das mittlere Hauptthor blos als Durchgang benützt, während die beiden Oeffnungen in den Thürmen als Durchfahrten dienen. Der ganze Bau ist bis auf wenige verputzte Flächen aus Untersberger Marmor errichtet. Den plastischen Schmuck bilden 2 Giebelgruppen aus

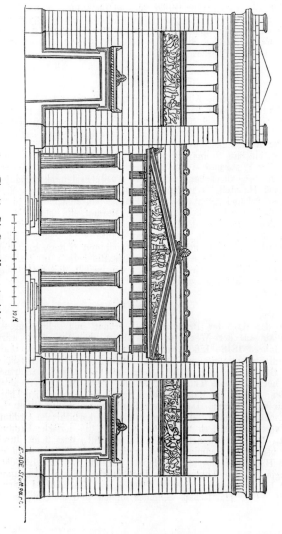

Fig. 44. Die Propyläen. Ansicht.

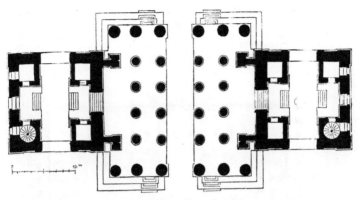

Fig. 45. Die Propyläen. Grundriss.

freistehenden Figuren in carrarischem Marmor, und ein Figurenfries auf den beiden Fronten der Thürme. Alle diese Bildwerke sind, der Angabe des Architekten gemäss, nach den Zeichnungen und kleinen Skizzen L. Schwanthaler's von dessen Schülern — namentlich Xaver Schwanthaler — ausgeführt worden. Für die Reliefs fertigte Prof. Hiltensperger die Zeichnung und sie wurden von dem Bildhauer Schefzky ausgeführt.

Die eine Giebelgruppe stellt Hellas dar, dem die Sieger zu Land und zu Wasser die verlorenen Provinzen und Städte zuführen; die andern den jugendlichen König auf dem Throne, die Huldigungen der verschiedenen Stände, Künste und Wissenschaften empfangend.

Das Innere der Thürme und Säulenhallen ist mit reichen farbigen Dekorationen geschmückt und es erscheinen darin 32 Namen der griechischen Beförderer der Freiheit und der hervorragendsten Philhellenen.

VII. Monumente.

1. *Die Bavaria mit der bayrischen Ruhmeshalle.*

Dieses grossartige nach Klenze's Entwurf errichtete Monument von imposantester Gesammtwirkung erhebt sich im Südwesten von München auf dem Isarhochufer, das die Theresienwiese auf der Westseite begränzt. Der Platz ist glücklich gewählt und empfahl sich in mehrfacher Beziehung. Einmal wurde durch die erhöhte Stellung eine bedeutendere Wirkung erzielt und ausserdem ist die Theresienwiese der Schauplatz für das alljährlich im Oktober gefeierte landwirthschaftliche Volksfest, wobei gegenwärtig weit über 100,000 Menschen zusammenzuströmen pflegen. Zu beklagen ist nur, dass Wettrennen und Preisevertheilung, welche dabei stattzufinden pflegen, mit dem Monument nicht mehr in Zusammenhang gebracht werden können, da die Wirkung erst recht bedeutend wäre, wenn sich das Festbuchstäblich zu den Füssen der Bavaria vollziehen würde.

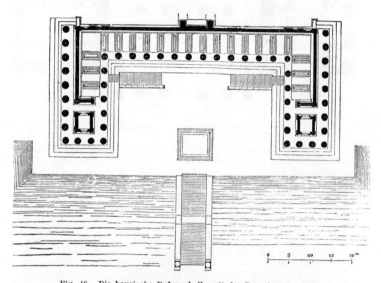

Fig. 46. Die bayrische Ruhmeshalle mit der Bavaria. Grundriss.

Die Gesammtanlage besteht aus 2 Haupttheilen, aus dem Standbilde der Bavaria selbst und aus der Ruhmeshalle, welche jenes hufeisenförmig umschliesst. Eine grossartige Treppenanlage stellt die Verbindung mit der Theresienwiese her und rückwärts schliesst sich eine Parkanlage an. Der Bau begann im Jahre 1843 und im Jahre 1853 wurde das Ganze vollendet.

Der Koloss der Bavaria ist nach Schwanthaler's Modell von Ferd. v. Miller in Erz gegossen und aufgestellt. Das circa 9 M. hohe Postament ist aus Granitmarmor (einem granitähnlichen Kalkstein) hergestellt. Die Figur selbst ist 16,4 M., bis zur Spitze des erhobenen Kranzes 19,3 hoch. Sie ist gedacht als des Landes Schutzgottheit, den Löwen als Sinnbild von Adel und Kraft an der Seite. Im Inneren des Piedestals und der Figur selbst ist eine

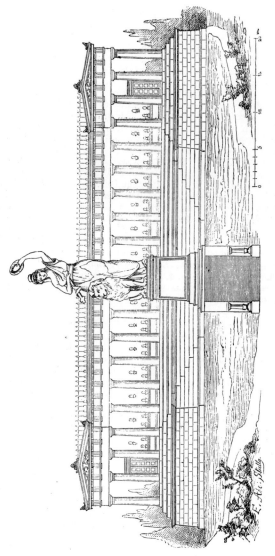

Fig. 47. Die bayrische Ruhmeshalle mit der Bavaria. Ansicht.

Treppe angelegt, die bis zum Kopf hinaufführt. In diesem sind 2 Ruhebänke angebracht, worauf 6 Personen Platz haben. Durch mehrere kleine Oeffnungen hat man eine weite Aussicht auf die Stadt und das bayerische Hochgebirge. Im Ganzen wurden 1560 Centner Metall zum Guss verwendet. Die Gesammtkosten der Statue (ohne Piedestal) belaufen sich auf 233,000 fl.

Die Ruhmeshalle bildet ein auf einer Seite — gegen die Bavaria — offenes Rechteck dorischen Styles. Die längere Rückseite hat eine Ausdehnung von circa 67 M. und bildet nach vorn eine Halle von 20 Säulen. Die beiden Flügel sind nach aussen 30,6 M. lang und bilden hier eine Halle von 9 Säulen. Gegen den Hof haben die Flügel 3 Säulen und schliessen auf der Schmalseite mit einer 4säuligen Tempelfronte ab. Der offene Hof ist 35 M. lang und 19 M. tief. Der Säulenbau steht auf einem 4,30 hohen nach rückwärts niedriger werdenden Unterbau. Die Säulen sind circa 7 M. hoch bei 1,65 M. unterem Durchmesser. Die Giebelfelder sind mit den allegorischen Gestalten von Bayern, Pfalz, Schwaben und Franken geschmückt. Der Fries hat 94 Metopen, von denen 44 mit Victorien und 50 mit Momenten aus der Kulturgeschichte Bayerns ausgestattet sind, sämmtliche aus dem Atelier Schwanthalers hervorgegangen. — Auf der Rückwand der Säulenhalle stehen in mehreren Reihen auf Consolen die Büsten hervorragender Bayern, angefangen von Agricola, Schongauer, Beheim, Krafft etc. bis auf Platen, Jean Paul, Gärtner, Schwanthaler, Rottmann, Schelling etc. Der gesammte Bau ist aus weissem Untersberger Kalkstein in sorgfältigster Ausführung hergestellt.

2. *Die Feldherrnhalle*

bildet den südlichen Abschluss der Ludwigsstrasse und erhebt sich hier zwischen der Theatinerstrasse und der Residenzstrasse. Der Bau wurde im Jahre 1844 nach dem Entwurfe von Gärtner vollendet. Als Motiv ist die Loggia dei Lanzi in Florenz benützt; auf hohem Unterbau mit Treppenaufgang erhebt sich eine offene Halle von sehr bedeutenden Verhältnissen, nach vorn mit 3, nach der Seite mit je 1 Bogen sich öffnend. Die Halle ist 34 M. lang, 11,4 M. breit und 17 M. hoch; in derselben sind die Bronze-Standbilder der bayerischen Feldmarschälle Tilly und Wrede, beide von Schwanthaler, aufgestellt.

3. *Die Mariensäule.*

Wie in der Baugeschichte (S. 47) erwähnt worden ist, war dieses Denkmal zum Andenken an die Occupation Münchens durch die Schweden 1632 und aus Dankbarkeit für die Erhaltung der Stadt errichtet worden. Es besteht aus einer vergoldeten Bronzemadonna, (ob von Krumper's Entwürfen herrührend ist ungewiss) die auf eine

Fig. 48. Die Feldherrnhalle. Ansicht.

korinthische Säule aus rothem Tegernseermarmor gestellt ist. Die Ecken des Sockels sind mit den Bronzegruppen von Engeln, welche die Dämone der Pest, Hungersnoth, Ketzerei und des Krieges bekämpfen, verziert, die Ecken der Balustrade aber mit schönen Lampen.

4. *Der Obelisk*

erhebt sich auf der Mitte des Carolinenplatzes, im Kreuzungspunkt der Brienner- und Barerstrasse, circa 30 M. hoch. Derselbe ist aus eroberten Geschützen gegossen und wurde im Jahre 1833 nach Entwürfen Klenze's zu Ehren der „30,000 Bayern, welche im russischen Kriege für des Vaterlandes Befreiung den Tod fanden" vom König Ludwig I. errichtet. Das Gewicht desselben beträgt circa 300 Centner.

5. *Eigentliche Monumente und Standbilder*

zählt München eine sehr grosse Anzahl und es finden sich darunter einige von sehr hohem künstlerischen Werthe.

a. Das Reiterstandbild des Churfürsten Maximilian auf dem Wittelsbacher-Platz, von Thorwaldsen modellirt und von Stiglmayer gegossen.

b. Das Monument König Max I. auf dem Residenzplatz, von Rauch modellirt und von Stiglmayer gegossen.

c. Das Reiterstandbild König Ludwig I. auf dem Odeonsplatz, modellirt von Widnmann, gegossen von Miller.

d. Das grossartige Denkmal König Max II. in der Maximiliansstrasse, errichtet von der Stadt München; Modelle der Figuren etc. von Zumbusch, Guss von Miller; Architektur von Hügel.

e. In der Maximiliansstrasse befinden sich ausserdem noch die Standbilder von Deroy (Halbig), Fraunhofer (Halbig), Schelling (Brugger) und Rumford (Zumbusch).

f. Auf dem Promenadeplatz erhebt sich in der Mitte das Standbild von Max Emmanuel, des Eroberers von Belgrad (Brugger); ausserdem die Standbilder von Kreitmayer (Schwanthaler), Gluck (Brugger), Orlando di Lasso und Westenrieder, beide von Widnmann modellirt.

g. Die beiden Architekten, welchen München die bedeutendsten monumentalen Bauwerke verdankt, Klenze und Gärtner — haben Monumente auf dem Gärtnerplatz erhalten. Ersteres ist von Brugger, letzteres von Widnmann modellirt.

h. Wie in so vielen deutschen Städten sind auch hier in München den Dichterheroen Goethe und Schiller Denkmale gewidmet. Ersteres — von Widnmann — steht auf dem Karlsplatz vor dem sogen. Himbselhaus; letztes, gleichfalls von Widnmann, auf einem kleinen Platze zwischen dem nordöstlichen Ende des Dult- oder Maximiliansplatzes und der Briennerstrasse. Alle diese Monumente wurden in der früheren kgl., jetzt Ferd. v. Miller eigenthümlich gehörenden Erzgiesserei ausgeführt.

In den in der Ausführung begriffenen Anlagen auf dem Maximiliansplatze sollen auch noch die Monumente von Cornelius und Liebig geeignete Plätze erhalten.

III.

Militärische Bauten.

Der Einfluss der mächtigen Veränderungen, wie sie in unserm Jahrhundert und besonders in den letzten Dezennien sich vollzogen haben — als deren Folge und Ausdruck das rasche Anwachsen der grossen Städte zu betrachten ist — macht sich zwar in allen Zweigen des staatlichen Organismus geltend, ganz besonders aber zeigt sich derselbe in der grossen Steigerung der Wehrkraft, welche in allen Staaten des europäischen Continents durchgeführt wurde.

Auch München lässt in der Zahl und Grösse der für militärische Zwecke verschiedener Art geschaffenen oder benützten Gebäude diese Steigerung erkennen.

Als das Beachtenswertheste sowohl in architektonischer Beziehung als im Hinblicke auf seine Bestimmung erscheint das Kriegsministerium. Die Façade an der Ludwigsstrasse wurde von L. von Klenze, jene des zur Wohnung des Kriegsministers dienenden Flügels an der Schönfeldstrasse von dem damaligen Lieutenant im k. b. Ingenieur-Corps und nachmaligen Oberst Heinrich Häring entworfen (vgl. Fig. 18). Ausser diesen in den Jahren 1824—1830 ausgeführten Bauten besteht dasselbe aus den entsprechend adaptirten Gebäulichkeiten der im Jahre **1794** an der ehemaligen Schwabinger Landstrasse erbauten Stuckgiesserei sowie des im Jahre 1809 errichteten Militär-Montur-Depots und aus einem Erweiterungsbau. Im Flügel an der Ludwigsstrasse befinden sich die Bureaux desselben und die Sammlungen des Hauptconservatoriums der Armee. In den übrigen Gebäuden sind die verschiedenen Abtheilungen des Kriegs-Ministeriums, dann das General-Auditoriat und die General-Militär-Casse. Die Militär-Fonds-Verwaltung ist in einem anstossenden Gebäude an der Schönfeldstrasse; neben welchem die Inspection des Ingenieur-Corps und der Festungen, die Pionier-Inspection und die 1. Ingenieur-Direction ein anderes Gebäude inne haben.

Das k. General-Commando des I. Armee-Corps sammt der Corps-Intendantur und Corps-Kriegs-Casse, sowie die k. I. Division mit der Divisions-Intendantur haben ihre Bureaux in dem Gebäude Nro. 1 an der Königin-Strasse, einem früheren Privathause.

In dem grösseren Theile der Herzog-Max-Burg — der übrige Theil sowie ein angefügter Neubau enthält die Staats-Schulden-Tilgungs-Anstalt — befinden sich von den Militär-Bildungs-Anstalten die Kriegs-Academie, die Artillerie- und Ingenieur-Schule und die Kriegsschule.

Das Cadeten-Corps-Gebäude, Ecke von Carlsplatz und Elisenstrasse, war in seinen ältern Theilen früher eine herzogliche Sommerwohnung — der Herzoggarten (vgl. S. 54), und ist von dem verstorbenen Prinzen Carl für den genannten militärischen Zweck unentgeltlicherweise überlassen worden. Der nur aus Erdgeschoss und einer Etage (Küche, Speise-, dann Studir-, zugleich Recreations-Säle, darüber den Schlafsaal enthaltend) bestehende westliche Anbau wurde 1823 neu hergestellt und später noch etwas vergrössert, so dass das Ganze mit dem grossen südlich gelegenen freien Hofraum, der theilweise mit Bäumen bepflanzt ist, ferner mit dem Garten und anstossenden abgeschlossenen Turnplatz ein ziemlich grosses Areal einnimmt. So unscheinbar übrigens das Aeussere des Gebäudes, das seit der Nivellirung des Stadtwalles an der Fronte ganz eingesunken erscheint, sich darstellt, so macht es doch gerade die Form des Gebäudes, wodurch die für verschiedene Zwecke bestimmten Localitäten zumeist getrennt sind, für seine Bestimmung weit geeigneter, als es bei geringerer Längenausdehnung und mehr Etagen wäre. In nicht ferner Zeit wird indess das Gebäude seiner dermaligen Bestimmung wieder entzogen werden.

Das Zeughaus an der Dachauerstrasse wurde nach dem Entwurfe des Herrn Bauraths Hügel in den Jahren 1860—64 erbaut, da das alte östlich vom Münzgebäude belegene in Folge der Anlage der neuen Maximiliansstrasse abgebrochen werden musste. Ausser dem Artillerie-Depot befinden sich in demselben die k. Inspection der Artillerie und des Trains, sowie die Artillerie-Berathungs-Commission. Zur Aufbewahrung der Vorräthe dienen die westlich desselben liegenden 12 Remisen, zwischen welchen die verschiedenen Gebäulichkeiten der k. Artillerie-Werkstätten liegen. — Oestlich vom Zeughause liegen die Magazine des k. Proviant-Amtes, in den Jahren 1873 bis 1875 erbaut; zwei für Haber, zwei für Heu und Stroh. — Nördlich hievon befinden sich in zwei getrennten Abtheilungen die verschiedenen Gebäude des k. Hauptlaboratoriums.

Das Terrain zwischen der Dachauer- und Schleissheimer-Strasse bis nahe zum Würm-Canal ist Militär-Eigenthum und als Exerzier- und Infanterie-Schiess-Platz benützt.

Zwischen der Dachauer- und Nymphenburger-Strasse ist ein anderer grosser Complex gleichfalls Militär-Eigenthum. Derselbe wurde in Voraussicht der Stadterweiterung im Jahre 1860 auf Antrag des damaligen Kriegsministers Ludwig von Lüder angekauft.

An seiner Ostseite liegt das neugebaute Militär-Lazareth. Dasselbe wurde zum dringenden Bedürfniss, als mit der allgemeinen

Wehrpflicht die Zahl der präsenten Mannschaft sich vermehrt hatte und das bis dahin ausreichend grosse Militär-Lazareth No. 33 an der Müllerstrasse — erbaut 1773 bis 1776 — nur mehr dadurch genügte, dass alle transportablen Kranken nach dem nahen Fürstenfeldbruck evacuirt wurden. Auch hatte dasselbe mit der Erweiterung der Stadt seine frühere isolirte Lage verloren, wodurch es sich zum Hospital immer ungeeigneter erweisen musste, weshalb auch die Verlegung beschlossen, und das alte Gebäude nach fast hundertjähriger Benützung anderen Zwecken, zum Theil dem Landwehr-Bezirks-Commando, überwiesen wurde. Das neue Militär-Lazareth ist diesem Uebelstande nicht ausgesetzt, weil es auf 2 Seiten von Militär-Eigenthum umgeben ist und das Privateigenthum auf den beiden andern Seiten bei der bedeutenden Entfernung vom Centrum der Stadt und den Bahnhöfen nicht so bald überbaut werden wird. Bei den in München vorherrschenden Südwest- und West-Winden und der unerschöpflichen Menge eines noch reinen von Westen gegen die Isar ziehenden Grundwassers ist seine Lage eine seinem Zwecke sehr entsprechende.

Der Entwurf wurde von dem Baurathe der Stadt München, Herrn Zenetti, gefertigt. Nach der Genehmigung desselben wurde am 21. Juni 1868 der Bau begonnen und der eine Flügel (d des beifolgenden Grundrisses Fig. 49), das Oeconomie-Gebäude (b) und das Verwaltungs-

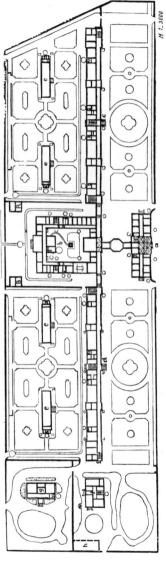

Fig. 49. Militär-Lazareth. Grundriss.

Gebäude (a), das Leichenhaus (f), Reserve-Gebäude (g) und zwei Sommer-Pavillons (e) hergestellt. Der Flügel diente sodann zur Aufnahme erkrankter Kriegsgefangenen. Der andere Flügel (c), mit den 2 anderen Sommer-Pavillons (e) wurde im Jahre 1872 begonnen und im August 1874 vollendet. Jeder Flügel nimmt in 3 Stockwerken (Erdgeschoss, I. u. II. Etage) circa 200 Kranke auf. In jedem Stockwerke sind: 4 grosse Krankensäle, 8 Separat-Krankenzimmer, 4 Aborte, 2 Bade-Cabinete, 2 Theeküchen, 2 Wärterzimmer und 2 Lokale zum Wäschewechsel.

Das Reserve-Gebäude (Blatternhaus) (g) enthält 1 grosses und mehrere kleine Krankenzimmer mit Wärterzimmer dazwischen, dann Badelokal. Jeder der 4 Sommer-Pavillons fasst 30 Kranke. Dieselben sind aus Holz, mit Glaswänden an den Langseiten (Südost und Nordwest), die aussen noch Vorhänge erhalten, mit Schindeln eingedeckt und haben Dachreiter. Um sie zur Aufnahme der Cholera-Kranken im Winter 1873/74 benützen zu können, wurde der Fussboden verdoppelt, ein Bretterplafond angebracht, der Raum durch Scheidewände getheilt, der Luftzug durch Verkleidung der bezüglichen Oeffnungen mit Brettern vermindert und hierauf die nöthige Anzahl von Oefen aufgestellt. Diese Einrichtungen machten es möglich, auch bei ziemlicher Kälte die Pavillons als Krankensäle zu benützen und zu verhüten, dass ein Cholera-Kranker in das Hauptgebäude gebracht werden musste.

Das Oeconomie-Gebäude enthält die Kapelle — ein Betsaal für die Protestanten ist in dem zuletzt erbauten Flügel — die Koch- und Wasch-Küche, Apotheke und Laboratorium, Dampf- und Douche-Bäder, Wohnungen für den Messner, die Köchin und den Maschinisten; in Keller und Dachraum sind Magazine. Ein Anbau bildet den Maschinenraum. — Das Verwaltungsgebäude enthält die Bureaux, ärztlichen Jourzimmer, die Wohnungen der Lazareth-Inspektoren, der Aerzte, des Pfarrers, der dienstfreien Krankenwärter und des Hausdieners. Keller und Dachräume enthalten Magazine. Das Leichenhaus enthält den Hörsaal für den Operations-Curs, Leichen- und Secir-Saal, Docenten-Zimmer und Präparaten-Cabinet.

Die Ausmaasse der Gebäude sind: Jeder Flügel hat 138,34 M. Länge, 11,67 M. Breite und 4,3 M. Höhe der Geschosse im Lichten. Das Verwaltungsgebäude ist 51,22 M. lang und 14,38 M. breit. Das Oekonomiegebäude hat mit Einrechnung des 35,02 M. langen und 27,14 M. breiten Hofes eine Länge von 53,41 M., eine Breite von 44,39 M. Diese Gebäude sind durch gedeckte Gänge mit einander verbunden, welche in obigen Maassen nicht in Betracht gezogen sind. Das Reserve-Gebäude ist 23,78 M. lang und 11,53 M. breit. Die Sommer-Pavillons haben 34,46 M. Länge, 6,72 M. Breite und 5,13 M. Höhe bis zum Kehlbalken. Das Leichenhaus ist 22,15 M. lang und 14,39 M. breit.

Von sonstigen Anordnungen ist erwähnenswerth: Die Krankenzimmer liegen gegen Südost, die Gänge gegen Nordwest; zu ebener Erde und in der I. Etage sind letztere gewölbt; die Treppen sind in dem einen Flügel alle, im andern nur eine von Eisen, die hölzernen aber unterwölbt; die 1,5 M. breiten Thüren haben ungleiche Flügel, wovon der 0,5 breite in der Regel nicht benützt wird; die Krankensäle haben Hannoveraner-Oefen, die mit Steinkohlen geheizt werden; die Abtritte haben Wasserverschluss (der Wasserzufluss findet nur während der Bewegung der Deckel statt); eine Wasserleitung für kaltes und warmes Wasser mit Reservoirs auf den Speichern wird durch eine Dampfmaschine von 10 Pferdekraft mit Kesseln nach System Alban (24 □ M. Heizfläche) und 2 Vorwärmern bedient, welche eine Pumpe bewegt, die stündlich 12,900 Liter Wasser liefert. Die Röhren verzweigen sich mit Ausnahme des Verwaltungsgebäudes in alle übrigen Gebäude. — Eine Abwasserleitung führt alles Abwasser mit Ausnahme des für Spülung der Abtritte benützten in einen städtischen Canal. — In dem Oeconomie-Gebäude besteht eine Dampf-Waschanstalt mit Exhaustor-Spüle und Mange, dann durch Dampf erhitzter Trockenkammer. Die Maschinenbau-Gesellschaft Humboldt in Kalk bei Deutz am Rhein lieferte Dampfmaschine, Vorwärmer, Pumpe und Reservoir; die Dampf-Wäscherei-Einrichtung ist von Oskar Schimmel & Comp. in Chemnitz.

Nachdem die Erbauung dieses Lazarethes in die Zeiträume vor und nach dem Kriege von 1870/71 fällt, dürfte die Vergleichung einiger Preise und Taglöhne von Interesse sein und sind desshalb die nachstehenden in der Note *) angefügt.

---

*) **Preise**
der Materialien und Arbeitslöhne bei dem Bau des Militär-Krankenhauses auf Oberwiesenfeld (München).

I. Materialien und Taglöhne.

A. Material.	Bei den in den Jahren 1868—71 hergestellten Gebäuden.		Bei dem in den Jahren 1872—74 hergestellten Flügel D^I.	
1. Ausgesuchte schuhige Steine per 1000 Stück	16 fl.	— kr.	27 fl.	— kr.
2. Gewölbsteine	18 „	— „	34 „	— „
3. Vorsetzsteine 1000 Stück	20 „	— „	34 „	— „
4. Fasensteine 1000 „	25 „	— „	50 „	— „
5. Chambransteine	61 „	— „	116 „	— „
6. Halsglieder	45 „	— „	80 „	— „
7. do. Ecken	83 „	— „	90 „	— „
8. Bogen Chambransteine	79 „	— „	120 „	— „
10. Medaillons	1 „	45 „	3 „	30 „
11. Brüstungsgesims per Stück	— „	18 „	— „	42 „
12. Viertler per 1000 Stück	9 „	— „	15 ½ „	— „
13. Sockelsteine do.	30 „	— „	40 „	— „
14. 1 Muth Kalk = 9 Hectoliter	8 „	— „	14 „	— „
15. 1 Centner Cement	— „	42 „	1 „	— „
16. 1 Centner Ziegelmehl	— „	21 „	— „	30 „
17. 1 Fuhr Sand	1 „	12 „	1 „	48 „

Unter den Casernen ist zunächst die westlich des neuen Lazareths gelegene Maximilian II.-Caserne beachtenswerth. Dieselbe wird aus drei einen grossen freien Raum (circa 245 M. lang

18. 1 Centner Gyps	1 fl.	— kr.	1 fl.	— kr.
19. 1 Centner Portland Cement	2 „	— „	2 „	42 „
20. 1 Fuhr Schweisssand	3 „	30 „	5 „	— „
21. Hautzenberger Granit ohne Arbeit pr. Cub.-M.	28 „	— „	36 „	— „
23. Nürdinger Sandstein per Cub.-M.	40 „	— „	56 „	— „
Mühlthaler Tuff per Cub.-M.	28 „	— „	36 „	— „
Fichtenholz per Cub.-M.	7 „	— „	10 „	— „
Eichenholz „ „	24 „	— „	40 „	— „
1 ungehobeltes, 0,03 st. Brett	1 „	— „	1 „	30 „
1 Wurflatte	— „	5 „	— „	7 „
1 Kiste Drahtstifte 2000 Stück	2 „	30 „	4 „	48 „
1 „ schmiedeiserne Nägel	9 „	— „	12 „	— „
1 Fussbodentafel 0,03 stk. gehobelt pr. 1 ▢M.	— „	42 „	1 „	— „
1 Centner Flacheisen	8 „	— „	18 „	— „
1 „ Gusseisen	8 „	30 „	16 „	— „
1 „ Schwarzblech	10 „	30 „	16 „	— „
1 „ Zinkblech	14 „	— „	19 „	— „
1 Waggon Schiefer; rother franz. circa 16 mit 17000 Stück incl. Fracht und Transport	612 „	— „	500 „	— „
Schalung per 1 ▢′	— „	3 „	— „	4 „
1 ▢M. Bundglas	1 „	18 „	1 „	48 „
Arbeitslöhne:				
1 Maurer-Palier per Tag	2 „	— „	2 „	36 „
1 do. Geselle do.	1 „	— „	2 „	24 „
1 Taglöhner	— „	45 „	1 „	30 „
1 Weib	— „	30 „	1 „	— „
1 Steinhauer-Palier	1 „	45 „	3 „	30 „
1 do. Geselle	1 „	45 „	2 „	30 „
1 Zimmermanns-Palier	1 „	45 „	3 „	— „
1 do. Geselle	1 „	24 „	2 „	24 „
1 Schlosser	1 „	24 „	2 „	30 „
1 Spängler	1 „	18 „	2 „	36 „
1 Anstreicher	— „	48 „	1 „	45 „
1 Schreiner	1 „	12 „	2 „	24 „
1 Weissputzer	2 „	12 „	3 „	— „
1 Schieferdecker per Woche	13 „	— „	15 „	— „
1 Glaser per Tag	1 „	18 „	2 „	— „
1 Hafner	1 „	24 „	2 „	30 „
1 Brunnenmacher	1 „	30 „	2 „	30 „

II. Akkord-Arbeiten ohne Material.

	Bei den in den Jahren 1868—71 hergestellten Gebäuden.		Bei dem in den Jahren 1872—74 hergestellten Flügel D[I].	
a. Maurerarbeiten.				
1. Für 1 Cub.-M. im Fundament	2 fl.	12 kr.	2 fl.	24 kr.
2. „ 1 „ der Façade	2 „	30 „	3 „	— „
3. „ 1 „ der Mittelmauern	2 „	12 „	2 „	30 „
4. Für einen Fensterbogen des Flügels	1 „	30 „	2 „	24 „
5. Für einen Fensterbogen des Verwaltungs- oder Oeconomie-Gebäudes	1 „	30 „		
6. Für einen gekuppelten Bogen	4 „	— „	5 „	— „
7. „ „ Thorbogen des Flügels	2 „	30 „	5 „	— „
8. „ „ Erdbogen	— „	— „	7 „	— „

— 179 —

und 200 M. breit, theilweise als Garten benützt) einschliessenden Flügeln gebildet, wovon der südwestliche und nordöstliche in den Jahren 1860—64 erbaut, der südöstliche aber 1874 begonnen wurde

9.	Für den Quadratmeter Verfugen	— fl. 21 kr.	— fl. 42 kr.
10.	„ das Einsetzen und Einmauern eines Medaillons	— „ 48 „	2 „ — „
11.	„ den lfd. Meter Hauptgesims	2 „ — „	2 „ 24 „
	„ „ „ „ Stromschichte	— „ 2 „	— „ 3 „
12.	„ einen Kaminkopf	2 „ 42 „	4 „ 30 „
13.	„ „ Entlastungsbogen	1 „ — „	1 „ 30 „
14.	„ eine Brüstung im Flügel	— „ 48 „	1 „ 36 „
15.	„ 1 ☐ M. Gewölbmauerwerk	— „ 30 „	— „ 42 „
16.	„ do. geglätteten Cement-Verputz	— „ 36 „	— „ 45 „
17.	„ Versetzen eines grossen Fensterstockes des Flügels	— „ 21 „	— „ 24 „
18.	„ 1 ☐ M. Verbanden und Weissen	— „ 6 „	— „ 9 „
19.	„ 1 lfd. Meter Ziersockel	— „ 2 „	— „ 3 „
20.	„ do. Kanalmauerwerk	— „ 36 „	— „ 48 „
21.	„ do. Hauptgesims verfugen	— „ 30 „	— „ 42 „
22.	„ einen Bogen der Theeküchen und Abtrittvorplätze	— „ 48 „	1 „ — „
	Für 100 Stein tragen in das Erdgeschoss	— „ 5 „	— „ 8 „
	in die 1. Etage	— „ 8 „	— „ 12 „
	in „ 2.	— „ 13 „	— „ 18 „
	auf den Dachraum	— „ 18 „	— „ 21 „

b. Steinhauerarbeiten:

Für Bearbeiten des Bandgesimses am Flügel	5 „ 12 „	6 „ — „
do. do. do. Hauptgesimses do.	6 „ — „	7 „ — „
Für Bearbeiten des Hauptgesimses am Verwaltungsgebäude	4 „ 42 „	— „ — „
Für Versetzen des Bandgesimses im Verwaltungsgebäude per 1 lfd. Meter	1 „ 36 „	1 „ 45 „
Für Versetzen des Hauptgesimses	2 „ — „	2 „ 15 „
Für das Bearbeiten der Granitstufen per lfd. M.	— „ 24 „	— „ 27 „

c. Schreinerarbeiten:

1.	Für eine Fusstafel leimen, putzen und fugen	— „ 21 „	— „ 27 „
2.	„ 1 ☐ M. Fussboden legen sammt aufleisten	— „ 36 „	— „ 42 „
3.	„ lfd. M. Fussleisten herrichten u. anbringen	— „ 5 „	— „ 6½ „
4.	„ Einpassen der kleinen Thüren, Anschlagen der Futter und Verkleidungen per Stück	— „ 45 „	— „ 54 „
	Für ein kleines Fenster der Wärterzimmer einpassen, Anschlagen der Futter und Verkleidung	— „ 24 „	— „ 30 „
	Für den lfd. Meter Fussboden-Fugen ausspähnen	— „ 3 „	— „ 4 „

d. Anstreicher-Arbeiten:

1.	Für ein grosses Fenster, Stock und Rahmen grundiren	— „ 48 „	— „ 54 „
2.	zweitemal streichen	— „ 42 „	— „ 48 „
3.	drittemal streichen	— „ 30 „	— „ 36 „
4.	Für ein mittleres und kleines Fenster Stock und Rahmen grundiren	— „ 20 „	— „ 36 „
5.	zweitemal streichen	— „ 21 „	— „ 30 „
6.	drittemal streichen	— „ 18 „	— „ 24 „
7.	Für eine Doppelthür grundiren	— „ 21 „	— „ 24 „
8.	zweitemal streichen	— „ 18 „	— „ 21 „
9.	drittemal streichen	— „ 15 „	— „ 18 „
10.	1 ☐ M. Fussboden-firnissen, das erstemal	— „ 3 „	— „ 4 „
11.	„ zweitemal	— „ 2 „	— „ 3 „

und im Jahre 1877 vollendet werden soll. Die Façaden sind von dem Architekten Mathias Berger und zeigen den Styl des Königs, dessen Namen die Caserne trägt. Gegen Nordwest liegen die Stallungen, Reithäuser, Schmieden und Remisen, ganz abseits noch die Contumaz-Stallung. In jedem der älteren Flügel findet ein Artillerie-Regiment und eine Ouvrier- oder Feuerwerks-Compagnie Unterkunft; der im Bau begriffene Flügel wird die Räume für ein Trainbataillon, für die Equitations-Anstalt und Offiziers-Quartiere enthalten. — Die Stallungen bestehen nur aus Erdgeschoss mit gerader Decke und Fehlboden. Die Dachböden dienen den Regimentern zur Aufbewahrung der Fourage. Jedes Regiment hat ein Reithaus; für die Equitations-Anstalt und das Trainbataillon ist ein drittes in Aussicht genommen; ebenso die Erbauung von Stallungen.

Die **Infanterie-Caserne** an der **Türkenstrasse** nimmt das ganze Quadrat zwischen dieser, der Gabelsberger-, der Theresien- und Barer-Strasse ein. Mit Ausnahme der Pavillons an dieser Strasse und der Zwischenbauten von diesen Eck- zu den Mittel-Pavillons der Gabelsberger- und Theresienstrasse wurde dieselbe in den Jahren 1824—26, die genannten Theile aber 1872—74 erbaut. Der Styl verräth noch den schweren Dorismus der Weinbrenner'schen Periode, die künstlerischen Zuthaten beschränken sich jedoch auf das mit Mutulen geschmückte Gesimse.

Die **Hofgarten-Caserne**, östlich vom Hofgarten, wurde 1801—1803 an der Stelle des ehemaligen Lusthauses des Churfürsten Maximilian I. von Nicolaus v. Schedel im ödesten Zopfstyle erbaut; die kleinere anstossende, No. 1 der Hofgartenstrasse, früher eine Seidenfabrik, wurde lediglich adaptirt und heisst hienach **Seidenhaus-Caserne**. Beide, sowie die **Lehel-Caserne**, Eck der Kanal- und Pferdestrasse sind von dem Infanterie-Leibregiment benützt. Die Lehel-Caserne hat zu ebener Erde Stallungen und wird bis zur Vollendung des Flügels A der Maximilian II. Caserne vom Trainbataillon bewohnt.

Die neue **Isar-Caserne**, an der Zweibrückenstrasse sowie die alte Isar-Caserne auf einer Insel der Isar, sind Cavallerie-Casernen. Die neue Isar-Caserne, 1812 gleichfalls im napoleonisch-weinbrenner'schen Style erbaut und seitdem vielfach vergrössert, hat im Erdgeschoss gewölbte Stallungen, doch sind auch besondere nur ebenerdige Ställe vorhanden. Die alte Isar-Caserne, nach dem Entwurfe des Ingenieur-Obersten von Ancillon, der von 1772 bis 1778 Chef des Ingenieur-Corps war, im nüchternsten Zopfstyl gebaut, enthält im Hauptgebäude keine Stallungen; hiezu sind Baraken im Hofe erbaut. Ihre innere Anordnung, wornach im Erdgeschoss gewölbte Räume die ganze Tiefe des Gebäudes einnehmen, während in den Obergeschossen längs der Mitte des Gebäudes bis zu den Stirnmauern Corridore mit Zimmern zu beiden Seiten sich hinziehen, zeigt zwar einen wesentlichen Fortschritt gegen die früheren sogenannten Stock-Casernen, bei welchen alle Gänge nach der Tiefe des Gebäudes angeordnet waren, so dass sich je zwei Zimmer mit einer gemeinschaftlichen Mittelmauer in jedem Stockwerk auf jeder Seite des Ganges befanden, wodurch in jedem Gange Stiegen zu den oberen Etagen erforderlich waren und das ganze Gebäude als eine Reihe gleicher, zusammenhängender, schmaler Häuser sich darstellte. Doch war auch damit noch nicht die jetzt gebräuchliche und in allen übrigen für diesen Zweck erbauten Casernen bestehende Anordnung der Räume erzielt, wonach längs der einen Haupt-Längemauer der Gang sich hinzieht und die Thüren zu den gewöhnlich auf der Sonnenseite liegenden Zimmern enthält.

Als Caserne wird auch noch der Rentamtsspeicher an der Salzstrasse (früher als Salzmagazin in Verwendung) benützt.

IV.

Eisenbahnen.

a) Die nach München führenden Eisenbahnen.

Wie auf nebigem Kärtchen ersichtlich, münden in München Locomotiv-Eisenbahnen von acht verschiedenen Richtungen ein und zwar von Landshut, Ingolstadt, Augsburg, Buchloë, Starnberg, Tölz, Rosenheim und Simbach. Ueber die Entstehung dieser Linien in chronologischer Reihenfolge wäre Folgendes in Kürze zu bemerken:

1. *Die München-Augsburger Bahn.*

Es war im Jahre 1835, als sich in München und Augsburg Vereine bildeten, deren Zweck es war, die beiden Städte durch eine Locomotiv-Eisenbahn mit einander zu verbinden. Nach deren Vereinigung zu einer Gesellschaft wurde das Unternehmen rüstig gefördert, die Bahnrichtung im Jahre 1836 festgesetzt und sofort mit dem Bau begonnen, so dass im Jahre 1839 eine Theilstrecke, 1840 die ganze Linie dem Betriebe übergeben werden konnte.

Die Bahn wurde nach englischem Muster hergestellt, theilweise mit englischem Materiale, so an Schienen nach Stuhlsystem.

Schon im Jahre 1844 wurde die Frage der Erwerbung der Bahn durch den Staat auf die Tagesordnung der General-Versammlung der Aktionäre gesetzt, wozu die erste Anregung allerdings durch die Regierung gegeben wurde, bei den Mitgliedern der Gesellschaft aber grosse Geneigtheit dadurch hervorgerufen war, dass die Ausgaben des Bahnbaues die vorgesehene Summe wesentlich überschritten hatten und zur Vervollständigung und Verbesserung der Einrichtungen noch ein ansehnliches Anlagekapital beschafft werden musste.

Am 1. Oktober 1844 erfolgte die Uebergabe der Bahn an den Staat.

2. *Die München-Starnberger Bahn.*

In den Jahren 1852 bis 1854 wurde die Linie von München an den Starnberger-See gebaut und dem Betriebe übergeben. Auch diese Bahn verdankt ihre Entstehung der privaten Unternehmung, wurde jedoch ebenfalls später vom Staate übernommen.

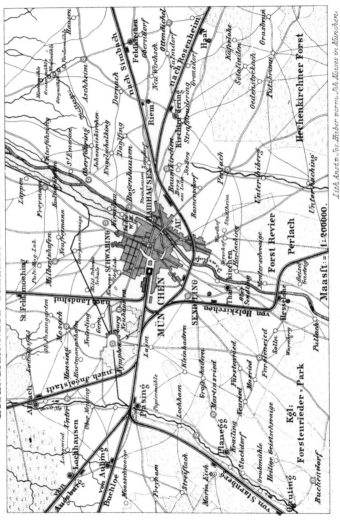

Während die Augsburger Bahn, in ebenem Terrain hinziehend, wenig bauliche Schwierigkeiten zeigte, so erforderte die Tracirung der Linie nach Starnberg schon einiges technische Studium, das jedoch, wohl mit zu viel Aengstlichkeit Terrainschwierigkeiten aus dem Wege gehend, zu wenig Rücksicht nahm auf die dauernden Vortheile für den Bahnbetrieb. Heute würde man wohl dem gleichmässig ansteigenden, den Abfluss des Starnberger See's bildenden Würmthale folgen, während man es damals vorzog, in der Station Pasing, von der Augsburger Linie abzweigend, die Höhen bei Gauting mit Steigungen bis 1:100 zu ersteigen und dann wiederum mit 1:100 in die Niederung des See's abzufallen.

Der Oberbau der Bahn wurde primär aus alten, ausrangirten Schienen der Augsburger Bahn hergestellt, die ganze Ausstattung der Linie auf das äusserst Nothwendige beschränkt.

Man mochte wohl damals auf eine erhebliche Frequenz derselben kaum gerechnet haben, da man, selbst die Concurrenz des Stellwagens fürchtend, sich nicht getraute, den Personentarif sofort nach dem normalen Satze einzuführen, sondern die üblichen 21 Kreuzer eines Stellwagenplatzes als maassgebend erachtete. Heute ist die Linie München-Starnberg eine der frequentesten für den Personenverkehr und die freundliche Vermittlerin der Genüsse des gebirgssinnigen Münchener Publikums.

Die Bahn hat inzwischen ihre Fortsetzung längs der westlichen Seite des Starnberger See's nach Tutzing erhalten, und von da einerseits über Weilheim nach Peissenberg, andererseits über Seeshaupt nach Penzberg. Beide Endpunkte geben durch dortige Kohlenförderung den Hauptzufluss der Bahn für den Güterverkehr.

3. *Die München-Tölzer Bahn.*

Im Anfange der fünfziger Jahre bildete sich in München eine Gesellschaft, welche sich die Ausführung einer Bahn von München nach Salzburg zum Ziele setzte. Es waren jedoch die Einleitungen zum Baue noch kaum getroffen, als der Staat die weitere Durchführung übernahm und zwar zunächst, da sich Schwierigkeiten österreichischer Seits bezüglich des Anschlusses in Salzburg ergaben, für die Strecke München-Rosenheim und Rosenheim-Kufstein.

Der später verlegte Austritt der Linie aus dem Bahnhofe München befand sich damals an jenem Platze, wo jetzt die Holz- und Kohlenlagerplätze situirt sind. Die Bahn wendet sich von hier aus südlich und führt auf dem linkseitigen Isarufer bis nach Grosshesselohe, einem an schönen Sommertagen sehr belebten Vergnügungsplatze der Münchener, überschreitet hier das Isarthal mittelst einer 30 M. hohen und 300 M. langen Brücke, deren eiserner Oberbau aus Pauli'schen Trägern besteht, und wendet sich dann auf dem rechten Isarufer nach Holzkirchen, von wo die Linie zunächst durch das Mangfallthal nach Rosenheim geführt und im Jahre 1857 dem allgemeinen Verkehre übergeben wurde.

Von Holzkirchen aus wurden später Zweiglinien nach Miesbach und Schliersee einerseits, andererseits nach Schaftlach, woselbst die Strasse nach Tegernsee abstösst, und Tölz gebaut, letztere Linie als Vicinalbahn, für deren Kosten an Grunderwerbung und Erdarbeiten die Marktgemeinde Tölz aufgekommen ist. Da die Bahn Holzkirchen-Rosenheim durch eine später hergestellte Abkürzungsbahn den Charakter einer Hauptlinie verloren hat, wird die München-Tölzer Bahn zur Zeit als solche betrieben.

4. *Die München-Landshuter Bahn.*

Im Jahre 1856 constituirte sich die „Bayerische Ostbahn-Gesellschaft", welche für den Bau und Betrieb der östlichen und nordöstlichen Bahnen Bayerns concessionirt wurde. Die Gesellschaft löste nicht nur die ihr damals gestellte Aufgabe, sondern vergrösserte ihr Bahnnetz später noch wesentlich, vielleicht weniger dem eigenen Interesse als zwingenden äusseren Verhältnissen folgend. Im verflossenen Jahre löste sich bekanntlich die genannte Aktien-Gesellschaft auf, indem der Staat die sämmtlichen Ostbahnlinien käuflich erwarb.

Die von München über Landshut nach Regensburg führende Bahn wurde im Jahre 1860 eröffnet.

5. *Die München-Ingolstädter Bahn.*

Die Bahn von München nach Ingolstadt, welche mit ihrer Fortsetzung über Treuchtlingen nach Gunzenhausen und Pleinfeld vom Staate gebaut wurde, wurde im Jahre 1867 eröffnet. Dieselbe zweigt erst weit ausserhalb des Bahnhofes München von der Augsburger Linie ab, da die ausgedehnten Anlagen des Nymphenburger Parkes umfahren werden mussten. Sie durchzieht die Hochebene Münchens bis nach Dachau, überschreitet die Flussgebiete der Amper, Glon, Ilm und Paar und tritt bei Ingolstadt an die Donau.

6. *Die München-Simbacher Bahn.*

Dieselbe, ebenfalls vom Staate erbaut, tritt aus dem Bahnhof München mit der verlegten Holzkirchener Linie nahe an dessen westlichem Ende aus, umgürtet die Stadt von der West- zur Ostseite und wendet sich dann in östlicher Richtung, die Hochebene des rechtseitigen Isarufers durchziehend, über Mühldorf und Neuötting nach Simbach, wo sie sich an die österreichische Elisabethbahn anschliesst.

An dem Burgfrieden der Stadt München wurden mit dieser Linie zwei neue Bahnhöfe errichtet und zwar in südlicher Richtung ein Güterbahnhof, „Thalkirchen" genannt, und in südöstlicher Richtung ein zweiter Hauptbahnhof, vorläufig nach dortiger Vorstadt „Haidhausen" benannt.

Die Gürtelbahn München-Haidhausen, welche im Jahre 1871 mit ihrer Fortsetzung nach Simbach eröffnet wurde, erhielt später noch ein drittes Verbindungsgeleise mit der München-Augsburger Bahn zwischen den Stationen Thalkirchen und Pasing, auf welchem transitirende Güter ohne Berührung des Centralbahnhofes München auf wesentlich kürzerem Wege transportirt werden können.

7. *Die München-Rosenheimer Bahn.*

Die von München nach Rosenheim über Grafing führende Staatsbahn benützt bis zum Bahnhofe Haidhausen die für die Simbacher Route erbaute Gürtelbahn, welche deshalb doppelgeleisig angelegt ist. Sie wurde im Jahre 1871 dem Verkehre übergeben und dient zur Abkürzung der bis dahin über Holzkirchen nach Kufstein und Salzburg führenden Linie. Ausserdem gewährt sie noch den Vortheil wesentlich geringerer Steigungen.

Erwähnenswerth ist, dass wenige Stationen von München, in Kirchseeon, eine Schwellenfabrik durch die Staatsbahn-Verwaltung errichtet ist, in welcher die Kyanisirung und Kreosotirung der Bahnschwellen in grösserem Maassstabe betrieben wird.

8. *Die München-Buchloër Bahn.*

Diese ebenfalls vom Staate erbaute und im Jahre 1873 eröffnete Linie bewegt sich gemeinsam mit der Augsburger und Starnberger Bahn bis zur Station Pasing, von wo sie in westlicher Richtung über Kaufering nach Buchloë, einer Station der Augsburg-Lindauer Bahn, geführt ist.

Von hier erhielt sie eine Fortsetzung nach Memmingen und harrt noch der Weiterführung nach Würtemberg, über deren Richtung bislang ein Beschluss jedoch noch nicht gefasst ist.

In Kaufering münden in die genannte Bahn zwei Seitenlinien ein, nämlich die eine aus der Stadt Landsberg, die andere von dem militärischen Uebungslager des Lechfeldes.

Mit der Buchloër Bahn schliesst die Reihe der nach München führenden Bahnen, deren Zahl „acht" wohl auch in der Zukunft kaum mehr eine Vergrösserung finden dürfte.

b) Die Eisenbahn-Anlagen in und um München.

Um den Zweck dieser Abhandlung zu erfüllen, nämlich dem München besuchenden Eisenbahntechniker eine gedrängte Uebersicht über die Eisenbahnbauten zunächst der Stadt zu geben und demselben als Führer bei örtlicher Besichtigung zu dienen, zugleich aber auch allenfallsige Notizen zu ersetzen, welche ausserdem nur durch zeitraubende Aufnahmen oder durch umständliche Erkundigungen erhalten werden können, wird es erforderlich, auf die Bahnhof-Anlagen etwas näher einzugehen und die Bauten der Gürtelbahn in ihren Hauptobjecten zu berühren.

A. Der Central-Bahnhof München.

Als im Jahre 1840 die Bahn nach Augsburg eröffnet wurde, bestund der Bahnhof München lediglich aus einem bretternen Gebäude mit wenig Schienengeleisen und sonstigen Nebenanlagen, am äussersten Burgfrieden der Stadt über jener Stelle hinaus gelegen, wo jetzt die Strassenbrücke den Bahnhof überschreitet. Als der Staat im Jahre 1844 die Bahn übernahm, ging er sofort an die Lösung der Aufgabe der Errichtung eines definitiven Bahnhofes in näherer Lage zur Stadt. Es vergingen jedoch Jahre, bis die Wahl des Platzes für das neue Aufnahmsgebäude definitiv getroffen, das nöthige Areal, zu welchem die ehemalige Schiessstätte gehörte, erworben und der Bau durchgeführt werden konnte. Erst im Jahre 1848 wurde der neue Bahnhof der Benützung übergeben.

Das Hauptgebäude bestund damals aus der gegenwärtig noch stehenden Einsteighalle mit tonnenartigem Dache, getragen von aus Bohlen zusammengefügten Rippen, aus dem Giebelvorderbau mit den sich unmittelbar anschliessenden Seitenpavillons und den an den Langseiten der Halle angebrachten Lokalitäten, von welchen die rechtseitigen als Wartezimmer, die linkseitigen als Bureaux und Räume für Güterabfertigung bestimmt waren.

Die beigefügten Holzschnitte Fig. 50 und 51 stellen die Façade des Gebäudes in seiner damaligen Ausdehnung und den Querschnitt der Halle dar. Der Entwurf ist von dem verstorbenen kgl. Generaldirektionsrathe Friedrich Bürklein.

Der Bahnhof selbst erstreckte sich damals etwa bis an die Bierkeller zunächst der Strassenbrücke und enthielt bei einer mässigen Zahl von Geleisen ausser dem Hauptgebäude lediglich eine kleine Locomotivremise mit Werkstätte und eine Wagenremise.

Als im Jahre 1854 die Starnberger Bahn zur Eröffnung kam, wurde diesen Anlagen ein grösseres Maschinenhaus hinzugefügt, das jedoch später wieder entfernt werden musste, sowie eine Güterhalle, welche gleichfalls den neueren Erweiterungsarbeiten weichen

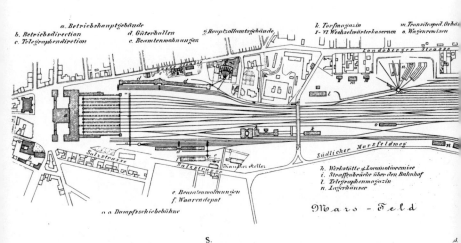

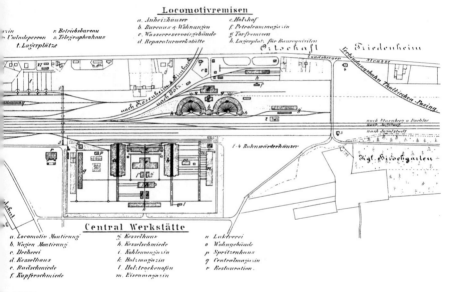

musste und deren Rudera gegenwärtig als Bureau für die Bauführung und als Steinhauerwerkstätte zu dienen haben.

Mit der Eröffnung der Holzkirchen-Rosenheimer Bahn im Jahre 1857 erhielt der Bahnhof ausserhalb der mehrgenannten Strassenbrücke einen Zuwachs an Gebäuden durch eine Werkstätte und eine grössere Wagenremise, welche jedoch heute auch nicht mehr bestehen. Das Planum sammt dem Spursystem wurde erweitert und hiebei die möglichste Ausdehnung des Areales durch Terrainerwerbung vorgenommen.

In diese Zeit fiel der Beginn des Baues der Ostbahn nach Landshut und mit diesem die Erbauung eines eigenen, sich unmittelbar an jenen der Staatsbahn anschliessenden Bahnhofes zu München. Derselbe erhielt die zur Zeit noch ersichtliche Anlage von Geleisen und Gebäulichkeiten, welche den nördlichen Theil des Gesammtbahnhofes einnehmen. Für die Abfertigung der Personenzüge wurde eine eigene Halle mit Wartsaallokalitäten von der Ostbahn-Gesellschaft errichtet, während der inzwischen auch für die Interessen der Staatsbahn nothwendig gewordene Ausbau des Bahnhof-Hauptgebäudes durch letztere bethätigt wurde. In dieser Periode erhielt die Façade ihre jetzige Gestalt, indem an die beiden äussersten Frontenden grössere Gebäude für die Bureaux und Wohnungen für Bahnbeamte und zwischen diese und den ursprünglichen Bau durch Säulengänge abgeschlossene Trakte für Expeditionslokalitäten hergestellt wurden.

Im Jahre 1860 wurde das Hauptgebäude in seiner jetzigen Gestalt vollendet und in Benützung genommen.

Mit Ausnahme von weniger bedeutenden Ergänzungen an Geleisen und Nebenanlagen blieb nun der Bahnhof München in unveränderter Gestalt bis zum Jahre 1866, woselbst die im Bau begriffene Bahn nach Ingolstadt, sowie die in definitive Aussicht genommenen Bahnen nach Buchloe, Rosenheim und Simbach zu umfassenden Veränderungen drängten. Das Projekt der Gesammtanlage des Bahnhofes, wie es gegenwärtig ausschliesslich des Hauptgebäudes durchgeführt ist, entstund zur damaligen Zeit und ist in seinen Grundzügen aus dem beigefügten Situationsplan ersichtlich.

Bei dem Umstande, dass nicht weniger als sieben Bahnrouten, ungerechnet die damals noch nicht dem Staate gehörige Ostbahn, in einen Sackbahnhof einzuführen waren, dessen Breitenausdehnung durch nicht ablösbare Baulichkeiten beschränkt und begränzt war, musste auf die Möglichkeit der Construction eines zusammengedrängten, leicht übersichtlichen Bahnhofes verzichtet und auf eine Längenausdehnung unter möglichster Berücksichtigung der Fahrsicherheit und der Arbeitstheilung Bedacht genommen werden.

In ersterer Beziehung war die selbstständige Einführung der Doppelbahnen aller Hauptrouten bis zu den Personenhallen um so mehr geboten, als hiedurch erreicht wurde, dass die Personenzüge

— 188 —

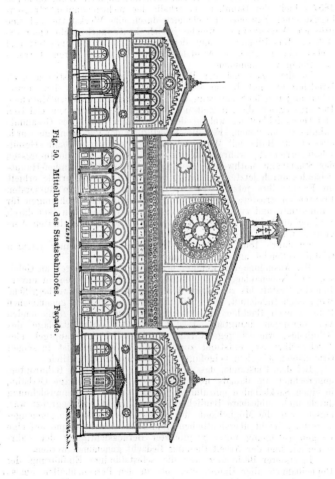

Fig. 50. Mittelbau des Staatsbahnhofes. Façade.

— 189 —

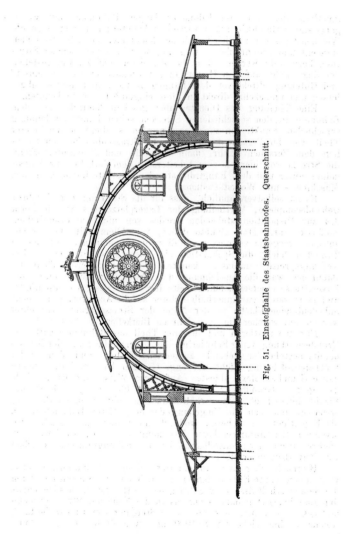

Fig. 51. Einsteighalle des Staatsbahnhofes. Querschnitt.

innerhalb des fast drei Kilometer langen Bahnhofes mit wenig gemässigter Geschwindigkeit verkehren konnten; ferner mussten die Weichenstrassen in möglichst einfachen, leicht übersichtlichen Systemen angelegt und Rangirgeleise in genügender Zahl und solcher Situirung hergestellt werden, dass das Zerreissen und Zusammenstellen der Züge nicht auf den Hauptspuren vorgenommen werden musste und Güterzüge direkt von dem Rangirhofe nach allen Routen abgelassen und umgekehrt direkt in diese eingeführt werden konnten. -

Eine Theilung des Dienstes aber geschah dadurch, dass dem Bahnhofe in den verschiedenen Strecken seiner Längenausdehnung verschiedene Funktionen zugewiesen wurden; so dient dessen innerer Theil, von der Personenhalle bis an die Strassenbrücke, hauptsächlich dem Personenverkehr, dann dem Eil- und Stückgüterverkehr, die Strecke von hier bis zum Arbeitersteg dem Verkehre für Wagenladungsgüter und dem Rangirdienste, der äusserste Rayon aber dem Maschinen- und Werkstättedienst.

Es ist selbstverständlich, dass für die Situirung der einzelnen Gebäudecomplexe, Vertheilung der Lagerplätze u. s. w. die Form des zur Disposition stehenden Areales von nicht unwesentlichem Einflusse war. Man glaubte daher, vor Allem mit der Grundablösung vorgehen zu müssen und diess um so mehr, als bei längerem Zuwarten leicht die Spekulation ein wesentliches Steigen der Erwerbungspreise veranlassen konnte. Für den inneren Theil des Bahnhofes war die Ausdehnung der Erwerbungsfläche durch die Bayerstrasse einerseits, andererseits durch die Salzstrasse beschränkt, und es musste sogar innerhalb ersterer auf die Acquirirung der nicht unbedeutenden Fläche in der Nähe der Strassenbrücke verzichtet werden, auf welcher die ausgedehnten Bierkeller errichtet sind.

Für den mittleren und äusseren Theil des Bahnhofes hatte die Grunderwerbung wenig Schwierigkeiten, da man die längs der Strasse bereits bestehenden Gebäude ausser Angriff liess und sich in der Flächenausdehnung nicht auf enge Gränzen beschränkte, sondern ganze Grundcomplexe ablöste. Auf diese Weise war es möglich, den grossen Grundbesitz, der noch weit über die jetzt überbaute Fläche hinausgeht, um verhältnissmässig sehr geringen Preis zu erwerben und sich die Umgebung der projektirten Bahnhofanlagen als Eigenthum zu sichern, wodurch nicht nur allen zukünftigen etwaigen Erweiterungsanlagen Rechnung getragen, sondern auch die Freihaltung der unmittelbar an den Bahnhof angränzenden Flächen von Privatbauten erreicht ist.

Hiernach ging man an die Herstellung des Bahnhofplanums, wozu ausgedehnte Erdarbeiten erforderlich waren. Namentlich waren die Gefällsverhältnisse zu reguliren, da die Horizontale des bestehenden Bahnhofes sich damals nur bis in die Nähe der Strassenbrücke erstreckte, von hier aus aber eine Steigung von $1:350$ bestand, welche in eine solche von $1:1000$ umgewandelt wurde. Das Spur-

— 191 —

netz musste daher auf grosse Strecken und bis zu 1,8 M. tiefer gelegt werden, wobei die Anwendung von Hilfsgeleisen nicht zu umgehen war.

Eine weitere Aufgabe war, die auf die Ausdehnung des neuen Bahnhofes die Geleise im Niveau überschreitenden drei Ueberfahrten zu beseitigen. Hiezu waren sehr langwierige Verhandlungen mit den betreffenden Interessenten nothwendig, die zum Theil heute noch nicht ihren Abschluss gefunden haben. Der frequenteste dieser Wege war die sogenannte Herbststrasse, welche zwischen dem Haupt-Zollamtsgebäude und den Bierkellern die Bayerstrasse verlassend den Bahnhof bis zur Salzstrasse passirte. Als Ersatz für diese Verbindung wurde eine Strassenbrücke bei i i des Plänchens unter Benützung des hier höher gelegenen Terrains für die Anfahrtsrampen erbaut, von deren Construktion beigegebener Holzschnitt (Fig. 52) eine Skizze giebt. Dieselbe hat eine Gesammtlänge von 159,4 M., fünf Oeffnungen von je 27,4 M. Lichtweite bei einer geringsten lichten Höhe von 5,25 M. über der Schienenoberfläche. Widerlager und Pfeiler, welch' letztere, um den freien Verkehr der Bediensteten im Bahnhofe möglichst wenig zu beschränken, je aus zwei von einander getrennten Theilen bestehen, wurden massiv aus Granit hergestellt.

Die Haupttragwände des eisernen Oberbaues, welche in einer Entfernung von 5,84 M. von Mittel zu Mittel zwischen der Fahrbahn und den beiderseitigen, 1,5 M. breiten Trottoirs liegen, sind als einfache Fachwerke nach dem Zugbandsystem construirt und reichen nur soweit unter die Fahrbahn hinab, als diess zur Anbringung der eisernen Quer- und Längsträger erforderlich war. Die Strassendecke ist aus Wellenblech und würfelförmigem Granitpflaster auf Sandbettung gebildet, während die Troittoire mit eichenen Dielen abgedeckt sind. Die Entwässerung der Fahrbahn geschieht durch beiderseitige Strassenrinnen, welche durch eine grössere Zahl von Einfalltrichtern mit darunter liegenden Sammelrinnen und an den Pfeilern angebrachten Abfallrohren correspondiren. Der eiserne Oberbau wurde von dem v. Maffei'schen Etablissement in Regensburg geliefert und aufgestellt. Die Gesammtbaukosten der Brücke beliefen sich auf rund 276,000 Mark.

Mit dieser Strassenbrücke und der am Ende des Bahnhofes zunächst dem Hirschgarten neu angelegten Ueberfahrt wurden die weiter abgeschnittenen Wege in Verbindung gesetzt und nur noch für Fussgänger, namentlich für die Werkstättearbeiter, ein eiserner, über die Geleise führender Steg zunächst der Centralwerkstätte bei β β errichtet.

Im Allgemeinen giebt wohl das beigefügte Plänchen ein Bild über die Ausnützung des in obiger Weise gewonnenen Bahnhofterritoriums; immerhin dürfte es aber für denjenigen, der dem Gegenstande ein eingehenderes Interesse widmet, nicht überflüssig

— 192 —

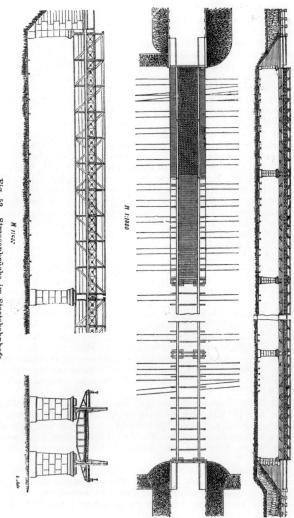

Fig. 52. Strassenbrücke im Staatsbahnhofe.

sein, noch einige Mittheilungen entgegenzunehmen, die sich auf die einzelnen Anlagen beziehen.

Wie schon oben bemerkt wurde, hat das **Bahnhofhauptgebäude** mit Ausnahme der Façade wesentliche Vergrösserungen seit seiner ursprünglichen Anlage nicht erhalten, dasselbe harrt vielmehr trotz der inzwischen eingetretenen, um das Vielfache gesteigerten Ansprüche immer noch seines Ausbaues. Für die Abfertigung der Personenzüge auf den Linien nach Ingolstadt und Simbach wurden schon in den Jahren 1868 bis 1870 provisorische Lokalitäten hergestellt, denen damals eine so lange Existenz allerdings nicht zugedacht war. Warum mit dem Ausbau des Bahnhofhauptgebäudes so lange zugewartet wurde, das lag zumeist in dem Umstande, dass die Entscheidung über die beste Art der Lösung der hiemit gestellten Aufgabe eine äusserst schwierige ist und keine Zeit und Mühe gescheut werden durfte, um alle nur einigermassen berechtigten Ideen zu Papier, zu Projekt zu bringen und hiedurch das Material für die endlich befriedigende Lösung zu vervollständigen. Als nun schliesslich die Erwerbung der Ostbahnen durch den Staat zur Durchführung kam, musste die Frage des Umbaues neuerdings in weiterer Richtung mit Rücksicht darauf behandelt werden, dass mit der Zeit ein einheitlicher, die sämmtlichen in München einmündenden Bahnen umfassender Bau geschaffen werden konnte.

In diesem Sinne sind nun auch die neuesten Projekte verfasst, leider jedoch noch nicht soweit festgestellt und höchsten Ortes genehmigt, dass eine Mittheilung über die Details derselben hier erfolgen könnte. Es muss sich vielmehr darauf beschränkt werden, die denselben zum Grunde liegende Idee in allgemeinen Zügen mitzutheilen.

Obgleich die zur Disposition stehenden Geldmittel selbstverständlich maassgebend sein mussten für die Ausdehnung des Baues, wie er zunächst in Angriff kommen soll, so musste doch jede Beschränkung vermieden werden, welche allenfalls in Zukunft noch zweckmässig erscheinenden und durch weitere Mittel ermöglichten Ergänzungen hindernd in den Weg treten würde. Da für den Umbau der Facade des Hauptgebäudes gegenwärtig weder ein zwingendes Bedürfniss besteht, noch auch die hiefür erforderlichen Geldmittel zur Disposition ständen, so ist das Projekt unter unveränderter Beibehaltung der Vorderfaçade jedoch so verfasst, dass die Möglichkeit der späteren Aufführung eines ausgedehnten Vorbaues offen gehalten bleibt. Die bestehende Einsteighalle mit den angränzenden Wartlokalitäten kann ihrem bisherigen Zwecke nicht mehr erhalten, muss vielmehr zum grösseren Theile beseitigt werden. Der vordere Theil derselben mit der jetzigen Restauration soll zu einem grossen Vestibul umgewandelt werden, welches die auf den mittleren Routen, nämlich nach Augsburg, Buchloe, Starnberg und Tölz abreisenden

Personen aufzunehmen hat und die zugehörigen Expeditionslokalitäten für Billeten und Gepäcke enthalten soll. Ein Aufnahmevestibul für die nördlichen Routen nach Landshut und Ingolstadt soll dagegen in eigenem Bau zunächst der Salzstrasse und ein solches für die südlichen Routen nach Rosenheim und Simbach in einem Bau an der Bayerstrasse sammt den zugehörigen Billet- und Gepäcklokalen angebracht werden. Diese beiden Bauten finden ihre Verbindung durch einen grossen Quertrakt, welcher einen die drei Aufnahmestellen verbindenden durchlaufenden Korridor und drei Wartsaalgruppen mit einer in Mitte liegenden Central-Restauration enthält. Unmittelbar an diesen Querbau schliesst sich die Einsteighalle an, welche aus vier, nur durch Säulen getrennte, in Eisen und Glas construirte Einzelhallen gebildet ist und für die acht Routen je zwei Geleise, demnach im Ganzen 16 Spuren enthält. Zwischen jedem Geleisepaar kommen breite Perrons zur Anlage, welche in direkter Verbindung mit den Wartsälen und den Ausgängen stehen, daher eine bequeme Passage des Reisenden unter Vermeidung des Ueberschreitens von Schienen ermöglichen. Die viertheilige Halle ist in einer Länge von 150 M. und in einer Breite von 142 M. projektirt. Hauptsächlich für die Benützung durch das Dienstpersonal und bei aussergewöhnlich langen, namentlich Vergnügungs-Zügen ist noch die Anlage einer unterirdischen Verbindung der Perrons mit besonderen Ausgängen am Ende der Halle beabsichtigt.

Die für den Dienst erforderlichen Räumlichkeiten werden durch Anbauten an die Halle an deren Längsseiten gewonnen. Zur raschen Beibringung der für die Züge aussergewöhnlich erforderlich werdenden Personenwagen sowie zum Aus- und Einrangiren von Eilgutwagen in die Züge wird die bereits bestehende, an das Ende der Halle treffende Dampfschiebebühne benützt werden. Die Projekte für das neue Bahnhofhauptgebäude sind von dem Architekten Herrn Oberingenieur Graff entworfen, und wird deren Ausführung unter seiner Leitung geschehen.

Von den beiden mit d bezeichneten Güterhallen hat jene rechts an der Salzstrasse für Eilgut, jene links an der Bayerstrasse für gewöhnliches Gut zu dienen. Die mit h bezeichneten Gebäude sind die Werkstätte und Locomotivremise der ehemaligen Ostbahnen und werden ihrem gegenwärtigen Zwecke erhalten bleiben. Jenes kleinere Gebäude in der Nähe des Ingolstädter Provisoriums dagegen, welches durch Aptirung eines Gebäuderestes früherer Zeit erhalten wurde und den Reservemaschinen zur Unterstellung sowie für kleinere Wagenreparaturen als Werkstätte zu dienen hat, wird seinerzeit, wenn nämlich der vorbeschriebene Plan des Hauptgebäudes zur vollständigen Durchführung kommen wird, entfernt werden müssen.

Zunächst den obenerwähnten Gütterhallen, bei g des Planes, ist das Hauptzollamtsgebäude situirt, welches in direkter

Schienenverbindung mit dem Bahnhofspurnetze steht, so dass die rascheste Behandlung zollpflichtiger Güter ermöglicht ist.

Aus dem inneren Rayon des Bahnhofes sind noch die Administrationsgebäude auf dem Bahnhofvorplatze gegenüber dem Hauptgebäude zu erwähnen, von welchen b mit den angränzenden Baulichkeiten die Bureaux der Generaldirektion der k. Verkehrsanstalten mit jenen der Abtheilung für den Betrieb enthält, während in dem Gebäude c die Abtheilung für den Telegraphendienst mit der Haupttelegraphenstation untergebracht ist. Die Abtheilungen der Generaldirektion für den Eisenbahnneubau und die Post haben ihre Bureaux in anderen, in der inneren Stadt gelegenen ärarialischen Gebäuden, und zwar erstere Briennerstrasse No. 55, letztere Residenzstrasse No. 2. Das Betriebsdirektionsgebäude b ist von dem Architekten Herrn Oberingenieur Zenger, das Telegraphendirektionsgebäude c von Herrn Hofbaudirektor Dollmann entworfen und ausgeführt.

Ausserhalb der den inneren Bahnhofrayon abschliessenden Strassenbrücke beginnt der Güter- und Rangirhof, auf dessen Länge die Hauptspuren mit Ausnahme der Landshuter Linie parallel laufen und mit einem in Form zweier Diagonalen angelegten Wechselsysteme unter sich verbunden sind. Die mit zwei Doppelweichen versehene Kreuzung dieser beiden Weichenstrassen fällt in ein mittleres, lediglich für die Bewegung einzelner Maschinen bestimmtes Geleis. Links von den Hauptspuren ist der eigentliche, für das Zerreissen und Zusammenstellen der Güterzüge bestimmte Rangirhof angelegt. Derselbe besteht aus acht Geleisen von 110 bis 730 M. Nutzlänge, welche an den beiderseitigen Enden durch Wechsel fächerförmig unter einander verbunden sind und in westlicher Richtung in ein einzelnes isolirtes Sackgeleise ausmünden, von welchem aus das Abstossen der Wagen in die einzelnen Routengeleise ohne Beeinträchtigung des Verkehrs auf den Hauptgeleisen erfolgen kann. Gleichzeitig ist durch weiter ausserhalb gelegene Wechselsysteme dafür Sorge getragen dass reine Güterzüge von allen Bahnrouten mit Ausnahme der von Landshut kommenden Ostbahn direkt in diesen Rangirhof einfahren und von diesem nach allen Richtungen abgefertigt werden können, ohne den inneren Bahnhof zu berühren.

Zwischen diesem Rangirhofe und der das Bahnhofareal südlich abschliessenden Strasse befinden sich die Anlagen für die Behandlung von Wagenladungsgütern. Zwei massive 195 und 200 M. lange Rampen dienen zum Verladen von Vieh und Equipagen, von Militärgegenständen, Langholz, Steinen und sonstigen Baumaterialien. Inzwischen liegen die Plätze und Geleise für Entladung und Lagerung von anderen, in ganzen Wagenladungen abzufertigenden Rohprodukten, und ausserdem sind noch grosse Lagerplätze angelegt und mit Schienengeleisen durch Drehscheiben verbunden, welche an Privat-Unternehmer für Lagerung von Steinkohlen, Nutzholz, Eisenwaaren etc. verpachtet sind.

13*

Für die Abfertigung der in diesem Theile des Bahnhofes zur Aufgabe und Abgabe kommenden sowie der transitirenden Güter ist bei m ein eigenes Güterexpeditionsgebäude errichtet, in welchem sich die erforderlichen Bureaux sowie auch Dienstwohnungen befinden.

Ein gedeckter und mit Lattenwänden abgeschlossener hölzerner Ladeperron q dient zum Umladen von Gütern.

In diesem mittleren Bahnhoftheile sind auch zwei grosse Wagenremisen angebracht, und befindet sich hier bei s das Telegraphenhaus, von welchem aus das Ein- und Ausfahren der Züge überwacht wird. Dasselbe steht mit den Abfertigungsbureaux in dem Bahnhofhauptgebäude in direkter Telegraphenverbindung, und werden von hier aus die die Züge dirigirenden Beamten von dem Freiwerden der Hauptgeleise oder von besonderen Vorkommnissen im äusseren Bahnhofe in Kenntniss gesetzt. Durch eine an dem Zusammenlaufe der Hauptweichenstrassen angebrachte Hilfstelegraphenstation und zwei Systeme von optischen Signalen wird das im äusseren Dienste beschäftigte Stationspersonal von dem Gange der Züge in Kenntniss gesetzt.

Wir kommen nun an den äusseren Bahnhoftheil, welchem, wie schon oben bemerkt, hauptsächlich der Maschinen- und Werkstättedienst zugewiesen ist. Die Hauptspuren trennen sich hier in Gruppen. Rechts zieht sich das äusserste Geleise in den Rayon der Hauptwerkstätten, während die sechs Spuren für die Ingolstädter, Augsburger, Buchloer und Starnberger Routen noch weiter die bisherige Richtung beibehalten. Die äussersten, zur Linken gelegenen Gütergeleise haben in dem Rangirhofe ihr Ende erreicht, während die vier Spuren für die Routen nach Simbach, Rosenheim und Tölz von dem Ende des letzteren an in einer Curve nach links abzweigen, um in ihre eigentlichen Bahnrichtungen einzulenken.

Das in Mitte des ganzen Spurnetzes liegende Geleise vermittelt die Verbindung des inneren Bahnhofes mit den ausserhalb der Abzweigung der Hauptspuren situirten Locomotivremisen. Letztere, für die Unterbringung von 62 Maschinen eingerichtet, bestehen aus zwei Halbrotunden mit je einer grossen Drehscheibe und strahlenförmig von dieser ausgehenden Spuren. Zwischen beiden befindet sich ein grösseres Gebäude mit den Bureaux und den Wohnungen des Maschinenpersonales.

An der Rückseite dieses Gebäude-Complexes erhebt sich das Wasserhaus, welches in zwei hochgelegenen Etagen acht Reservoirs für Speisung der Locomotiven enthält. Dieselben haben einen Gesammtinhalt von 250 Cub.-M. und empfangen ihr Wasser aus einer circa 5 Kilometer langen Druckleitung mittels eines in der Station Pasing an dem Würmflusse situirten Dampfpumpwerkes. Um das äusserst kalkhaltige, die Kesselsteinbildung sehr befördernde Grundwasser der Umgebung Münchens nicht verwenden zu müssen, entschloss man sich nämlich, das Speisewasser aus dem obengenannten Würmflusse, welcher ein Ausfluss des Würm- oder Starnberger-See's ist, zu entnehmen. Da die Wasserberechtigten nur die Entnahme eines gewissen Quantums gestatteten, wurde die Ueberleitung desselben in ein Bodenreservoir durch ein Kanälchen bewirkt, woselbst die doppelten Saugrohre des Pumpwerkes das Wasser aufnehmen. Die beiden doppeltwirkenden Pumpen werden durch eine Dampfmaschine von 6 Pferdekräften mit liegenden Cylindern getrieben und liefern durch das 5250 M. lange Druckrohr, welches einen lichten Durchmesser von 0,18 M. hat, per Sekunde etwa 0,0125 Cub.-M. oder das täglich in maximo benöthigte Wasserquantum von 500 Cub.-M. in 11—12 Stunden.

Die Speisung der Locomotiven geschieht theils mittels freistehender Krahnen von 0,18 M. lichtem Durchmesser, theils mittels in den Rotunden angebrachten Wandkrahnen von 0,12 M. Durchmesser.

Das Wasserhaus enthält ausser den Reservoiren Wohnung für den Maschinenwärter, Magazins- und Kellerräume, Kesselhaus und Dampfmaschine für den Betrieb der Arbeitsmaschinen in der nahegelegenen Reparaturwerkstätte, endlich im Souterrain eine Dampffeuerspritze, welche nebenbei auch zum Waschen der Locomotivkessel zu dienen hat und für den Fall, dass an der Wasserleitung eine Unterbrechung eintreten sollte, Wasser aus einem Brunnen in die Reservoire heben kann.

An das Wasserreservoirgebäude schliesst sich südlich das eben erwähnte Werkstättegebäude an, welches Schmiede, Dreherei und Montirungslokal enthält und für die laufenden Locomotiv-Reparaturen zu dienen hat.

Ausserhalb dieser eben beschriebenen Gebäude befinden sich die Lagerhäuser und Ladepodien für das Brennmaterial.

An der Nordseite des Bahnhofes, gegenüber den Locomotivremisen, befindet sich, ein in sich abgeschlossenes, unter eigener Verwaltung stehendes Etablissement bildend, die Centralwerkstätte, in welcher die grösseren Reparaturen an Locomotiven und Wagen für den südlichen Theil des bayerischen Bahnnetzes besorgt werden.

Der bezügliche Terraincomplex von 530 M. Länge und 275 M. Breite ist mit einer Mauer eingefriedigt, welche nur an einzelnen Stellen zur Geleiseeinführung und Communikation des Personales mit Thoren unterbrochen ist. Der Hauptzugang an der Ostseite führt zuerst nach Passirung eines Portierhäuschens zu einem Wohngebäude, welches die Wohnung des Werkstättechefs und eines Maschinenmeisters enthält. Rückseitig an dasselbe schliesst sich ein langes Gebäude, das sogenannte Centralmagazin an, welches die zur Verarbeitung kommenden Rohmaterialien mit Ausnahme des Holzes, sowie auch die fertigen und nicht sofort zur Verwendung kommenden Maschinentheile aufzunehmen hat. Von dem Centralmagazin kommt man in westlicher Richtung nach Passirung des Spritzenhauses, in welchem auch die Wohnungen für die Wächter enthalten sind, zunächst an das Gebäude für die Locomotivmontirung. Dasselbe ist für die gleichzeitige Stellung von 36 Maschinen angelegt und nach seiner ganzen Länge mit einer Schiebebühne zu befahren, welche, mit einem Seil ohne Ende durch eine stationäre Maschine getrieben, die Locomotiven zu verstellen hat. Im vorderen Theile dieses Montirungsgebäudes befinden sich Arbeitsmaschinen, dann die Bureaux der Werkstättebeamten.

Gegenüber demselben ist in gleicher Grösse das Gebäude für die Wagenmontirung situirt, welches Raum für 72 Wagen enthält und ebenfalls durch eine Schiebebühne mit nicht versenkten Geleisen in seiner ganzen Länge zugänglich gemacht ist. In dem vorderen Theile desselben befinden sich die Holzbearbeitungsmaschinen und das Lokal für die Sattlerei.

Zwischen den beiden Montirungsgebäuden in Mitte liegt die Dreherei, welche ebenerdig die grösseren Drehbänke, Hobelmaschinen u. s. w., dann zwei grosse Dampfmaschinen, im oberen Stockwerke kleinere Arbeitsmaschinen enthält.

Nördlich von derselben und gleichfalls in der Mittellinie zwischen beiden Montirungsgebäuden reihen sich die Schmiedewerkstätten an, und zwar die Radschmiede, die Hauptschmiede, zwei kleinere Gebäude für die Kupferschmiede und die Dampfkessel, dann die Kesselschmiede.

Hierauf folgen zwei kleinere Gebäude für Holzkohlen und an der Nordseite der Centralwerkstätte das Werkholzmagazin.

An der Ostseite befindet sich noch ein Wohngebäude für Beamte und die Lackirerei für 48 Wagen.

Im Allgemeinen wäre noch über den Centralbahnhof München zu bemerken, dass dessen Gesammtlänge von der Fronte des Hauptgebäudes bis an die äussersten Wechsel 2,900 M., dessen grösste Breite 580 M. beträgt. Die sämmtlichen Geleise haben eine Länge von 82,3 Kilometer und befinden sich darin 47 Drehscheiben und 226 Weichen, worunter 3 englische und 6 doppelte.

So viel möge genügen über den Centralbahnhof München.

B. *Der Bahnhof Thalkirchen (Südbahnhof).*

Wie schon oben erwähnt, wurde an der nach Simbach führenden, die Stadt umgürtenden Bahn am südlichen Burgfrieden derselben ein Zwischenbahnhof errichtet, welcher nach der in der Nähe gelegenen Ortschaft vorläufig den Namen „Thalkirchen" erhielt. Zweck der Anlage desselben war weniger, einem bestehenden lokalen Bedürfnisse des dortigen Stadttheils zu genügen, als vielmehr eine Entlastung des Centralbahnhofes hiemit zu erreichen und allenfallsigen zukünftigen Bedürfnissen Rechnung zu tragen. Die Ein-

SÜD - BAHNHOF M

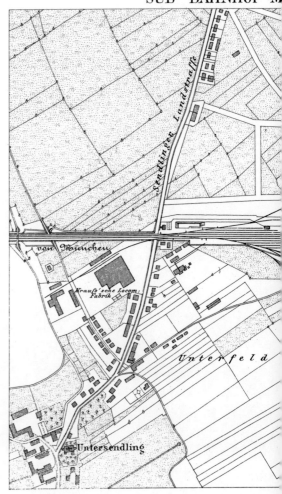

THALKIRCHEN :).

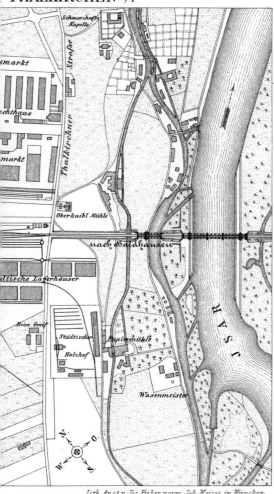

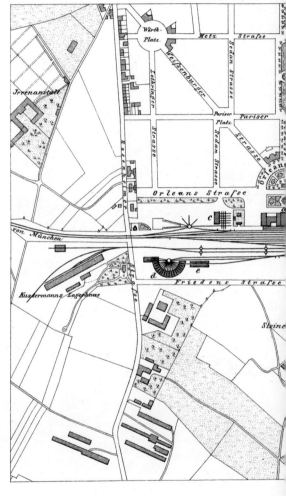

(:HAIDHAUSEN:)

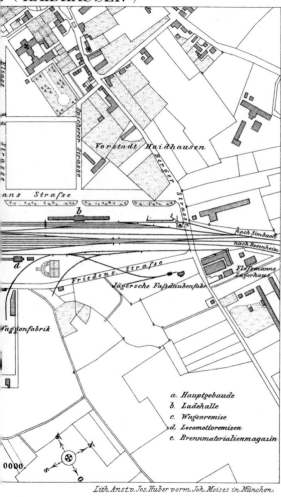

a. Hauptgebäude
b. Ladehalle
c. Wagenremise
d. Locomotivremisen
e. Brennmaterialienmagazin

Lith. Anst. v. Jos. Huber vorm. Joh. Moises in München.

richtung des Bahnhofes ist aus dem beigefügten Situationsplane ersichtlich. Dieselbe ist, soweit sie dem Zwecke des eigentlichen Bahnbetriebes zu dienen hat, auf das Nothwendigste beschränkt; das Spurnetz enthält nur die durchgehenden Hauptgeleise, einige Rangir- und Ladegeleise, während an Gebäulichkeiten das Expeditionsgebäude mit Wartlokalitäten, eine Ladehalle, vier Wechselwärterhäuser und ein Wasserhaus zu erwähnen sind. Dagegen sind mehrfache grössere Privat-Etablissements in der Nähe des Bahnhofes errichtet und mit demselben durch Schienengeleise in direkte Verbindung gebracht worden.

Hier sind namentlich die ausgedehnten städtischen Lagerhäuser zu nennen, welche einen sehr lebhaften Getreideverkehr vermitteln, sowie die Anlagen des Viehmarktes und allgemeinen Schlachthauses, welche, gegenwärtig in der Ausführung begriffen, in Bälde einem längst fühlbaren Bedürfnisse genügeleistet werden. Weiter sind zu erwähnen der städtische Holzhof, eine Fabrik von Kraus & Comp. für Fertigung von Locomotiven für Sekundärbahnen und ein Etablissement für Zerkleinerung von Brennholz. Mehrere andere Anlagen sind im Entstehen begriffen, und dürfte namentlich dem Projekte der Herstellung einer neuen Isarlände zunächst dieses Bahnhofes ein günstiges Prognostikon gestellt werden.

C. *Der Bahnhof Haidhausen (Oſtbahnhof).*

Die um die südliche Hälfte der Stadt München geführte mehrerwähnte Gürtelbahn erreicht ihr Ende mit dem, vorläufig mit dem Namen der dortigen früheren Vorstadt bezeichneten Bahnhofe „Haidhausen", von welchem aus sich die Linien nach Simbach und Rosenheim trennen. Derselbe ist auf dem Hochplateau des rechtsseitigen Isarufers an der Ostseite der Stadt so situirt, dass er dem naturgemässen Ausbaue der Stadt in keiner Weise hinderlich wird. Seine Anlage ist eine in jeder Beziehung entwickelungsfähige, so dass demselben mit der Zeit die Rolle eines Hauptbahnhofes unbedenklich wird übertragen werden können, sobald nämlich der angrenzende Stadttheil selbst, namentlich in seinen Strassenanlagen, soweit sich vervollkommnet haben wird, dass derselbe dem reisenden Publikum auch anstandslos als ein Bestandtheil der Haupt- und Residenzstadt Bayerns bezeichnet werden kann. Was den Güterverkehr anlangt, so erfreut sich der Bahnhof schon jetzt einer sehr lebhaften Benützung.

Das beigefügte Plänchen giebt ein Bild der gesammten Anlage des Bahnhofes mit den angränzenden Strassenzügen und den bis jetzt denselben umgebenden Etablissements, worunter hauptsächlich die umfangreichen Lagerhäuser von Kustermann, jene von Flossmann, die Steiner'sche Waggonfabrik und die Jaeger'sche Fassdaubenfabrik zu nennen sind.

— 200 —

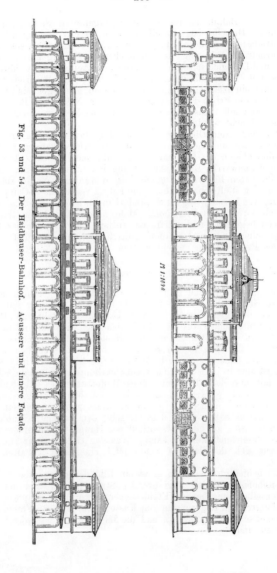

Fig. 53 und 54. Der Haidhauser-Bahnhof. Aeussere und innere Façade.

— 201 —

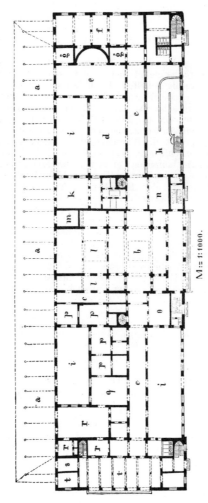

Fig. 55. Haidhauser Bahnhof. Grundriss.

Die Geleiscanlagen sind für das augenblickliche Bedürfniss eingerichtet; es ist jedoch genügend Raum vorhanden, um dieselben ohne Destruirung der bestehenden seinerzeit wesentlich zu erweitern. Von Gebäulichkeiten sind ausser dem Hauptgebäude die Ladehalle und eine grössere, gegenwärtig im Bau begriffene Locomotivremise zu erwähnen.

Das Hauptgebäude ist bereits für die Bedürfnisse eines grösseren Verkehres angelegt und auch in seiner Ausstattung eines Hauptbahnhofes würdig gehalten. Die beigefügten Holzschnitte geben die Façaden des Gebäudes gegen die Stadt und die Bahn und den Grundriss des Erdgeschosses. Aus letzterem ist die Disposition der Diensträume zu entnehmen. Der Mittelbau enthält gegen die Stadt das Vestibul (b) zur Aufnahme der Reisenden, an welches sich links die Portierloge (o), rechts die Billetenabgabe (n) und gegen die Bahn die Gepäckabgabe (l) anschliessen. Das Vestibul wird von dem das Gebäude der Länge nach durchlaufenden Corridor (c) durchschnitten, welcher in dem rechten Flügel zu den Restaurations- und Wartlokalitäten (d-i), in dem linken Flügel zu den Bahndienst-, Telegraphen- und Post-Lokalitäten (p-t) führt. Ausser der Vorhalle will auf den Restaurationssaal und den anstossenden Wartsaal I. und II. Classe, dann aber auch auf die Lokalitäten für allerhöchste Herrschaften, welche mit besonderer Eleganz ausgestattet sind, aufmerksam gemacht werden. Der Hauptperron auf der Bahnseite ist mit einem Vordache versehen.

Im Souterrain des Bahnhofgebäudes sind ausser den Kellern die Küchenräume für die Restauration und ein Schenklokal, sowie die Räume für die Heisswasserheizung, mit welcher die Wartesäle erwärmt werden, angebracht. Im Entresol sowie in dem Stockwerke des Gebäudes befinden sich Wohnungen von Bahnbeamten und Bediensteten. Der primitive Entwurf des Gebäudes ist von dem verstorbenen Generaldirektionsrathe Bürklein; die Ausführung geschah mit wesentlichen Modifikationen durch Herrn Oberingenieur Graff.

D. Die Bahnbrücken zunächst München.

Zwischen den Bahnhöfen Thalkirchen und Haidhausen überschreitet die Bahn das Stromgebiet der Isar, wodurch die Anlage mehrerer Brücken nothwendig wurde. Als erstes Objekt ist jene über die Staubstrasse und den grossen Stadtbach zu erwähnen, deren Widerlager und Pfeiler massiv aus Granit, die Fahrbahn aus Eisen ausgeführt sind. Letztere besteht über der Staubstrasse aus Blechträgern von 12,24 M., über dem Stadtbach aus Fachwerkträgern von 24,83 M. Lichtweite.

Hierauf folgt die Brücke über den eigentlichen Isarfluss, von welcher beigefügter Holzschnitt eine Skizze giebt und welche aus drei Oeffnungen von je 48,6 M. Lichtweite besteht. Die Widerlager haben je eine 5,8 M. weite Durchfahrtsöffnung und je zwei Durch-

— 203 —

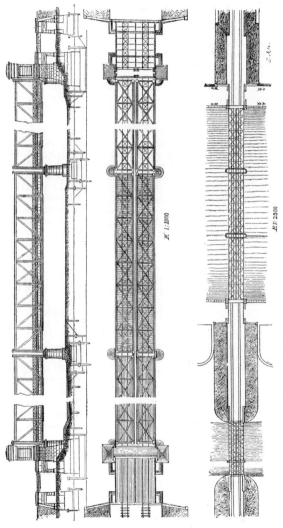

Fig. 56. Eisenbahnbrücken zwischen Thalkirchen und Giesing.

gänge von 1,75 M. Lichtweite, welche mit Blechträgern überdeckt sind. Das Material des Mauerwerkes ist, wie bei den Pfeilern, von der Betonoberfläche bis zum Terrain Nagelfluhe und darüber Granit. Die in die Skizze aufgenommenen Portale der Brücke sind zur Zeit noch nicht ausgeführt, sollen jedoch in Angriff genommen werden, sobald die hiezu erforderlichen Geldmittel zur Disposition stehen werden.

Die im Strombette stehenden Pfeiler sind mit Rücksicht auf die Veränderlichkeit der Flusssohle in einer Tiefe von ungefähr 6 M. unter dem niedrigsten Wasserstande auf den sogenannten „Flinz", welcher in einer Mächtigkeit von über 50 M. das ganze südliche Bayern durchzieht und bei den Brückenfundirungen in der Donau und im Inn gleichartig gefunden wurde, gegründet. Die Fundation geschah mittels Fangdämmen und Betonagen, wobei als Hilfsmaschinen Dampfbagger uud Centrifugalpumpen zur Anwendung kamen. Näheres hierüber findet sich in der Zeitschrift des bayerischen Architekten- und Ingenieur-Vereines vom Jahre 1871 Bd. III Hft. 5.

Der für Doppelbahn ausgeführte eiserne Oberbau besteht aus Fachwerkträgern, welche nach dem einfachen unsymmetrischen Systeme construirt sind. Die Stützweite der in 8 Felder eingetheilten Hauptträger misst 50,2 M., die Höhe derselben 7,02 M. und die Fachweite 6,275 M. Die Fahrbahntafel besteht aus Blechträgern für die Aufnahme der eichenen Querschwellen, welche auf als einfache Fachwerke construirten Querträgern aufruhen. Letztere sind an den Vertikalständern der Hauptträger unmittelbar über der unteren Gurtung befestigt. In der Ebene der oberen Gurtung ist eine zweite Querverspannung angebracht.

Die Construction und Ausführung der eisernen Fahrbahnen war, gleich wie bei den übrigen Bahnbrücken der Gürtelbahn, der süddeutschen Brückenbau-Aktien-Gesellschaft in München übertragen, welche ihre Aufgabe durch ihren Direktor, Herrn Gerber, in der bekannten rationellen und soliden Weise löste.

Es ist hier vielleicht am Platze, die München besuchenden Techniker auf eine weitere eiserne Brücke über die Isar aufmerksam zu machen, welche nicht mehr im Stadtbezirke gelegen, doch gleich unterhalb desselben anstossend an den „englischen Garten" bei Bogenhausen den Fluss übersetzt und erst im laufenden Jahre durch die Gemeinde Bogenhausen aus eigenen Mitteln ausgeführt wurde. Die eiserne Fahrbahn ist gleichfalls von der süddeutschen Brückenbau-Aktien-Gesellschaft construirt und geliefert.

Durch Anwendung freiliegender Stützpunkte nach dem Systeme Gerber wurde es ermöglicht, die Haupttragwände ganz unter die Platform zu legen und diese ohne Unterbrechung durchzuführen. Die Brücke hat vier Oeffnungen, deren Dimensionen durch das Profil des corrigirten Flussbettes gegeben waren. Die Oeffnung über dem Hauptflussschlauche, welcher durch einen Pfeiler nicht beengt werden durfte, beträgt 47,0 M. von Pfeilermittel zu Pfeilermittel, wornach rechts eine Oeffnung von 24,0 M., links zwei solche von je 22,0 M. für das übrige Flussbett bis an die Hochwasserdämme verbleiben.

Der gepflasterte Fahrweg hat eine Breite von 5,6 M., während die unmittelbar anliegenden beiderseitigen, mit Granitplatten abgedeckten Trottoire je 2,5 M. Breite haben. Die nach einfachem symmetrischem Systeme ausgefüllten Tragwände liegen in durchgehends gleicher Höhe und einer Entfernung von 6,24 M. unter den Trottoiren.

Die unterhalb der Eisenbahnbrücke neuerbaute Strassenbrücke über die Isar, deren eiserne Fahrbahn gleichfalls Direktor Gerber construirt hat, wird, als zum Stadtbezirk München gehörig, an einer anderen Stelle dieses Buches ihre Erwähnung finden.

Zwischen der Isar und dem rechtseitigen Hochgestade sind noch zwei Fluthbrücken mit eisernen Fahrbahnen, zusammen bestehend aus 8 Oeffnungen zu 20,43 M. und 18,97 M. Lichtweite, angelegt. Dieselben haben zwar mehrere Strassen- und Wasserläufe unter dem Bahnkörper durchzuführen, für diesen Zweck hätten jedoch einzelne kleinere Objekte genügt; ihre Erbauung wurde aber durch das Drängen der Bewohner des oberhalb gelegenen Stadttheiles veranlasst, und zwar mit Rücksicht auf die Möglichkeit eines Durchbruches des Isarhochwasserdammes.

Die übrigen Objekte der Gürtelbahn sind von zu geringer Bedeutung, um hier eine besondere Erwähnung zu rechtfertigen.

Diese Erörterungen möchten genügen, um wenigstens ein oberflächliches Bild der Eisenbahnanlagen Münchens zu geben und demjenigen Eisenbahntechniker, der ein Interesse darin findet, jene Hilfsmittel zu studiren, deren man sich bedienen kann, um den Anforderungen der grossen Städte auf einen entsprechenden Transport-Verkehr für Personen und Güter gerecht zu werden, die beispielsweise Lösung einer derartigen Aufgabe vorzuführen. Die Anlage grösserer Bahnhöfe mit allen ihren mannigfaltigen Bestandtheilen und Attributen gehört wohl überhaupt zu den wichtigsten und schwierigsten Aufgaben des Eisenbahn-Technikers und zwar um so mehr, als die lokalen Verhältnisse in jedem einzelnen Falle einen allzu bindenden Einfluss üben, um mit anderweitig aufgestellten und erprobten Grundsätzen überall durchkommen zu können. Die Zukunft wird aber gerade in dieser Richtung noch mit besonderen Anforderungen desshalb hervortreten, weil die unvermeidliche Zusammenlegung kleinerer Eisenbahnnetze mit grösseren Bahncomplexen sicher wesentliche Umwandlungen in den Bahnanlagen grösserer Städte zur Erreichung der erforderlichen Vereinfachung der Verwaltung bedingen wird. Möge hierin eine Entschuldigung für den trockenen Theil gegenwärtiger Abhandlung von Demjenigen gefunden werden, der den hierin berührten Fragen ferner steht.

V.

Städtische Bauanlagen.

A. Rathhäuser.

Das alte Rathhaus

wird, wie in der Baugeschichte S. 13 dargelegt worden ist, im Jahre 1315 zum erstenmal erwähnt, obwohl zuverlässlich ein Gemeindehaus schon früher hier bestand. Damals entstand wohl der Berathungssaal, der seinem Plane nach kaum mehr verändert worden ist. Zu dem gegenwärtigen Complexe gestaltete sich das Gebäude wohl erst mit der Stadterweiterung unter Ludwig dem Bayer, in Folge deren der Thorthurm des Thalburgthors der leoninischen Stadt als Raththurm hinzugezogen und so die Verbindung mit den zwei vormaligen Privatgebäuden, dem sog. kleinen Rathhaus mit seinem Eingange vom Petersplatze her und später 1443 mit dem Gollirhause, jetzt städtischem Archiv (Petersplatz No. 3), dem ältest erhaltenen Privathause Münchens, hergestellt wurde. Das kleine Rathhaus in der winkligen Anlage der alten Patrizierhäuser war bei erweitertem Bedürfnisse für Unterbringung von Kanzleien ebenso geeignet, wie das feste, aus Hausteinen gebaute Gollirhaus zur Aufbewahrung der Urkunden. Doch enthält das kleine Rathhaus auch einen hübschen kleinen Sitzungssaal mit gedrücktem Tonnengewölbe in Holzsprengwerk, noch immer sehenswerth durch das Eisengitter um das Bureau, wie durch das Gemälde, das Ritterspiel anlässlich der Hochzeit des Herzogs Wilhelm V. mit Renata von Lothringen auf dem Schrannenplatze (Marienplatz) zu München i. J. 1560 darstellend. Imposant dagegen ist der grosse Rathsaal im eigentlichen Rathsgebäude nördlich vom Thurm auf dem Marienplatze mit schönem Tonnengewölbe in Holzsprengwerk und den hübschen Narrenstatuetten vom Ende des 15. Jahrhunderts am Gewölbeansatz. Die Ausstattung sonst ist neu und bis auf die Modelle der Wittelsbacherstatuen des Thronsaales ohne wesentliche Bedeutung.

Aeusserlich wurde das Ganze, welches 1779—1780 wie das übrige München verzopft worden war, 1862—1864 durch Stadtbaurath A. Zenetti in der früheren Weise wiederhergestellt. Namentlich der Thurm mit seinen Eckthürmchen und spitzem Haupthelm in ihrer Bedachung mit buntglasirten Fliesen. wie mit den schönen Uhrmalereien an der West- und Ostseite von Direktor F. Seitz gelangte wieder zur Wirkung der durch Abbildungen bekannten alten Thorthürme. Den beiden Fronten freilich kam die ursprüngliche Kahlheit wenig zu Hülfe. Die Sandsteinstatuen Heinrich des Löwen des Stadtgründers und Ludwig des Bayers als Stadterweiterer, jene an der Ost-, diese an der Westseite sind von Professor K. Knoll.

Das neue Rathhaus

im gothischen Style von Georg Hauberrisser erbaut, wurde begonnen im Jahre 1867 und steht seit 1872 in der Hauptsache vollendet. Es bildet die Ecke vom Marienplatz und der Dienersgasse und ist gegen den Marienplatz 48 M. und gegen die Dienersgasse 71 M. lang, der Höhe nach ist der Bau in 4 Stockwerke getheilt. Durch die Haupthalle gelangt man zur Haupttreppe, welche rechts und links in die oberen Stockwerke führt; auch ist ein Durchgang durch den grossen Hof in die Dieners- und Landschaftsgasse hergestellt. Was die Anordnung der Räume betrifft, so ist im Kellergeschoss die Anlage des Rathskellers besonders zu erwähnen (mit Wand- und Gewölbemalereien von Ferd. Wagner). — Im Erdgeschoss befinden sich links vom Portale die Hauptwache, rechts Kaufläden, nach Innen zu Archivräume, Kanzleien und das durch Anlage und humoristische Malereien sehenswerthe Rathsstübchen. In den drei übrigen Stockwerken nehmen die verschiedenen Kanzleien den grössten Theil des Raumes ein, doch enthält der über dem Portalbau befindliche und durch die stattliche Erkerlaube ausgezeichnete Mitteltheil im zweiten Stock den Repräsentationssaal mit anstossenden Bürgermeisterzimmern, darüber im dritten Stocke den Lesesaal. Diese speziell genannten Räume sind reich mit Holzdekorationen ausgestattet und stylgemäss möblirt. Die Sitzungssäle, die sich im Mitteltrakt gegen den grossen Hof (f—i) befinden und durch den zweiten und dritten Stock gehen, sind noch unvollendet.

Bezüglich der Ausführung und der hiezu verwendeten Materialien ist zu erwähnen, dass die Façaden und das Treppenhaus aus Haustein und Ziegel, die Sockel und Treppen aus Fichtelgebirger und Deggendorfer Granit, der Mittelbau, die Gesimse, Gewände, Gewölbrippen etc. aus Neckarsandstein und die rothen Marmorsäulen aus Halleiner Marmor hergestellt sind. — Sämmtliche Arbeiten, besonders die Schlosser- und Schreinerarbeiten sind von hiesigen Meistern ausgeführt. — Von den Kunstarbeiten aber stammen die Temperabilder in der Haupthalle von Rudolph Seitz, die Modelle zu den Trophäen und Kränzen an den Gedenktafeln von Lorenz Gedon (gegossen und ciselirt von Halbreiter), die 4 Figuren an der Erkerlaube von Anton Hess, die Glasmalereien von der F. X. Zettler'schen Hofglasmalerei und der Ritter, wie die aus Kupfer

— 208 —

getriebenen 4 Drachen und die Kreuzblumen am Giebel von Kupferschmied Saturnin Kiene dahier. Sämmtliche Zeichnungen zu den Dekorationen und Möbeln etc. aber rühren von dem Architekten des Gebäudes selbst her.

Der schöne Brunnen vor dem Rathhause, an der Stelle des alten Fischbrunnens angelegt, und, wenn man von den Residenzbrunnen absieht, der einzige künstlerisch bedeutsame Münchens, stammt von der Hand des Prof. Karl Knoll, welcher sich die Aufgabe gestellt, den seit dem 16. Jahrhundert hier üblichen sogen.

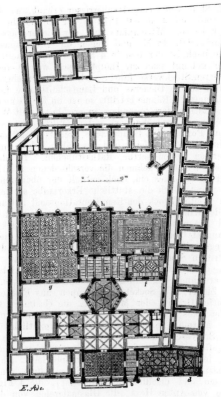

Fig. 57. Das Neue Rathhaus. Grundriss des ersten Stockwerkes.

Fig. 58. Das Neue Rathhaus. Façade gegen den Marienplatz.

Metzgersprung plastisch zu versinnbildlichen. Noch jetzt kann man am Faschingsmontag den Mummenschanz der freizusprechenden Metzgerlehrlinge sehen, welche ganz in Schaffelle gekleidet, so wie sie in den Bronzebildern des Brunnens dargestellt sind, in's wassergefüllte Bassin springen und sich wie die Nächststehenden mit Wasser beschütten.

B. Städtische Volks- und Elementar-Schulen in München.

München besitzt gegenwärtig 16 städtische Volks- und Elementar-Schulen in 20 städtischen Gebäuden und eine in einem Kloster, und zwar 3 Simultanschulen, 1 protestantische Schule und 10 katholische Schulen, sämmtlich Doppelschulen für Knaben und Mädchen, 3 katholische Knabenschulen, 1 katholische Mädchenschule und 3 Klosterschulen für Mädchen. Diese Schulen zählten Ende des Jahres 1875 zusammen 204 Klassen und 278 Kurse mit einer Gesammtschülerzahl von 15,074 Kindern.

Einige der Schulgebäude bestehen noch aus älterer Zeit, und entsprechen — wie namentlich die Klosterschulen — nur bescheidenen Anforderungen. Einer insbesondere in sanitärer Beziehung besser vorgeschrittenen Richtung gehören jene Schulhäuser an, welche in dem Zeitraum etwa von 1825 bis 1850 erbaut wurden. Als die vorzüglicheren dieser Art sind das von Baurath Himbsel im Jahre 1829 erbaute Schulhaus an der Louisenstrasse No. 3, und das von Baurath Muffat im Jahre 1841 erbaute Schulhaus an der Sct. Annastrasse zu bezeichnen. In dieselbe Zeit fällt auch die Herstellung der Schulhäuser an der Vondertann- und Maffei-Strasse, beide von Baurath Himbsel.

Ein entschiedener Fortschritt, insbesondere in sanitärer Beziehung wurde bei den folgenden der neuern Zeit angehörigen Schulhausbauten gemacht.

1. *Schulhaus an der Frauenstrasse.*

Dasselbe wurde in den Jahren 1866 und 1867 nach den Plänen des Stadtbaurathes Zenetti ausgeführt, und zwar als Doppelschule, für beide Geschlechter in 2 gleiche Theile getrennt; jeder mit besonderem Eingang und Stiegenhaus. Das Gebäude enthält im Erdgeschoss und 3 Stockwerken die Hausmeisterwohnung, 18 Schulsäle, und 5 kleinere Zimmer für den Oberlehrer, die Bibliothek und andere gemeinschaftliche Zwecke. Das Souterrain enthält ausser einer Waschküche und den Kohlenräumen auch die 3 Caloriferen der von Boyer & Comp. in Ludwigshafen hergestellten Central-Luftheizung. Mit dieser Heizung ist eine Pulsionsventilation verbunden. Ein von Schiele in Frankfurt hergestellter Ventilator wird von einem Haag'schen Wassermotor in Bewegung gesetzt, welcher durch das von dem nahe gelegenen Brunnwerk auf den Dachboden in ein Reservoir gehobene und von da abfallende Wasser mit 2 Atmosphären Druck getrieben wird. Die Façaden sind im einfachen Renaissancestyl in Mörtelputz ausgeführt. Die Baukosten betrugen circa 180,000 Mark.

2. *Das Schulhaus im Rosenthal.*

Dasselbe wurde gleichfalls nach den Plänen des Stadtbaurathes Zenetti in den Jahren 1867—1869 erbaut, und sollte nicht allein eine Elementarschule, sondern auch die Centralfeiertagsschule in sich aufnehmen. Gegenwärtig enthält dieses Gebäude ausser diesen beiden Schulen auch die Abend-Zeichnungs-Schule des Kunstgewerbe-Vereins, sowie die Riemerschmid'sche Handelsschule.

Das Erdgeschoss gegen die Strasse wurde zu Verkaufsläden benützt, einestheils, weil diese Räumlichkeiten wegen des Lärmens auf dem angrenzenden Markte für Schulzwecke nicht zu benützen gewesen wären, anderntheils, weil dieselben gerade an jenem Platze eine nicht unbedeutende Rente gewähren. Gegen die Hofseite ist der Turnsaal, die Ciselirschule und die Hausmeisterwohnung untergebracht, und liegen die Räume für die Caloriferen, sowie für ein Wasserrad. Eine grosse, doppelarmige Haupttreppe und eine Nebentreppe, welche beide gewölbt und feuersicher sind, führen in die oberen Stockwerke. Dieselben enthalten 20 Schulsäle, je 1 grossen Saal für die Modellirschule und die Festlichkeiten, 2 Zimmer für die Oberlehrer und 1 Bibliothekzimmer. — Die Etagenhöhe beträgt 4,4 M., für den Festsaal 5,8 M. — Die Heizungseinrichtung für die 9 der Elementarschule zugewiesenen Säle ist eine Luftheizung nach Heckmann'schem System in Verbindung mit einem durch ein Wasserrad in Bewegung gesetzten Ventilator. Für die übrigen Räumlichkeiten bestehen Ofenheizungen. — Die Baukosten betrugen 275,000 Mark.*)

3. *Schulhaus an der Gabelsbergerstrasse.*

Dasselbe wurde in den Jahren 1868 und 1869 nach den Plänen des damaligen Stadtbaubeamten Degen ausgeführt, und zwar als Doppelschulhaus, dessen beide Hälften vollkommen symmetrisch in einem Erdgeschoss und 3 Stockwerken für Knaben und Mädchen hergestellt sind. Sämmtliche Schulsäle liegen gegen Norden an der Hofseite, während die Strassenfront von dem Corridor und den mit jedem Schulsaal verbundenen Garderoben eingenommen wird. Das Erdgeschoss enthält ausser der Hausmeisterwohnung einen Raum für Feuerlöschrequisiten und für einen Feuerwächter, ferner 2 Schul-

---

*) Vgl. Zeitschrift des bayr. Architekten- und Ingenieurvereins. Jahrg. 1870, Heft 3.

säle mit ihren Garderoben. In jedem der 3 oberen Stockwerke sind 4 Schulsäle mit den zugehörigen Garderoben untergebracht. Die Etagenhöhen sind durchgängig 4,0 M. — Für das ganze Gebäude ist Central-Luftheizung nach dem Kelling'schen System in Verbindung mit Ventilation eingerichtet, und sind neben den hiefür bestimmten 4 Caloriferen noch 2 Saugessen für die Ventilation der Aborte aufgestellt.

Im Schulhofe ist ein Nebengebäude aufgeführt, welches ausser dem Oberlehrerzimmer noch 1 Speisesaal der Suppenanstalt, 2 Carcer und die Waschküche enthält.

Der sehr geräumige Hof ist mit Alleebäumen und Sträuchern bepflanzt, und theilweise zur Anlage eines Schulgartens benützt. Die Gesammtkosten des Gebäudes beliefen sich auf 148,000 Mark*).

4. *Schulhaus an der Schulhausstrasse.*

Dasselbe wurde gleichfalls nach den Plänen des Stadtbaubeamten Degen in den Jahren 1869 und 1870 erbaut, aber nur in der Hälfte der projectirten Ausdehnung, da das damit in Zusammenhang stehende alte Schulhaus vorläufig noch in Benützung bleibt. Hiezu wurde in den Jahren 1872 und 1873 noch ein Nebengebäude aufgeführt, welches einen Turnsaal von 16,0 M. Länge, 12,0 M. Breite und 5,0 M. Höhe enthält, ausserdem zwei zugehörige Räume für Requisiten und Garderoben, dann 2 Lehrsäle und die Suppenanstalt mit einer grossen Küche und einem Speisesaal.

Die letzte Gruppe von Schulhäusern gehört der neuesten Zeit an. Den Plänen derselben sind nicht allein alle bisherigen Erfahrungen, welche auf diesem Gebiete in technischer Beziehung gemacht wurden, sondern auch das für München neu eingeführte Schulstatut (vom 30. Dec. 1871) und das daraus hervorgegangene vom Stadtbauamte (Baurath Zenetti) aufgestellte Normalprogramm für Bau und Einrichtung neuer Schulhäuser in München, welches unten im Auszuge mitgetheilt wird, zu Grunde gelegt. Dieser Gruppe gehören folgende Schulhäuser an:

1. *Das Schulhaus an der Schwanthalerstrasse.*

Dasselbe wurde in den Jahren 1871—1873 nach den Plänen des Stadtbaubeamten Voit an dem Westende der Stadt auf einem Theile der Theresienwiese erbaut, und zwar so situirt, dass die Hauptfront 8 M. hinter die Baulinie zurückgerückt ist und zwischen dem Gebäude und der Einfriedungsmauer noch ein 29 M. breiter und 80 M. langer Spielplatz übrig bleibt, welcher mit Anlagen und Alleebäumen bepflanzt ist, und ausserdem ein Nebengebäude für einen

---

*) Zeitschrift des bayr. Architekten- und Ingenieurvereines. Jahrg. 1874, Heft 2—4.

Fröbel'schen Kindergarten und eine offene Veranda für den gleichen Zweck enthält.

Das Hauptgebäude ist nach zwei gleichen symmetrischen Theilen für Knaben und Mädchen getrennt, und hat jede Hälfte einen besonderen Eingang und eigenes Stiegenhaus erhalten. Im Erdgeschoss und durch 3 Stockwerke enthält dasselbe 28 Lehrsäle von je 9,0 M. Länge und 7,0 M. Breite bei einer Höhe von 3,8 M., neben jedem Lehrsaal eine Garderobe von gleicher Tiefe und 2,0 M. Breite, ferner im Erdgeschoss die Wohnung des Hausmeisters, einen Suppensaal nebst Küche und Vorrathskammer, den Turnsaal von 17,5 M. Länge, 7,0 M. Breite und 4,8 M. Höhe mit 2 zugehörigen Garderoben, endlich in jeder Etage 2 kleinere Zimmer, davon je eines für den Oberlehrer, sonst Conferenz- und Bibliothekzimmer, Zimmer für die Armenpflegscommission und 2 Carcer. Das Kellergeschoss enthält die Räume für die Caloriferen, für Brennmaterial und die Vorrathskeller der Suppenanstalt und des Hausmeisters. — Um möglichst viel Licht in den Schulsälen zu erzielen, wurden die Fensterpfeiler auf eine Minimalstärke reducirt und aus Granit hergestellt, während der ganze übrige Bau aus Backsteinmauerwerk mit Mörtelputz besteht. — Für die Beheizung der Schulsäle ist die Central-Luftheizung nach dem Systeme des Ingenieur Kelling in Dresden in Verbindung mit Ventilation eingerichtet, und waren 4 Caloriferen hiezu nothwendig. Die übrigen Zimmer haben Ofenheizung erhalten. — Um auch die Aborte zu ventiliren, führen Kanäle von der Grube unter den Rost der Caloriferen, während im Sommer eine besondere Ventilationsesse die verdorbene Luft durch einen Kamin abführt. In gleicher Weise wird der Dunst aus der Suppenküche entfernt. Das Nebengebäude für den Fröbel'schen Kindergarten enthält: einen Bewegungs- und einen Beschäftigungssaal mit zugehöriger Garderobe und eine Waschküche für den Hausmeister. Die Gesammtkosten des Baues, inclus. der Einrichtung, beliefen sich auf rund 340,000 Mark *).

2. Das Schulhaus an der Türkenstrasse.

Dasselbe wurde in den Jahren 1872—1874 nach den Entwürfen des Stadtbaubeamten Voit hergestellt. Der Bauplatz liegt an der Ecke der Türken- und Schellingstrasse und hat eine Gesammtfläche von 3880 ☐ M., wovon 924 ☐ M. auf das Hauptgebäude, 550 ☐ M. auf das Nebengebäude und der übrige Raum auf Gartenanlagen und Spielplatz entfallen.

Das Hauptgebäude ist gleichfalls in eine Knaben- und Mädchenschule getrennt und zu dem Zwecke mit 2 Eingängen und 2 Stiegenhäusern versehen. Dasselbe enthält im Erdgeschoss und 3 Stock-

---

*) Vgl. Zeitschrift des bayerischen Architekten- und Ingenieur-Vereines Jahrgang 1873 Heft 4.

— 214 —

werken 22 Schulsäle von je 9 M. Länge und 7 M. Breite bei einer Höhe von 3,8 M., ebensoviele Garderoben, ferner die Wohnung des Hausmeisters, die Suppenküche mit Speisesaal, und 6 Zimmer für den Oberlehrer, Conferenzen, Bibliothek und sonstige allgemeine Zwecke. — Die Heizungseinrichtung und Ventilation ist die gleiche wie im vorgenannten Schulgebäude. - Die beiden Stiegen sind freitragend aus Granit hergestellt. — Das Nebengebäude enthält einen Turnsaal von 16,5 M. Länge, 12 M. Breite und 5 M. Höhe, ferner Requisitenkammer und Garderobe, dann die Räume für einen Fröbel'schen Kindergarten, 2 Zimmer für die Armenpflegscommission und 1 Waschküche. Die Kosten dieser Gebäude sammt der Herstellung beliefen sich auf rund 354,000 Mark.

3. *Das Schulhaus an der Kirchenstrasse.*

Dasselbe wurde am östlichen Ende der Stadt in der Vorstadt Haidhausen mit der Front gegen die neue Pfarrkirche auf dem Johannis-Platz nach den Entwürfen des Stadtbaubeamten Voit in den Jahren 1873—1875 erbaut. Den Plänen hiefür lag das gleiche Programm zu Grund wie bei dem vorerwähnten Schulgebäude, und ist daher auch die Anzahl der Räume die gleiche. — Nur die Dimensionen der Schulsäle erlitten eine Aenderung, und wurde deren Länge zu 10 M., die Breite zu 7,2 M. und die Etagenhöhe zu 4 M. angenommen. Der Bau selbst wurde, da das alte Schulhaus bis zur Vollendung des neuen — auf dessen Bauplatz dasselbe stand, in Benützung bleiben sollte, in 2 Theilen aufgeführt. — Das Nebengebäude enthält 2 Turnsäle von je 8,5 M. Breite, 12,3 M. Tiefe und 5,0 Höhe, ferner 1 Garderobe, 1 Requisitenraum und 1 Zimmer für die Lehrer, der zum Spielplatz bestimmte Hofraum ist mit Alleebäumen und Anlagen bepflanzt. Die Gesammtkosten für die Gebäude und die innere Einrichtung betrugen in runder Summe 363,000 Mark.

4. *Das Schulhaus an der Klenzestrasse.*

Dasselbe wird gegenwärtig an der Ecke der Klenze- und Fraunhoferstrasse nach den Plänen des Stadtbaubeamten Voit erbaut und soll im kommenden Herbste der Benützung übergeben werden. Der Bauplatz hat eine Gesammtfläche von 6580 ☐ M., wovon 1360 ☐ M. von dem Hauptgebäude, 831 ☐ M. von dem Nebengebäude, der übrige Raum von Spielplätzen und Anlagen eingenommen werden.

Das Hauptgebäude ist bezüglich der Disposition des Grundrisses jenem an der Schwanthalerstrasse conform, es ist in eine Knaben- und Mädchenschule nach gleichen Hälften getheilt, mit gesonderten Eingängen und Stiegenhäusern und enthält im Erdgeschoss und 3 Stockwerken 29 Schulsäle von 10 M. Länge, 7,2 M. Breite, 4 M. Stockwerkshöhe, die zugehörigen Garderoben, die Hausmeisterwohnung, Küche und Speisesaal der Suppenanstalt, Zimmer für die Armenpflegscommission, sodann 4 grössere Zimmer für den Oberlehrer, Conferenzen und Bibliothek und 2 Carcerräume.

Um zwei bewährte Centralheizungen nebeneinander unter gleichen Verhältnissen prüfen und vergleichen zu können, wurde in der Mädchenabtheilung eine Luftheizung nach dem Kelling'schen Systeme eingerichtet, in der Knabenabtheilung eine kombinirte Dampf-Luftheizung nach dem Haag'schen System. Die Bewegung und Circulation der frischen wie der verdorbenen Luft ist in beiden Fällen gleich und liegt die Verschiedenheit nur in der Anlage und Construction der Caloriferen. Durch beide Heizungseinrichtungen werden nicht allein die Schulsäle, sondern auch die Garderoben ventilirt. — Für die Entfernung der Excremente aus den Aborten ist das System der Fosses mobiles in Verbindung mit Abschwemmung des Ueberwassers in die städtischen Siele in Anwendung gebracht. Das zur Spülung nöthige Wasser wird durch eine kalorische Maschine aus einem Brunnenschacht in zwei auf dem Dachboden stehende Reservoirs gehoben, und fällt von da in die nach englischem System (Macfarlane's Patent) eingerichteteten Closets und Pissoirs. Bei der Spülung bleiben die fremdartigen Gegenstände in den Fosses mobiles zurück, das Ueberwasser mit den gelösten Bestandtheilen wird in die Kanäle abgeführt. Die beiden Treppen sind feuersicher ganz aus Eisen konstruirt, nur die Tritte aus Eichenholz. Für die Einrichtung der Knabenschule ist die Buhl-Linsmayer-Bank, der Mädchenschule die neue Kaiser-Bank gewählt. Die Ausführung des Nebengebändes, welches 2 Turnsäle mit den zugehörigen Nebenräumen, sowie einen Fröbel'schen Kindergarten enthalten wird, ist gegenwärtig noch nicht begonnen. Die Gesammtbaukosten mit Einschluss der Schuleinrichtung werden sich auf etwa 460,000 Mark belaufen.

5. *Das Schulhaus an der Blumenstrasse.*

Dasselbe wird gegenwärtig in der Nähe des Sendlingerthores über dem alten Stadtgraben nach den Plänen des Stadtbaubeamten Voit zur Ausführung gebracht. Eine Verschiedenheit des Entwurfes von dem Schulhaus an der Klenzestrasse hat sich nur dadurch ergeben, dass das Terrain nach einer Seite hin ziemlich bedeutend abfällt, wodurch eine theilweise Benützung des Souterrain ermöglicht war. Das zum Schulhaus gehörige Areal nimmt eine Gesammtfläche von 5570,0 ☐ M. ein, wovon auf das Gebäude 1300 ☐ M. treffen, während der übrige Raum zu Spiel- und Turnplatz sowie zu Anlagen verwendet wird. Im Souterrain sind die Lokalitäten der Suppenanstalt mit Küche, Speisesaal, Zimmer für Suppenabgabe und Zimmer der Armenpflegs-Commission, dann die Hausmeisterwohnung und Waschküche, ferner einige vermiethbare Keller und endlich 4 Caloriferen der Centralheizung mit den nöthigen Kohlenräumen untergebracht. — Das Erdgeschoss mit den 3 oberen Stockwerken,

— 216 —

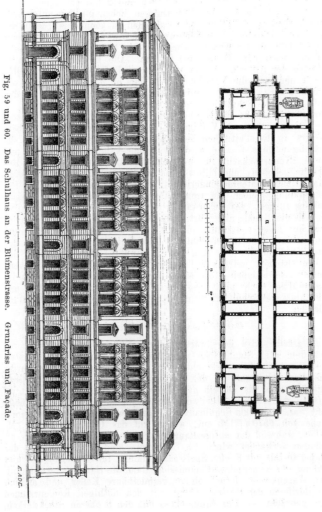

Fig. 59 und 60. Das Schulhaus an der Blumenstrasse. Grundriss und Façade.

welche in Mädchen- und Knabenabtheilung getrennt sind, enthalten ausser den beiden Vorplätzen der Haupteingänge und den beiden Stiegenhäusern den Turnsaal von 18,0 M. Länge und 9,85 M. Breite (a), 30 Schulsäle von 10,0 M. Länge und 7,2 M. Breite mit den zugehörigen Garderoben, 4 grosse Zimmer (b) für den Oberlehrer, Conferenzen und Bibliothek, sowie 2 Carcer. Die Heizungsanlage für die Schulsäle und deren Ventilation wird nach Kellings System hergestellt, die Ausführung der Treppen sowie der Aborte (c) ist die gleiche wie bei dem Schulhaus an der Klenzestrasse. Die Kosten für den Bau, welcher durch schwierige Fundation im alten Stadtgraben vertheuert wurde, sowie für die Einrichtung wird 520,000 Mark betragen.

Ueber die leitenden Gesichtspunkte bei der Neuanlage ähnlicher Gebäude gibt das nachfolgende Programm für Bau und Einrichtung neuer Schulhäuser in München, aufgestellt vom Stadtbauamte (Baurath Zenetti) im März 1873*), den nöthigen Aufschluss.

Das Hauptgebäude enthält in 4 Stockwerken, ausser den Corridoren und Treppen, mindestens 22 Schulsäle (7 Knaben-, 7 Mädchen- und die nöthigen Parallel-Klassen sowie je ein Saal für Zeichnungs- und naturkundlichen Unterricht) mit daneben liegenden kleinen Garderoben; ein Zimmer für Conferenzen und Bibliothek; ein Dienstzimmer für den Oberlehrer; 2 Arreste; die Hausmeisterwohnung (3 Zimmer und 1 Küche) möglichst am Eingange gelegen; 1 Saal zur Vertheilung von Suppe an arme Schulkinder mit daneben befindlicher Küche; schliesslich die nöthigen Abtritte.

Das Nebengebäude enthält in 2 Stockwerken: 2 Turnsäle mit Nebenräumen, 2 Säle für einen Fröbel'schen Kindergarten mit Nebenräumen, Waschküche für den Hausmeister, Abtritte.

Der Boden des Erdgeschosses ist 1 M. über dem Planum anzulegen; Souterrains sind nur zu wölben, soweit diess die Heizungs- und Brennmaterial-Räume verlangen, oder wo der Bau in Auffüllung steht. Mit Rücksicht auf die erforderliche Anzahl von Schulsälen ist ein Doppelbau mit dem Gange in der Mitte zulässig. Das Schulhaus muss mindest 7 M. von der Strasse entfernt sein.

Jeder Schulsaal ist mindestens 10 M lang, 7 M. tief und 4 M. hoch anzulegen; die Wände sind blassblau zu malen; das Licht muss den Kindern von ihrer linken Seite zufallen. Die Fenster, welche die eine Langwand fast in ihrer ganzen Ausdehnung ausfüllen, sind mit nach innen stark abgeschrägten nicht über 0,35 M. breiten Pfeilern dicht zu gruppiren und thunlichst hoch bis unter die Decke zu führen. Brüstungshöhe 1 M. Die untersten Scheiben müssen im Erdgeschosse in allen Fällen, in den übrigen Stockwerken

---

*) Zeitschrift des Bayer. Architekten- und Ingenieur-Vereins, Jahrg. 1873 Heft 4.

nur gegen bebaute Strassen zu von mattem Glase sein. Die oberen Fensterrahmen an den Haupt- und inneren Doppelfenstern müssen sich nach abwärts öffnen, um die einströmende Luft von den Kindern abzuhalten. Die 0,95 M. weite einflügelige Saalthüre ist in der Ebene der den Fenstern gegenüberliegenden inneren Wand, nach aussen öffnend anzuschlagen und zwar in dem Raume zwischen dem 2,2 M. breiten Katheder-Podium und den Schulbänken. Zur Verblendung gegen Sonne sind innen seitwärts ziehbare Vorhänge, aussen Marquisen, beide aus ungebleichter Leinwand anzubringen. Zentral-Luftheizung nach System Kelling.

Eine Garderobe ist neben jedem Schulsaale auf dessen Tiefe von 7,2 M. in einer Breite von 2 M. anzulegen und mit demselben durch eine Thüre in der Wand gegenüber dem Katheder zu verbinden. Die Wände sind unterhalb den Kleiderhaken mit Oelfarbanstrich zu versehen.

Die Gänge, 2,5 M. breit, sind in der Mitte jeder Etage durch einen Glasverschluss mit Thüre und leicht zu öffnendem Oberlichte zu trennen; ihre Beleuchtung kann durch 2 M. breite Oberlichtfenster in den Garderoben und matte Glasscheiben in den oberen Füllungen der Schulsaal-Thüren unterstützt werden.

Die Treppen sind, gesonderte für Knaben und Mädchen, auf feuersicheren Wölbungen mit Holz belegt, in nur einfacher Windung mit Podest, mindest 1,8 M. per Lauf breit und in Steigung von 0,15 auf 0,30 M. anzulegen. Die Geländerholme erhalten aufgeschraubte Knöpfe in 0,50 M. Entfernung zur Verhütung des Hinabrutschens der Kinder. Freitreppen sind bei den Eingängen möglichst zu vermeiden. Das Treppenhaus ist durch Doppelthüren mit selbstthätigem Verschlusse gegen das Vestibul abzuschliessen. In letzterem ist unmittelbar beim Eingange auf einer Vertiefung im Pflasterboden ein abhebbares 1 M. breites Fussabstreifgitter, dessen Länge der Breite der Eingangsthüre gleichkömmt, anzubringen.

Die Abtritte des Hauptgebäudes sind für beide Geschlechter getrennt in jeder Etage anzulegen und deren Eingänge womöglich vom Treppenhause aus anzubringen. Sie erhalten doppelten Verschluss mit Thüren zum Selbstzufallen und so viele von einander durch Wände getrennte und abgesperrte Sitze, dass jeder Schulsaal auf der Knabenseite einen, auf der Mädchenseite deren zwei erhält, ausserdem einen für den Lehrer und einen Ausguss. Auf der Knabenseite sind in jeder Etage und womöglich mit Wasserspülung 10 Pissoirs je 0,5 M. breit herzustellen. Die Abtritte sind geeignet durch Adspiration aus der Grube zu ventiliren; der Boden derselben ist in allen Etagen zu wölben und mit Pflaster zu versehen. Die Wände der Abtritte erhalten bis zu 2 M. Höhe vom Fussboden einen rauhen Bewurf, welcher mit einem schwarzgrauen Oelfarbanstrich versehen wird.

Die Suppenküche mit womöglich zunächst daran gelegenem

Saale erhält erstere halbe, letzterer ganze Schulsaalgrösse. Die Küche muss gut ventilirt werden und enthalten: einen Herd zu circa 2,70 M. auf 1,15 M., einen Kessel von 0,60 M. lichtem Durchmesser bei 0,50 M. Tiefe, einen zweiten solchen von 0,40 M. auf 0,40 M., Wasserschiff und Kochplatte mit 2 Oeffnungen.

Die Turnhalle im Nebengebäude, womöglich mit dem Hauptgebäude durch einen gedeckten, verschliessbaren Gang verbunden, erhält im Erdgeschosse einen gedielten Saal von mindest 12 M. im Gevierte und 5,3 M. Höhe für die Geräthübungen, im ersten Stockwerke einen mit Parquet belegten Saal gleicher Dimensionen für die Frei- und Ordnungs-Uebungen. Das Licht soll in die Säle möglichst von 2 entgegengesetzten Seiten durch mindestens je 3 etwa 2,5 M. hohe und 1,5 M. breite Fenster einfallen, welche bequem sowohl ganz als auch nur theilweise zu öffnen sein sollen. Für entsprechende Ventilation der Turnsäle insbesondere im Winter in Verbindung mit der Heizung durch je 2 Oefen ist Sorge zu tragen. Die neben jedem Turnsaale gelegenen Räume, zugleich Garderoben, in welche 2 Thüren, eine vom Gange und eine vom Saale aus führen müssen, werden durch Oefen geheizt. Neben jedem Turnsaale ist ein gut ventilirter Abtritt mit 2 Sitzen und 1 Pissrinne, mit Einrichtung wie im Hauptgebäude, herzustellen.

Der Fröbel'sche Kindergarten in einem Erdgeschosse des Nebengebäudes erhält zwei durch eine Thüre mit einander verbundene 4 M. hohe Säle mit in Leinölfirniss getränkten Fussböden; der erste Saal für Beschäftigung von 50—60 Kindern mindest 8 M. auf 6 M., der zweite für Bewegungsspiele, womöglich quadratisch mit 8 M. Seitenlänge. Neben jedem Saale eine Garderobe von 10—12 ☐ M. Fläche. Der gut ventilirte Abort enthält 3 getrennte Sitze für 3 bis 7 jährige Kinder und 1 Sitz für die Gärtnerin.

Der Hofraum mit Garten soll einen grossen gekiesten Spielplatz mit schattigen Bäumen, einen oder zwei Brunnen mit laufendem Wasser und je einem Schöpflöffel, ferner einen Sprunggraben für turnerische Zwecke enthalten. Circa 100 ☐ M des Gartens sind so abzuschliessen, dass man vom Kindergarten aus möglichst direkt hineingelangen kann.

C. Städtische Anlagen für Verpflegung.

Maximilians-Getreidehalle.

Von jeher war München ein Hauptverkehrsplatz für Getreide, insbesondere waren es die getreidereichen Gegenden Niederbayerns, welche ihre Producte hier umsetzten. Allein alle diese bedeutenden Zufuhren, welche bis zu 500,000 Schäffel jährlich betrugen, mussten auf dem Marienplatz im Freien gelagert werden, bis im Jahre 1851 für diesen Zweck die Maximilians-Getreidehalle erbaut wurde.

Die Ausführung der Getreidehalle an der Blumenstrasse über dem eingefüllten Stadtgraben fand nach den Plänen des damaligen Stadtbaurathes Muffat statt, und zwar in solcher Grundriss-Disposition, dass die beiden Getreidehallen zu beiden Seiten eines Mittelbaues liegen, während die beiden Flügel durch Pavillonbauten abgeschlossen werden.

Der Mittelbau nimmt eine Quadratfläche von 1676 ☐ M. ein, und enthält im Erdgeschoss Räume zum Aufbewahren des Getreides, im ersten Stockwerk den Hopfenmarkt und im zweiten Stockwerk den Wollmarkt. Die beiden Hallen überdecken einen Raum von 8243 ☐ M. und sind ganz aus Eisen hergestellt. Erst in neuerer Zeit, seitdem der Verkauf des Getreides nach dem Gewicht stattfindet, wurden diese Hallen mit Glaswänden abgeschlossen. Die Getreidewaagen sind bis auf die Fläche des Pflasters in den Fussboden eingesenkt.

Der nördliche Endpavillon enthält bei einem überbauten Flächenraum von 403 ☐ M. im Erdgeschoss die Schmalzwaage, im ersten Stockwerk einen grossen Saal für Versammlungen oder sonstige öffentliche Zwecke.

Der südliche Endpavillon hat die gleiche Grösse und enthält im Erdgeschoss die Fässeraiche, während die Räume im ersten Stockwerke für Schulzwecke in Benützung genommen wurden.

Die ganze Länge des Gebäudes beträgt 435 M., und beliefen sich die Kosten für die Gesammtanlage auf 1,500,900 Mark, wovon 70,000 Mark auf die Regulirung der anliegenden Strassen, 76,560 Mark auf die Correction und Ueberwölbung der Kanäle, 244 070 Mark auf Ankauf und Demolirung von Gebäuden und 1,118,370 Mark auf die Herstellung der Getreidehalle selbst treffen*).

Schlachthaus und Viehhof.

Nachdem durch die neue Gesetzgebung die Durchführung eines allgemeinen Schlachtzwanges in München ermöglicht war, sandte der Stadtmagistrat eine Commission ab, welche die wichtigsten neuen Schlachtanstalten in Oberitalien, der Schweiz, Deutschland und Oesterreich einzusehen hatte, um deren bauliche und administrative Einrichtungen kennen zu lernen und die dortselbst gemachten Erfahrungen bei Feststellung des Programms zum Baue einer Schlachtanstalt mit Viehhof für München berücksichtigen zu können. Auf Grund des erstatteten Reiseberichtes und des hienach aufgestellten Programmes wurden vom Stadtbaurathe Zenetti die Pläne entworfen und nach Genehmigung derselben in diesem Jahre mit der Bauausführung begonnen.

---

*) Vergl. Förster's Bauzeitung, Jahrgang 1856.

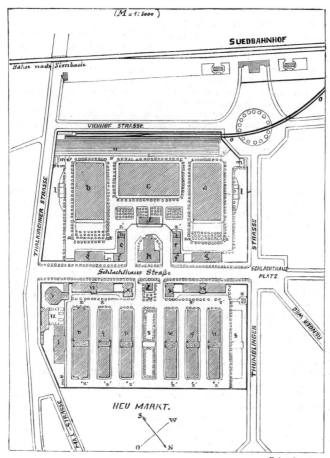

Fig. 61. Viehhof und Schlachthaus beim Thalkirchner Bahnhof.
a. Markthalle für Grossvieh. b. Markthalle für Schafe und Schweine. c. Markthalle für Kälber. d. Waage und Perception. e, e. Remisen. f, f. Pferdeställe. g, g. Ställe für Melk- und Nutz-Vieh. h. Trankküche. i. Spritzenhaus. k. Restauration. l l. Schwemmen. m, m. Düngergruben. n. Rampe. o. Geleisabzweigung vom Südbahnhof. p, p. Schlachthallen für Grossvieh. q, q. Schlachthalle für Kleinvieh. r. Schlachthalle für Schweine. s, s. Raum für später auszuführende Schlachthallen. t. Sanitätl. Schlachthaus. u. Hof für Wampendünger. v. Kuttlerei. w, w. Schlachtstallungen. x, x. Verwaltung. y. Klärbassin. z z. Aborte. z'z'. Pissoirs.

Beigefügter Plan mit Erklärung gibt ein Bild der Gesammtanlage, deren Herstellung auf 4,020,000 Mark veranschlagt ist. Die Situirung der Anstalt ist im Südwesten der Stadt und war durch die nothwendige Verbindung derselben mit einer Eisenbahn-Station bedingt, wurde jedoch erst nach sehr langen Verhandlungen unter einer Reihe von Vorschlägen als die zweckmässigste erkannt. Die Gesammtanstalt, im Ganzen ein Areal von 100,333 ☐ M. bedeckend, ist in zwei von einander getrennte, jedoch in gewissem Zusammenhange stehende Zweiganstalten, nämlich in die Schlacht-Anstalt und in die Markt-Anstalt getheilt, wovon jede die ihr nothwendigen Attribute und letztere ihre Lage zunächst und in Verbindung mit der Eisenbahnstation erhalten hat.

A. Schlacht-Anstalt.

München ragt sowohl an der Grösse seines Fleischconsums, wie an der Zahl seiner Schlächter vor den meisten Städten erheblich hervor. Hieraus ergab sich einerseits die Unmöglichkeit, das Schlacht-Zellen-System zu wählen, anderseits sprach auch für die Durchführung der Schlachthallen, die hiedurch ermöglichte gegenseitige Controle der Gewerbtreibenden, welche vor aller Augen sanitätswidrige Vorkommnisse zu verheimlichen gewiss weniger in der Lage sind, als bei der Arbeit in isolirten Zellen. In gleichem Maasse wird auch in Schlachthallen die Beschau erleichtert; von ausschlagendster Bedeutung erschien jedoch in dieser Beziehung die Uebung der hiesigen Metzger, die aufgezogenen geschlachteten Thiere mehrere Tage hängen zu lassen, was offenbar in grossen, zweckmässig construirten Hallen vortheilhafter als in Schlachtzellen. Die hiesigen eigenthümlichen klimatischen Verhältnisse, vermöge deren die Temperatur im Winter mitunter sehr tief fällt und im Sommer sehr hoch steigt, überdiess in den Sommermonaten häufig an einem Tage mehrmals umschlägt und insbesondere Gewitter über München sich entladen, liess die Wölbung dieser Hallen nothwendig erscheinen und die bedeckten Schlachthöfe vermeiden. Da ein grosser Theil der hiesigen Schlächter blos Grossvieh, ein anderer blos Kleinvieh schlachtet, so erschien es geboten, die Schlachthallen für Grossvieh und für Kleinvieh zu trennen, dieselben aber doch anderseits wieder so zu situiren, dass für jene Schlächter, welche Gross- und Kleinvieh schlachten die bezüglichen Hallen nicht zu weit auseinanderliegen. Die Schweineschlachtung erfordert wegen des Brühens der Schweine ganz besondere Einrichtungen, weshalb für sämmtliche Schweineschlächter eine eigene Halle projektirt wurde.

Für die Schlachtung der Pferde ist im Sanitätsschlachthause Raum vorgesehen einmal weil die Pferde durchaus der thierärztlichen Beschau unterstellt werden müssen, sodann weil durch diese Anordnung eine Isolirung der Pferdeschlachtungen, welche einem grossen Theil der Fleischconsumenten nicht sympathisch ist, sich herstellen lässt.

Die Entleerung der Eingeweide von Schweinen und Kleinvieh wird in den betreffenden Schlachthallen erfolgen. Dagegen ist für das Brühen und Säubern der Eingeweide des Grossviehes ein eigenes Gebäude, die Kuttlerei projektirt, an welchen zur vorherigen Entleerung der Eingeweide ein Düngerhof sich anschliesst. In letzterm wird der Inhalt der Wampen, unter einem Sonne und Regen abhaltenden Schutzdach, direkt in aufgestellte Wägen entleert, welche täglich zur Abfuhr kommen.

Durch eine eigene Einfriedung von der Schlachtanstalt isolirt, doch im Areale derselben gelegen, ist das Sanitätsschlachthaus. In demselben kommen kranke Thiere zur Schlachtung, die in eigenen Stallungen hier contumazirt sind, und befinden sich daher in demselben neben kleinen Hallen zur Schlachtung von Gross- und Kleinvieh, dann dem bereits erwähnten Pferdeschlachthaus auch die thierärztlichen Bureaus, ein Secir-Raum, ein Siede-Raum zum Aussieden finniger Schweine und ein Raum zur Absonderung der aus der Gesammtschlachtanstalt beseitigten und zum Wasen verwiesenen Fleisch- und Eingeweide-Theile. — Unschlittschmelzen und Albuminfabrik sind wegen des hiedurch erzeugten üblen Geruches in der Schlachtanstalt vermieden, doch sind im Sanitäts-Schlachthause Räume zur Aufbewahrung des rohen Unschlittes und der rohen Häute, dann zur Ansammlung des Blutes bis zur Scheidung vorgesehen.

In 2 Stallgebäuden ist den Schlächtern Gelegenheit gegeben, das von ihnen, sei es auf dem Markte, sei es anderwärts erkaufte Vieh zur Schlachtung bereit zu halten.

Die Schlachtanstalt enthält ausser Vorgenanntem noch die nöthigen Verwaltungsgebäude mit den Bureaus und Wohnungen der Bediensteten.

B. Viehhof.

Die Stadt München erfreut sich eines lebhaft besuchten Schlacht-Viehmarktes.

Es kommen auf demselben $7/8$ des Bedarfs an Schlachtvieh zum Verkauf und mussten daher auf dem neuen Schlachtviehmarkte alle diejenigen Einrichtungen und Bequemlichkeiten verbunden werden, welche dem Viehhändler den Zutrieb und den Verkauf auf demselben lieb und wünschenswerth erscheinen lassen. Weiters musste der neue Viehmarkt so eingerichtet werden, dass der Viehhändler mit seinem Vieh nach Ankunft mit demselben nicht erst seine Privat- oder Wirthshaus-Stallungen aufzusuchen genöthigt, sondern demselben sofort auch bequem Gelegenheit zur Unterbringung und Fütterung des Viehes geboten ist.

Es musste daher für entsprechendes Obdach der Thiere gesorgt werden. Da jedoch der dem Käufer wünschenswerthe Ueberblick des Gesammt-Angebotes, sowie der hiefür nothwendige hohe Kostenaufwand gegen Unterbringung und Verkauf des Viehes in lauter Stallungen sprach, so wurde das System der Markthallen vorgezogen und zum Schutze gegen Kälte, dem hiesigen Klima entsprechend, statt offener Schutzdächer, solche mit gemauerten Umfassungswänden, construirt. Demgemäss werden 3 Markthallen, eine für Grossvieh, eine für Kälber und eine für Schafe und Schweine ausgeführt. Nur für Melk- und Nutzvieh, deren Verkauf bisher der auf dem Viehmarkte hiefür mangelnden Einrichtung halber, lediglich in den Wirthsstallungen geübt wurde, mussten, theils weil dasselbe besonders empfindlich ist, theils um Ansteckungen desselben durch das Schlachtvieh möglichst zu verhüten, 2 Stallgebäude bereit gestellt werden. Eine Restauration, in welcher die Marktgäste sich erfrischen und auch nöthigen Falls die Zahlgeschäfte abwickeln und zwei Pferdestallungen und Remisen bei denselben, in welchen die Markt- und Fleischfuhrwerke zeitweilig untergebracht werden können, ist in Mitte der beiden Anstalten situirt. In Mitte des Haupteinganges zum Viehhof ist ein Gebäude mit einer grossen Waage und für die Perzeptions-Bureaus gelegt.

Die Wasserversorgung der Gesammtanstalt, zu einem Maximalquantum von 560,000 Liter per Tag, erfolgt vorerst durch ein oberhalb derselben am Dreimühlenbach anzulegendes Wasserwerk, bis diess vielleicht nach einer gegenwärtig in der Vorarbeit begriffenen allgemeinen Wasserversorgung der Stadt von dieser ersetzt werden kann. — Die Ableitung des verbräuchten Wassers wird vermittelst eines zu erbauenden Kanales durch die Thalkirchner-, Maistrasse und den Sendlingerthorplatz vorläufig in den westlichen Stadtgrabenbach geschehen, bis nach Vollführung des gleichfalls in den Vorarbeiten begriffenen Kanalisirungs-Netzes der Stadt München eine Einleitung in dieses erfolgen kann. Der Hauptkanal mit eiförmigem Profile und gemauert erhält schliefbare Dimensionen, wogegen die Seitenkanäle und jene aus den einzelnen Gebäuden aus Steingut-Röhren bestehen.

Das Gesammtkanalnetz wird derart angelegt, dass durch dasselbe periodisch von den auf dem Kuttlereigebäude stehenden Reservoirs eine kräftige Spülung durch sämmtliche Zweige vorgenommen werden kann. Sämmtliche Abwässer aus beiden Anstalten passiren vor ihrem Einlauf in den Hauptkanal das in Mitte des Einganges zum Schlachthause angelegte Klärbassin.

Für den Vertrieb des Fleisches in der Bank ist ausser den Einzelbanken die sog. Grosse Fleischbank hervorzuheben. Sie ist in der grossen Erdgeschosshalle des hl. Geistspitales eingerichtet, dem einzigen wohl erhaltenen Ueberreste der alten Stiftung. Die

Halle wird durch 9 stämmige Polygonalpfeiler, welche ohne capitälarartige Bekrönung in die gothischen Gewölbe übergehen, in zwei Schiffe getheilt, die zwar etwas niedrig sind, aber durch ihre Verhältnisse mächtig wirken. Die Lage dieser Fleischhalle im Verkehrsherzen der Stadt würde ihr indess immer ihren Werth sichern, auch wenn sie durch Alter und Gestalt weniger Anspruch auf Beachtung hätte.

D. Kranken- und Wohlthätigkeitsanstalten.

a. Das städtische Krankenhaus links der Isar.

Bis zum Jahre 1813 bestanden in München ausser dem gegenwärtigen Spitale der Unheilbaren und dem nun aufgehobenen Leprosenhause in Schwabing vier Krankenanstalten, deren Fonds unter König Max I. im obigen Jahre zur Dotation des gegenwärtigen Krankenhauses links der Isar verwendet wurden. Mit der Ausführung des Planes waren der damalige Medizinalrath F. X. Häberl, Obermedizinalrath Simon Häberl und als Architekt der k. Oberbaukommissär von Schedel beauftragt. Unter Leitung dieser Männer entstand das gegenwärtige Gebäude für circa 600 Betten mit 54 Krankensälen, 36 Separatzimmern, einer Kapelle, einer Apotheke, einer Badanstalt, zwei Küchen und einem geräumigen Garten, südöstlich vor den Thoren der Altstadt auf dem Sendlingerthorplatze. Die Lage ist gegenwärtig noch sehr günstig, weil sich westlich desselben die unbebaute, weit ausgedehnte Theresienwiese anschliesst.

Im Jahre 1818 ging die bis dahin königliche Anstalt an die Gemeinde-Verwaltung über, und im Jahre 1824 wurde nach erfolgter Verlegung der Universität von Landshut nach München in dieser Anstalt eine theoretisch und praktisch medizinische Spezialschule errichtet. Der Direktor und die Oberärzte der Anstalt wurden von nun an aus der Reihe der Professoren an der königl. Universität gewählt.

Der ganze Gebäude-Complex mit 3 Stockwerken bildet ein nach allen 4 Seiten geschlossenes längliches Viereck, und schliesst 2 grosse Höfe in sich, gegen welche die Corridore situirt sind. Neben dem eigentlichen Krankengebäude, in welchem sich auch die Bureaux der Verwaltung befinden, bestehen noch 2 Wohngebäude für den Direktor und einen Oberarzt mit 2 Stallungen, ein Waschgebäude und ein Leichenhaus. Westlich vom Krankengebäude ist mit demselben das Mutterhaus der barmherzigen Schwestern durch einen Corridor verbunden, welchem religiösen Orden die Pflege der Kranken übertragen ist. Die Gesammtanlage des Krankenhauses mit der auf Temperatur-Differenz gegründeten Ventilation und einem Heizungssystem, wonach durch je einen im Saale des Erdgeschosses stehenden Ofen die 3 übereinander liegenden Säle erwärmt werden, konnte

sicherlich in der Zeit der Erbauung der Anstalt als mustergiltig
angesehen werden. Da dieselbe jedoch den neuen Anforderungen an
eine Heil-Anstalt keineswegs mehr entspricht, so beabsichtigt die
Gemeindevertretung einen Um- und Ergänzungsbau, sowie eine verbesserte
Heizungs-, Ventilations- und Wasserversorgungs-Einrichtung,
in soweit dies unter Beibehaltung des gegenwärtigen Grundplanes
möglich ist.

b. Das ſtädtiſche Krankenhaus rechts der Iſar.

Durch die Vereinigung der früher selbstständigen Gemeinde
Haidhausen mit München im Jahre 1854 kam das Krankenhaus
rechts der Isar im Osten der Stadt auf der rechten Isar-Anhöhe in
das Besitzthum der Stadtgemeinde. Der ältere Pavillon des ganzen
Gebäude-Complexes wurde im Jahre 1846 erbaut und diente damals
theilweise zu Krankenzwecken, theilweise zur Unterbringung alter
und armer Leute (Pfründner). Dieser Pavillon mit 12 Sälen und
14 Separatzimmern in 4 Etagen einschliesslich eines Souterrains
enthält bis jetzt ausserdem noch die Verwaltungslokalitäten und
Wohnräume der barmherzigen Schwestern, und ist ein Doppelbau
mit dem Gange in der Mitte. Der sich an diesen alten Pavillon
anschliessende neue Pavillon, im Erdgeschosse durch einen Gang
verbunden, ist ein Corridor-Bau und enthält 18 Krankensäle in 3
Etagen. Derselbe wurde im Jahre 1868 durch Baurath Zenetti
erbaut und mit Heizung und Ventilation nach Angabe des Direktors
des Rudolfspitales in Wien, Dr. Böhm, versehen. Die beiden Pavillon's
enthalten 200 Betten.

Die Anstalt hat auf ihrem 54,800 ☐ M. messenden Gesammtareal
noch ein grosses Oekonomiegebäude (Waschhaus und Kuhstall),
ein Wohngebäude für Verwalter und Apotheker, ein zweites
Wohngebäude für einen Oberarzt und Pförtner, dann die Apotheke
mit Zugehör, endlich ein Leichenhaus. Gegenwärtig werden
hier durch Baurath Zenetti nicht allein ein weiterer einstöckiger
Pavillon für 28 Betten, dann Sommerbaraken ausgeführt, sondern
auch der alte Pavillon theilweise umgebaut und eine neue
Einrichtung der Wäscherei und Hauptküche (durch Dampf) hergestellt.
Letztere hat das Etablissement Haag in Augsburg übertragen
erhalten.

c. Spital für Unheilbare.

Vom Spital der Unheilbaren ist bekannt, dass schon Herzog
Rudolph von Bayern im Jahre 1295 jährlich 12 Pfund Pfennige zu
dieser Anstalt vermachte. Dasselbe befand sich auf dem Gasteige
(Steilrande) rechts der Isar und war seine ursprüngliche Bestimmung,
nachdem die Pilgerwanderungen aufgehört hatten, die Verpflegung
der Siechen, Grindigen, Leprosen, dann der epileptischen

und venerischen Kranken. Bei Uebergabe dieser Anstalt an den Stadtmagistrat im Jahre 1819 befanden sich in selber nur venerische, krätzige und epileptische Kranke, die eigentlich Unheilbaren waren im Leprosenhause zu Schwabing. Mit Eröffnung des Krankenhauses links der Isar im Jahre 1813 wurden die Venerischen und Krätzigen in dieses verwiesen, die Anstalt in Schwabing gesperrt und die Unheilbaren auf den Gasteig verlegt.

Als im Jahre 1859 König Maximilian II. die neuen Gartenanlagen am Gasteig schuf, musste die Anstalt weichen und wurde in das frühere Irrenhaus nach Vorstadt Giesing verlegt, welches mittlerweile durch den grossartigen Neubau der Kreisirrenanstalt frei geworden war. Das Spital befindet sich noch jetzt in diesem höchst unzweckmässigen Gebäude, soll aber im künftigen Jahre den im Areal des Krankenhauses r./I. im Jahre 1873 vollendeten Neubau beziehen. Dieser Neubau enthält in 3 Stockwerken 6 grössere Säle zu je 10 und 12 Betten und kleinere Zimmer zu je 2 und 4 Betten, im gesammten Raum für circa 120 Betten. Luft-Heizung und Ventilation ist nach dem System des Herrn Ingenieurs Emil Kelling in Dresden durchgeführt. Die Verwaltung und Oekonomie der Anstalt ist gemeinschaftlich mit jener des städtischen Krankenhauses.

d. Das Gebärhaus.

Die Gebäranstalt an der Sonnenstrasse ist eine Kreisanstalt unter gemeindlicher Verwaltung.

Aus alten vorgefundenen Rechnungen ergibt sich, dass schon im Jahre 1589 ein Lokal im ehemaligen Hospitale „zum heil. Geist" bestanden hat, in dem 14 Tage vor ihrer Niederkunft arme Mädchen Aufnahme gefunden haben, und dürfte sohin die Gebäranstalt Münchens die älteste in Deutschland sein.

Mit der Gebäransalt ist auch eine Hebammenschule verbunden.

Das neue Gebäude an der Sonnenstrasse wurde nach den im Maximiliansstyle ausgeführten Plänen Friedrich Bürkleins vom Stadtbaurathe Zenetti erbaut und im Jahre 1856 seiner Bestimmung übergeben. Die auf dem Areal der früheren neu erbaute Anstalt enthält 2 Gebäude: ein Hauptgebäude mit 4 Stockwerken, in welchem im Ganzen 200 Schwangere in 3 verschiedenen Abtheilungen, je nach Zahlungsleistung für die Verpflegung, untergebracht werden können.

In der ersten geheimen und höchstzahlenden Abtheilung erhält jede einzelne Schwangere ein gesondertes Zimmer für sich, in der zweiten geheimen oder minder zahlenden Abtheilung jedoch werden mehrere Patienten in einem Zimmer untergebracht und in der dritten Abtheilung der geburtshilflichen Klinik, in welcher die Verpflegung und Entbindung kostenfrei geschieht, kommen 8—10 Schwangere in einen Saal zu liegen. Diese Säle haben Heizung durch Mantel-

Oefen, und eine Ventilationseinrichtung nach dem System des Dr. Häberl gleich jener im Krankenhause links der Isar dahier, welche jedoch nicht genügt.

Neben den Räumen für Schwangere enthält das Hauptgebäude auch die Oekonomie- und Verwaltungslokale, die Badezimmer, dann einen Hörsaal; endlich die Räume für das ärztliche Wart- und Dienst-Personal.

Das Nebengebäude in 15 M. Entfernung vom Hauptgebäude parallel mit denselben gestellt, enthält in 2 Stockwerken die Wäscherei mit zugehörenden Maschinenräumen, das Leichen- und Sektionszimmer.

e. *Das städtische Waisenhaus*

befindet sich in der Findlingstrasse No. 3, welche ihrerseits ihren Namen daher leitet, dass das jetzige Waisenhaus ursprünglich (1784) als Findelhaus gebaut wurde. Vermehrte Dotationen machten dessen allmälige Erweiterung möglich, bauliche Merkwürdigkeit besitzt es indess nicht.

f. *Leihhäuser*

giebt es drei, das älteste seit 1802 im ehemaligen Karmelitinen-Kloster neben der Dreifaltigkeitskirche in der Pfandhausstrasse befindlich, das zweite seit 1844 im ehemaligen Isarthortheater, das dritte in der Au, Lilienstrasse No. 79. Mit dem zweiten ist eine Sparkasse verbunden, welche allmälige Capitalsanlage der Dienstboten und Arbeiter bei mässigem Zinsfuss befördert. Spezielles Interesse bieten diese Institute nicht.

g. *Die Suppenanstalten*,

welche kräftige Suppe an Arme gegen geringen Entgelt oder gegen Freikarte vermitteln, sind endlich unter den Wohlthätigkeitsanstalten noch zu nennen. Sie tragen noch von ihrem Begründer Rumford den Namen. Neuerlich sind Suppenanstalten für arme Schulkinder in den meisten Schulhäusern eingerichtet worden.

E. Wasserbauten.

Der Fluss, der München durchfliesst, und dasselbe in zwei Theile trennt, ist die Isar. Diese entspringt im Hinterauthale im Karwendelgebirge, überschreitet nach kurzem Laufe unweit dem Dorfe Scharnitz die österreich-bayerische Grenze, nimmt bei Wolfrathshausen die Loisach auf und tritt bei Grosshesselohe aus ihren Bergschluchten in die Hochebene und bei Harlaching in den Burgfrieden Münchens ein, welch letzteren sie nach einem Laufe von 7440 Meter bei süd-nördlicher Richtung unweit Bogenhausen wieder verlässt. Sie mündet in die Donau bei Isargemund unterhalb Deggendorf. — Als Gebirgsfluss mit sehr wechselnden Wassermengen und grossem relativem Gefälle — das absolute Gefälle innerhalb des Burgfriedens von München beträgt 23 M. — waren die anliegenden Ländereien häufigen Ueberchwemmungen und seine Ufer fortwährenden Abbrüchen bei steter Verlegung seines Rinnsals ausgesetzt. Dies, sowie die alljährlich mit bedeutenden Summen herzustellenden Uferschutz- und Sicherheitsbauten, die aber nachhaltige Abhilfe nicht gewährten, veranlassten die Stadtverwaltung, der die Flussbauten innerhalb des Burgfriedens obliegen, durch Correction der Isar in rationeller Weise gründlich Hilfe zu schaffen. — Die Isar-Correction wurde in den Jahren 1860/70 zur Ausführung gebracht und besteht in fast gänzlicher Eindeichung des Flusses und in Anlage von Leitwerken für niedrige Wasserstände.

Das Flussquerprofil besteht den abzuführenden Wassermengen entsprechend aus dem Hochwasserprofil mit 145 M. Normalbreite für 1500 Kbm. Wassermenge und dem Mittelwasserprofil mit 45 M. Normalbreite für 170 Kbm. Wassermenge. Ausserdem ist zwischen der Brücke für die München-Braunauer Eisenbahn und der Reichenbachbrücke ein Niederwasserprofil zur Ermöglichung der Flossfahrt bei ganz niederem Wasserstande mit 22,5 M. Normalbreite angelegt. — Die Leitwerke der Nieder- und Mittelwassergerinne, welch' letztere an dem linkseitigen Hochwasserdamm anliegen, sind unter sich und mit dem rechtseitigen Hochwasserdamm durch Querbuhnen in Abständen von 150—300 M. zu gegenseitiger Verstärkung und Erreichung von Anlandungen in Verbindung gebracht.

Die zu den Correctionsbauten verwendeten Materialien sind Flusskies, Nagelfluesteine aus den oberhalb Grosshesselohe an der Isar gelegenen Steinbrüchen und Weiden- und Nadelholzfaschinen. Die Hochwasserdämme sind als Kiesdämme mit vorgelegten Steinprismen hergestellt und mit Abpflasterung, Rasenbeleg und Anpflanzung gesichert; sie haben $2^{1}/_{2}$ bezw. $1^{1}/_{2}$ malige Dosirung. Die Mittel- und Niederwasserleitwerke, sowie die Querbuhnen bestehen aus Faschinat und Steinpflasterung; ihre Böschungen sind beiderseits $2^{1}/_{2}$ malige, bezw. für die Buhnen $4-5$ malige und $1^{1}/_{2}$ malige. Ausser den Correctionsbauten bestehen an der Isar verschiedene Wehrbauten: An der südlichen Burgfriedensgrenze, der sogenannte Auersenkbaum, ein aus Holz mit Steinfüllung bestehendes Grundwehr, welches dem die Vorstadt Au durchfliessenden Mühlbach das Wasser zuleitet; unterhalb dem Orte Thalkirchen die sogenannten Alten oder Thalkirchner Ueberfälle, die aus drei Wehrbauten, dem Dreimühlensenkbaume, dem mittleren und äusserem Wehrbau, bestehen; die beiden ersten sind Grundwehre aus Holz mit Steinfüllung, letzteres ist ein aus Ueberfällen und Schleussen combinirtes Wehr, aus Holz mit Steinfüllung und Abpflasterung hergestellt. Die Gesammtanlage hat die Zuführung des Wassers für die Stadtbäche, und die Abführung der Isarhochwasser zum Zwecke.

Unterhalb der Reichenbachbrücke theilt sich die Isar in die sogenannte Grosse Isar und Kleine Isar. Letztere zweigt rechts gegen die Vorstadt Au ab und ist hier das nach seinem Erbauer genannte Muffatwehr angelegt. Dieses hat den Zweck das Wasser für die als Flusslände zwischen der alten steinernen Isarbrücke und der inneren Maximiliansbrücke benützte grosse Isar zu reguliren, es wurde in den Jahren 1862/65 an Stelle der vor der Correction der Isar ober- und unterhalb der Reichenbachbrücke bestehenden Ueberfälle vom Stadtbaurath Muffat gebaut und ist ein combinirtes ganz massives Wehr auf Pfahlrost fundirt, mit 8 Ueberfällen von je 15,0 M. Weite, 4 Grundschleussen von je 7,88 M. Weite und 4 Spiegelschleussen von je 5,84 M. Weite. Letztere sind wegen der Holztrift, welche jedoch seit dem Jahre 1869 sistirt ist, angelegt. — Die Erbauungskosten betrugen rund 560,000 Mark.

Zur Regulirung des Wasserstandes für die Flosslände in der grossen Isar bestehen ferner zwischen der Kalk- und Praterinsel Ueberfälle mit Grund- und Spiegelschleussen aus Holz mit Steinfüllung und Pflasterung und oberhalb der inneren Maximiliansbrücke die sogenannten Praterschleussen, ein vollständiges massiv ausgeführtes Schleussenwehr mit 4 Grundablässen von je 6,5 M. Weite und einer Flossablassschleusse von 7,0 M. Weite. Dieses Wehr dient ausser der Regulirung des Wasserstandes der Flusslände zum Auslassen der weiterfahrenden Flösse und zum Speisen des Hofhammerschmiedbaches und des Triftkanales, welch' letzterer den Einlauf des Triftholzes in den kgl. Holzgarten vermittelt. Ein weiteres Wehr wurde in den Jahren 1873/74 in der kleinen Isar unterhalb der äussern Maximiliansbrücke erbaut. Dieses, ein Grundwehr von 54 M. Breite mit steinernen direct auf Flins fundirten Widerlagern, als Holzgerippe mit Steinfüllung hergestellt, hat den Zweck, die durch Ausführung der Isarcorrection unterhalb der Maximiliansbrücke durch Vertiefung der Flusssohle gefährdete Brückenfundation dadurch zu sichern, dass es diese Flusssohle unter der Brücke, wieder auf die frühere Höhe bringt. — Die Baukosten für dieses Object betrugen 149,000 Mark. —

Die auf der Isar stattfindende Flossfahrt hat ausser den bereits angeführten Bauten noch weitere Einrichtungen benöthigt und zwar:

1. Eine Anlände bei Thalkirchen behufs Unterbringung von Flössen für den Fall dass die Zufahrt zu den Länden in der Stadt nicht statthaft ist. Es ist hiezu eine Ausbuchtung der Isar am linken Ufer, an der Einmündung des Einsiedelbaches in der Weise benützbar gemacht, dass das Ufer mit solider Steinpflasterung in Holzrahmen mit Ländpfählen zum Anhängen der Flösse und sogenannten Ausreiten zum Ausschleifen der Flossbäume aus dem Wasser versehen ist.

2. Einen Flossablass am sogenannten Dreimühlensenkbaum, der die Einfahrt der Flösse in den grossen Stadtbach ermöglicht.

3. Die obere Lände. Als solche wird der innere Stadtbach oder Westermühlbach beim neuen südlichen Gottesacker benützt und sind dazu beide Ufer mit Ländpfählen versehen und am rechten Ufer Ausreiten angelegt. Der an dieser Seite angrenzende freie Platz dient zur Lagerung der geflossten Waaren.

4. Zwei Flossablässe, durch welche die Flösse, welche zur unteren Lände oder weiter flussabwärts fahren, aus dem grossen Stadtbach wieder in die Isar zurückgelangen. Die Seitenwände und Wasserbette derselben sind aus Holz, die Schleussen derselben aus Stein und Eisen hergestellt; Die Gerinnweite beträgt 7,0 M. Der eine dieser Ablässe wurde im vorigen Jahre mit einem Kostenaufwand von 76,300 Mark umgebaut.

5. Die untere Lände. Als solche dient die sogen. grosse Isar zwischen der alten steinernen Isarbrücke und der inneren Maximiliansbrücke resp. dem Praterschleussenwehr. Zur Erzielung eines die Ländegeschäfte ermöglichenden Wasserstandes bestehen die früher beschriebenen Wehr- und Schleussenbauten, zum Anhängen der Flösse sind an beiden Ufern eichene Pfähle eingerammt und zum Ausschleifen der Flossbäume aus dem Wasser sind am linken Ufer flache Rampen, Ausreiten, angebracht, während über die senkrechten Uferwände, theils aus Holz, theils aus Stein hergestellt, die Ladungen der Flösse entnommen werden. Die anliegenden freien Plätze werden zur Lagerung der Flosswaaren benützt.

6. Einen Flossablass für Flösse, welche nicht für München bestimmt, von der unteren Lände wieder in die freie Isar und weiter flussabwärts führen. Dieser Ablass hat seine Schleusse am Praterwehr und führt unter der inneren Maximiliansbrücke durch; seine Seitenwände sind theils aus Stein, theils aus Holz, sein Wasserbett dagegen ganz aus Holz hergestellt und beträgt die Gerinnweite 7,3 M.

Die für Unterhaltung der Wasserbauten von der Stadtverwaltung jährlich im Durchschnitt zu bestreitenden Ausgaben betragen 70,000 Mark.

F. Brückenbauten.

1. *Maximiliansbrücken.*

Die beiden Maximiliansbrücken, die die Fortsetzung der Maximiliansstrasse über die Isar und damit die Verbindung der Stadt München mit der Vorstadt Haidhausen vermitteln, wurden in den Jahren 1857/63 von Stadtbaurath A. Zenetti erbaut. Beide Brücken sind auf Pfahlrost fundirt und als Massivbau ausgeführt. — Ihre Breite beträgt innerhalb der Widerlager 12,8 M. und an den Widerlagern 23,3 M. Die innere Brücke über die sogenannte grosse Isar kreuzt den Fluss unter einem Winkel von 70° und hat 2 Oeffnungen

— 232 —

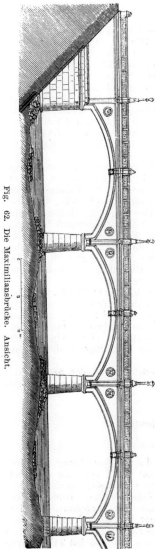

Fig. 62. Die Maximiliansbrücke. Ansicht.

von je 13 M. senkr. Lichtweite und 1 Oeffnung für die Flossfahrt zu 7,3 M. Weite. Der Pfeil für die Wölbungen beträgt 2,33 M. — Die äussere Brücke überschreitet den Fluss normal u. hat 5 Oeffnungen von je 17,22 M. Weite bei 2,92 M. Pfeil. Als Baumaterial ist Nagelflue für die Pfeiler und Widerlager, Sandstein von Unterfranken für die Stirnwölbbögen, Gesimse, Brüstungen und decorativen Ausstattungen und Backsteine für die Gewölbe im Innern und die Stirnaufmauerungen verwendet.

Die Baukosten betrugen 1'260,700 M. (Beschrieben in Förster's Bauzeitung, Jahrgang 1867.)

2. Ludwigsbrücke.

Die Ludwigsbrücke vom städtischen Baurath Carl Pröbst in den Jahren 1823/28 erbaut, steht auf Pfahlrost und sind alle sichtbaren Theile aus Kelheimer Grünsandstein ausgeführt. Die Brücke hat 5 Oeffnungen von je 16 M. Spannweite bei 2,35 M. Pfeilhöhe und eine Breite zwischen den Brüstungen von 10,7 M. Diese sowie

3. die Alte steinerne Isarbrücke

verbinden München mit der Vorstadt Au, indem letztere die grosse, erstere die kleine Isar überspannt und beide die Fortsetzung der Zweibrückenstrasse vermitteln. Diese Brücke wurde in den Jahren 1760/70 massiv aus Kalksteinen von Lenggries in Oberbayern gebaut, sie ist auf Rost von Eichenholz gestellt, und hat 3 Oeffnungen zu je 13,0 M. Weite bei 3,2 M. Pfeilhöhe.

4. Reichenbachbrücke

verbindet München mit der Vorstadt Au und wurde in den Jahren 1842/43

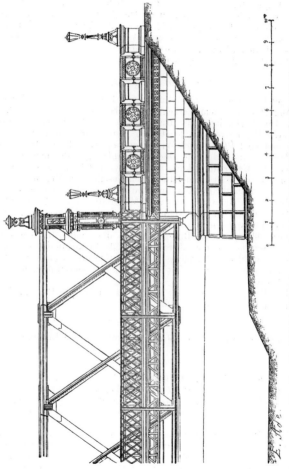

Fig. 63. Die Wittelsbachbrücke. Ansicht des Brückenkopfes u. der Construction.

— 234 —

nach dem Entwurf des kgl. Oberbaurathes von Gärtner als hölzerne Balkenbrücke ausgeführt. Sie überspannt die ganze Isar in einer Gesammtlänge von 145,93 M. hat 10 Oeffnungen von je 14,593 M. Weite von Pfeiler- zu Pfeilermitte. Die Breite der Fahrbahn beträgt 6,0 M., die jedes Fussweges 1,3 M. Zu den Jochpfählen, Jochschwellen, Schirrbalken und deren Streben ist Eichenholz, zu allen übrigen Brückentheilen Fichtenholz verwendet.

Die Baukosten betrugen 68,600 M.

5. *Wittelsbach-Brücke,*

eben jetzt vollendet, wurde im August 1874 begonnen und ist am 25. August d. Js. dem Verkehr übergeben worden. Diese Brücke dient zur Verbindung der Isarvorstadt mit der Vorstadt Giesing. Sie hat 3 Oeffnungen von je 46,3 M. Weite von Pfeiler- zu Pfeilermitte und sind Pfeiler und Widerlager aus Granit von Hauzenberg bei Passau, und Nagelflue von Deisenhofen auf Betonage gestellt. Der eiserne Ueberbau ist als doppelt symmetrisches Fachwerk von der süddeutschen Brücken-Bau-Actien-Gesellschaft München ausgeführt. Die Haupttragwände sind von Mitte zu Mitte 8,0 M. entfernt und liegen die Gehwege von je 2,0 M. Breite ausserhalb derselben.

Die Platform ist mit Wellblech abgedeckt und gepflastert, während die Fusswege mit Granitplatten belegt sind.

Zur Dekoration der Brücke wurden die Endpfosten der Eisenkonstruction und deren obere horizontale Verspannung mit gusseisernen Portalen verblendet, deren Ausführung nach Entwurf des Stadtbaubeamten August Voit das kgl. Berg- und Hüttenamt Sonthofen besorgt hat.

Die Bauleitung hatte der städtische Baubeamte Frauenholz.

Die Baukosten betragen 635,000 M.

G. Gegenwärtige Wasserversorgung Münchens.

1. *Allgemeines.*

München wird gegenwärtig durch 12 Wasserstationen mit Wasser versorgt; ausser diesen Stationen bestehen noch in vielen Häusern Pumpbrunnen. Das Wasser wird zum Theile aus dem Untergrunde und zum Theile aus den beiden Gehängen rechts und links der Isar gewonnen.

Der Untergrund Münchens besteht aus diluvialem Schuttlande und unter diesem aus jungtertiärem Mergel. Diese Mergelschichte trägt das Wasser; sie wurde an verschiedenen Stellen eingebohrt, das tiefste Bohrloch war 88 M. Man traf hier eine Quarzader, aus welcher bis zu einer Höhe von 12 M. unter dem Terrain schwefelhaltiges Wasser emporstieg.

Die Mergelschichte ist wellenförmig gelagert und schliesst an vielen Stellen grosse Wasserbecken ein sowohl im Untergrunde der Stadt als auch auf den Höhen rechts und links der Isar. In der tiefliegenden Stadt bestehen eine grössere Anzahl Pumpbrunnen, welche in der Stauhöhe der Isar liegen; durch das diluviale Geröll jedoch wird dieses Wasser sehr gereinigt, so dass es mit dem Wasser aus den Höhenzügen in der Qualität und Farbe fast ganz gleich und sehr rein ist.

Die Isar ist ein Gebirgsfluss, welcher fast das ganze Jahr hindurch ein ziemlich reines Wasser führt. In Folge des zur natürlichen Filtration ausgezeichnet geeigneten Bodens, ist es möglich, dass zur Zeit noch ein grosser Theil des hiesigen Trinkwassers aus dem Untergrunde bezogen werden kann. Die totale Härte des Münchener Wassers aus den verschiedenen Bezugsorten schwankt von 11 bis 18 deutsche Härtegrade, die Temperatur von 9 bis 13º Celsius.

Die Tiefe der Brunnen geht von 2 M. bis 20 M. Die Förderhöhe der bestehenden Wasserwerke über dem Pflaster der Frauenkirche schwankt zwischen 8 M. und 29 M., je nach der Lage und Kraft des Werkes. Die Werke werden sämmtlich durch Wasserkraft getrieben; freifliessendes Wasser hat nur die Vorstadt Au in ihrer tieferen Lage.

2. *Wasserwerke.*

Die Wasserwerke zerfallen in städtische und solche des königl. Hofes. Von den ersteren sind 8 und den letzteren 4 zur Zeit im Betriebe behufs Versorgung der Stadt mit Wasser. Das Röhrennetz dieser Werke in den verschiedenen Theilen der Stadt beträgt zur Zeit nahezu 120 Kilom.; hievon treffen annähernd 80 Kilom. die Stadt-Gemeinde und 40 Kilom. den königl. Hof. Das Wasser wird von allen Werken direkt in das Röhrennetz gepumpt; Reservoire sind nicht vorhanden. Als Reservemaschinen bestehen 3 Dampfmaschinen mit zusammen 62 effektiven Pferdestärken. Diese Maschinen arbeiten nur zur Zeit der sogenannten Bachauskehr und in besonderen Fällen.

Eine grössere Unterbrechung des Betriebes der Werke oder überhaupt Unterbrechung der Wasser-Versorgung kömmt nicht vor, indem das Ausfallen einer Station durch Reparatur etc. keinen besonderen Ausschlag gibt, weil die Werke auf Seite der Stadt-Gemeinde und des königl. Hofes für sich zusammenhängend arbeiten können. Zur Zeit treffen pro Kopf der Bevölkerung zu 194,000 Seelen in 24 Stunden 120 Liter aus dem durch genannte Werke geförderten Wasser.

Die in nachfolgender kurzer Beschreibung der verschiedenen Brunnenwerke angegebene Lieferungsfähigkeit derselben ergibt zwar eine höhere Zahl. Dieselbe kann jedoch nicht angenommen werden, da bei niederem Quellenstande die Leistung der Werke eine geminderte ist.

Die Wasserversorgung Münchens durch Wasserwerke stammt schon aus dem 15. Jahrhundert und sind noch einzelne Typen der Construktions-Weise aus dieser Zeit zu erkennen.

3. *Städtische Wasserwerke.*

a. Das Pettenkoferbrunnhaus bei Thalkirchen hat eine effektive Wasserkraft von 100 Pferdekräften, welche durch 2 normal construirte Poncelet-Räder auf 4 liegende doppeltwirkende Pumpen übertragen wird. Das Wasser ist zum Theile bergmännisch aus dem nächstliegenden Hochterrain herausgeführt und zum Theile aus Sammelgallerien in der Niederung gewonnen. Gegenwärtig werden in 24 Stunden 12,960,000 Liter Wasser gepumpt.

b. Das Muffatbrunnhaus am Ende des Auermühlbaches gelegen, arbeitet mit 62 effektiven Pferdestärken.

Es besteht hier ein Poncelet-Rad, welches sowie die 2 stehenden Balancier-Pumpen unter lokalen Bedingungen construirt wurde. Das Werk liefert zur Zeit in 24 Stunden 6,220,800 Liter Wasser, welches zur Hälfte aus dem Abhange herausgeleitet ist und zur andern Hälfte aus gegrabenen Brunnen gewonnen wird.

c. Das Brunnhaus am Glockenbach in der Blumenstrasse, hat eine effektive Kraft von 28 Pferden. Diese Kraft wird durch ein rückenschlächtiges Rad mit Coulissen-Einlauf, auf 2 liegende doppeltwirkende Pumpen übertragen. Die Construktion dieses Werkes unterlag ebenfalls lokalen Bedingungen. Es werden hier in 24 Stunden 2,592,000 Liter Wasser gefördert, und zwar aus gegrabenen Brunnen.

d. Das Brunnhaus am Katzenbach in der Westenriederstrasse arbeitet mit 10 effektiven Pferdekräften, welche durch 2 Räder ausgeübt werden, nämlich ein vollständiges Kropfrad und ein Rad im Schussgerinne. Die Pumpen des ersten Rades sind 2 stehende Balancierpumpen und die des 2. Rades ein sogenanntes Kurbelwerk. (alter Typus). In 24 Stunden liefert dieses Werk 950,000 Liter Wasser aus gegrabenen Brunnen.

e. Das Brunnenwerk hinter dem Bruderhaus am westlichen Stadtgrabenbache hat ein unterschlächtiges Rad mit 2 stehenden Balancier-Pumpen und 6 effektiven Pferdekräften. In 24 Stunden liefert dieses Werk 604,800 Liter Wasser aus gegrabenen Brunnen.

f. Das Brunnhaus an der oberen Lände am grossen Stadtbache bei der Staubstrasse ist das älteste bestehende Pumpwerk. Es hat ein unterschlächtiges, gewöhnliches Wasserrad und sogen. Kurbelpumpen (alter Typus). Mit einer effektiven Kraft von 2 Pferdekräften werden in 24 Stunden 777,600 Liter Wasser gefördert und zwar aus gegrabenen Brunnen.

g. Das Brunnhaus in der Vorstadt Au am Neudeck arbeitet

mit 4 effektiven Pferdekräften. Es besteht hier ein Rad im unbegrenzten Wasser, sogenanntes Schlamprad. Dasselbe treibt eine stehende Balancierpumpe und werden in 24 Stunden 172,800 Liter Wasser gefördert, und zwar aus Wasser-Kammern, welche das frei aus dem Abhange tretende Wasser aufnehmen.

h. Der Freifluss oder die Auer-Quellen geben ihr Wasser nur für den tiefer liegenden Theil der Vorstadt Au.

Das Wasser dringt frei aus dem Gehänge in Wasserkammern, und von diesen laufen zur Zeit in Röhren ohne Hebung in 24 Stunden 345,600 Liter Wasser.

4. *Wasserwerke, dem kgl. Hof gehörend.*

a. Das Pfisterbrunnhaus am Pfisterbache in der Münzgasse hat eine Wasserkraft von 30 effektiven Pferdekräften, welche durch 2 Kropfräder an 2 stehende einfach-wirkende grosse Balancierpumpen übertragen werden. Das Wasser ist aus dem Höhenzuge rechts der Isar durch entsprechende eiserne Leitungen, unter dem Isarfluss durch, dem Werke zugeführt. Zur Zeit werden 2,419,200 Liter Wasser in 24 Stunden gefördert.

b. Das Arkadenbrunnhaus im Hofgarten. Es enthält: 1) ein Werk für die kgl. Residenz mit 2 oberschlächtigen Wasserrädern zu je 8 effektiven Pferdestärken. Jedes Rad hat 2 Balancierpumpen und werden in 24 Stunden aus gegrabenen Brunnen 1,296,000 Liter Wasser gefördert. 2) Ein zweites Werk, genannt das Hofgarten-Pumpwerk, welches ebenfalls 2 oberschlächtige Räder zu je 8 Pferdekräften hat. Durch diese Räder werden 4 Balancierpumpen in Bewegung gesetzt, welche in 24 Stunden 1,286,000 Liter Wasser aus gegrabenen Brunnen fördern.

c. Das Brunnhaus am Jungfernthurm hat eine effektive Kraft von 4 Pferdestärken, welche Kraft durch ein gewöhnliches Kropfrad mit einem Kurbelpumpwerk in 24 Stunden 777,600 Liter Wasser aus gegrabenen Brunnen fördert.

d. Das Brunnhaus am Maximiliansplatze. 1) Durch das erste Werk, genannt „Maxburg-Pumpwerk", mit einer effektiven Kraft von 4 Pferdestärken, einem gewöhnlichen Kropfrade mit Kurbelpumpen, werden aus gegrabenen Brunnen in 24 Stunden 216,000 Liter Wasser gefördert. 2) Durch das zweite Werk, genannt „Karlsthorpumpwerk" mit derselben Einrichtung wie das vorhergehende, werden 216,000 Liter Wasser in 24 Stunden gefördert.

Ausser diesen voraufgeführten Wasserwerken besteht zum Speisen der beiden grossen Brunnen am Universitätsplatze ein Wasserwerk im englischen Garten, dem Staate gehörend, mit zusammen 28 effektiven Pferdekräften und 8 einfachen Balancierpumpen, welche aus gegrabenen Brunnen circa 4000 Liter Wasser per Minute schöpfen können.

Gegenwärtig sind Vorarbeiten zu einer neuen Wasserversorgung Münchens im Gange mit welchen die Herren Ingenieure: Salbach, Thiem und Schmick von der Gemeindevertretung beauftragt sind.

H. Canalbau.

Münchens Canalisirung kann nicht als eine einheitliche Anlage betrachtet werden, es ist vielmehr zu unterscheiden zwischen den Canälen der älteren und jenen der neueren Stadttheile. — Erstere sind einzelne Kanalzweige, welche ohne jeglichen Zusammenhang und in keiner Weise nach einheitlichem Systeme angelegt sind und deren Querprofil mit senkrechten Seitenwänden und flacher breiter Sohle unzweckmässig gewählt ist; letztere dagegen bilden ein vollständiges, systematisch angelegtes Sielnetz.

Dieses Sielnetz, wozu Stadtbaurath A. Zenetti im Jahre 1857 den Entwurf fertigte, in den neueren Stadttheilen, der Ludwigs- und Max-Vorstadt, in den Jahren 1858/73 zum grossen Theile und mit geringen Modificationen zur Ausführung gebracht, besteht aus 3 verschiedenen nach ihren lichten Dimensionen zu unterscheidenden Canal-Categorien, nemlich aus:

Stammsiel 2,0 M. hoch und 1,2 M. weit
Hauptsiel 1,75 „ „ „ 1,0 „ „
Nebensiel 1,5 „ „ „ 0,8 „ „

Den Canälen ist durchgehends das eiförmige Profil gegeben in der Art, dass die angeführten Weiten beim Widerlager der oberen Wölbung angenommen nach unten sich verringeren und die Sohle fast halbkreisförmig gewölbt ist.

Die Hauptrichtung der ganzen Canalanlage wurde mit Rücksicht auf die Steigung der beiden Stadttheile, welche mit jener der Isar übereinstimmt, von Südwest nach Nordost gewählt und die Mündung derselben in einem Isarkanal, dem sogen. Schwabingerbach unterhalb der Stadt angenommen. — Das Gefälle der Canäle beträgt fast durchgehends 1:800; vor der Vereinigung der beiden Stammsiele in eines am Universitätsplatz jedoch ist eine Neigung von 1:140 vorhanden, welche besagte Zusammenführung ermöglichte. Die Canäle sind aus hartgebrannten Backsteinen in hydraulischem Mörtel gemauert und die Innwände mit diesem Mörtel verputzt. Zur Sohle sind sogenannte Klinker verwendet. Versuchsweise sind kleine Canalstrecken ganz aus Betonmasse, mit Sohlstücken ausgeführt.

Die Einleitungen für Strassenwasser und Hausabwasser werden durch gusseiserne oder Thonrohre, von 0,20 — 0,30 M. Durchmesser vermittelt. Für erstere sind in den Strassenrinnen Einfallschächte oder Schlammschächte, aus Backsteinen mit hydraulischem Mörtel gemauert angelegt, letztere sind theilweise mit Verschlussklappen versehen.

Da bei Anfertigung des Canalprojectes und theilweiser Ausführung desselben weder eine Wasserversorgung in den betreffenden Stadttheilen bestand noch die Möglichkeit vorhanden war, Wasser aus der Isar oder einem Canale derselben in das Canalnetz zur Spülung einzuleiten, so ist zur periodischen Spülung ein System von Stauschleussen angeordnet, vermittelst welcher die Strassen- und Hausabwasser zeitweise aufgestaut durch plötzliches Oeffnen der Schleussen die Spülung bewirken. Um dem Spülstrom noch stärkere Wirkung zu geben, sind unterhalb der Stauschleussen ca. 6 M. lange starke Gefälle der Canalsohlen eingelegt. Nach Erbauung des Pettenkofer-Brunnenwerkes wurden die treffenden Stadttheile mit Wasser versorgt. Damit war nun auch die Möglichkeit vorhanden, ausgiebigere Spülung des Canalnetzes anzuordnen und wurden zu diesem Zwecke an verschiedenen Canal-Enden Spülbehälter angelegt. Diese sind kurze 30 — 90 M. lange Canalhaltungen mit Stauschleussen in welche aus der Wasserleitung reines Wasser eingeführt und durch Oeffnen und Schliessen der Schleussen die Spülung bewerkstelligt wird.

Die Kosten der Canalanlage belaufen sich im Durchschnitt pro lfd. Meter auf 35 — 40 Mark.

I. Strassen- und Pflasterbau.

München hat macadamisirte und gepflasterte Strassen.

Das bisher übliche Verfahren bei Herstellung des Macadams ist folgendes: Auf die gut planirte, vollkommen consolidirte Auffüllung des Strassenkörpers wird eine 0,08 — 0,10 M. hohe Lage sortirten Kleingeschläges aufgebracht und gewalzt; Dann wird die Schotterlage in Längsstreifen, parallel der Strassenachse und zwar von den Strassenrinnen gegen die Strassenmitte, mit feinem Sande überzogen, bis sich durch Einrechen alle Zwischenräume zwischen dem Kleingeschläge ausgefüllt haben. Die einzelnen besandeten Streifen werden hierauf mit stark beschwerten Walzen befahren, wobei so starke Bespritzung statt hat, dass ein Anhängen des Sandes an die Strassenwalze nicht stattfindet.

Nachdem die Strasse, in ganzer Breite, wie beschrieben, hergestellt ist, wird sie mit einer 0,03 M. hohen Kieselschichte überdeckt und werden bis zur vollständigen Consolidirung der Fahrbahn alle Fuhrwerksgeleise mittelst Rechen sorgfältigst eingeebnet, so dass Geleise nicht entstehen können. — Die trotzdem bei längerer Benützung der Strasse und Befahren derselben mit Lastfuhrwerken entstehende Geleise werden, nachdem der Strassenkoth vollständig abgeräumt ist, mit Kleingeschläge eingebettet, mit Sand überdeckt und unter starker Bespritzung eingestampft event. gewalzt. Beim Einbetten der Geleise wird darauf gesehen, dass die Fuhrleute diesen Strecken nicht wohl ausweichen können, wodurch rasch andere Geleise entstehen würden und nie eine schöne, glattgewölbte Fahrbahn erreicht werden könnte. — Die zum Strassenbau verwendeten Materialien sind harte Kalksteine, Kieselsteine aus der Isar und Basaltsteine, welche zu Polyedern von 0,03 M. grösstem Durchmesser geschlagen und mittelst Wurfgitter ihrer Grösse nach sortirt werden. Ein Versuch mit Asphaltstrassenbahnen, wie er zwischen den zwei Maximiliansbrücken im Jahre 1869 zur Ausführung kam, hat sich nicht bewährt; doch dürfte das Misslingen dem Umstande zuzuschreiben sein, dass während der Ausführung plötzlich eingetretene Kälte ungünstigen Einfluss übte.

Zu den gepflasterten Strassen sind verschiedene Materialien in Verwendung gebracht. Die älteren Pflasterungen sind mit Kieselsteinen, Wendelsteiner Sandsteinen und Basaltsteinen ausgeführt; zu den neueren Pflasterungen ist Basalt, Diorit, Melaphyr und hauptsächlich Granit verwendet. Letzterer wird als das sich am geeignetsten zeigende Material gegenwärtig ausschliesslich verwendte.

Der Grösse und Bearbeitung nach kommen als Pflastersteine in Verwendung: Vollständige Würfel von 19 Cm. und 16 Cm. Seite, Parallelepipede von 19/12 Cm. und 16/10 Cm. Oberfläche und 19 resp. 16 Cm. Höhe, dann unterhauene Würfel, sogen. Köpfl, von 17/17 Cm. Hauptfläche und 15 Cm. Höhe, wobei eine Unterwinklung der Stossflächen von 1,5 Cm. zugelassen wird.

Die Strassenpflasterungen sind theils mit senkrecht zur Strassenachse durchlaufenden Fugen theils diagonal zur Strassenrichtung ausgeführt; letztere Art kann als die vortheilhaftere bezeichnet werden.

Die Trottoire sind von den Strassenfahrbahnen durch Randsteine von 30 Cm. Höhe, 15 Cm. Haupt und 20 Cm. Standfläche aus feinkörnigem, harten Granit, welche 15 Cm. über die Strassenrinnen vorstehen, abgegrenzt.

Zu Trottoirbelegen kommen hauptsächlich sogenannte Grosshesseloher oder Eckhart'sche Platten, hartgebrannte Thonplatten, Klinker (wie sie in der Umgegend Münchens gefertigt werden) zur Verwendung, welche in Cementmörtel in regelmässigem Verband oder diagonal der Trottoirrichtung gelegt werden.

Ausserdem werden Cementplatten, grosse Sandsteinplatten von Gründen und Granitplatten verwendet. In neuerer Zeit kommen auch häufig Asphalttrottoire in Ausführung und zwar wird eine Betonschichte von 8 — 10 Cm. Dicke eine in grossen Kesseln bis zum zähen Flusse erwärmte, mit reinem, ganz feinem Kiese gut gemengte Asphaltmasse in 1,8 — 2,0 Cm. Stärke aufgetragen. Diese

Trottoire sind bezüglich ihrer Schönheit allen übrigen vorzuziehen, aber für Stellen, wo starke Sonneneinwirkung stattfinden kann, desshalb nicht anzuempfehlen, weil sich die Masse etwas erweicht. Auch fehlen bis jetzt darüber Anhaltspunkte, ob nicht eine rasche Abnützung statt hat.

K. Die Feuerlösch-Anstalten in München.

Die Münchener Löschmannschaft besteht aus der

freiwilligen Feuerwehr mit	540 Mann
und der städtischen Feuerwehr mit	128 Mann
Summa	668 Mann.

Derselben stehen folgende Löschgeräthe zu Gebot und zwar: 1 Dampfspritze von Shand Mason & Comp. in London, 13 Saug- und Druckspritzen, 16 Druckspritzen, 4 Wasserwagen, 4 Mannschaftstransportwagen und 10 grosse Schubleitern.

Das Hauptfeuerhaus befindet sich am Heumarkt No. 13; die freiwillige Feuerwehr besitzt 3 Feuerhäuser und ausserdem sind in verschiedenen Theilen der Stadt noch 4 Spritzenhäuser vorhanden.

Drei Thürme der Stadt (Frauen-, Peters- und Auer-Thurm) sind von Feuerwächtern besetzt, welche jede bemerkte Feuersbrunst vermittelst Morse-Apparaten in das Hauptfeuerhaus telegraphiren. Im letzteren besteht eine Sonn- und Feiertags-Wache aus 12 Mann und während der Nacht beziehen 18 Mann zwei Wachen. Jederzeit stehen in der Stallung beim Hauptfeuerhaus 4 Paar Pferde zur Verfügung. In den 3 Feuerhäusern der freiwilligen Feuerwehr ist gleichfalls für Pferde und Spanndienst gesorgt. Der Feuertelegraph besteht aus 3 Morse-Apparaten und 10 Siemens- und Halske'schen Zeiger-Apparaten, wovon die letzteren sich auf den Feuermeldestationen befinden. Von dem Hauptfeuerhaus aus können die Beamten des städtischen Bauamtes, die Wachen und verschiedene Chargirte der Feuerwehr alarmirt werden.

Mit dem Central-Bureau sind mehrere Gebäude in der Stadt wie die städtischen Getreidelagerhäuser, das kgl. Nationalmuseum u. s. w. in direkter telegraphischer Verbindung, eine weitere Ausdehnung des Feuertelegraphennetzes ist in Ausführung begriffen.

An der Wasserleitung sind 274 Hydranten zur Entnahme von Wasser angebracht, und ausserdem liefern die vielen Isarbäche hinlänglich Wasser für die Dampfspritze und die übrigen Saug- und Druck-Spritzen. Eine neue Wasserleitung mit weit mehr Hydranten und bedeutendem Hochdruck ist projectirt.

Die Kosten des Feuerlöschwesens stellen sich im Etat der Stadt München pro 1876 auf 80,117 Mark.

L. Das städtische Zeughaus

endlich hat selbstverständlich nur mehr historische Bedeutung. Schon das gothische Gebäude am Anger erregt die Aufmerksamkeit, nicht minder auch der Inhalt, obwohl er zum grössten Theil aus Waffenstücken besteht, die aus Landes- und fürstlichem Besitz zu Anfang dieses Jahrhunderts an die Stadt überwiesen worden sind. Die Aufstellung in den entsprechend restaurirten Räumen ist indess lobenswerth, auch nicht Weniges von gegenständlichem Interesse.

VI.

Hof- und Privatbauten.

1. Der Alte Hof.

Von den ältesten herzoglichen Hofanlagen ist in der Baugeschichte eingehend die Rede gewesen (S. 23—27). Was jetzt noch übrig, beschränkt sich auf stark veränderte Gebäudetheile des sogenannten Alten Hofes, der einstigen Ludwigsburg, welche übrigens die erste Gestalt nirgends mehr zeigen, im Innern aber durch Demolirungen und mannigfache Adaptirungen zu Amtszwecken ihren Charakter vollkommen eingebüsst haben. Nur die zwei Flügel vom Burggassenthor bis an das jetzige Rentamtsgebäude (Süd und West) zeigen noch Reste wenigstens aus der gothischen Epoche (unter Ludwig d. Bayer und Ludwig d. Brandenburger). Die ganze Osthälfte ist erst in unserem Jahrhundert, und zwar sehr nüchtern, umgestaltet worden, wie der beifolgende einer Aufnahme vom Anfang dieses Jahrhunderts entnommene Plan zeigt. Leider ist seitdem (1815) namentlich die Laurentius-Hofkapelle (a) gefallen, um dem Rentamtsgebäude Platz zu machen, wie auch von dem herzoglichen Einbockkeller mit Brauhause (b) nur mehr die Kellergewölbe geblieben sind, die jetzt das von Ziebland hergestellte Katastercommissionsgebäude tragen. Sehenswerth ist indess noch der Trakt c, als gothischer Umbau der ersten Anlage Ludwig d. Strengen, durch den gothischen Erker an der sonst kahlen und nur farbig belebten Wand, wie durch die gothischen Pfeiler- und Gemäldereste im zweiten Stockwerke. Die letzteren bestehen in 7 Figuren von einer Serie bayerischer Herzoge und anderer Fürsten, mit welcher wahrscheinlich Herzog Sigismund durch Gabriel Mächselkircher um 1460—1470 einen Saal hatte ausmalen lassen, der indess jetzt zu Bureauzwecken verbaut worden ist. Der grösste Theil dieser älteren in massiven Mauern hergestellten Burg, wie des grösseren westlichen Traktes (d) ist jetzt für die bayer. Staatskasse verwendet, und es sind dadurch natürlich die baulichen Illustrationen zu den reichen geschichtlichen Erinnerungen an Ludwig den Bayer

— 244 —

und seinen Bruder Rudolph, den Stammvater der jetzt regierenden Linie, an die Jugend Conradins, des hier erzogenen Neffen Ludwig des Strengen, bis zu Albrecht IV. herab, längst verschwunden. —

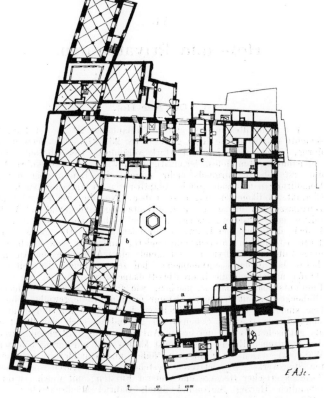

Fig. 64. Der Alte Hof. Grundriss.

2. Die Max-Burg.

Wie S. 39 dargethan worden ist, veranlasste der Schlossbrand von 1580 den Herzog Wilhelm V., die herzogliche Burg abermals zu verlegen und zwar an die Stelle, wo äusserlich noch ein grosser

Theil derselben besteht. Künstlerische Merkwürdigkeit und Pracht mag die Wilhelminische Veste nie viel besessen haben, da sie ja der klösterlichen Zurückgezogenheit geweiht war, jetzt findet sich davon noch weniger, da namentlich die neueren Umbauten theils zu militärischen Zwecken (vgl. S. 174), theils für die Staatsschuldentilgungs-Anstalt wenig davon übrig lassen konnten. Aeusserlich bietet sie indess noch ein Beispiel schüchterner Renaissance dar, interessant durch den Gegensatz des beinahe gleichzeitigen Jesuitencomplexes, mit welchem die Wilhelminische Veste sogar durch einen noch erhaltenen Bogengang verbunden wurde. Der Name Maxburg stammt von dem Prinzen Max Philipp, einem nachgeborenen Sohne Maximilian I. und Enkel des Gründers.

3. Die königliche Residenz.

Wie wir in der Baugeschichte erörtert haben, lag der Schwerpunkt der von Albrecht IV. angelegten Neuen (Albertinischen) Veste an der Ostseite, gegen den jetzigen Marstallplatz, einstigen Hofgarten, hin. Erhalten davon ist, abgesehen von dem alten Burgstall im albertinischen Hofgarten, jetzt Marstallplatz (vgl. Baugeschichte S. 25), in deutlich kenntlicher Form nur mehr der Rundthurm, jetzt in das östliche Ende des Festsaalbaues eingeschossen, aber das Erdgeschoss desselben (beim gegenwärtigen Hofsekretariat) nicht überragend, Der Brand von 1580 hatte, wie oben erwähnt, Herzog Wilhelm V. veranlasst ein neues Schloss an einer anderen Stelle (bei dem Jesuitenkollegium z. h. Michael) anzulegen, allein schon dessen Sohn, Herzog und nachmaliger Churfürst Maximilian I. entschloss sich, auf der Brandstätte der Neuen Veste, welche auf dem Volckmer'schen Plane von 1613 (vgl. Baugeschichte) in der That als ein leerer Fleck sich darstellt, einen neuen (den vierten) Schlossbau erstehen zu lassen, der jedoch nicht wie jener nach Osten (gegen Hofgarten und Stadtmauer hin), sondern gegen Westen (an die jetzige Residenzstrasse) gewendet war, so dass die Ruine der albertinischen Burg fortbestehen konnte. Der maximilianische Neubau wurde am Grotten- und am Kapellenhof begonnen und in der Richtung nach Norden fortgesetzt, so dass er, in der Nähe des Schwabingerthores im rechten Winkel gebrochen, sich bis zum Mittelrisalit des jetzigen Festsaalbaues hinzog.

Das Aeussere blieb architektonisch glatt, selbst die Fenster entbehrten der Umrahmung. Doch war die Façade, zweigeschossig mit je einem Mezzanin über jedem Stockwerk, mit architektonischer Bemalung versehen, welche indess jetzt auch an der sonst erhaltenen Westseite bis auf geringe Spuren verschwunden ist. Trotzdem wirkt die Façade durch ihre vornehmen Verhältnisse, namentlich aber durch die beiden Portalbauten, wie durch die decorative Aus-

Fig. 65. Portal des Residenzbaues des Churfürsten Maximilian I.

zeichnung der Mitte bedeutend. Die letztere besteht in einem ædiculenartigen Aufbau aus rothem durch die Zeit geschwärzten Marmor, welcher die Madonna als Patrona Bavariæ (von Hans Krumper) umschliesst, und ausserdem durch eine prächtige Bronzelaterne für das ewige Licht geschmückt wird. Die an dieser Wanddecoration angebrachte Jahrzahl 1616 bezeichnet wohl das Jahr der Vollendung des maximilianischen Baues. In gleicher Entfernung rechts und links von diesem Marienbildniss ist je ein grosses Portal (aus rothem Marmor) mit rundbogiger Fahröffnung und zwei Seitenthüren für Fussgänger. Die beiden Portalbauten reichen hoch hinauf in's zweite Geschoss, von welchem sie in sehr wirksamer Weise je ein Fenster mit einbeziehen. Die angewandte Architekturordnung ist die römisch-dorische mit glatter Bossirung an den stark geschwellten Pilastern; höchst schmuckvoll aber wirken die bronzenen Zierden, das verschlungene Monogramm Maximilians und seiner Gemahlin Elisabeth von Lothringen als Bekrönung des Ganzen mit Fruchtgehängen zu Seiten des Mittelfensters, den trefflichen Figuren auf den abgebrochenen Giebelschrägen (Prudentia und Justitia an dem einen, Fortitudo und Temperantia an dem andern Portale), die Metopen und Zwickelfüllungen. Ausserdem sind über den Seitenthüren die mächtigen Wappen Bayerns von Löwen, Lothringens von Greifen gehalten, angebracht, an den Ecken der jetzt an der Vorderseite beseitigten Balustrade aber je zwei Bronzelöwen, welche Wappenschilde mit allegorischen Darstellungen halten.

Was die zum Maximilianischen Bau gehörigen Höfe betrifft, so ist der nächstentstandene sogen. Kapellenhof, welchen man durch das rechtseitige Portal (a) des Planes betritt, schmal und unansehnlich. Derselbe wird durch eine Pfeilerhalle, worin die bekannten Reminiscenzen an Herzog Christoph's Kraft und Sprungproben, von dem Brunnenhof (c) getrennt, der selbst, wohl in Folge der abweichenden Disposition der albertinischen Veste schräg angesetzt in seiner Grundfläche ein Rechteck mit abgestumpften Ecken bildet. Wahrscheinlich waren die schlichten Wände einst in gemalter Architektur belebt. An den beiden Querseiten erheben sich Giebel, hinter deren einem man seitlich den Uhrthurm erblickt, welche den westlichen und östlichen Theil der Residenz geschickt und seit der neuen Restauration wirksam vermittelt.

In der Mitte dieses Hofes befindet sich der schöne, in der Baugeschichte (S. 43) besprochene Brunnen mit der aus der Albertinischen Anlage stammenden Bronzestatue Otto's von Wittelsbach als Mittelfigur, und den vier Elementen wie den Allegorien der bayrischen Flüsse Isar, Inn, Donau und Lech, letztere von Hans Krumper gegossen, um die Bassinbrüstung.

Künstlerisch höher steht unter den Höfen der maximilianischen Anlage der sogen. Grottenhof oder das Residenzgärtel, (d) trotz einiger Vernachlässigung einer der anziehendsten Plätze der

Residenz und von wahrhaft poetischer Stimmung; dazu macht ihn seine mässige Grösse, das wohl abgewogene Verhältniss der Längen-, Breiten- und Höhen-Dimensionen und die reizvolle durch warmgelben Anstrich gehobene umfassende Architektur mit den schönen Brunnenfiguren in der Mitte der Gartenbeete. Die Mittelfigur, wie alle

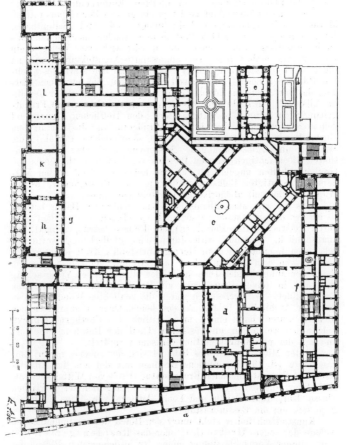

Fig. 66. Die kgl. Residenz. Grundriss des ersten Stockwerkes.

übrigen aus Bronze, stellt Perseus als Medusentödter dar, und erinnert entfernt an den Cellinischen der Loggia de' Lanzi in Florenz; die Putten ringsum, ihrer Brunnenfunction freilich längst überhoben, gruppiren sich auch noch jetzt anmuthig genug auf ihren zerstreuten Einzelpostamenten. Von den vier Seiten des Hofes ist die südliche besonders schmuckvoll. Sie öffnet sich nemlich gegen das Gärtchen in einer Säulenhalle, deren römisch-dorische, stark geschwellte Marmorsäulen dunkler Farbe mit den akanthusbekleideten Kämpfern die Gleichzeitigkeit mit der Westfaçade der Residenz sogleich verrathen. Die Decke dieser Halle bildet ein Tonnengewölbe, in welches Stichkappen einschneiden, durch Gemälde meist mythologischen Inhalts und Grottesken sowie durch plastisch ausgeführte Guirlanden geschmackvoll verziert. Die Wände zeigen Nischen mit barocken Copien antiker Büsten, und Thüren mit Marmorgewänden. In der Mitte der Halle aber tritt ein Grottenwerk vor, das den einspringenden Winkel eines dem Brunnenhof parallelen Saales, vormals, und zwar von der Erbauung bis König Max II. für die fürstliche Antikensammlung bestimmt, maskirt. Dieses Grottenwerk bildet einen architektonischen Aufbau mit vielfachen Verkröpfungen, ganz verkleidet mit Muscheln und gefärbten Steinchen, verziert mit halb stylisirt halb naturalistisch gehaltenen Figuren, Vögeln, Fischen und Blumen-Körben und endlich gekrönt von dem churfürstlichen Wappen. Die Brunnen ergossen sich in drei Nischen, deren mittlere mit einem Tropfsteingewölbe geschmückt ist, während in den Seitennischen weibliche Halbfiguren, aus deren Brüsten einst das Wasser sprang, Marmorschalen vor sich halten.

Die beiden Höfe (f) südlich vom Grottenhofe zwischen der maximilianischen Residenz und dem neuen Königsbau sind ohne wesentliches künstlerisches Interesse, dafür ist der nördliche Haupthof, der sogn. Kaiserhof wenigstens durch seine Verhältnisse imposant. Der mittlere Ausbau an der Nordseite ist neu und unter der Regierung Sr. Majestät des regierenden Königs aufgeführt worden, um für den Wintergarten, der auf den Nordtrakt der maximilianischen Residenz gesetzt ist, weiteren Raum zu gewinnen. Das in Form eines Tonnengewölbes hergestellte Glasdach desselben hat auch die Physiognomie des Hofes etwas verändert, da es sich dem nach alter Anlage etwas steiler und mit hübschen alten Schlöten besetzten Dach der drei übrigen Seiten nicht wohl organisch anschliessen liess. Dafür ist im ganzen Hof einschliesslich des in der Südostecke emporsteigenden Uhrthurms die alte fast verbliehene Malerei wieder hergestellt worden, um so wichtiger deshalb, weil auch hier wie an der Façade jegliche architektonische Gliederung fehlt. Die Fenster der zwei hohen mit Mezzaninen versehenen Geschosse sind noch nach mittelalterlichem Motive gekuppelt und paarweise mit ihrem Mezzaninfenster gruppirt, im Obergeschosse sind unter den wirklichen Mezzaninfenstern, welche zu hoch sitzen um mit den Hauptfenstern zu einem vereinigt zu werden, noch gemalte angebracht. Die Bemalung macht der Zeit entsprechend, welcher sie entstammt, sehr wenig Gebrauch von decorativem Aufputz und hält sich auch noch ziemlich frei von barockem Zuschnitt und besteht in der Hauptsache aus Doppelpilastern unten römisch-dorischer, oben korinthischer Ordnung, mit den entsprechenden die Stockwerke anzeigenden Gebälken.

Ziemlich öde ist endlich der östlich anstossende grösste Hof Küchen- oder Apothekenhof (g) genannt, und nicht blos an der fast ganz neuen Nord- (Festsaalbau) und Ostseite, sondern auch an den beiden andern schon vorher bestehenden Flügeln mit ziemlich engen Arkaden in kleinlich pompeianisirender, und den Gewölben ganz unentsprechender Ausmalung umgeben. Ein Säulendurchgang in der Südwestecke und eine winklige Passage an der Südseite verbindet ihn mit dem schon erwähnten Brunnenhof.

Was das Innere betrifft, so wissen wir aus Inschriften, dass der Theil um den Grottenhof (d des beiliegenden Planes) die älteste Anlage war, und den übrigen um den Kaiserhof um fast ein Jahrzehent vorausging. Die Inschrift des Saales des ehemaligen Antiquariums enthält die Jahrzahl 1600 und die der alten Hofkapelle die Zahl 1601. Dass sich aber schon diese Arbeit sehr in die Länge zog, beweist die Inschrift der über der Hofkapelle befindlichen sogen. Reichen Kapelle, welche das Jahr 1607 als das Vollendungsjahr angibt. Maximilian scheint indess diesen um den Grottenhof sich gruppirenden Theil schon vor 1607 bewohnt zu haben. Baumeister dieses Traktes war Hans Reifenstuel.

In künstlerischer Hinsicht ist der lange Antiquariumsaal, südöstlich die ganze Länge des Brunnenhofs begränzend, sowohl durch Verhältnisse als Decoration nicht minder rühmenswerth, wie der Grottenhof; da jedoch seine Ausstattung in engem Bezug zu der seit der Erbauung bis in die fünfziger Jahre dieses Jahrhunderts dort aufgestellten herzoglichen Kunstkammer war, so hat jetzt nach Beseitigung der Objecte die Decoration Sinn und Zusammenhang verloren. Weniger bedeutend erscheint die alte Hofkapelle (b), ein kleines Rechteck mit Apsis einerseits und Tribune andererseits, und von einem Tonnengewölbe überspannt, mit dreigeschossigen Logen an den Langseiten. Die Decoration in weissem Stucco ist von mässigem Werth, scheint aber auch von einer späteren Restauration (Ferdinand Maria) herzurühren. Die Kapelle wird, seit der regelmässige Schlossgottesdienst in die Allerheiligen-Hofkirche (s. d.) verlegt ist nur mehr zu den Georgiritterfesten, zur Aussetzung des Allerheiligsten in der Charwoche und zu Hoftrauerfeierlichkeiten benutzt. Reicher ausgestattet ist die im oberen Stockwerk befindliche Reiche Kapelle. Schon das Vestibul, dessen Wände durch Doppelpilaster in gelblichem Stuckmarmor mit Composit-Capitälen gegliedert sind, während das Portal zur Kapelle römisch-dorischen

Styl mit schönen Intarsien (Stuckmarmor) zeigt, ist von nobler Gesammtwirkung. Die eingelegte Holzthüre hat noch ein Eisengitter späterer Zeit vor sich. Die Kapelle selbst ist klein und von fast quadratischem Grundplan. Sie erhält ihr Hauptlicht durch zwei in den Grottenhof gehende Seitenfenster, weniges auch durch die reizend gemalten Renaissancefenster im Tambour der Kuppel, welche sich über dem Spiegelgewölbe erhebt. Die Wände der Kapelle sind mit Gussmarmor verkleidet, welcher durch bunte Einlagen von demselben Stoffe verziert ist. Das Spiegelgewölbe ist mit goldenem Ornament auf blauem Grunde verziert, der Boden mit buntem Marmor belegt. Der Raum wird zu Cultzwecken nicht mehr benützt, sondern lediglich zur Aufbewahrung der berühmten Kostbarkeiten, welche ihm den Namen der Reichen Kapelle gegeben haben.

Die Wohnräume dieses Complexes haben in Folge von Bränden und Wiederherstellungen ihre ursprüngliche Erscheinung gänzlich eingebüsst. Dagegen hat sich eine Reihe von Sälen und Gemächern in dem Trakt erhalten, welchen Maximilian I. von 1612—1619 durch Heinrich-Schön hatte erbauen lassen. Sie bilden die westliche Begränzung des Kaiserhofes, richten ihre Fenster nach diesem und sind von einem gleichfalls noch wenig verändertem Corridor aus zugänglich, welcher der Wappengang genannt wird und seine Fenster in der Westfront hat. Dieser ist mit einem durch Stichkappen durchsetzten Tonnengewölbe bedeckt, das in sehr ansprechender Weise mit Stuckreliefornamenten und bildlichen Darstellungen geschmückt ist, und im Verein mit den Thüreinfassungen der Innenlängswand dem Raume ein reizvolles Ansehen gibt. Ob die später auf die einzelnen Wandpfeiler gemalten Wappen bayerischer Städte die Wirkung erhöhen, ist zu bezweifeln, jedenfalls ist die Angabe von der Einwohnerzahl (in usum delphini?) geschmacklos.

Die Gemächer selbst, von den Thürumrahmungen und Kaminen aus schönem Marmor Steinzimmer genannt, waren fürstliche Fremdenzimmer, und wurden zuletzt von König Otto von Griechenland mit Gemahlin bewohnt. Sie beginnen an der Nordecke angefangen mit einem Speisesaal, dessen in grossen architektonischen Formen gehaltene Marmorumrahmung der Kaminnische sowie der Thüre, und dessen sparsam vergoldeter Stuckfries verbunden mit der schönen, mit Gemälden in glattbemalten Rahmen verzierten Decke und den reichen, freilich erst 1758 entstandenen Schlachten-Gobelins dem Ganzen einen ernsten und stylvollen Charakter verleihen. Jahreszahlen (1617) geben die Entstehungszeit an, welcher jedoch die Barokaufsätze über den Thüren zu Seiten des Kamines nicht angehören. Dem Speisesaal folgt mit ähnlicher Ausstattung in Hinsicht auf Architektur wie auf Gobelins der Empfangsalon, gleichfalls von 1617 wie jener, auch mit einem gleichzeitigen Tisch in Florentiner Mosaik ausgestattet, sonst mit Möbeln aus verschiedenen Epochen. Die Surportes, hinter welchen zum Zwecke der Abhaltung kleinerer Bälle vor einigen Jahrzehnten kleine Orgeln angebracht wurden, sind natürlich neu und stylwidrig.

Das folgende Schlafzimmer, inschriftlich vom Jahre 1612, besitzt einen besonders kunstvollen und mit Marmorreliefs versehenen Kamin. Die Decke ist als Spiegelgewölbe mit ebenen Seitenflächen behandelt. Leider haben die Wände in unserem Jahrhundert eine zum Uebrigen nicht stimmende Bespannung mit hellblauer Seidentapete erhalten, wie auch der ganze Raum durch modernes dem Wohnzwecke der verstorbenen Königin von Griechenland entsprechendes Mobiliar verunstaltet wird. Auch das zweite Schlafzimmer, wie das erste von 1612 bietet interessante Marmorumrahmungen von Kamin und Thüren mit schönen Intarsien. Die Decke zeigt wieder eingelassene Gemälde, die Wände dagegen sind mit späteren Tapeten in rothem Seidendamast bespannt. Das folgende Wohnzimmer, mit gelber Seidentapete, wie das Vorzimmer grün, tapezirt, ist von geringem Interesse, weil mehr umgestaltet. Doch sind neuestens schöne Meubel aus anderen Schlössern in das letztere gebracht worden.

An seinem südlichen Ende mündet der Wappengang in den sogen. Hartschiersaal (c) über dessen Thür der Name des Sohnes Maximilians, des Churfürsten Ferdinand Maria (reg. 1651—1679) angebracht ist. Die kahlen Wände dieses Saales sind durch bayer. Fürsten- und Fürstinenbilder belebt. Der riesige, schöne Renaissanceschrank ist erst in neuerer Zeit in diesen Raum gebracht worden. Durchschreitet man den Hartschiersaal in seiner ganzen Länge, so gelangt man an die mit ihren Fenstern gleichfalls gegen die Westfront gerichteten Staatsrathszimmer, die jedoch ihrer gegenwärtigen im Namen liegenden Bestimmung wegen unzugänglich sind. An ihnen zur Linken vorüber führt ein Corridor, durch welchen die Logen der alten Hofkapelle zugänglich sind.

Sie gehören wie die südlich anstossenden sogen. päpstlichen Zimmer ihrer Ausstattung nach grösstentheils der Zeit Ferdinand Maria's an. Die Vorliebe der maximilianischen Epoche (1. Hälfte des 17. Jahrhunderts) für farbigen Marmor und Stuckmarmor, die Sparsamkeit mit Goldschmuck, wie die oft bis zur Kahlheit einfache, grosse, übersichtliche Formensprache machen jetzt dem verschwenderischen Goldschmuck, oder ganz farbloser Stuccatur und üppig wuchernder Decoration ohne Feinheit und charaktervolle Gestaltung der Einzelform Platz, wobei es jedoch keineswegs an tüchtiger Gesammtwirkung fehlt. Diess zeigt schon der mit seinen Fenstern noch nach der Westfronte gerichtete sogen. goldene oder Hautelissesaal, durch den letzteren Namen schon das Wesentliche seiner Ausstattung bezeichnend. Die übrige Auskleidung des Gemaches ist durch Reliefornament in Mattgold und eingelassene Gemälde bewirkt. Obwohl diese Ornamentik, welche, wie zumeist in der Zeit nach dem dreissigjährigen Kriege, von kriegerischen Emblemen starken Gebrauch macht, im Detail energielos und trivial ist, so macht doch das ganze Zimmer, weil in den Formen richtig abgestuft und in den Farben harmonisch, einen ausgezeichneten künstlerischen Effect, so dass nur zu bedauern ist, dass die nächstanstossenden Gemächer bei Anlage des Königsbaues demolirt werden mussten, um dem unbeschreiblich nüchternen Treppenhause zu den Gemächern der Königin Platz zu machen.

Von ähnlichem Charakter wie der Hautelissesaal ist die an denselben in östlicher Richtung stossende Gemächerreihe der päpstlichen Zimmer, so genannt von dem in das Jahr 1782 fallenden Aufenthalt des Papstes Pius VI. in denselben. Ob sie ursprünglich für die Churfürstin Adelhaid, die Gemahlin Ferdinand Maria's hergestellt wurden, ist zwar ungewiss, aber wahrscheinlich. Sie verbinden mit dem Ausdruck der Pracht, der namentlich durch das Gold der grossflächigen Ornamente entsteht, den des Behagens, verrathen aber auch nicht undeutlich direkten italienischen Einfluss. Das an den Hautelissesaal nächststossende Empfangszimmer zeigt eine Wandbekleidung von röthlichem Stuckmarmor mit Florentiner Mosaikeinlagen wie auch eine kleine Muschelgrotte. Von den Meubeln sind die Stühle mit der architektonischen Ausstattung gleichzeitig. Das Wohnzimmer, dessen Wände mit Purpurdamast und Gold geschmückt sind, bildet mit einem grossen alkovenartigen Raume, der das Prachthimmelbett enthält, ein Ganzes. — Aus dem Schlafzimmer tritt man in das kleine Schreibzimmer, das durch einen Erker etwas erweitert ist. Die Wandverkleidung correspondirt mit derjenigen des Empfangszimmers, und ist ebenfalls in Stuckmarmor ausgeführt, enthält aber als Einlage in Gusswerk hergestellt gute perspectivische Ansichten.

Wie diese Gemächer der ersten Anlagen Maximilians, so haben auch die übrigen den Grottenhof südlich und östlich begränzenden Gemächer eine wesentliche Umgestaltung, die letzteren sogar wahrscheinlich eine zweimalige erfahren, denn während die sogen. päpstlichen Zimmer, als muthmassliche Wohnung der Churfürstin noch den Charakter der Zeit Ferdinand Maria's zeigen, bieten die angränzenden Wohnzimmer der Churfürsten und zwar ohne Zweifel aller von Maximilian I. bis Kaiser Carl VII. vielmehr den Typus von Louis XIV. und sogar überwiegend von Louis XV. dar. Sie heissen die reichen Zimmer und in dem links abbeugenden Flügelgebäude Kaiserzimmer seit der Zeit in welcher sie Kaiser Carl VII. vormals Churfürst Carl Albert bewohnte, und werden seit 1809 überhaupt nicht mehr benützt.

Das oben beschriebene Schreibzimmer der sogen. „päpstlichen" Gemächerreihe gränzt an das Schreibzimmer und das Spiegelkabinet der „reichen Zimmer", zwei besonders kleine Gemächer. Das erstere derselben ist ganz übersät mit Miniaturgemälden auf Kupfer, Elfenbein und Pergament, grossentheils Copien berühmter Werke, welche in Goldrahmen gefasst sind, die unter sich netzartig in Verbindung stehen. Eines der Ornamente bietet die Jahrzahl **1732**. — Das Spiegelcabinet, als Toilettenzimmer eingerichtet, zeigt Wände und Decke mit Spiegeln ausgestattet. Originell ist die Anbringung von chinesischen und japanischen Porzellangefässen, welche auf die von der Wand sich ablösenden Goldranken aufgesetzt sind. — In dem nächstangränzenden Schlafzimmer, dessen Surportes von den vier Jahreszeiten von P. Candid gebildet sind, befindet sich, durch eine schöne Balustrade eingeschlossen, das von Goldstickerei strotzende Prachthimmelbett, welches Ferdinand Maria seinem Sohne Max Emanuel (angeblich für 800,000 fl.) als Brautbett anfertigen liess. — Das Wohnzimmer zeigt die vier Welttheile von P. Candid als Surportes.

Minder reich als diese eigentlichen Wohnräume, aber immerhin prachtvoll sind die anstossenden **Kaiserzimmer**, die Repräsentationsräume des Churfürsten und Kaisers Carl Albert, der Audienzsaal mit der angränzenden grünen Gallerie, der Empfangssalon und der Speisesaal, die beiden letzteren die Ostseite des Grottenhofes begränzend und über der Loggia desselben befindlich. Die Wände dieser Säle sind mit Seidendamasttapeten bezogen, deren Einrahmung das bekannnte, schon zu den Extravaganzen des Rococo neigende aber noch mit Symmetrie angeordnete Ornamentgeschlinge bildet. Noch zur ursprünglichen Decoration der Gemächer gehören die Surportes, welche (ein in der Renaissance beliebtes Darstellungsobject) die Porträts römischer Cäsaren darstellen.

Den Ostflügel des Kaiserhofes endlich bildet eine, den Steinzimmern genau gegenüberliegende Gemächer- bezw. Saalreihe welche den Namen der **Trier'schen**, auch der **Cölnischen Zimmer** führt, weil sie dem Bischofe Clemens August von Cöln und Trier zum Absteigequartier gedient. Es sind nemlich ihrer Bestimmung nach ebenfalls fürstliche Fremdenzimmer, wie denn selbst in neuerer Zeit der Kronprinz des deutschen Reiches vor seinem Ausmarsch 1870 wie bei dem Truppen-Einzug 1871 dieselben bewohnt hat. Ihre Ausstattung stammt nach den mehrfach angebrachten Monogrammen Max Emanuels und den Gobelins zu schliessen aus dem Ende des 17. und dem Anfange des 18. Jahrhunderts. Den Anfang von Süden her macht der Empfangssalon, dessen Wände Gobelins mit grossen staffirten Landschaften und dessen Decke französische Gemälde in Holzrahmung zeigen. Das Wohnzimmer zeigt ähnliche Ausstattung, ebenso das Schlafzimmer, dessen Decke aber in Stuck und Vergoldung hergestellt ist, wie auch der alte Ofen in Weiss und Gold nicht unvortheilhaft wirkt. Klein ist das mit Seidentapetenfüllungen geschmückte Schreibzimmer. — Die folgenden Gemächer sind für den Besuch fürstlicher Frauen bestimmt. Wir gelangen zunächst in ein dem eben aufgeführten Schreibzimmer für einen Fürsten entsprechendes Schreibzimmer für eine Fürstin, ebenfalls ganz in heller Farbe (jedoch gemalt) gehalten. An den Wänden sind Pastellbildnisse fürstlicher Persönlichkeiten angebracht. Appart ist das nun folgende Schlafzimmer für eine Fürstin, indem es die Wände mit Panneaux bedeckt zeigt, welche genreartige chinesische Darstellungen in Gold und Seide auf schwarzem Seidengrund gestickt enthalten und von Pflanzenstäben aus farbig bronzirtem Metall eingefasst sind. Das Wohnzimmer enthält wieder Gobelins an den Wänden. Bemerkenswerth sind vor allen Stücken der überüppige alte Spiegelrahmen sowie die schön gearbeiteten Marquetteriemöbel und eine Anzahl von Porzellanvasen — Der Trakt schliesst endlich gegen Norden (hinter der neuen Festsaalfaçade versteckt) ab mit dem Speisesaal. In ihm wie in den vorgenannten Gemächern ist eine Anzahl von altem wie neuem Geräth mit Geschmack zusammengestellt, wie überhaupt unter des jetztregierenden Königs Majestät die alten Theile der Residenz vielfach und mit Glück restaurirt und ausgestattet worden sind.

Der nördliche Trakt des Kaiserhofes hat seine Erscheinung wenigstens äusserlich durch den Festsaalbau (Nordseite) vollständig eingebüsst. Dagegen fehlt es im Innern nicht an Resten früherer Zeiten. Darunter besonders die sogen. Kaisertreppe mit Vestibul, den nordwestlichen Zugang zur Residenz bildend. Sie führte ehemals zum grossen Kaisersaal, den aber König Max I. in zwei Stockwerke theilen liess, wovon das obere der König, das untere die Königin bewohnte. Das Vestibul ist ein quadratischer Raum, durch vier Säulen, welche die Decke tragen in neun Abtheilungen getheilt. Die rothgefleckten Marmorsäulen (Tegernseer-Marmor) römischdorischen Styles mit kräftiger Entasis, sind auf ein mehrfach abgestuftes, zur Sitzbank ausgebildetes Postament gestellt. In die Axe des Vestibuls ist die Durchfahrt vom Hofgarten aus nach dem Kaiserhofe gelegt. Die Decke, aus Kreuzgewölben bestehend, deren Gräte der Malerei wegen sehr flach und abgerundet sind, trägt in ihrer Dekoration einen festlich heiteren Charakter. Obwohl nicht so edel wie ähnliche italienische mit Deckenmalereien besitzt sie doch trotz einiger Flüchtigkeit der Ausführung eine tüchtige Zusammenwirkung und viel hübsche Motive. Die Gurtbogen zeigen Relief-Ornament. Nach dem Monogramm Max Emanuels zu schliessen ist dieses Vestibul in der Spätzeit des 17. Jahrhunderts, also in der letzten Epoche der Renaissance ausgeführt und verdient daher die Decoration um so mehr unsere Anerkennung. Die noch alten Thüren haben noch ihre Marmorumrahmung, die Wände sind leider in unserem Jahrhundert übertüncht worden. — Aehnliche Decoration wie das Vestibul zeigt die Kaisertreppe selbst deren Läufe mit einem flachen Tonnengewölbe überdeckt sind, während die Podeste durch je ein Kreuzgewölbe sich auszeichnen. Die Malerei des Tonnengewölbes, unrichtiger Weise nach der Axe desselben gerichtet, statt senkrecht zu ihr zu stehen, ist sorgfältiger als die des Vesti-

buls und wird von weiss und grau gehaltenen Gurten eingefasst.
Auf den Podesten stehen in architektonisch umrahmten Nischen die
Gipsstatuen Karls des Grossen, Otto's von Wittelsbach und Ludwig des Bayers.

Hier ist dann noch der sogen. Schwarze Saal einzuschalten, welcher fern von den bisher behandelten Hofgruppen, nemlich am Südostende des Brunnenhofes über dem Durchgange zum Theater sich befindet, der Allerheiligen-Hofkirche (e) eben so nahe als dem Residenztheater. Er war einst für die jetzt in die alte Hofkapelle verlegte Paradeausstellung der fürstlichen Verstorbenen bestimmt und ist demgemäss mit düster gefärbter Decoration ausgestattet, welche, obwohl zum grössten Theile gemalt und in starkem Barock gehalten, doch einen sehr stimmungsvollen Gesammteffekt hervorbringt. Hervorstechend sind aber die in schwarzem Marmor hergestellten Thürumrahmungen, wie die in Spiegelgewölbe mit geraden Seitenflächen hergestellte Decke durch eine Art Architekturperspektive. Einen ganz passenden Schmuck verleihen endlich diesem Saale die schönen Hellebarden der Hartschiere, welche der Reihe nach an den Wänden umherstehen, und auf deren mit Gravirung und Vergoldung versehenen Stahlflächen das durch die von Bäumen beschatteten Fenster dringende Licht funkelt.

Wie sich von selbst versteht ist mit Ausnahme des Antiquariums das Erdgeschoss des alten Baues für prunkvolle Anlagen weniger verwendet. Ausser den bereits erwähnten Höfen und Vestibulen ist nur ein Raum noch besonders hervorzuheben, nemlich die sogn. Stammbaum- oder Ahnengallerie mit der anstossenden Schatzkammer. Die erstere vom Grottenhof aus zugänglich bildet einen langen und schmalen Corridor mit an den Schmalseiten abgewalmtem Stichbogentonnengewölbe und ist von Kaiser Karl VII. in Rococodecoration (vergoldeten Reliefornamenten auf weissem Grunde) wie auch mit der Sammlung von Ahnenporträts ausgeschmückt worden. In der Mitte der Fensterseite ist der Stammbaum angebracht, der aber nicht bis auf die neueste Zeit fortgeführt ist. Rechts von ihm beginnen die Porträts von Fürsten und Fürstinen des Wittelsbachischen Hauses und zwar unter Leerlassung der ersten Feldes (Arnulph 640) und setzen sich umrankt von spielender vergoldeter Rococodecoration in mehreren Reihen übereinander fort, links vom Stammbaum mit König Maximilian II. abschliessend. An der Decke sind ebenfalls einige Bilder, Hof- und Staatsactionen darstellend eingelassen. — Eine Art von Abschnitt dieser Gallerie bildet die ganz ähnlich decorirte Schatzkammer (gegründet von Albrecht V. um 1550). Die Glasschränke mit den kostbaren Schätzen, worunter ausgezeichnete Kunstwerke aber auch manche Künsteleien, sind z. Th. in den Wänden eingelassen, z. Th. vor denselben angebracht. In der Mitte des Gemaches steht eine kleine Nachbildung der Traianssäule aus Marmor, auf Wunsch des Churfürsten Carl

Theodor 1780 durch L. Valadier gefertigt. Auf dem mit Lapis lazzuli bekleideten Schafte der Säule sind die Reliefs in getriebenem Golde angebracht.

Die unerfreulichste Erscheinung bilden jene Räume der Residenz, welche sich einer classicistischen Umgestaltung im Style des Empire unterziehen musste. Dahin gehört der beinahe schmucklose Georgirittersaal über der Durchfahrt vom Kapellen- zum Brunnenhofe, welchen auch die neuen Zuthaten wie die grösstentheils provisorische Deckendekoration, die bronzirte Gipsstatuette des siegreichen Ritters Georg (von Gedon) und das erst kürzlich gemalte Bildniss Sr. Majestät (von Piloty) nicht zu heben vermögen. Von diesem Saal aus betritt man einen jetzt nur als Durchgang benützten, in kühler, fast farbloser classicistischer Architektur gehaltenen Saal, den sogen. Herculessaal. Den Namen trägt derselbe von einer Herculesfigur, welche ehemals über dem Kamine stand. Der Saal, ursprünglich durch Bilder belebt, diente zu kleineren Festen und, wie die Tribünen andeuten, besonders auch zu kleinen Bällen. Dieselbe classicistische Decorationsweise kehrt auch sonst noch in vielen Appartements der Residenz wieder, welche in der Regierungszeit des ersten Königs von Bayern ihre zeitgemässe Umgestaltung erfahren haben.

Der bisher behandelte alte und seiner hauptsächlichsten Anlage nach von Churfürst Maximilian und aus der Zeit von 1600—1619 herrührende Bau hat aber durch König Ludwig I. eine wesentliche Umgestaltung dadurch erhalten, dass er an drei Seiten von Neubauten eingeschlossen wurde, welche die alte Residenz mit Ausnahme der Westfronte äusserlich dem Auge ganz entzogen. Der Anfang wurde 1829 unmittelbar nach des Königs Regierungsantritt mit dem südlichen Trakte gemacht, welcher im Hauptgeschosse die Wohnräme des Königs und der Königin enthalten sollte. Der Bau in seiner Ausdehnung durch die Maasse der betreffenden Seite des Max-Joseph-Platzes bedingt, sollte äusserlich nach dem Vorbilde des Palazzo Pitti in Florenz gestaltet werden. Diese Forderung setzte namentlich ein gänzliches Verlassen der Verhältnisse des alten Baues voraus, zu welchem sich auch der Königsbau vollkommen fremdartig stellt. Trotzdem konnten die Dimensionen des Florentiner Königspalastes noch nicht erreicht werden, welcher schon in der Länge (einschliesslich der vorspringenden Flügel) 180 M. misst, während der Königsbau nur 129 M. erreicht. Dafür konnten die Fensterverhältnisse noch so gestaltet werden, dass dieselben ohne Unzukömmlichkeiten beherrscht werden können, was im Palazzo Pitti bekanntlich nicht mehr gelang und sonach zu dem Einsetzen von kleineren Fenstern in die Bogenausschnitte führte. Die Façade, der einzige Palastbau Münchens in welchem man sich über Backstein und Verputzbekleidung erschwungen, ist auch wie am Palazzo Pitti in Bossagen ausgeführt, jedoch nicht in der derben

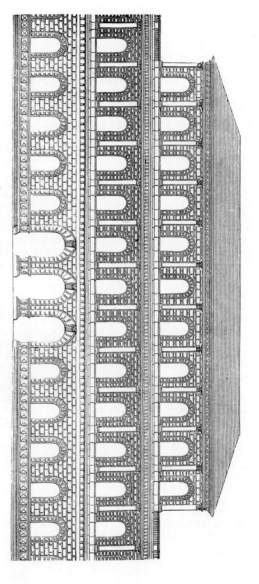

Fig. 67. Mitteltheil der Façade des Königsbaues.

Rustica wie dort, sondern in feinprofilirter Bossirung, die zwar die Mächtigkeit des Eindruckes schädigt, dagegen aber der Eleganz des Inhalts mehr entspricht als diess durch das titanische Aeussere des Florentiner Vorbildes geschieht. Ferner sind nicht blos die Fenster in vollständige Bossage-Rahmen eingeschlossen, was sich an P. Pitti auf die Fensterbogen beschränkt, sondern es sind auch im ersten und zweiten Stockwerke Pilaster zwischen die Fenster gesetzt, deren Details freilich ebenso wie die Friese der ausgebildeten Gebälke durch übergrosse Zierlichkeit den Gesammteindruck schädigen. Dass endlich auch der Mangel an Bodenhebung, am Palazzo Pitti so imposant wirkend, Eintrag thut, ist selbstverständlich. Immerhin aber gehört die Façade zu den besten Schöpfungen Klenze's.

Den mächtigen Verhältnissen der drei Portale in der Mitte der Fronte entspricht nun die Vestibulbildung keineswegs, was einige Entschuldigung in der mangelnden Tiefe des Baues findet, übrigens zu den notorischen Fehlern der Klenze'schen Dispositionen gehört. Diess zeigt auch das riesige Portal an der Westseite, welches in das künstlerisch ganz bedeutungslose Vestibul und Treppenhaus der Königin führt. Dafür öffnet sich vom letzteren Vestibul aus zur Rechten im Erdgeschoss eine Reihe von Prachtsälen, die vielleicht die gelungensten des ganzen Neubaues genannt werden dürfen, nemlich die Nibelungensäle. Die langsame Ausführung derselben kam ihnen, den überhasteten Festsälen des Festsaalbaues gegenüber, sehr zu statten, und die ganze Decoration erscheint weit erquicklicher als dort. Günstig war auch die Ausführung in Fresco statt in Wachsmalerei, abgesehen davon, dass der Meister der Gemälde selbst, Jul. Schnorr, hier auf seinem günstigsten Boden sich befand. Dazu kömmt, dass die Einordnung der Bilder auf den Wänden wie deren Einrahmung mit mehr Rücksicht auf architektorische Bedingungen bewirkt ist, als in den Kaisersälen, und dass die letzteren selbst mannigfacher und günstiger waren. Ist auch noch ein kleiner Rest von Schwere im Colorit der Decoration und von Massigkeit im Ornament, wie einiger Anklang an die frühere süssliche Weise, mancher Fehlgriff in der Farbe, manche classicistische Fessel zu constatiren, so bleibt doch die Ausschmückung dieser Säle eine schöne höchst beachtenswerthe Leistung.

Im Einzelnen zeigt der Eingangssaal, welcher die Hauptfiguren des Nibelungenliedes enthält, und durch ein Tonnengewölbe bedeckt wird, wirksames Ornament in schwarz, grau, gold, blassviolett und wenig weiss. Dazu kommen noch die decorativen kräftig gefärbten Deckenbilderstreifen, deren Grund ebenfalls schwarz ist. Der II. Saal, von dem Gemäldeinhalt Hochzeitssaal genannt, wird durch ein Stichbogentonnengewölbe bedeckt, das mit Lunetten bildenden Stichkappen durchsetzt ist. Die Decoration ist weniger maassvoll und fein an der Decke als an den Wänden, der Mosaikboden zu brillant. Schön

ist hier wie in den übrigen Sälen die Stuckmarmorverkleidung der
Fensterbrüstungen und die gleichartige Thürgewandung. Der dritte
Raum, Saal des Verraths genannt, zeigt an dem Spiegelgewölbe mit
Lunetten gute Eintheilung, und eine angenehme wenn auch etwas
süssliche Decoration. Originell dagegen ist die Deckenanordnung
des vierten Raumes, des Saales der Rache, ein Spiegelgewölbe mit
Lunetten, welches aber an der Stelle des mittleren quadratischen
Spiegelfeldes eine pompös wirkende leicht gewölbte Kreisscheibe zeigt.
Der fünfte Saal (der Klage) nach den Cartons von Schnorr durch
Barth und Hauschild ausgeführt und 1867 vollendet, trägt wieder
ein Tonnengewölbe mit anmuthig bemalter Cassettirung, bedürfte
aber behufs Vermittlung zwischen der in ganz anderem Grundton
im Colorit gehaltenen Wand- und Deckenmalerei eines durch seine
Farbe vermittelnden Zwischenfeldes.

Die übrigen Räume des Erdgeschosses, zwischen Hauptportal
und Theater sind ökonomischen Zwecken (Küche u. s. w.) gewidmet.

Das erste Stockwerk, die Wohnräume des Königs Ludwig I. und
später Königs Max II. wie der königlichen Gemahlinen derselben
enthaltend, ist in der Decoration vorwiegend classisch behandelt.
Die architektonische Mithülfe erscheint ziemlich gering. Die Hälfte
gegen das Theater ist für die Königswohnung, die gegen den Residenzplatz für die Wohnung der Königin bestimmt. Von der ersten
zeigt das erste Vorzimmer monochromatische Darstellungen im Vasenstyl (Argonautensage) das zweite polychrom-enkaustische Scenen aus
Hesiod, beides nach Entwürfen von Schwanthaler. Der Servicesaal
gibt Compositionen von J. v. Schnorr aus den homerischen Hymnen,
von Hiltensperger, Olivier u. a. ausgeführt. Den Thronsaal schmückt
ein Gypsrelief von Schwanthaler nach Pindar. Der Speisesaal enthält
Darstellungen zu Anacreon von Cl. Zimmermann, das Empfangszimmer Gemälde aus Aeschylos nach Entwürfen von Schwanthaler,
das Schreibzimmer und das Ankleidezimmer Darstellungen aus Sophokles und Aristophanes, beide von Schwanthaler entworfen; das
Schlafgemach endlich Idyllen aus Theokrit von H. Hess und W.
Röckel. Die Decoration ist zumeist pompeianisch.

Wie aber des Königs Räume ausschliessend griechisch decorirt
waren, so sollten die Gemächer der Königin nur mit Darstellungen
aus den deutschen Dichtern bedacht werden. So die beiden Vorzimmer mit Scenen von Walther von der Vogelweide, wie von Wolfram v. Eschenbach, gemalt von Gassen und C. Hermann, der Servicesaal mit Darstellungen aus Bürger von Ph. Foltz und F. Dietz.
Den Thronsaal schmückte W. v. Kaulbach nach Klopstock, und
ebenso den Salon nach Wieland, wo indess E. Förster die Ausführung
seiner Entwürfe besorgte, während E. Neureuther selbständig den
Oberonfries herstellte, und den Schlafsaal (nach Göthe). Die Schillerbilder im Schreibzimmer malten Ph. Foltz mit W. Lindenschmitt sen.,
die Bilder zu Tieck im Bibliothekzimmer M. v. Schwind. Das Orna-

ment dieser Gemächer der Königin
lehnte sich mehr an den Loggienstyl, ohne jedoch über süssliche
Behandlung und romantische Einflüsse sich erschwingen zu können.

Das zweite Stockwerk enthält einen Tanzsaal mit mehr
decorativen Malereien von Hiltensperger und Anschütz. Von
den Nebenzimmern ist besonders
das mit dem Relieffries aus der
Mythe der Venus, eines der besten
Werke Schwanthalers, hervorzuheben.

Der Festsaalbau, d. h. der
den nordseitigen, gegen den Hofgarten gerichteten Abschluss des
Residenzcomplexes bildende Trakt
wurde 1832 — 1842 ebenfalls von
v. Klenze erbaut, und hat eine
Längenerstreckung von nahezu
240 M. Die Anlage ist in ihrer
Disposition klar und wirksam, in
ihren Verhältnissen tüchtig, aber
in ihrem Palladianismus etwas
nüchtern. Die Ecken sind durch
überhöhte Pavillons markirt, die
an und für sich am günstigsten
wirken; der mittlere Theil aber,
welcher den Thronsaal enthält,
springt stark vor und erhebt sich
über die Seitenflügel um ein
Stockwerk (die Empore des Thronsaals). Dieser dreigeschossige Mittelbau ist noch besonders ausgezeichnet durch einen zweigeschossigen Loggienbau, der die
Stelle eines Balkons vertritt. Derselbe ruht auf massigen durch Bögen verbundenen Pfeilern, und
hat im Obergeschosse ebenfalls
Pfeilerarkaden mit vorgestellten
jonischen Säulen, deren verkröpfte
Gebälke acht colossale die acht
Kreise des Königreichs repräsentirende Statuen (v. L. v. Schwanthaler) und an jeder Ecke einen

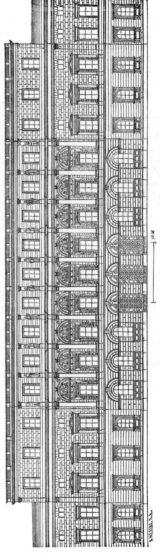

Fig. 68. Mitteltheil der Façade des Festsaalbaues der kgl. Residenz.

sitzenden Löwen tragen. Die Mitten der Zwischenflügel sind wie der Loggienbau selbst durch je drei Portale durchbrochen, welche in die beiden grossen Höfe (Kaiserhof und Küchenhof) führen. Wohl ebenso aus Sparsamkeits- wie aus Stylrücksicht ist der ornamentale Schmuck dieser Façade (mit Ausnahme der Loggia) auf ein Minimum reducirt, was dann namentlich an dem Ostflügel (Marstallplatz) empfindlich wird.

Der Festsaalbau hat zwei ältere und unregelmässig aneinandergränzende Bauten, von welchen der nordwestliche von Maximilian I., der seit längerer Zeit in Ruinen liegende nordöstliche aber von der Albertinischen Veste stammte, verdrängt, oder wenigstens verdeckt. Der Hauptaufgang dazu ist an die Stelle zurückverlegt, wo in der ersten Zeit der Zugang zur Veste war, nemlich an die Ostseite (Marstallplatz). Das Treppenhaus ist einfach, aber in architektonischer Beziehung ein tüchtiges Werk, in seiner Wirkung wesentlich erhöht durch die Verwendung edlen Materials (Marmor und Granit) an Säulen, Stufen, Sockeln und Balustraden, wozu der gut getonte grüne Stuckmarmor der Wände einen ausgezeichneten Hintergrund abgibt. Um so unangenehmer sticht die Decke hievon ab, welche mit unschön bunter und auch in den Formen nicht befriedigender Ornamentik bemalt ist.

Von der Treppe gelangt man in ein Vorzimmer in einfach strenger Gräcität gehalten und von kühler Wirkung. Verhältnisse und Formen sind zwar wohl gelungen, der entsprechende Effect geht jedoch durch die Mattheit der Farbe verloren. Der folgende Empfangssalon für die Offizianten zeigt in der Verbindung von Stuckreliefs (Schwanthaler) mit blaubemalter Wand keinen gelungenen Griff, wie denn auch die architektonische Gliederung, hinter der plastischen Auszierung allzusehr zurücktritt. Reicher ist der folgende Empfangssaal des Königs, welcher auch in architektonischer Beziehung wohl gelungen genannt werden kann. Schön ist besonders die nach Renaissancemotiven behandelte Decke, ein Spiegelgewölbe, welches der Bildung von Lunetten wegen von Stichkappen durchsetzt wird. Leider schwächt aber die unerquickliche, sämmtliche Flächen gleichmässig überziehende Decoration, die Wirkung der Architektur einigermassen ab. Diese Ornamentirung, damals allgemein gebräuchlich und an allen Bauten jener Zeit anzutreffen, hier von Hiltensperger ausgeführt, ist aus pompeianischen und romanischen Motiven zusammengesetzt, ohne dass man sich über die Grundgesetze beider und die Art der Verwendung klar gewesen wäre. Namentlich aber hat man nicht gewagt, dieselbe Energie, welche jede dieser beiden Decorationsweisen im Colorit besitzt, walten zu lassen, sondern sich in einer Scala kraftlos süsslicher Farbe verloren.

Man wendet sich nun von diesen im Ostflügel befindlichen Räumen in den eigentlichen Festsaaltrakt der gegen Norden gerichtet ist, und betritt zunächst den **Fest- oder Ballsaal**. — An den beiden Schmalseiten mit Musiktribünen versehen, auf deren Brüstungen Karyatiden gestellt sind, welche die Decke stützen, macht der wohl proportionirte Saal trotz einiger Gesuchtheit der Decoration und einiger Gebrechen in Hinsicht auf Polychromie einen angenehmen Eindruck, der sich bei Kerzenlicht noch steigern dürfte. Bietet schon die Grossräumigkeit ein vortheilhaftes Gegengewicht gegen die Aufdringlichkeit der Decoration, so ist es hier auch von Vortheil, dass die Beleuchtung nur auf einer Seite liegt. Auch wirkt die schüchterne Bemalung der Tänzerreliefs in den Wandfeldern ganz erfreulich, während allerdings dieselben Farben an den Rundfiguren der Karyatiden matt erscheinen. Weniger befriedigend ist überhaupt das durch einen schreiend in Weis, Roth und Gold colorirten Fries vom unteren abgetrennte Obergeschoss, besonders durch seine auf Consolen gestellten Doppelpilaster, die in ungeschickt zu Capitälen verwandte Engelbüsten endigen. Von sehr guter Wirkung dagegen erscheint die in grosser Spannweite sich über den Saal ausbreitende Decke, welche mit origineller Cassettirung eine ansprechende Bemalung verbindet. Weniger befriedigt das Parket, welches in massenhaften Mäandern die Formenarmuth jener sich ängstlich an die hochmonumentalen Antike klammernden Zeit verräth.

Nach rechts zweigt vom Ballsaal eine Reihe von Räumen ab und zwar zunächst ein Gemächerpaar, dessen Wände in Stuckmarmor ausgeführt und mit den Porträts der sogen. **Schönheitsgalerie** des Königs Ludwig I. behängt sind. Den Abschluss nach dieser (östlichen) Richtung aber macht ein Saal, der das Obergeschoss des nordöstlichen Pavillons vollständig einnimmt, sich also über dem von Klenze eingekapselten Rundthurm der albertinischen Veste befindet. Dieser Saal heisst von den grossen an den Wänden angebrachten umfangreichen Gemälden, welche Schlachten aus den napoleonischen Kriegen darstellen, (gemalt von W. v. Kobell, P. Hess Alb. Adam, v. Heideck, D. Monten) der **Siegessaal**. Seinem Schmucke entsprechend wird derselbe auch bei Bällen und sonstigen Gelegenheiten für das Officiersbankett benützt. Die Wände zeigen unten braunrothen Stuckmarmorüberzug, der breite obere Fries, wie im Festsaal von Mezzanin-Fenstern durchbrochen, ist mit Reliefs geschmückt, welche jedoch durch die unglückliche Polychromie, die mit Weiss und Blau neben Gold und pompeianischem Roth in sehr ungünstiger Vertheilung operirt, von sehr unruhiger Wirkung ist, wie auch die schön angelegte Cassettendecke durch die störende Polychromie verliert.

Wendet man sich vom Ballsaal links (westlich), so gelangt man in den ersteren der drei **Kaisersäle** mit Darstellungen aus dem Leben Carl des Grossen, welche, wie die Gemälde der beiden anderen Säle von Jul. Schnorr und seinen Gehilfen Strähuber, Giessmann, Palme und Jaeger ausgeführt worden sind. Bei Tage wirkt die Wachstechnik des gelblichen Tones wegen jedenfalls ungünstig, bei nächtlichen Festen und künstlicher Beleuchtung soll jedoch gerade dieser Ton der angenehmen Patina älterer Werke nahekommen. Jedenfalls aber kann sich auch bei Nacht der Fehler nicht dem Auge entziehen, dass die Gemälde an den Ecken ohne energische Trennung von einander sind, wie sie die Architektur nothwendig verlangt. Oben läuft ein Fries mit Darstellungen kleineren Maasstabes. Die Cassettendecke ist gut, wie der Parketboten besser. Der zweite Saal ist Barbarossa gewidmet und nach ihm benannt. Hier findet sich über den bekannten Gemälden ein Fries mit interessanten, die Kreuzzüge betreffenden Reliefs von Schwanthaler. Leider macht es der Goldgrund des Frieses schwer, die weissgelassenen figürlichen Darstellungen zu entziffern. Die Cassettendecke in röthlichem Weiss, Gold und Blaugrün ist von gediegener Wirkung, weniger (wie überall) Thürbildung und Parket. Geradezu von armseliger Erfindung aber sind die beiden Riesenlüster dieses Saales und das übrige Mobiliar, welche hier wie in allen Gemächern dieser Bauepoche von der Zurückgebliebenheit des Kunstgewerbes beredtes Zeugniss ablegen. — Der mit Darstellungen aus dem Leben Rudolphs von Habsburg geschmückte Saal endlich, in welchem bei Ballfesten die allerhöchsten Herrschaften zu soupiren pflegen, ist schmaler als die übrigen, gehört auch eigentlich als eine Art von Loge zu dem folgenden Thronsaale, dessen Säulenreihen zu beiden Seiten in ihm sich fortsetzen, wie er auch statt einer Thüre durch einen Säulengang (in antis) mit ihm in Verbindung steht. Dem Habsburgsaal wird ausser den Schnorr'schen Gemälden ein besonderer Werth durch den köstlichen Kinderfries verliehen, den M. v. Schwind componirte, und welcher die Folgen der durch Rudolf von Habsburg wiederhergestellten öffentlichen Ordnung: Ackerbau, Viehzucht, Jagd, Gewerbe, Handel, Bergbau, Mechanik, Kunst und Wissenschaften, darstellt.

Der nun folgende Thronsaal ist durch zwei Säulenreihen von je zehn korinthischen Säulen dreischiffig. Leider sind die Säulen plan auf den Boden gesetzt ohne Postamente oder gemeinsamen Sockel, wie auch eine leichte Hebung der Seitenschiffe nur vortheilhaft sein könnte. Ferner ist das Verhältniss der zwischen sie gesetzten 12 Colossalstatuen für die architektonische Wirkung erdrückend, wie auch ihre Vergoldung, so hoch auch der Erfolg derselben in technischer Beziehung angeschlagen werden mag, nicht vertheilhaft wirkt. Auch der Thronraum ist nicht genügend architektonisch durchgebildet und kahl. Sonst ist das alleinige Vorkommen von Weiss und Gold an den Wänden gewiss von eleganter und fürstlicher Wirkung und erhöht noch die Schönheit der Cassettendecke mit ihrem einfachen Muster in Weiss, Blau und Gold. Immerhin bildet der Thronsaal einen imposanten Abschluss der ganzen Saalreihe, und eine unzweifelhaft gesteigerte Prachtentfaltung, wie sie Zweck und Lage des Raumes unbedingt erfordern.

Das Erdgeschoss bietet ausser dem schon erwähnten Kaiserstiegenhaus wenig Bemerkenswerthes; auch die Odysseussäle mit Gemälden von Hiltensperger nach Schwanthaler'schen Entwürfen vermögen keine höheren Ansprüche zu begründen.

Die auf König Ludwig I. folgenden Regierungen haben wesentliche Aenderungen nicht für geboten erachtet. König Max II. fügte lediglich statt des die Residenz mit dem Hoftheater verbindenden Bogenganges einen Wintergarten ein, dessen Unterbau in mehr spielend römischer Triumphbogen-Architektur von Franz Kreuter hergestellt wurde. Des jetzt regierenden Königs Majestät verlegte das Hoflager in das Obergeschoss des nordwestlichen Pavillons, wodurch sich die Reize einer hübschen Aussicht über die nördliche Stadt mit einer das Vorhandene der früheren Königswohnung schonenden Neugestaltung des Innern im Style Ludwig XIV. verbinden liessen. Die Ausstattung der übrigens unzugänglichen Räume soll in geschmackvollster Pracht hergestellt sein, wie auch der unmittelbar angesetzte Wintergarten, welcher sich mit seinem tonnengewölbten Glasdach über dem nordwestlichen Trakt des Festsaalbaues bis an den überhöhten Risalit des Thronsaales hinzieht von feenhafter Wirkung sein soll. —

Das östlich von der Residenz am Marstallplatze befindliche Marstallgebäude ist ohne künstlerische Bedeutung. Bemerkenswerth aber etwas schwerfällig erscheint die k. Reitschule, welche noch unter der Regierung des Königs Max I. von 1818—1822 von L. v. Klenze erbaut, mit der Glyptothek die neue Epoche der Münchener Bauthätigkeit ankündigt. Von der Allerheiligen-Hofkirche wie von den beiden Hoftheatern ist schon früher (S. 111 und 116) gehandelt worden.

Von höchster künstlerischer Bedeutung sind endlich die von der Nordwestecke der Residenz ausgehenden Arkaden des Hofgartens. Zum Theil schon aus der Zeit des Churfürsten Maximilian I. stammend erhielten sie kurz vor dem Regierungsantritt des Königs Ludwig I. eine beträchtliche Erweiterung und unmittelbar nach derselben den schönen Gemäldeschmuck, der zu den Hauptzierden der Stadt zu rechnen ist. Den Anfang bilden die historischen Gemälde aus der Geschichte des wittelsbachischen Hauses, zu beiden Seiten des schönen von Klenze erbauten in der Linie der Briennerstrasse gelegenen Einfahrtsthores. Erscheinen auch diese jetzt in manchem Betracht mangelhaft, so werden sie als zu den Erstlingsfrüchten moderner Monumentalmalerei gehörend doch ihren kunstgeschichtlichen Werth behalten. Sie stammen von E. Förster, Cl. Zimmermann, W. Röckel, C. Stürmer, C. Hermann, H. Stilke, J. G. Hiltensperger, W. Lindenschmitt sen., Ph. Schilgen, A. Eberle, D. Monten und Ph. Foltz, die allegorischen Figuren über den Durchgängen, Bavaria,

Donau und Rhein, Isar und Main von W. v. Kaulbach. Sie vertreten die erste Schule des Cornelius nach seiner Berufung nach München und sind von 1826—1829 gemalt. — Geradezu unübertrefflich aber sind die in der Länge des Bazars folgenden italienischen Landschaften von C. Rottmann, 1830—1834 gemalt. — Für den nördlichen Trakt waren dann die griechischen Landshaften Rottmanns bestimmt, dieselben, welche jedoch König Ludwig, nachdem er die Beschädigung der italienischen Vorgänger gesehen, in der neuen Pinakothek unterbrachte, was leicht geschehen konnte, da sie enkaustisch auf Platten hergestellt worden waren. Dafür wurden die im Uebrigen pompeianisch decorirten Wände lediglich mit Darstellungen aus dem griechischen Befreiungskampfe nach P. Hess' Skizzen (N. Pinakothek) geschmückt, welche jedoch für ihre kleinen Verhältnisse allzu hoch zu stehen kamen. Die Verlängerung der Arkaden gegen die Hofgartenkaserne hin, wo jetzt der Kunstverein angebaut ist, wurde mit den alten Herkulesgruppen von Roman Boos ausgestattet. —

4. Das Wittelsbacher Palais

als Kronprinzen-Palais von König Ludwig I. mit Rücksicht auf die Vorliebe des Kronprinzen für romantische Kunst im gothischen Styl erbaut. An der Ecke der Brienner- und Türkenstrasse befindlich und durch den anstossenden Garten des Bayersdorf-Palais hinsichtlich der Lage noch mehr begünstigt, erfüllte es gleichwohl die Erwartungen nicht, welche der König wie das damals noch romantisch gesinnte Publicum davon gehegt hatten. Architekt war F. v. Gärtner, der den Bau 1843 begann, vollendet wurde er durch den Kreisbaubeamten C. Klumpp erst nach dem Jahre, in welchem der Kronprinz, für welchen der Bau bestimmt war, den Thron bestiegen hatte, weshalb der König Ludwig I. nicht ohne Missbehagen davon Besitz nahm. Schwerfällig und kubisch nach aussen, wo es bis auf einen wenig wirksamen Façaden-Balkon nur an den Ecken von polygonen Erkerthürmen belebt wird, erreicht es auch im Innern nicht die Gediegenheit der baulichen wie decorativen Durchführung, wie sie z. B. Babelsberg zeigt. Hübsch ist indess der Hof mit seinen der Loggia der Cà d'oro in Venedig nachgebildeten Arkadenfenstern; leider sind indess die Corridore zu schmal, um bedeutsam wirken zu können. Jetzt steht der Palast unbenützt.

5. Das Palais Herzog Max

ist die zweitbedeutendste Fürstenwohnung Münchens. Es wurde 1828 von Klenze begonnen und 1830 vollendet. Die damalige Unbebautheit der Ludwigsstrasse erlaubte ziemlich freie Disposition, und der Raum zwischen Ludwigs-, Fürsten-, Von der Tann- und Schönfeld-

Strasse höchst zweckmässige Planverhältnisse. Das Programm war, im Erdgeschosse die Appartements des Herzogs, im 1. Stocke die der Herzogin sammt den Repräsentations- und Festräumen, im zweiten Stockwerke die Räume der Wohnungen für die herzoglichen Kinder, sowie für die Damen und Herren des Hauses, über den Stallungen aber die Wohnräume des Dienstpersonals unterzubringen. Die Anordnung gestaltete sich daher in Bezug auf den Plan (Fig. 69) so, dass nach einem Haupthofe (A) ein Stallhof (B) folgt, welchem letzteren zwei kleine Diensthöfe (c c) entsprachen. Der schiefwinklige Raum, welcher jenseits des Stallhofes bis zur Fürstenstrasse erübrigt ist, bildet einen Gartenplatz. Im Erdgeschosse stossen an das Vestibul (a b) die Gemächer des Herzogs, (d e) die Vorzimmer, (f g) die Salons, (h—m) die eigentlichen Wohnzimmer, (n—p) Biblio-

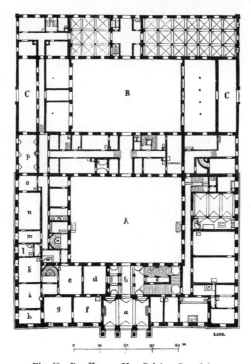

Fig. 69. Das Herzog-Max-Palais. Grundriss.

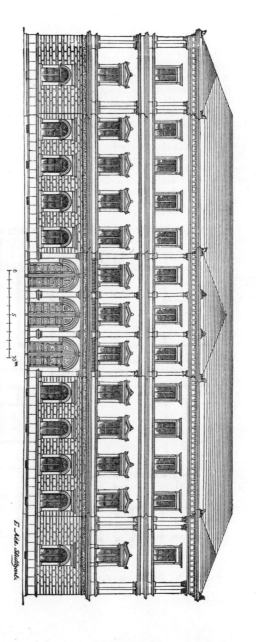

Fig. 70. Das Herzog-Max-Palais. Façade.

thek und Archiv. Rechts vom Vestibul ist ausser Hauskapelle, Verwaltungsräumen, Küche u. s. w. die Haupttreppe (c) angebracht. Diese führt zu den Wohnräumen der Herzogin, welche im Allgemeinen denen des Herzogs in der Anordnung entsprechen. Ueber der Einfahrt (a) befindet sich der stattliche Empfangssalon mit mythologischen Fresken (Scenen der Aurora-, der Theseus-, der Herakles- und Orpheussage) von Director v. Langer, rechts darauf folgt ein zweiter Salon mit Musenstatuen und Relieffriesen in Stuck von Bildhauer Meyer, welchem sich gegen die Nordecke zwei kleinere, lediglich architektonisch verzierte, anschliessen. Von diesen gelangt man zu dem bedeutendsten Raume, dem durch zwei Stockwerke reichenden Tanzsaal, 18 M. lang, 12 M. breit und 11,30 M. hoch. An den beiden Längsseiten durch Fenster, an den Schmalseiten durch Balkons für die Musiker wie für die Zuschauer belebt, trägt er an den Wänden zwischen Fenstern und Thüren den von W. v. Kaulbach auf rothbraunem Grunde gemalten Psychecyclus, zu den ersten Münchener Arbeiten des Meisters gehörend, während die Diagonalcassettenfelder von Cl. Zimmermann mit schwebenden Genien auf rothem und blauem Grunde verziert sind. Die Reihe der Festsäle wird dann durch den über der Küche liegenden Speisesaal beschlossen, dessen bedeutendsten Schmuck der in Stucco hergestellte Bacchusfries Schwanthalers bildet. — Das obere Stockwerk bietet nichts Bemerkenswerthes.

Die äussere Erscheinung entspricht der Gediegenheit des Innern. Konnte auch Haustein nur für die architektonischen Zierden angewendet werden, so boten die Fensterumrahmungen, Gesimse, Säulen und Pilastercapitäle zu wahrhaft fürstlicher Behandlung hinreichend Gelegenheit. Der dreithorige Portalbau wird durch vier toscanische Säulen ausgezeichnet, auf deren Gebälke der Balkon ruht. Die Fenster des Mittelgeschosses zeigen schöne Aedicülenumrahmung, die Risalite sind mit Pilastern geschmückt (vgl. Fig. 70.)

6. Das Palais Prinz Luitpold,

früher Herzog Leuchtenberg, Odeonsplatz 4, war wie in der Baugeschichte (S. 59) dargethan worden, das erste Monumentalgebäude, das vor dem 1816 demolirten Schwabingerthore entstand. Klenze begann den Bau ein Jahr nach dem Beginn der Glyptothek und löste seine Aufgabe immerhin dankenswerth, wenn auch künstlerisch sehr gehemmt durch das Programm seines auf den Bestand der Verhältnisse wenig vertrauenden Bauherrn (Herzog v. Leuchtenberg), wonach er sich in der Anlage und Ausschmückung so halten sollte, dass das Palais jeden Augenblick in ein Hôtel umgewandelt werden könnte. Es ist demnach die Anordnung einfach und ohne wesentliches Interesse, die Treppenhausbildung sogar unerfreulich kahl. Der Speisesaal enthält einen Gypsabguss des Alexanderfrieses von Thorwaldsen, die Hauskapelle ein Schwanthaler'sches Relief.

7. Das vormalige Prinz-Carl Palais

ist 1811 von dem Erbauer des Hoftheaters, C. v. Fischer, für den damaligen Minister Abbé Salabert erbaut worden, und trug bis auf die neueste Zeit im Hauptgebäude den ursprünglichen Charakter, da der Nachfolger im Besitze, Prinz Carl v. Bayern, die classicistische Auszierung nicht blos beliess, sondern sogar vervollkommnete. Der Stallungs- und Dienst-Anbau in der Vondertannstrasse wurde später hinzugefügt (Architekt Baurath F. Eichheim). Der Bau zeigt vor der Einfahrt eine tetrastyle Säulenvorhalle mit Giebel, die durch zwei Stockwerke bis zum Hauptgesimse reicht. Die Ordnung derselben ist jonisch, correct wenn auch nicht besonders fein (weil Verputzbau) nicht blos an der Vorhalle sondern in Pilasterbildung am ganzen Gebäude durchgeführt. Salons und Cabinete im Innern sind graziös aber so wenig für eine Familienwohnung berechnet, dass, als nach Prinz Carl's Tod das Gebäude an den Staat zurückfiel, dem Hauptgebäude ein Annex angefügt werden musste, um es durch Vermiethung (dermalen an den österreichischen Gesandten) nutzbar machen zu können. Der Dienstanbau in der Vondertannstrasse wird eben zum obersten Rechnungshof (Erdgeschoss) und zur Dienstwohnung des Finanzministers adaptirt.

8. Das Schlösschen Biederstein,

am nördlichen Ende des englischen Gartens bei dem Dorfe Schwabing, in freundlicher Parkanlage aber ohne baukünstlerische Bedeutung, war von König Max I. als einfacher Landsitz erbaut worden und ging nach dem Tode seiner Wittwe Caroline in den Besitz von deren Tochter, der Herzogin Maximilian in Bayern über.

9. Das Palais Prinz Leopold,

vormals Villa der Königin Mutter Maria an der Schwabingerlandstrasse vor dem Siegesthor, wurde 1845 v. F. Gärtner erbaut, hat aber seit der Vermählung des Prinzen mit der Erzherzogin Gisela eine namhafte Erweiterung gefunden, ohne indess dadurch über den Charakter einer wenigstens äusserlich einfachen Villa hinausgeführt zu werden.

10. Das Palais des Herzogs Ludwig in Bayern,

des ältesten Sohnes des Herzogs Max, auf dem Gasteig befindlich, ist ebenfalls ohne bauliche Merkwürdigkeit.

11. Adels- und bürgerliche Wohngebäude.

Von den noch ins vorige Jahrhundert zurückreichenden Adelshäusern sind nur mehr wenige unverändert und im ursprünglichen

Besitz. Die Mehrzahl derselben, namentlich in der Salvator- und Prannersgasse wurden für Favoriten der Churfürsten (Carl Albert und Carl Theodor) gebaut, und haben ihre ursprüngliche Bestimmung schon so lange verloren, dass sich kaum das Gedächtniss derselben erhalten hat; sie sind indess auch mit wenigen Ausnahmen unbedeutend. Am hervorragendsten sind das jetzige **erzbischöfliche Palais** und das **Museumsgebäude** (vormals Portia'sches Palais), beide in der Promenadestrasse, in der Residenzstrasse der **Törring'sche Palast** (jetzt Postgebäude) 1740 von F. Couvillier und J. B. Gunezrainer und das **Preysing'sche Palais** (jetzt Hypotheken- und Wechselbank 1740—50 von J. Effner gebaut, von welchen indess schon in der einleitenden Baugeschichte (S. 54) wie z. Th. bei den jetzigen Staatsgebäuden gesprochen worden ist. Dazu wäre noch das **Montur-Depot-Gebäude** auf dem Anger (Angerstrasse 17) zu nennen, welches entschiedenen italienischen Einfluss verräth, aber erst aus der Zeit von 1774—1775, in der Façade sogar erst von 1810 stammt.

Das älteste im Besitz der ursprünglichen Familie gebliebene Adelshaus ist das **Arco-Valley'sche** in der Theatinerstrasse aus der Mitte des vorigen Jahrhunderts, welches jetzt anlässlich der Erweiterung des Fingergässls zur Maffeistrasse eine im gleichen Styl hergestellte Verlängerung iu der Richtung der Maffeistrasse (zu Miethzwecken) erhalten hat, und leider auch eine Ausnützung des Erdgeschosses zu Läden erfahren wird. Die innere Einrichtung dieses hübschen Palais zeigt noch manches Ursprüngliche pietätvoll erhalten.

Von bürgerlichen Privathäusern aus dem vorigen Jahrhundert ist das Gebrüder Asam'sche Haus, links neben der St. Johannes-Kirche in der Sendlingergasse in erster Linie zu erwähnen. Der Façadenschmuck zeigt hier eine Uebertragung der sonst gemalten Wolkengrupen in Stuckrelief, welches mit Geschick über die von den Fenstern übrig gelassene Wandfläche unter Ausschluss aller Architektur ausgegossen ist. Von keinem hervorstechenden Werth dagegen sind die Rococofaçaden der Wein-, Rosen-, Kaufinger-, Dieners- und Residenzstrasse, und es dürfte auch während der Periode der classicistischen wie romantischen Restaurationswuth nicht gerade viel Werthvolles zu Grunde gegangen sein.

In der Zeit König Maximilian I. war das fashionable Quartier der Carolinenplatz mit Brienner- und Max-Josephstrasse. Die vier Palais, Palais Törring-Jettenbach (vormals Kronprinzenpalais Ludwig I.), noch unverändert, Palais Lotzbeck, stark modernisirt, Palais vormals Montgelas, jetzt Hügel, vor drei Jahren in der Façade ganz umgebaut, und das Palais vormals Bassenheim, jetzt Hirsch, augenblicklich wieder im Umbau begriffen, tragen die Spuren der Bauperiode Carl Fischers so deutlich an sich wie die meisten nicht erneuerten Gebäude der Briennerstrasse, vom Wittelsbacherplatz bis zum Königsplatz, und an der Südseite der Max-Josephstrasse. Der schönste Bau von allen war aber das Bayersdorf-Palais in der Briennerstrasse, rechts neben dem Wittelsbacherpalaste, welches dem begabten J. Metivier Gelegenheit bot, seinen feinen Decorationssinn namentlich im Innern zu entfalten. Sonst ist noch das Arco Zinneberg-Palais an der Ecke der Briennerstrasse und des Wittelsbacherplatzes zu erwähnen, welches wenigstens in seiner inneren Anordnung nicht ohne Originalität und Schönheit ist. Um so schlimmer gestalteten sich die damaligen Miethhäuser, wenn sie mit monumentalen Ansprüchen auftraten, wie das sogen. Knorrhaus an der Briennerstrasse und das Himbselhaus zwischen Maximiliansund Karlsplatz, zwei beträchtliche Viereckbauten mit Hofraum in der Mitte.

Was die Regierungszeit des Königs Ludwig I. betrifft, so hielt sich der Privatbau selbstverständlich ebenfalls an die Maxvorstadt, wo er vorab in der Ludwigsstrasse tonangebend entwickelt wurde. Allein es konnte keinem Einsichtigen entgehen, dass die Classicität oder Renaissance der Privatarchitektur weit hinter der monumentalen zurückblieb, wie jetzt bei Betrachtung der zwischen Odeonsplatz einerseits und dem Herzogs-Max-Palais wie dem Kriegsministerium anderseits liegenden Privatgebäude Jedermann klar ist. Dasselbe stellte sich beim Ausbau der Briennerstrasse und den dieselben schneidenden Strassen heraus, wobei selbstverständlich mit der Entfernung der Stadt die künstlerische Bedeutsamkeit der Privatgebäude im richtigen Verhältnisse abnahm. Mehr als der Klenze'schen Richtung glaubte man der Gärtner'schen Romantik entnehmen zu können, und besonders die der Ludwigsstrasse parallele Amalienstrasse wie die von derselben abzweigende Gabelsbergerstrasse, in welcher ein Flügel der Türkenkaserne wie ein abschreckendes Beispiel der Classicität sich drohend erhebt, und die gleichfalls der Fürstenstrasse schienen schon in der Regierungsperiode Ludwig I. den romantischen Privatbauversuchen gewidmet zu sein. So entstanden in der Gabelsbergerstrasse das Haus des Generals Heidegg, jetzt der Frau Baronin Moltke gehörig, und das anstossende einfachere Eckhaus (Gabelsberger- und Amalienstrasse) jetzt im Besitz des Dr. v. Schanzenbach, weiterhin das Lange'sche Haus, der erste Versuch romantischer Mischarchitektur nach rein malerischen Gesichtspunkten, eine Reihe von Miethhäusern der oberen Amalienstrasse mit lediglich in der Façade durchgeführter Romantik, und einige Häuser der Fürstenstrasse an deren Westseite. Am pikantesten freilich gestaltete sich die Romantik in drei anderwärts vereinzelt gelegenen Häusern, so in dem Graf Vieregg'schen Hause (jetzt Wimmer'sche Kunsthandlung) am Wittelsbacherplatze, wie in dem nunmehr Wülfert'schen palaisartigen Hause in der Barerstrasse No. 8, beide nach italienischen Motiven, jenes mehr im florentinischen Feudalstyl, dieses mit venetianischen Anklängen hergestellt, und in dem Sepp'schen Hause in der Schönfeldstrasse, welches der reinen Gothik zu huldigen strebte (Architekt Berger). Andere Versuche der Art setzten sich schüchtern an die äussersten Enden der Vorstädte, gegen die Theresienwiese u. s. w., selten den Eindruck künstlerischer Marotte überwindend, wenn sie nicht geradezu den romantischer Schwärmerei machten, wie dieser in der Schwanthaler'schen und jetzt Meyer von Meyerfels'schen Burg Schwaneck bei Grosshesselohe wohl am entschiedensten sich darstellt.

Allgemeinere Lebensfähigkeit hatten solche Bestrebungen wenn irgendwo, so doch am wenigsten in München, dessen mittelalterliche Ueberreste weit weniger nachzuwirken vermochten als diess in vielen Reichs- und Bischofstädten in Bayern, in den Rheinlanden und an den Ostseeküsten möglich war. Es war demnach die Idee des Königs Maximilian II., für die mittelalterliche Kunst wenn nicht neue Ausdrucksformen so doch neue den modernen Anforderungen entsprechende Combinationen zu erwecken, an sich nicht ohne Bedeutsamkeit, wenn überhaupt auf dem Wege von willkürlicher Combination etwas zu erreichen war. Voit und Bürklein hatten übrigens die Sache vorbereitet und den etwas schwächlichen romanischen Styl entwickelt, dem man um 1848 besonders im Privatbau einige gute Leistungen verdankt. Einfache Weiterentwicklung dieser Richtung hätte vielleicht noch erhebliche Ergebnisse zu Tage gefördert, doch des Königs Anschauungen wurzelten in der Vorliebe für Gothik und diese verhielt sich der Modernisirung gegenüber weit spröder als der vorausgehende mittelalterliche Baustyl. Die Maximilianstrasse ist noch jetzt beredter Zeuge von jenen Versuchen, von welchen unter den Privatbauten der Gasthof zu den vier Jahreszeiten obenan steht.

Die moderne Renaissance (seit dem Regierungsantritt Sr. Majestät des Königs Ludwig II.) ist in der einleitenden Baugeschichte betrachtet und zu würdigen versucht worden. Der Privatbau hat mehr in Restaurationen als in Neubauten sich bisher bethätigt, wenn auch einige hübsche Leistungen oben S. 86 namhaft gemacht werden konnten. Es steht ausser Frage, dass diesen Bestrebungen nicht blos die Gegenwart, sondern noch viel mehr die Zukunft gehört, indem jetzt die gährende Frage noch nicht überwunden ist, ob auf der Basis der italienischen oder deutschen Renaissance weiter vorgegangen werden soll. Dass man nicht in der Periode der Ausartung einsetzen dürfe, werden einzelne Versuche bereits gezeigt haben.

VII.

Garten - Anlagen.

Es sei noch gestattet, zum Schlusse einen Blick auf die Gartenbaukunst zu werfen, welche seit einigen Jahrzehnten nicht blos wie überall, sondern vielleicht mehr als irgendwo in Deutschland in der bayerischen Hauptstadt zum Aufschwunge gelangt ist. Wohl kann man mit mehr Recht als von der sanitären Ungunst der Lage Münchens von den klimatischen Uebelständen der höchstgelegenen Hauptstadt sprechen, welche die Mauer der Alpen im Süden hat und dadurch die Einflüsse südlicherer Breiten im Durchschnitte mehr entbehrt, als manche unter einem weit nördlicheren Breitengrade liegende andere Stadt Europa's, während die Ebene gegen Norden gegen die Rauheit der nördlichen und nordöstlichen Winde keinen Schutz gewährt. Allein ungerecht wäre es, die Lage Münchens in Bezug auf landschaftliche Schönheiten zu verurtheilen, deren die Stadt selbst und ihre Umgebung sogar sehr zahlreiche aufzuweisen vermag.

Indess reizt die Oertlichkeit Münchens weder durch klimatische noch durch Bodenverhältnisse zur Nutzgärtnerei. Dafür um so mehr zu landschaftlicher und Decorationscultur.

Die frühesten hieher gehörigen Versuche waren von Herzog Albrecht V. in seinem Hofgarten gemacht worden. Derselbe ist verschwunden, war aber wohl nur eine Miniaturnachahmung eines italienischen Vorbildes (vergl. Baugeschichte S. 38). — Der neue von Churfürst Maximilian I. angelegte Hofgarten war abweichend von seiner jetzigen Gestalt wohl eine überwiegend holländische Büchsbeet- und Zwiebelblumenanlage mit Laubgängen und Laubpforten. Von dieser Anlage ist nur der sog. Tempel in der Mitte des Hofgartens geblieben, da das Uebrige von der jetzigen linearen Lindenpflanzung verdrängt wurde, welche genau vor hundert Jahren angelegt wurde.

Inzwischen war den Versailler-Gartenanlagen um die Lustschlösser Schleissheim und Nymphenburg ungleich grössere Aufmerksamkeit gewidmet worden, Schöpfungen von Ferdinand Maria, Max Emanuel und Carl Albert, welche jetzt noch die allgemeinste Bewunderung geniessen und durch die Meisterschaft des Hofgartendirektors Effner z. Th. eine brillante Wiederbelebung im alten (nun wieder modern gewordenen) Style erfuhren.

Doch hat auch München, wie Berlin seinen Thiergarten, seinen sog. Englischen Garten frühzeitig erhalten. Wie noch jetzt in der Hauptsache, so berührte München auch schon früher den Fluss nur an der Ludwigsdoppelbrücke, welche Au und Haidhausen mit der Stadt in Verbindung setzte. Oberhalb und unterhalb legten sich sonst Werder und Sümpfe zwischen den jüngsten vorzeitlichen Uferrand und das Flussbett, die wenn nicht zur Jagd (Hirschau) so wenig Reize darboten. Durch entsprechende Canalisirung und Bepflanzung konnte jedoch aus diesen ein wasserreicher Park geschaffen werden, wie es zunächst unter Carl Theodor geschah, welcher in dem Englischen Garten das segensreichste Vermächtniss seiner Regierung hinterliess. Die Anregung rührt von dem Grafen Rumford her, 1789 begann der Ankauf des dazu benöthigten Areals, und 1795 war die Anlage so weit vollendet, dass sie dem Publikum geöffnet werden konnte. Freilich war das Ganze noch wenig ansehnlich durch junge Bäume und mancherlei Unbeholfenheit, allein die Geschicklichkeit des Hofgärtners F. L. v. Skell gab dem Parke unter der nächstfolgenden Regierung (1803) eine Vollendung, wie sie nur noch durch die der Vegetation nöthige Zeit und durch spätere Denkmälerzierden gesteigert werden konnte. Der Park ist 5 Kilometer lang und zwei breit.

Durchschreitet man, aus den Hofgartenarkaden kommend, die noch erkennbare Linie der alten Ramparts des Churfürsten Maximilian I., so gelangt man, sobald man der einladenden Geberde des leider noch immer der rechten Hand beraubten „Harmlos", einer nackten marmornen Jünglingsgestalt von F. Schwanthaler (dem älteren), folgt, zu dem ehemaligen Prinz Carl - Palais, bereits am Fusse des alten Uferrandes gelegen. Hier spalten sich die drei Hauptwege, von welchen der nordwärts gerichtete in Fahr- und Fussweg an der mit der Parkanlage entstandenen Königinstrasse hinführt, die sich nahe einem Isarcanal, wenn auch unter verändertem Namen, bis gegen Schwabing und Biederstein hinzieht, wobei der Fussweg sich zumeist rechts von jenem malerisch geschlungenen Canal hält. Die Gebäude selbst sind nicht ganz ohne, aber auch nicht von zu viel Interesse für den Baukünstler. Das älteste von allen ist die kgl. Central-Veterinärschule, als Thier-Arzneischule 1790 errichtet.

Der ostwärts gerichtete Fahr- und Fussweg nähert sich am raschesten der Isar selbst, nachdem er an dem Rumfordmonument vorbeigeführt, das selbst noch in zopfiger Classicität gehalten, zu den ältesten Denkmälern der Anlage gehört. Auch die beiden vormals sehr beliebten Vergnügungswirthschaften „Paradiesgarten und Dianabad", letzteres als Bad noch jetzt viel besucht, und beide der Isar schon ziemlich nahe, stammen in ihrer ursprünglichen Anlage aus Carl Theodor's Zeit.

Der mittlere sich vielfach verzweigende Weg führt durch das Herz des Parks, und ist ungemein reich an malerischen Schönheiten. Auch er hält sich in der Hauptsache an einen Canalarm, nemlich jenen, der den See speist, und führt zunächst an einen grösstentheils künstlichen, aber trotz mässigen Dimensionen und Wassermassen entzückenden Wasserfall, neben welchem sich das Brunnenhaus befindet, dessen Maschinen die beiden Fontänen am Universitätsplatze der Ludwigstrasse im Gange erhalten. Von da eröffnet sich ein prächtiger Blick über einen weiten, waldumgrenzten Wiesenplan, an dessen Ende sich ein künstlicher Hügel erhebt, welcher den sogen. Monopteros trägt. Der Name ist wesentlich archäologisch und wird von tausend Lippen ohne Verständniss gesprochen, dem Architekten ist er aus Vitruv bekannt, welcher mit diesem Namen jene Rundtempel bezeichnet, die lediglich aus einem Säulenkranze bestehen, welche (ohne Cellencylinder) die Dachung tragen. Der Bau ist von Klenze, und wurde in den dreissiger Jahren errichtet. Die Säulen sind ionisch, wie auch das Gebälk, das die Kuppel trägt, welche innen mit Cassetten geschmückt ist. Ein Denkstein iu der Mitte besagt, dass König Ludwig mit dem Werke das Andenken des Gründers des Parkes, des Churfürsten Carl Theodor, feiern wollte.

Steigt man von dem Denkmal, von welchem aus man eine hübsche Ansicht der Nordostseite der Stadt geniesst, östlich herab, so gelangt man unmittelbar an die wunderliche Anlage des chinesischen Thurmes, einen Pagodenbau in Holz nach Art der chinesischen Porzellanthürme, womit die Erbauer, nemlich Graf Rumford und der Ingenieur und Hofkriegsrath J. B. Lechner allerdings selbst hinter ihrer Zeit zurückblieben, da er mehr in die Rococoperiode gepasst hätte. Daneben befindet sich eine im Sommer beliebte Wirthschaft, wie überhaupt der grosse von mächtigen Bäumen umgebene Platz von schöner Gesammtwirkung ist.

Unweit zur Linken ist der sogn. Rumfordsaal, ein ziemlich verwahrloster und jetzt unbenutzter Bau im Charakter der Weinbrenner'schen Periode. Von classischer Schönheit dagegen ist die hinter der besagten Wirthschaft innerhalb einer Canalgabelung belegene Exedra, ein marmorner halbkreisförmiger Ruhesitz mit der von dem Errichter (König Ludwig I.) verfassten Inschrift: „Hier wo ihr wallet, war Wald nur und Sumpf."

Rechts ab führen die Wege wieder zur Isar, d. h. zunächst zu der beliebten Wirthschaft Tivoli, verfolgt man aber den mittleren

Canal nordöstlich, so gelangt man zur Krone und zum Abschluss des Parkes, nemlich an den 1802 durch Skell angelegten See, nach der benachbarten Wirthschaft gerne der Kleinhesseloher See genannt. Sieht man von der mangelnden Tiefe des Wassers ab, so entspricht dieser aus einem Sumpfe entwickelte Teich aller Anforderung. Drei reizende Inseln mit schönen Buchenbeständen, eine manigfaltige Uferentwicklung und zahlreiche überraschende Perspectiven machen ihn zu einer Meisterschöpfung ihrer Art. An schönen Sommertagen ist die Fluth von zahlreichen Kähnen, im Winter von Tausenden von Schlittschuhläufern beiderlei Geschlechts belebt. Mit Recht hat König Ludwig I. das Andenken des Gartenkünstlers, dem er seine Entstehung verdankt, (F. v. Skell), mit einem stattlichen Monumente classischen Styl geehrt, das, von Bildhauer Bandel ausgeführt, an der Nordseite des Sees sich befindet. — Nördlich vom See beginnt der Park sich zu vereinfachen, obwohl er sich noch 3 Kilometer bis zum sogn. Aumeister hinzieht.

Das Vorbild des herrlichen und stets als eine Wohlthat Münchens betrachteten Englischen Gartens wirkte erst nach der Mitte unseres Jahrhunderts weiter. Zunächst durch die Anlage am Gasteig, bei welcher es sich darum handelte, die stets drohenden Abstürze des rechten Ufers dauernd zu beseitigen, und statt des gefährlichen Randsteges reizende Strassen und Pfade für Wagen und Fussgänger zu schaffen. Wie schon erwähnt worden ist stand der Gedanke dieser Anlage im Zusammenhang mit der Anlage der Maximilianstrasse, und er war nicht minder glücklich als diese. Vielleicht thut etwas zu viel Künstelei, etwas zu viel Auf und Nieder in den Lustwegen dem Ganzen einigen Eintrag, doch ist nicht zu verkennen, dass bei dem schmalen und langgestreckten Terrain an Abwechselung und landschaftlicher Schönheit geleistet ward, was zu leisten möglich war.

Die Gasteiganlagen setzten sich durch die Munificenz des höchstseligen Königs auch jenseits des Maximilianeums gegen Haidhausen hin fort. Die Stadt konnte sich indess der Aufgabe nicht entziehen, auch ihrerseits an der Umwandlung der baulich unbenutzbaren Ufer in Parkanlagen fortzufahren, und sie bemächtigte sich daher der Isarwerder am linken Ufer südwärts von der Stadt in der Richtung gegen Thalkirchen und Harlaching, wo nun ein zweiter Englischer Garten entstand, der abgesehen von geringerer Breite nur durch geringeres Alter und durch mindere Frequenz hinter dem alten zurücksteht.

Es erübrigt nun nur noch, dass auch die grosse Ebene zwischen Krankenhaus- und Bavaria-Höhe ähnlich bedacht wird, jene Ebene, die jetzt nur in der Zeit der Oktoberfeste für den Münchener von Interesse und annehmlich erscheint. In der That ist der Beschluss bereits gefasst, und der Plan (von Direktor Effner) entworfen; der Ausführung, einer neuen Wohlthat für München, ist in Bälde entgegenzusehen.

Neuestens sieht München das Prinzip einer Parkanlage auch im engeren Raume versucht, nemlich am Maximiliansplatze. Wahrscheinlich haben neben dem Vorbilde der Cascinen in Florenz die beiden Eschenanlagen zwischen jenem Platze und der Ottostrasse zur Wahl dieser Gartenform die nächste Veranlassung gegeben, für welche sonst das Areal zu eng erscheinen dürfte. Doch ist nicht zu bezweifeln, dass, sobald die beiden projectirten Statuen Liebig's und Cornelius' daselbst ihre Stelle erhalten haben, die künstliche Coupirung der Terrains sich als vortheilhaft herausstellen werde.

Neben der sonach in grosser Ausdehnung und mit nicht minderem Erfolge betriebenen Landschaftgärtnerei der sogen. Englischen Anlagen fanden auch reine Heckenanlagen an staubigen Plätzen eine höchst zweckmässige Verwendung, wie diess der Carlsplatz vom Hôtel Leinfelder bis zur protestantischen Kirche zeigt. Auch Alleeanlagen blieben nicht unversucht. Aber die Krone von Allem erlangte die Münchener T e p p i c h g ä r t n e r e i, welche in den letzten Jahren höchst erfreuliche Erfolge erzielte. Die von Hofgärtendirector eingeführte Tieferlegung der Rasenflächen in der Form umgekehrter Spiegelgewölbe erhielt sie selbst, wenn auch deren rasche Degenerirung nicht immer aufzuhalten war, feucht und frisch, und machte die Blumensäume nur um so wirksamer. Die königlichen und städtischen Anlagen entfalteten bald einen förmlichen Wettstreit in Bezug auf Anlageformen, vortheilhafte Bepflanzung und mühevolle Erhaltung, und wo nur irgend thunlich sind öffentliche Plätze in öffentliche Ziergärten verwandelt. Die vorher so öden Plätze an der Nord- und Ostseite der Residenz gewannen dadurch einen eben so hohen Reiz als der Universitätsplatz der Ludwigstrasse, der Karolinenplatz um den Obelisk, der Gärtnerplatz, der Sendlingerthorplatz u. s. w. und das Beispiel wirkte natürlich auf den Privatbesitz, so dass jetzt jedes Vorgärtchen der fashionablen Quartiere seinen Blumenteppich besitzt, natürlich zur nicht geringeren Annehmlichkeit der Passanten, als der Besitzer. Der Aufschwung der höheren Gartenkunst zeigt sich auch bei den alljährigen Blumenausstellungen im Mai in der erfreulichsten Weise, und wenn auch Private nicht erreichen können, was die Hofgärtnerei vor dem Nymphenburger Schlosse oder in Schleissheim erreicht hat, so ist doch der Sinn für vegetabilischen Schmuck, welchen König Ludwig I. durchaus nicht genährt hatte, in der Stadt jetzt so geweckt, dass es ganz selbstverständlich erscheint, jedes hiefür geeignete und dem Publikum sichtbare Terrain dazu zu benützen.

Register.

(Die Zahlen bezeichnen die Seiten.)

A.

Akademiegebäude (altes) 138.
Akademiegebäude (neues) 87, 140.
Albertinische (Neue) Veste 26.
Allerheiligenkapelle (Gollirkapelle) 13.
Allerheiligenkirche (Kreuzkirche) 19, 116.
Allerheiligen-Hofkirche 67, 111—113.
Alter Hof (Alte Veste, Ludwigsburg) 8, 23, 29, 30, 243, 244.
Altöttingerkapelle 124.
Anatomiegebäude 61, 64, 143.
Anger 16.
Angerkirche s. St. Jacob.
Angerkloster 26, 113, 114.
Angerthor 10.
Angerviertel 14.
St. Annakirche am Lehel 99, 100.
St. Anna- (Damenstifts-) Kirche 114.
Archiv (städtisches) 13.
Arco-Valley-Palais 271.
Arco-Zinneberg-Palais 272.
Armenversorgungshaus 83.
Arkaden 64, 265.
Asam-Haus 271.
Auerkirche 69, 119—121.
Augustinerkloster und Kirche 22, 46.

B.

Bahnhofgebäude 80.
Basilika 70, 102, 103, 167—170.
Bassenheim (Hirsch)-Palais 271.
Bavaria 76.
Bayersdorf-Palais 62, 272.
Bazar 59, 64.
Beamten-Reliktenanstalt 83.
Bergwerks- und Salinen - Administration 131.
Bibliothek (Hof- und Staats-) 71, 139, bis 141.
Biederstein 60, 270.
Blauententhurm 8.
Bleiche 16.
Blindeninstitut 72, 162.
Bonifaziuskirche 70, 102, 103.
Botanischer Garten 57, 62, 143.
Brodbänke 13.
Bräuhaus herzogl. 24.
Brücken 191, 192, 202—205, 231—234.
Burgstall 25.
Bürgersaal 52—116.

C.

Cadettencorps-Gebäude 174.
St. Cajetanskirche 49.

Canalbau, 238, 239.
Carl (Prinz)-Palais 60, 62, 270.
Carlsthor 8.
Centralbahnhof 186.
Chemisches Laboratorium 62, 143.
St. Christoph am Eiermarkt 14.
St. Christoph Regelhaus 25.
Chufringer- (Kaufinger-) Strasse 8.
Chufringerthor 8.
Clemens (Prinz)-Palais 54, 57, 174.
Cröndl 14.
Casernen 61, 62, 278—181.

D.
Damenstiftsgebäude 72.
Damenstiftskirche 114.
Deroystatue 172.
Dienersgasse 7.
Dinghaus 13.
Dreifaltigkeitskirche 51, 116.
Dultgasse 16.

E.
Eiermarkt 14.
Eisenbahnen 182—205.
Elisabethkirche (Herzogspital) 39, 115.
Elisabethenkirche mit Spital 118
Englisch-Fräulein-Erziehungshaus 51.
Englischer Garten 56, 275—277.
Erzbischöfliches Palais 54, 271.
Erziehungs-Institut (Karmelitenkloster) 115, 144.
Ettaler-Haus 18.

F.
Falkenhaus herzogl. 24.
Feldherrnhalle 72, 170, 171.
Feldmoching 4.
Festsaalbau 70.
Feuerhaus 62.
Fleischbank 224, 225.
Föhring 3—5.
Franziskanerkloster und Kirche 12, 24, 99, 100.
Frauenhaus 17.
Frauenhoferstatue 172.
Frauenkirche 20, 21, 31, 32, 34, 46, 91—96.
Frauenthor 11.
Friedhöfe 61, 62, 73, 125—127.
Frohnfeste, 61, 62, 134.
Fürstenfelder Klosterhaus 18.

G.
Galleriebau 55.
Gartenanlagen 374—278.
Gärtnerstatue 76, 172.
Gebärhaus 83, 227, 228.
Hl. Geistkirche 18, 29, 31, 99.
Hl. Geistspital 12, 17, 18.
Generalcommando 174.
Georgianum 71, 143.
Georgskapelle 27, 38.
Giesing 4.
Giesinger Kirche (neue) 87, 124,
„ „ (alte) 124.
Glaspalast 82, 156, 157.
Gluckstatue 76, 172.
Glyptothek 63—65, 145—150.
Göthestatue 172.
Gollirhaus 13, 30.
Gollirkapelle 13.
Graggenauerthor (Kostthor) 11.
Graggenauerviertel 14.
Griechische Kirche 119.
Gruftgasse 28.
Grünwald 3.
Guten Hirten-Kloster und Kirche 124.
Gymnasien 144.

H.
Haching 4.
Hackenviertel 14, 18.
Hagka 18.
Haidhausen 4, 5.
Haidhauser (Ost-) Bahnhof 199—200.
Haidhauser Pfarrkirche 83, 121—123.
Hauptzollamt 132, 133.
Heidegg (Moltke)-Haus 272.
Heinrich des Löwen Haus angebl. 72.
Herbarium 83.
Herz Jesu-Kirche 87, 117.
Herzogen-Stadtthor 11.
Herzog Max-Palais 67, 68, 266.

Herzogspitalkirche 39, 115.
Hessellohe 4.
Hieronymitenkloster und Kirche 52, 99, 10.
Himbselhaus 57, 62, 272.
Hirschau 76.
Hochbruckmühle 27.
Hofgarten 26, 38, 43, 44, 274.
Hofgarten-Kaserne 60, 62.
Hofkapelle s. Residenz.
Hof- u. Nationaltheater 60, 62, 160, 161.
Hofstatt 19.
Horbruck 28.
Hundskugel 19.

J.

St. Jakob am Anger 9, 29, 113, 114.
Jesuitenkollegium 39, 40.
Implerhaus 14.
Industrieschule 144.
Johanneskirche 54, 118.
Johanneskirche (alte) in Haidhausen 121
„ (neue) „ „ 122, 123.
Josephspitalkirche 115.
Ircher- (Lederer-) Gasse 24.
Irrenanstalt 162, 163.
Isar 3.
Isarthor 9, 164.
Ismaning 4.

K.

St. Kajetanskirche 49.
Kapuzinerkloster und Kirche 47, 62.
Karl- (Prinz) Palais 60, 62, 270.
Karlsthor 8.
Karmelitenkloster und Kirche 47, 62, 114, 115.
Katasterkommission 133.
Katharinenkapelle 27.
Kaufhaus 13.
Kemnathen 49.
Kirchen s. d. Namen.
Kirchhöfe 61, 62, 73, 125—127.
Klenzestatue 73, 172.
Knorrhaus 272.
Königsbau 67.

Konradhof 4, 18.
Kostthor 11.
Krämen, obere und untere 14.
Krankenhäuser 55, 225—227.
Krankenhaus- (Vincenz-) Kirche 117.
Kreittmayerstatue 76, 172.
Kreuzkirche 18, 34, 116.
Kreuzkirche in Giesing 124.
Kreuzstrasse (Promenadeplatz) 21.
Kreuzviertel 14.
Kriegsministerium 64, 128, 129, 173.
Kronprinzen-Palais (Törring) 58, 62, 271.
Krümbleinsthurm 8.
Kuhbogen 21.
Kunstausstellungsgebäude 149—151.
Kunstgewerbschule 144.

L.

Lage topographische 3.
Landtaggebäude 129.
Lange-Haus 272.
Laroséethurm 8.
Lechelkirche 52.
Leihhäuser 228.
Leopold (Prinz)-Palais 270.
Leuchtenberg-Denkmal 75.
Leuchtenberg-Palais 59, 64, 269, 270.
Löweneck 23.
Löwenzwinger 23.
Lorenzkapelle 23.
Lotzbeck-Palais 271.
Ludwig (Herzog)-Palais 270.
Ludwigsburg 23, 29.
Ludwigskirche 69, 100—102.
Ludwigsstatue 76, 172.
Ludwigsstrasse 59.
Luitpold (Prinz)-Palais 269.

M.

Manghaus 14.
Mariahilfkirche in der Au 69, 119—121.
Marienkapelle (Vincentinum) 117.
Mariensäule 47, 43, 170.
Markt (Marienplatz) 13.
Marstallgebäude 24, 265.
Maxburg 39, 174, 244, 245.

Max-Emanuelstatue 76, 172.
Maximilian Churfürst-Statue 76, 171.
Maximilianeum 81, 141—143.
Maximilianskaserne 82.
Maximilians-Getreidehalle 219, 220.
Maximilian II Statue 172.
Maximiliansstrasse 77.
Maximilians-Waisenstift 163.
Max Joseph-Caserne 60, 62.
Max Joseph-Statue 75, 172.
Max Joseph-Stift 71, 144.
Max Joseph-Thor 11, 56, 61.
Max (Herzog) Palais 67, 68, 266.
Michaelskirche 39—40, 105—107.
Militärlazareth 55, 174—177.
Ministerium des Innern 128.
„ der Justiz 128.
„ des Aeussern und des k. Hauses 128.
„ Ministerium der Finanzen 128.
„ des Krieges 64, 128, 129, 172.
Montgelas (Hügel)-Palais 271.
Monturdepot-Gebäude 271.
Mosach 4.
Muggenthalerthurm 8.
Munihha 5.
Münze 13, 24, 62, 82, 131.
Museum-Gebäude 54, 271.

N.

Nationalmuseum 80, 155, 156.
Neuhauserthor (Chufringerthor) 8.
Neuhauserthor (Carlsthor 8).
Neue Veste 26, 34.
Neuvestthor 11.
Nicolauskapelle 22.
Nicolauskapelle am Gasteig 123.
Nudelthurm 7.
Nymphenburg 49, 52, 275.

O.

Obelisk 73, 171.
Odeon 65, 157—159.

Opernhaus 49, 55.
Orlando di Lasso-Statue 76, 172.
Ottenburg 6.

P.

Passionskapelle v. d. Sendlingerthor 38.
Perlach.
Peterskirche 6, 12, 15, 29, 31, 46, 96—98.
Petrus- und Pauluskapelle 27.
Pfisterei 24.
Physiologisches Institut 143.
Pinakothek alte 66, 151—154.
Pinakothek neue 74, 154, 155.
Polizeidirektion 131.
Polizeithurm 8.
Polyklinik (Reisingerianum) 163.
Polytechnikum 85, 87, 135—138.
Porcia-Palais 54.
Postgebäude 73, 131, 271.
Prannersgasse 22.
Preysing-Palais 54, 271.
Propyläen 74, 75, 165—167.
Protestantische Kirche (alte) 73, 103, 104.
Protestant. Kirche (neue) 85, 104, 105.
Pütrichregelhaus 25.
Pütrichthurm 8.
Pullach 4.

R.

Rathhaus (altes) 14, 14, 31, 32, 34, 83, 206, 207.
Rathhaus (neues) 85, 207—211.
Recht- oder Dinghaus.
Regierungsgebäude 129, 130.
Reitschule 64, 265.
Residenz 41-46, 49, 66, 70, 84, 243-266.
Residenztheater 55, 77, 161.
Riedler Regelhaus 25.
Rindermarkt 15.
Römerstrasse 3, 4.
Ruffinithurm 8.
Ruhmeshalle 74, 167—170.
Rumfordstatue 172.

S.

Salesianerinenkloster und Kirche 53.
Salvatorkapelle 23.
Salvatorkirche 34, 118, 119.
Schack-Palais 86.
Schäfflerthurm 11.
Schäftlarn 4 5.
Schanzenbach-Haus 272.
Schellingstatue 172.
Schiessstätte 16, 80
Schifferthor 10
Schillerstatue 76, 172.
Schlachthaus 220
Schleissheim 4, 41, 50, 51, 275.
Schmalzwage 13.
Schmerzhafte Kapelle 117, 118.
Schulhäuser 210—219
Schwabing 4, 5.
Schwabingerthor (hinteres) 7.
   „ (vorderes) 7.
   „ (neues) 9, 89
Schwaneck 273
Sebastianskircke am Anger 38.
Sebastianskapelle im Rosenthal 41.
Sendling 4
Sendlingerthor (Ruffinithurm) 8.
Sendlingerthor (äusseres) 10.
Sepp-Haus 273.
Siegesthor 164, 165.
Stadtgraben 7
Stadthaus 17.
Stadtmauern 6, 7, 9, 30, 48
Stephans- (Gottesacker) Kirche 47, 117
Strassen- und Pflasterbau 239—241
Suppenanstalten 228.
Synagoge 61, 124, 125.

T.

Täckenthor 76.
Taubstummeninstitut 79, 162
Tegernseerhaus 17, 18.
Telegraphen-Verwaltungs-Gebäude 131, 132.

Thal 27.
Thalburgthor 7.
Thalkirchner- (Süd) Bahnhof 198, 199.
Thalthor 9.
Theater s. Hoftheater, Residenztheater Volkstheater.
Theatinerkloster und Kirche 49, 84, 108—111.
Thore s. d. Namen.
Tillystatue 76
Tömlingerthurm 7.
Topographie 3.
Toratzbach 24.
Törring-Guttenzell-Palais 54, 57, 62, 73, 271.
Trinkstube 14
Trudering 4.
Türkenkaserne 61, 62

U.

Universität 71, 134, 135.
Unser Lieben Frauen Neustift 28.
Unsers Herrn Kapelle 10.
Unsers Herrn Thor.

V.

Verkehrsanstalten-Direction 131.
Viehhof 220—224.
Vieregg (Wimmer)-Palais 272.
Vier Jahreszeiten 273.
Vincenzkirche 117.
Volkstheater 60, 62, 161

W.

Waghaus 13
Waisenhaus 228
Walkmühle 16.
Wasserversorgung 234.
Wasserwerke 225—238.
Watmangern, unter den 14.
Westenriederstatue 76, 172.
Wieskapelle 15.

Wilhelmische Veste 39.
Wilprechtsthurm 7.
Wintergarten 77.
Wittelsbacher-Palais 74.
Wredestatue 76.
Wülfert-Haus 272.
Wurzerthor 11.

Z.

Zerwirkgewölbe 24.
Zeughaus königliches 174.
Zeughaus städtisches 17.
Zolithor 9.
Zorneding 4.

Illustrationen-Verzeichniss.

a) Lithographien.

	Seite
1. Plan der Stadt München von *Volckmer* von 1613	48
2. Plan der Stadt München von *Merian* von 1647	49
3 Umgebung von München mit Bahnnetz	182
4 Situationsplan des Bahnhofs München	186
5. „ „ „ „ „ Thalkirchen	198
6 „ „ „ „ „ Haidhausen	199

b) Holzschnitte.

	Seite
1 Ansicht der Stadt München von der Ostseite (Nach einem Gemälde von *L. Cranach*)	35
2. Die Frauenkirche. Grundriss	91
3. „ „ „ Innenansicht	94
4. Die Pfarrkirche von St. Peter in den verschiedenen Phasen ihrer Entwicklung	97
5. Die S. Ludwigspfarrkirche. Façade	101
6. Die ältere protestantische Pfarrkirche. Grundriss	103
7. „ „ „ „ Frontansicht	104
8. Die neue protestantische Pfarrkirche. Frontansicht	105
9. Die S. Michaels-Hofkirche. Frontansicht	106
10. „ „ „ „ „ Grundriss	107
11. „ „ „ „ „ Innenansicht	108
12. Die Theatiner-Hofkirche. Grundriss	109
13. „ „ „ „ Frontansicht	110
14. Die Allerheiligen-Hofkirche. Frontansicht	111
15. „ „ „ „ „ Längsdurchschnitt	112
16. Die Mariahilfkirche in der Vorstadt Au	120
17. Die neue Pfarrkirche in Haidhausen	122
18. Das Kriegsministeriums-Gebäude. Façade	129
19. Das Regierungs-Gebäude. Grundriss.	130
20. „ „ „ Mitteltheil der Façade	130
21. Das Directorialgebäude der Telegraphenverwaltung. Grundriss	132
22. Das Hauptzollamts-Gebäude. Grundriss	133
23. Das Universitätsgebäude. Grundriss des Erdgeschosses	134
24. Das Polytechnikum. Grundriss des ersten Stockwerks	136
25. „ „ „ Mitteltheil der Façade	137
26. Das Gebäude der Hof- und Staatsbibliothek. Grundriss des ersten Stockwerks	139

	Seite
27. Das Maximilianeum. Grundriss.	141
28. „ „ Façade	142
29. Die Glyptothek. Grundriss	146
30. „ „ „ Façade	148
31. Das Kunstausstellungsgebäude. Façade	149
32. „ „ „ „ Grundriss	150
33. Die alte Pinakothek. Grundriss	151
34. „ „ „ „ Ostfaçade	152
35. „ „ „ „ Querschnitt	153
36. Die neue Pinakothek Grundriss	154
37. Das Nationalmuseum. Grundriss	155
38. Der Glaspalast. Grundriss	156
39. Das Odeon. Grundriss	158
40. „ „ Querschnitt	159
41. Das Hof- und Nationaltheater. Façade	160
42. Die Kreis-Irrenanstalt. Grundriss	163
43. Das Siegesthor. Ansicht	164
44. Die Propyläen. Ansicht	166
45. „ „ Grundriss	167
46. Die bayerische Ruhmeshalle mit der Bavaria Grundriss	168
47. „ „ „ „ „ „ „ Ansicht	169
48. Die Feldherrnhalle Ansicht	171
49. Das neue Militärlazareth Grundriss	176
50. Mittelbau des Bahnhofes München. Façade	188
51. Einsteighalle des Bahnhofes München Querschnitt	189
52. Strassenbrücke im Bahnhofe München	192
53. Hauptgebäude in Haidhausen. Façade der Aufnahmsseite	200
54. „ „ „ „ „ „ Bahnseite	200
55. „ „ „ „ „ Grundriss	201
56. Eisenbahnbrücke über die Isar	203
57. Das neue Rathhaus. Grundriss des ersten Stockwerkes	208
58. „ „ „ „ Façade	209
59. Das Schulhaus in der Blumenstrasse. Grundriss	216
60. „ „ „ „ „ Façade	216
61. Viehhof und Schlachthaus beim Thalkirchner Bahnhof. Grundriss	221
62. Maximiliansbrücke. Ansicht eines Theiles	232
63. Wittelsbacherbrücke. Brückenkopf	233
64. Der alte Hof. Grundriss	244
65. Portal der k. Residenz.	246
66. Die k. Residenz. Grundriss	248
67. Königsbau. Mitteltheil der Façade.	258
68. Der Festsaalbau. Mitteltheil der Façade	261
69. Palais des Herzogs Max. Grundriss	267
70. „ „ „ „ Façade	268

Druck von E. Mühlthaler in München.

NACHWORT

Der "Bautechnische Führer durch München" erschien vor hundert Jahren, 1876, aus Anlaß der zweiten, nach München einberufenen Generalversammlung des Verbandes Deutscher Architekten- und Ingenieurvereine. Weit über die ihm damals zugedachte Funktion als Festschrift und Handbuch für die Kongreßteilnehmer hinaus, konnte der Band den Rang eines Standardwerks unter den baugeschichtlichen Monacensia gewinnen.
Der Hauptautor dieses Führers, Franz Reber, war seit 1863 a.o. Professor für Archälogie an der Universität München, seit 1869 Inhaber des Lehrstuhls für Kunstgeschichte und Ästhetik am neugegründeten Münchner Polytechnikum (später Technische Hochschule, jetzt Technische Unversität), seit 1875 Direktor der Königlichen Gemäldegalerien Bayerns. Bei seinem Tode, 1919, galt der Geheimrat Franz v. Reber als Nestor der deutschen Kunsthistoriker.
In Cham i. d. Opf. 1834 geboren, begann er 1853 seine Studien in München und setzte sie in Berlin und Rom fort. Seine vielseitigen wissenschaftlichen Veröffentlichungen beginnen mit einer Untersuchung über den Ursprung der Druckerkunst, 1856. Nach der Habilitation, 1858, erschien 1863 Rebers Band über "Die Ruinen Roms und der Campagna", dem er eigene Zeichnungen beigab, darauf 1864-67 eine "Geschichte der Baukunst des Altertums", 1865 eine Übersetzung und Erläuterung der Zehn Bücher Vitruvs über die Architektur und 1871 eine "Kunstgeschichte des Altertums". Die Fähigkeit des Archäologen, Kunsthistorikers und ausgebildeten Architekten Reber, große Themen zusammenfassend darstellen zu können, beweist sich bereits in diesen frühen Werken. Diese Fähigkeit dürfte ihn für den neuen Münchner Polytechnikums-Lehrstuhl, den er 1869 besetzen konnte, empfohlen haben.
1875 wurde Reber auch zum Direktor der bayerischen Gemäldegalerien ernannt. Nach der Reihe der akademischen Maler, die in dieses Amt berufen worden waren, gelangte damit zum ersten Mal ein Kunsthistoriker in diese Funktion. Rebers Neuordnungen lagen kunsthistorische Kriterien zugrunde. Die Ernennung bewog ihn, schon 1876 eine verhältnismäßig unbekannte dreibändige "Geschichte der neueren deutschen Kunst" vorzulegen – für jene Zeit ein kühnes Unternehmen. Hauptfrucht der Museumsarbeit und des 34 Jahre währenden Direktorats war aber die wissenschaftliche Katalogisierung. In hohen Auflagen erschien seit 1884 Rebers Katalog der Alten Pinakothek in München; Kataloge der Filialgalerien Aschaffenburg, Augsburg, Bamberg, Burghausen, Erlangen und Würzburg schlossen sich an.
Die Liste der Veröffentlichungen der späteren Jahrzehnte seines Lebens ist lang: zu nennen ist die "Kunstgeschichte des Mittelalters" (1885),

bekannt wurden die beiden zwölfbändigen, zusammen mit Adolf Bayersdorfer herausgegebenen Reihen "Klassischer Bilderschatz" (seit 1896), mit denen sich die Autoren das Verdienst erwarben, mehrere hundert bedeutende Werke der bildenden Kunst zu erschwinglichem Preis einem großen Publikum, Lehrenden und Lernenden und dem Bildungsbürgertum des wilhelminischen Deutschland, vorgestellt zu haben. Zu nennen sind schließlich mehrere Arbeiten über die Kunstpflege der Wittelsbacher und die Geschichte der Münchner Galerien, über den karolingischen Palastbau (1892), über die Anfänge des ionischen Stils (1900), über das Verhältnis des mykenischen zum dorischen Baustil (1896). Ein 1908 herausgegebenes Album mit 33 Farbdrucken von Gemälden der Alten Pinakothek dürfte eine der ersten Veröffentlichungen dieser Gattung der Kunstliteratur gewesen sein.

In dem vorliegenden "Bautechnischen Führer" stellt Reber der nach Arten geordneten Beschreibung bedeutender Münchner Bauten eine Baugeschichte Münchens voran, die fast ein Drittel des Werks ausmacht. Sie setzt mit einer Topographie des mittelalterlichen München ein, behandelt u.a. umfassend die bestehenden wie die abgegangenen Stadtbefestigungsanlagen und die bauliche Entwicklung in den alten vier Münchner Stadtvierteln, beleuchtet das zum Verständnis notwendige gleichzeitige politisch-dynastische und wirtschaftliche Geschehen und würdigt die Leistungen der beiden großen Meister des spätmittelalterlichen München, Jörg von Halsbach ("Ganghofer") und Erasmus Grasser.

Das zweite Kapitel über die Münchner Renaissance handelt vor allem über die verschiedenen Residenzbauten der Herzöge Wilhelm IV., Albrecht V., Wilhelm V. und Maximilian I. und über die Michaelskirche, in deren Innenraum Reber die wichtigste Leistung des 16. Jahrhunderts sieht. Gilt der schon zum Barock führenden maximilianischen Zeit, dem Ausbau der kurfürstlichen Residenz und der barocken Befestigung Münchens, noch Rebers ganzes Interesse, so stellt er -zeitbedingt- die große Epoche des Münchner und bayerischen Barock und Rokoko auf nur wenigen Seiten dar, angehängt an seine Renaissance-Kapitel. Den künstlerischen Äußerungen jener Zeit schenkte das siebte Jahrzehnt des 19. Jahrhunderts noch keine neue Beachtung, doch bemerkenswert erscheint, daß Reber ein Jahrzehnt vor ihrer Wiederentdeckung den Rang und die Qualität eines Baues wie etwa der Amalienburg im Nymphenburger Park durchaus erkennt.

In dem breit angelegten Kapitel über die Neuzeit schreibt Reber die Münchner Baugeschichte seines eigenen Jahrhunderts, berichtet über das Stilproblem, über die städtebaulichen Erweiterungen und die beiden königlichen Bauherren, Ludwig I. und Maximilian II. sowie über die Architekten Klenze und Gärtner und ihre Werke, die das neue München geprägt haben. Am Ende seiner Ausführungen nimmt der Autor Bezug auf die damals modernsten, noch im Entstehen begriffenen Münchner Bauten, die Kunstakademie und das Polytechnikum Gottfried Neureuthers, die dem Stil der italienischen Hochrenaissance folgten und einigen Privathäusern, Hotels und Restaurants, die sich im Habitus der deutschen Renaissance zeigten. Diese Hinweise und Rebers Bemerkung, es könne noch nicht Auskunft gegeben werden, ob auf der Basis des einen oder anderen Stils "vorangegangen" werden solle, lassen hervorragend das Problem der möglichen "Stillagen" im ersten Jahrzehnt nach der Gründung des neuen Kaiserreichs erkennen.

Im Katalogteil des Werks referiert Reber kenntnisreich unter dem Titel "Cultanlagen" über den Münchner Kirchenbau. Lange vor Erscheinen des Kunstdenkmälerinventars, des Dehio-Handbuches und ähnlicher Werke sind hier systematisch die Sakralbauten Münchens behandelt; der Frauenkirche, der Michaelskirche, der Allerheiligen-Hofkirche Klenzes, Heß' und Schraudolphs und der Maria-Hilf-Kirche Ohlmüllers gehört Rebers besondere Wertschätzung.

Die Staats- und königlichen Gebäude öffentlichen Zweckes sowie die Denkmäler sind zusammengestellt von A. Geul — eine eindrucksvolle Vielfalt von baulichen Anlagen wie sie charakteristisch sind für eine Haupt- und Residenzstadt des 19. Jahrhunderts, geordnet nach Behördengebäuden, Unterrichtsgebäuden, Gebäuden für Kunstsammlungen, Gebäuden für Produktionen (hier Theater- und Konzertbauten), für Gesundheitspflege und Wohltätigkeit, schließlich Tore und Monumenta. Die kurzen Beschreibungen werden reichlich durch Grund- und Aufrißpläne ergänzt.

Über die militärischen Bauten, darunter viele nicht mehr bestehende, berichtet der Oberst H. Vogt, über die acht in München mündenden Eisenbahnlinien, über die alte Hauptbahnhofs-Basilika, die Administrationsgebäude, Werkstätten, Wassertürme, Brücken und über die Nebenbahnhöfe der Generaldirektionsrat Schnorr v. Carolsfeld. In dem Abschnitt über die städtischen Bauten des Stadtbaurats Zenetti sind die Rathäuser, zahlreichen Schulen, Krankenanstalten, Wasserbauten an der Isar, Brücken u.a. behandelt. Reber selbst beschreibt die Hof- und Privatbauten und zum Schluß die Gärten Münchens.

München, im Dezember 1977   Klaus Kratzsch

Bautechnischer Führer durch M